Dale A. Matthews

Glaube macht gesund

Dale A. Matthews

Glaube macht gesund

Erfahrungen aus der medizinischen Praxis

Zusammen mit Connie Clark

Aus dem Amerikanischen
von Berhardin Schellenberger

Herder
Freiburg · Basel · Wien

Titel der Originalausgabe:
The Faith Factor – Proof of the Healing Power of Prayer.
© by Viking Penguin, a division of Penguin Putnam Inc., New York

In dankbarer Erinnerung gewidmet
meinem Großvater Rev. Dr. Louis B. Matthews, Sr.,
und meinem Vater Dr. Louis B. Matthews, Jr.,
die „den guten Kampf gekämpft, den Lauf vollendet,
den Glauben bewahrt haben" (2 Timotheus 4,7).

Umschlaggestaltung: Finken & Bumiller, Stuttgart
Umschlagmotiv: © Zefa/David Muir

Alle Rechte der deutschen Ausgabe vorbehalten
© Verlag Herder Freiburg im Breisgau 2000
Satzbearbeitung: Fotosetzerei G. Scheydecker, Freiburg i. Br.
Druck und Bindung: Freiburger Graphische Betriebe 2000
Gedruckt auf umweltfreundlichem,
chlor- und säurefrei gebleichtem Papier
ISBN 3-451-27205-9

Inhalt

Teil II
Spirituelle Lebenskräfte

Teil III
Zusammenfassung

Dank

Wenn ich mir überlege, wie viele Menschen dazu beigetragen haben, daß ich das Abenteuer unternehmen konnte, dieses Buch zu schreiben, bin ich überwältigt, werde ganz bescheiden und bin zugleich von großer Dankbarkeit erfüllt. Ich bin sehr vielen zu Dank verpflichtet, kann jedoch nur einer bestimmten Zahl von ihnen hier öffentlich und von ganzem Herzen für ihre unschätzbaren Beiträge danken und will das hier auch gerne tun.

Da sind zunächst die Menschen, die in mir den Glauben grundgelegt und genährt haben: Jim Cavanaugh, Park Dickerson, Ernest Gordon, Ed Henegar, Dick Bauer, Lidabell Pollard, Steve Smallman und Butch Hardman.

Sodann diejenigen, die mich in den Dienst der Heilung eingeführt haben: Phil Zampino, Harold und Ann Hammond, Judith und Francis MacNutt und Norma Dearing.

Ferner Pioniere, die als erste das Grenzgebiet zwischen Glaube und Medizin erforscht haben: Herb Benson, Larry Dossey, Morton Kelsey und Randy Byrd.

Mitarbeiter bei der Forschung im Weinberg des Glaubens waren Harold Koenig, Jeff Levin, Dana King, Ken Olive, George Gallup, Margaret Poloma und der verstorbene Richard Friedman.

Ehemalige Kollegen am *Health Center der University of Connecticut*, die mich bei meinen ersten tastenden Versuchen unterstützt haben, den inneren Zusammenhang zwischen Glaube und Gesundheit zu erfassen: Peter Manu, Tom Lane, Tony Voytovich und Jim Freston.

Ehemalige und derzeitige Kollegen am *Medical Center der Georgetown University*, denen ich für ihren Rat und ihre Ermutigung dankbar bin: John Eisenberg, Larry Beck, Ed Pellegrino, Zeses Roulidis und Dan Sulmasy.

Den folgenden Kollegen am *National Institute of Healthcare Research* danke ich für ihr Mitdenken, ihre Begeisterung und Mitarbeit: Connie Barry, Renee Bergin, Vicky Lovett, Dan Kaufmann, Jim Collins und Rich Genter.

Dave Larson, der ein gutes Stück weit diesen Ball mit ins Rollen gebracht hat, verdient ganz besondere Erwähnung und Anerkennung. Dank dir, guter Kamerad!

Dank gebührt auch den Kollegen am *Bayer Institute for Healthcare Communication*, die mich in der Überzeugung bestärkt haben, von wie zentraler Bedeutung für den Heilungsprozeß die Beziehung zwischen Arzt und Patient ist: Vaughn Keller, Greg Carroll, Dan O'Connell und Barbara Korsch.

Dazu kommen Ärzte, die mir geholfen haben, kritisch zu denken und zu argumentieren: Frank Davidoff, Alvan Feinstein und Tom Inui. Den Rat und die Unterstützung folgender Ärzte habe ich besonders geschätzt: Tony Suchman, Dan Ford, Steve Booton, Carey Cottle und Walter Byrd.

Die Integration von Glaube und Medizin mit ausgeformt und mir geholfen, meine Zukunftsvision, wie eines Tages diese Integration aussehen könnte, haben David Stevens, Gene Rudd, Hal Habecker, David Allen, Lew Bird, George Simms und Dave Biebel.

Finanzielle und moralische Unterstützung haben mir geboten: John und Joe Gregory von *Monarch Pharmaceuticals* (einer Unterabteilung von King), *The Foundation for Spirituality and Medicine*, die Leiter der *John Templeton Foundation*: Sir John Templeton, Jack Templeton, Chuck Harper, Frank Schapperle und Judy Marchand.

Weitere Freunde und Kollegen, die mich bei dieser Arbeit im Lauf der Jahre selbstlos unterstützt haben, waren: Sally Marlowe, David Earnhardt, Bruce Epperly, John Fletcher, Doug Kay, Ty Fabling und Marilyn Sousa.

Meine längsten und liebsten Freunde auf der Welt: Jamie Horton, Jim Sparks und Ed Campion.

Denker und Schriftsteller, die mich beeinflußt haben: Paulus von Tarsus, Blaise Pascal, Sören Kierkegaard, Paul Tillich, Paul Tournier, Jack Deere und John Wimber.

Meinen Patienten möchte ich danken für ihre Geduld und Großherzigkeit, meiner Agentin Gail Ross für ihre Ausdauer, Sorgfalt und Chuzpe.

Meiner Verlegerin Mindy Werner für ihre Klarsicht, Energie und kritische Unterscheidungsgabe.

Meiner Mutter Dorothy und meinen Brüder Paul und Skip für ihre lebenslange Liebe und Unterstützung.

Meiner Frau Demetra für ihre beständige Treue und Liebe. Du warst für mich alles: Herstellerin von Kopien, Gefährtin, Vertraute, Herausforderin und Mitstreiterin; du hast jedes Wort gelesen, jedes Gespräch mitverfolgt und immer schon vor mir gewußt, was ich sagen und schreiben sollte: *Danke!*

Meinen Kindern Karen und Louis, die mein Stolz und meine Freude sind, mein Segen und mein Erbe, die kostbaren Perlen und Schätze meines Lebens. Ich hoffe, ihr bewahrt den Glauben und gebt ihn eines Tages euren Kindern weiter!

Und schließlich möchte ich meinem Herrn und Erlöser danken, dem Namen über allen Namen, dem allein alle Ehre und Herrlichkeit sei. Dank sei dir!

Dale A. Matthews, M.D.

◆ Ich möchte meinen Dank für die wertvolle Unterstützung anfügen, die uns etliche geleistet haben, indem sie uns für dieses Buch wertvolle Informationen lieferten: Sidney Van Nort, Bibliothekar der *American Bible Society*; Paul Walsh, Vorsitzender der *Fellowship in Prayer*; Jessica Fiorelli von der *National Alliance of Breast Cancer Organisations*; William C. Bryson für Informationen über die Anonymen Alkoholiker; sowie Michael Lewallen für Informationen über die Musiktherapie.

Ganz besonders herzlichen Dank möchte ich den Personen aussprechen, die uns freimütig für dieses Buch ihre Geschichte erzählt haben. Mit meinem Dank für die ausgezeichnete Arbeit unserer Agentin Gail Ross und unserer Verlegerin Mindy Werner schließe ich mich Dale an. Besonderer Dank gebührt auch Connie Wood und Tory Matthews für ihre unverzichtbare, intelligente Hilfe bei den Recherchen. Connie und Tory gehören zu den vielen anderen, denen wir zu Dank für ihr Gebet um das Gelingen dieses Projekts verpflichtet sind, darunter viele Mitglieder meiner eigenen Glaubensgemeinschaft, der *Grace Episcopal Church* in Alexandria (Virginia), insbesondere Mary Blouin, die täglich für dieses Buch gebetet hat. Ich möchte mich auch bei Paul Hanley, Robert Malm, Rhoda Nary und Karen Special bedanken, daß sie mir dabei geholfen haben, einen Kurs durch unbekannte Gewässer zu entwerfen. Dank auch meinen lieben Freunden Laura Akgulian, Drew Minter und Brooke Russell und meinen (für das namentliche Aufzählen zu zahlreichen!) lieben Familienangehörigen für ihre Hilfe und Anregung.

Zutiefst gelten meine Liebe und Dankbarkeit wie immer meinem Partner in Leben wie Arbeit, Guy Lushin, für seine herausgeberische Umsicht, seine Seelenstärke und sein gesundes Maß an Humor.

Connie Clark

Einführung

In den zwei Jahrzehnten meines ärztlichen Wirkens durfte ich am Heilungsprozeß Tausender von Patienten teilnehmen. Sie litten an allen Arten von Krankheiten: Herzerkrankungen, Krebs, Diabetes, Depression und vielen anderen. Je nach Zustand des jeweiligen Patienten habe ich Untersuchungen vorgenommen, Beratungsgespräche geführt, Medikamente verschrieben, Spezialuntersuchungen angeordnet, an Spezialärzte überwiesen, und das alles nach dem derzeitigen Stand ärztlicher Praxis. Vielen Patienten hat meine Behandlung geholfen, anderen nicht. Manche Patienten erlebten regelrechte „Bilderbuch"-Heilungen von Krankheiten und Operationen; in anderen Fällen bin ich Zeuge von Genesungen und sogar Heilungen geworden, die sich wissenschaftlich letztlich nicht erklären lassen. Insbesondere habe ich häufig beobachtet, mit welcher Kraft der Glaube und die lebendige religiöse Überzeugung dazu beitragen können, daß jemand gesund bleibt, sich von einer Krankheit erholt oder mit dem Kranksein zurechtkommt. Bis vor kurzem hat jedoch die Medizinerschaft auf diese Phänomene weithin mit Stillschweigen reagiert, statt sie zum Gegenstand wissenschaftlicher Untersuchungen zu machen.

Heute ändert sich das. Was meine Patienten und andere aus eigener Erfahrung kennengelernt haben, hat inzwischen (in den USA) in über dreihundert klinischen Untersuchungen seinen Niederschlag gefunden, die alle die schlichte Tatsache vor Augen führen: Der Glaube ist eine wirksame Medizin. Ja, die medizinisch positive Wirkung einer lebendigen religiösen Überzeugung läßt sich nicht nur vom Glauben als Tatsache erfassen, sondern auch von der Wissenschaft als Faktum nachweisen. Ärzte wie Patienten erleben ein revolutionäres Aufeinander-Zugehen von Medizin und Glaube. Das verändert die Art und Weise, wie Menschen nach Heilung suchen.

Die Entwicklung, daß der „Gesundheitsfaktor Glaube" als klinisch erfaßbares Element in der Medizin auftaucht, kommt für uns, die wir an den abendländischen Universitäten unsere Medizin studiert haben, ganz unerwartet. Manche meiner medizinischen Kollegen betrachten die Vorstellung, man sollte die Spiritualität in die klinische Betreuung mit einbeziehen, als große Herausforderung, wenn nicht geradezu als schockierende Provokation. Doch für mich kam die Notwendigkeit, die spirituellen Bedürfnisse der Patienten anzusprechen, nicht überraschend, im Gegenteil: Sie erwuchs ganz natürlich aus meiner intensiven Pflege der Beziehung zwischen Arzt und Patient.

Ganzheitliche Medizin

Schon am ersten Tag meines Medizinstudiums erlebte ich die Art von Arzt, die ich auf keinen Fall werden wollte.

Ich ging zusammen mit 109 anderen Medizinstudenten des ersten Semesters, die genauso gespannt waren wie ich, in meine erste Vorlesung an der *Duke University Medical School*. Die Vorlesung hielt ein bekannter Wissenschaftler und Professor der Medizin. Ihr Thema war die Alkaptonurie, eine Stoffwechselstörung mit einer seltsamen Nebenwirkung: Die davon Befallenen scheiden schwarzen Urin aus. Um uns die Auswirkungen der Alkaptonurie augenscheinlich vorzuführen, hatte der Professor einen von dieser Krankheit Befallenen in die Vorlesung gebeten. Der Patient saß mit einem großen Glas seines eigenen schwarzen Urins vor uns verblüfften Zuhörern!

Ich entsinne mich nicht, daß während dieser ganzen Vorlesungsstunde ein Wort über diesen Patienten als Menschenwesen gefallen wäre. Es kam nicht zur Sprache, was es für diesen Menschen bedeuten mußte, öffentliche Toiletten aufsuchen zu müssen und sich mit der Frustration und Demütigung auseinanderzusetzen, anders als alle anderen zu sein. Wir hörten nichts darüber, wie er mit dieser Krankheit zurechtkam (oder auch nicht zurechtkam) und mit welchem Mut (oder welcher Verzweiflung) er mit diesem Problem lebte. Und als die Vorlesung beendet war, schnappte er sich sein Uringlas und verließ die Bühne, um nie wieder gesehen zu werden ..., bis zum nächsten Jahr, in einer neuen Jahrgangsstufe mit 110 Studenten.

Dieses völlige Fehlen jeglicher Menschlichkeit bei dieser Einführung in die Medizin entsetzte mich. Aber das war erst der Anfang! Von der Vorlesung über die Alkaptonurie gingen wir geradewegs in die Anatomieabteilung, wo wir uns an das Sezieren von Leichen machten, und das ohne irgendeine einleitende Einführung oder Zeremonie. Von dem früheren Menschenwesen, dessen lebloser Körper vor uns im Formaldehydbad hingestreckt lag, war überhaupt nicht die Rede. Diesen Menschen achteten wir in keiner Weise als Mann oder Frau, der oder die auch einmal Hoffnungen und Träume gehegt, vielleicht Kinder und Enkel hinterlassen und ein Gefühlsleben, ein Sexualleben, ein spirituelles Leben geführt hatte. Man zeigte uns nur genau, wie man an diesem Körper herumschnippelte und immer weiter herumschnitt.

Ich hatte mich der Medizin in der Hoffnung zugewandt, dort die Kunst zu erwerben, mich als einfühlsamer Arzt um ganz konkrete Menschen zu kümmern. Doch hier, am ersten Tag meiner medizinischen Ausbildung, stürzte ich kopfüber in eine völlig andere Welt. Hier war die Biochemie von Molekülen wichtiger als der Schmerz von Menschenwesen.

Dennoch wollte ich möglichst viel über den menschlichen Körper und die medizinische Praxis lernen, selbst wenn mir die Art, wie man sich mit diesem Thema befaßte, kalt und sehr eingeschränkt vorkam. Um meiner künftigen Patienten willen wollte ich ein möglichst guter Wissenschaftler werden. Aber für mich stand an erster Stelle der Mensch, und erst dann kam die Wissenschaft und nicht umgekehrt.

Ich wollte meine Energie darauf konzentrieren, den Menschen zu helfen, und zwar den Menschen als *ganzen*, nicht nur einzelnen Organen oder Geweben von ihnen. So lag mir von Anfang an sehr an der Beziehung zwischen Arzt und Patient; das ist ein ganz besonderer Aspekt der Medizin, der schon an sich außerordentlich große Heilungsmöglichkeiten bietet. So wählte ich die Innere Medizin als mein Spezialfach und erkor mir das Thema der Beziehung von Arzt und Patient als einen der Schwerpunkte meiner Forschung. Ohne es zu wissen, hatte ich damit einen Weg eingeschlagen, der mich schließlich entdecken ließ, wie dringend nötig es ist, die spirituelle Dimension der Medizin wiederherzustellen.

Bei meinen Forschungen über das Verhältnis von Arzt uns Patient stieß ich auf die Erkenntnis, wie wertvoll die ganzheitliche Medizin ist, die in den fünfziger Jahren Dr. George Engel vertrat.[1] Dr. Engel entwickelte das „biopsychosoziale Modell", einen Ansatz, bei dem man *alle* Aspekte des Patienten in Augenschein nahm und behandelte: seine psychischen Bedürfnisse und sein soziales Umfeld genauso wie seine biologischen Störungen infolge von Schädigungen seines Geistes und Körpers. Jeder Patient sollte als einmaliges Individuum behandelt werden, und der Arzt sollte alle Sorgen, Erwartungen, Ängste, Hoffnungen, Träume und Ansichten jedes Patienten genau in Augenschein nehmen. Dr. Engel ging nicht so weit, die Ärzte anzuweisen, auch die spirituelle Dimension im Leben ihrer Patienten anzusprechen, aber sein ganzheitliches Modell legte den Grund für den späteren Einschluß auch des spirituellen Aspekts.

Etliche weitsichtige Ärzte bauten auf Dr. Engels Ansatz auf und eröffneten uns schließlich eine neue Ära in der Medizin. Zu den bemerkenswertesten von ihnen gehört Dr. Herbert Benson. Er hat solide wissenschaftliche Beweise dafür geliefert, daß Glaubensüberzeugungen und meditative Praktiken für die Gesundheit des Menschen eine große Rolle spielen. Neben ihm ist Dr. Larry Dossey zu nennen, der die heilende Kraft des Gebets untersucht hat. Dr. Benson hat nachgewiesen, daß sich Glaubensüberzeugungen – seien sie religiöser oder anderer Natur – nachhaltig auf die körperliche und geistige Gesundheit auswirken. Er hat auch die positiven Auswirkungen der sogenannten „Relaxation Response" dokumentiert, einer Form der Meditation, bei der der Körper sich ganz entspannt und der Geist sich konzentriert. Ich werde das ausführlich im 2. Kapitel darstellen. Dr. Dossey hat die wissenschaftliche Literatur über die Auswirkungen des Gebets auf das menschliche und nichtmenschliche Leben ausgeforscht und im Anschluß daran neue Gebetsmodelle vorgeschlagen, die sich auf jüngste Entwicklungen in der Quantenphysik stützen. Wenn Menschen füreinander beten, so führt er in seinem Buch *Healing Words* aus, nehmen sie an der Einheit der menschlichen und göttlichen, Zeit und Raum übersteigenden Bewußtheit teil. Dr. Benson, Dr. Dossey und eine ganze Reihe anderer Wissenschaftler tragen mit ihren Forschungen, Vorträgen und Schriften dazu bei, daß der bisherige entschiedene Widerstand der Mediziner und Wissenschaftler gegen *jederlei* Einbeziehung der Spiritualität in die medizinische Forschung oder klinische Betreuung überwunden wird.

Religion ist wohl das letzte Neuland, das es für die Medizin zu erforschen gilt. Die Pioniere, die an vorderster Front in dieses Gebiet vorstoßen, sind allerdings die Patienten selbst. Laut einer Umfrage der *USA Today Weekend* und der *Time* von 1996[2] glaubten vier Fünftel der beteiligten Patienten an die heilende Kraft des Gebets, und zwei Drittel wünschten, daß die Ärzte mit ihnen spirituelle Themen besprechen. Eine Untersuchung von Dr. Dana King an der *East Carolina University* in Greenville (North Carolina)[3] erbrachte, daß 48% der Krankenhauspatienten nicht nur wünschten, ihre Ärzte sollten mit ihnen über spirituelle Fragen sprechen, sondern zudem den Wunsch hatten, daß ihre Ärzte mit ihnen *beten*. Doch wie viele Ärzte sind darauf eingestellt und dazu in der Lage? Dr. King stellte fest, daß weniger als 1% der Ärzte tatsächlich mit ihren Kranken beten, und nur selten sprechen die Ärzte die spirituellen Bedürfnisse ihrer Patienten an. Das verwundert kaum: Bei unserer Ausbildung zum Arzt ist uns unausgesprochen (und oft auch ausdrücklich) beigebracht worden, bei unserer Arbeit mit den Patienten sollten wir die religiöse Dimension *meiden*. Das hat uns bestimmt nicht dazu gerüstet, diesbezügliche Fragen mit Feingefühl und auf hilfreiche Weise aufzugreifen.

Ich verstehe das Zögern vieler Ärzte, sich mit ihren Patienten auf dieses Gebiet einzulassen, weil es mir selbst genauso gegangen ist.

Mit Patienten beten lernen

Wohl war ich von Kind an Christ, aber meine ärztliche Laufbahn begann ich nicht mit dem klaren Bewußtsein, welche entscheidende Rolle die spirituelle Dimension in der Medizin spielen kann. Meine persönliche Glaubenspraxis war und ist für mich eine hilfreiche und ermutigende Selbstverständlichkeit. Aber zunächst ergab sich mir das Beten mit Patienten und das Ansprechen ihrer spirituellen Anliegen nicht von allein. Ich war meinen Patienten sehr zugetan, schätzte sehr den Wert einer lebendigen persönlichen Beziehung zwischen Arzt und Patient und vertrat mit voller Überzeugung Dr. Engels Ideal einer ganzheitlichen Medizin. Mein Interesse dafür, spirituelle Themen in die Betreuung meiner Patienten mit einzubeziehen, entwickelte sich jedoch erst nach und nach aus meinem Anliegen und meiner Praxis der intensiven Beziehung zu den Patienten sowie aus meinem eigenen sich vertiefenden Glauben. Allmählich fand ich es logisch und einsichtig, daß ich als Vertreter einer wirklich ganzheitlichen Medizin und als gläubiger Mensch, der versucht, seinen Glauben in einem Leben des Dienstes für die anderen in die Tat umzusetzen, für ausnahmslos *alle* Grundbedürfnisse meiner Patienten offen sein sollte: für ihre physischen, psychischen, sozialen und auch spirituellen. Es erschien mir immer weniger sinnvoll, mich als Vertreter einer ganzheitlichen Medizin zu verstehen und dabei die religiöse Dimension des Lebens auszuschließen, von der ich wußte, daß sie für viele Patienten wichtigste Bedeutung hat.

Allmählich und unpathetisch, eher zögerlich begann ich, meine Patienten bei der Aufnahme ihrer Krankengeschichte auch nach ihrem religiösen Leben zu fragen. Von Anfang an stellte ich fest, daß manche Patienten auf diesen Bereich ihres Lebens in meinem Konsultationszimmer nicht angesprochen werden wollen, und für mich als ihr Arzt ist das vollkommen in Ordnung. Setzt man seine Fragen in dieser Richtung ohne Feingefühl oder gar auf insistierende Weise fort, so ist dies eine eindeutige Verletzung der Beziehung zwischen Arzt und Patient, die doch zu Vertrauen und Heilung führen soll. Diesen Bereich sollte man folglich nicht gegen den Willen des Patienten zu erkunden suchen. Aber viele Menschen begrüßen meine diesbezüglichen Fragen und wissen bereits, was vielen von uns Ärzten erst allmählich aufgeht: Glaube und Gesundheit hängen innerlich viel enger miteinander zusammen, als man ahnen mag.

Als es sich für mich allmählich stimmig anfühlte, mich als Arzt auch behutsam nach dem religiösen Leben meiner Patienten zu erkundigen, führte das beispielsweise bei einer Patientin dazu, daß sie mich einlud, in ihrer Kirche einen Vortrag zu halten. Ich freute mich über diese Möglichkeit und hielt einen Vortrag im Rahmen des Bildungsprogramms der Fastenzeit mit dem Thema: „Sein Kreuz des Leidens richtig tragen". Allmählich sprach es sich herum: „Dr. Matthews ist ein Arzt, der an Gott glaubt und mit seinen Patienten über den Glauben spricht." Bald kamen Patienten ausdrücklich deshalb zu mir, weil sie sowohl mit ihren medizinischen wie auch geistlichen Problemen Hilfe suchten.

Ich freute mich zwar über diese neuen Patienten und das volle Spektrum ihrer Anliegen, aber ich kam immer noch nicht darauf, mit ihnen zu beten, bis mich schließlich ein Patient mit der Nase auf diese Frage stieß. „Ich bin zu Ihnen gekommen, weil Sie ein christlicher Arzt sind", sagte er. „Ich möchte gern, daß Sie mit mir beten."

Da stand ich nun, ein Arzt im Lehrkrankenhaus einer staatlichen Universität, einem „Tempel" der wissenschaftlichen Medizin, in dem die Religion weithin ignoriert und das Wissen – und nicht Gott – verehrt wird. In dieser weltlichen Umgebung wurde ich aufgefordert, unverzüglich, hier und jetzt laut mit einem Patienten zu beten. Mir war bei dieser Vorstellung nicht wohl, aber ich wollte diesen Menschen nicht kränken, überwand meine Gefühle und hoffte, das Gebet rasch hinter mich zu bringen und mich wieder auf den festeren Boden der Medizin zurückziehen zu können. Außerdem hoffte ich, keiner meiner Kollegen werde das mitbekommen!

Nach diesem zögerlichen Anfang begannen mich auch andere Patienten darum zu bitten, mit ihnen zu beten. Infolge meiner Sorge um sie wuchs ich in diese Praxis hinein, und mein Verständnis für die Rolle der Spiritualität beim Heilungsprozeß vertiefte sich dadurch beträchtlich. Ich stellte fest, daß ich als gläubiger Mensch nicht länger meine religiösen Überzeugungen völlig von meiner medizinischen Praxis ausschließen wollte. Darin wurde ich wesentlich bestärkt, als es mir zur Gewißheit wurde, daß sich der (gesundheitliche) Wert des Betens und des lebendigen Glaubens wissenschaftlich nachweisen läßt. Natürlich stand für mich immer außer Frage, daß ich meine eigenen religiösen Überzeugungen und Praktiken nie Patienten aufdrängen wollte, die andere Glaubensrichtungen vertraten oder für Religion überhaupt kein Interesse hatten. Aber warum sollte ich mich gegen Patienten sperren, die genau diese Art von Gemeinsamkeit wünschten?

Bald wurde mir das Beten mit Patienten zur natürlichen und wohltuenden Aufgabe und zugleich zu einer hilfreichen „Strategie" bei der Beratung meiner Patienten. Ich verschrieb ihnen also nicht mehr nur ihre Medikamente und wertete ihre Labortests aus, sondern einigen von ihnen las ich auch Stellen aus der Bibel vor, die ich in meinem Sprechzimmer immer bei mir habe. Ich erlebte, welche Freude es macht, medizinische Arbeit und Spiritualität miteinander zu verbinden, und mir wurde allmählich klar, daß zwar die Sorge um die physischen Nöte der Patienten fraglos die vorrangige Aufgabe der Medizin ist, dabei jedoch die Erfüllung meines persönlichen Bedürfnisses nach Glaube, Zusammenhörigkeit und Sinn zum willkommenen Nebenprodukt werden kann. Außerdem ging mir auf, daß, wenn meine Patienten und ich uns auf die Gegenwart Gottes einließen, unsere Arzt-Patient-Beziehung sich zur Beziehung Gott-Arzt-Patient ausweitet. Jeder Patient und ich sind Partner Gottes und Partner vor Gott, und wir bitten ihn, die medizinische Behandlung und uns selbst mit seiner Salbung, seinem Segen und seiner heilenden Gegenwart zu begleiten. Wenn ich auf diese Weise voll die Gegenwart Gottes zulasse, brauche ich nicht mehr zu versuchen, selbst „Gott zu spielen". Ich kann Gott Gott sein lassen, und ich kann der Arzt sein.

Sogar heute noch mag dieser Zugang revolutionär wirken, und jedenfalls unterscheidet er sich sehr von meinem rein medizinischen Ansatz, den ich zuvor gehabt hatte.

Am Berührungspunkt von Glaube und Medizin

Macht mich das Beten mit meinen Patienten zu einem schlechteren Wissenschaftler? Ganz klar: Nein. Ich habe eine gründliche Ausbildung in wissenschaftlichen Methoden erfahren und stehe voll und ganz zu ihrem Wert für die Medizin in Geschichte und Gegenwart. Als Arzt, als Professor an einer medizinischen Fakultät und klinischer Forscher handle ich mit der Grundwährung unseres Fachs: Sie beruht auf dem empirischen Beweis; er ist die Goldwährung für unser gesamtes Handeln. Ich bin der wissenschaftlichen Grundlage der Medizin verpflichtet, und ich bin überzeugt, daß sich in der Medizin der Fortschritt am besten durch sorgfältiges Beobachten und Experimentieren vorantreiben läßt. Aus diesem Grunde bin ich auch davon überzeugt, daß die heilenden Wirkungen von Religion der wissenschaftlichen Bestätigung bedürfen. Das ist der wesentliche erste Schritt dazu, daß man spirituelle Aspekte in die herkömmliche wissenschaftliche medizinische Betreuung einführen kann.

Wird die altehrwürdige Kraft des Glaubens durch das Wissen und die Methoden der medizinischen Wissenschaft bestätigt, so kann ich sie guten Gewissens ins Gesundheitswesen und das Heilen mit einbeziehen. Da es solche wissenschaftlichen Daten inzwischen zur Genüge gibt, frage ich jetzt gewissermaßen routinemäßig meine Patienten nach der Rolle des Glaubens in ihrem Leben, und ich sage ihnen, was viele klinische Untersuchungen eindeutig zeigen: Der regelmäßige Besuch einer Kirche oder Synagoge geht mit besserer körperlicher und geistiger Gesundheit einher, die Menschen sind mit ihrem Leben zufriedener, erholen sich schneller wieder von Krankheiten und haben sogar eine höhere Lebenserwartung. Falls und sooft meine Patienten das wünschen, bete ich mit ihnen und lese mit ihnen zusammen in der Bibel. Als Professor der Medizin lehre ich meine Studenten, daß in der medizinischen Betreuung leider die spirituelle Dimension vernachlässigt wird, und ich lege ihnen dringend ans Herz, auf das religiöse Leben ihrer Patienten zu achten und es zu respektieren. Als Forscher kenne ich die im vorliegenden Buch vorgestellten Beweise für die enge innere Verbindung von gelebter religiöser Überzeugung und Gesundheit.

In allen diesen Bereichen befinde ich mich in der Rolle einer Art von „Missionar der Medizin". Diese Rolle habe ich zwar nie gesucht, aber mich wundert es nicht ganz, daß ich mich in ihr vorfinde.

Meine Familientradition als Heiler

Mein Großvater väterlicherseits, Louis B. Matthews sr., war das einzige von zwölf Kindern seiner Familie, das die High School abschließen durfte. Er erwarb sich in der Folge weitere vier Diplome, darunter das des „Master of Divinity" und des Ph.D. Er wurde als Geistlicher in der *Southern Baptist Convention* ordiniert und entwickelte rasch Pläne, sich der Missionstätigkeit zu widmen. Zusammen mit seiner Frau Reka versah er vier Jahre lang den Dienst in Buenos Aires (Argentinien) und kehrte dann in die Vereinigten Staaten zurück. Louis wirkte fruchtbar in Tennessee und Indiana als College-Professor, Pfarrer und gefeierter Prediger.

Mein Vater, Louis jr., erinnerte sich an den einzigen Rat, den ihm sein Vater für seine Laufbahn ans Herz gelegt hat: „Hilf den Menschen!" Auf welche Weise, war zweitrangig; es kam im Leben jedenfalls vor allem darauf an, anderen zu dienen. Mein Vater wählte als seine Form des Dienstes für andere die Medizin. Er praktizierte die Innere Medizin über dreißig Jahre lang, vor allem am *Mary Hitchcock Memorial Hospital* und an der *Dartmouth Medical School* im ländlichen New Hampshire.

Meine Mutter, Dorothy Watson, war ebenfalls in der Medizin beruflich tätig, als Krankenschwester. Sie hatte meinen Vater auf der Station eines Krankenhauses kennengelernt, in der sie beide arbeiteten. Auch Dorothys Familie hatte viel mit Medizin und Krankheit zu tun gehabt. Ihr Vater, James A. Watson, Stadtarchitekt für Yonkers (New York) verlor als junger Mann bei einem Unfall ein Bein. Während seiner Genesungszeit von dieser Verletzung, die ihn zum Krüppel machte, lernte er eine junge Krankenschwester kennen, Beatrice Adele Glover, die aus Rußland emigriert war. Sie verliebten sich und heirateten, und dieser mein Großvater mütterlicherseits schaffte es, gedieh und war trotz seiner Behinderung vom Leben, vom Binokelspiel und vom Reisen kreuz und quer durchs Land begeistert.

Beseelt von seinem eigenen Glauben und den richtungsweisenden Worten meines Großvaters, widmete sich mein Vater in aufopfernder Weise seiner ärztlichen Tätigkeit. Es gab fast nichts, was er nicht getan hätte, um einem Patienten zu helfen. Für einen Hausbesuch war ihm keine Zeit zu lang und keine Entfernung zu weit. Er hing an seinen Patienten, vor allem an den ländlichen Yankee-Farmern, und sie wußten das und erwiderten mit Freude seine Zuneigung. Louis B. Matthews jr. war der beliebteste Arzt, den ich je kennengelernt habe, und er verdiente das auch. Ich als sein Sohn übernahm sozusagen auf dem Weg der Osmose seine Art, Medizin zu praktizieren. Ich habe ihn oft bei seinen Hausbesuchen in einem alten Volkswagen-Käfer begleitet. Und obwohl mein Vater mit seinen Patienten nicht betete, spürte er ihre spirituellen Bedürfnisse und wußte darum, daß die Heilkraft des Arztes nicht nur auf den Medikamenten beruhte, die er verschrieb, sondern daß die bedingungslose Zuneigung genauso wichtig war wie seine Art, die Menschen so anzunehmen, wie sie waren.

Angesichts dieses zweifachen Erbes wundert es mich nicht, daß ich als junger Mann bei der Berufswahl zwischen Medizin und Seelsorge hin- und herschwankte. Schließlich wählte ich die Medizin aus der Überzeugung, das sei die praktischere Form, den Wahlspruch meines Großvaters in die Tat umzusetzen. Doch heute, da sich die Kluft zwischen Medizin und Religion zu verengen beginnt, kommt mir die Alternative zwischen Medizin und Seelsorge nicht mehr so absolut vor, wie sie mir damals erschien. Es ist ein Glück für mich, daß wir in einer Zeit leben, wo man im Arztberuf die spirituellen Dimensionen der Medizin erfassen und mit einbeziehen kann. Ich kann die Medizin als eine Form der Seelsorge ausüben und Menschen in Not mittels Medizin, Hoffnung und Gebet helfen.

Zu diesem Dienst an anderen gehören die Sorge um meine Patienten und Studenten und die Zuneigung zu ihnen, so wie es mir mein Vater vorgelebt hat. Als Professor an einer medizinischen Fakultät sehe ich heute, wie die Medizinstudenten das gleiche wie ich vor zwanzig Jahren erfahren, als ich in der *Seeley G. Mudd-Bibliothek* der *Duke University School of Medicine* stand und mich von der Fülle von Informationen, die ich aufnehmen sollte, erdrückt fühlte und es mir fast sicher schien, daß ich nie genug wissen würde, um ein guter Arzt zu sein. Ich sage meinen Studenten, was ich gelernt habe: „Die Kenntnis des menschlichen Körpers ist wichtig. Die Kenntnis des menschlichen Geistes ist *noch* wichtiger. Technik und Handwerkszeug für das Behandeln von Krankheiten sind wichtig. Die sorgende Anteilnahme am Leben von Menschenwesen – Liebe – ist *noch wichtiger.*"

◆ Wie kam ich als Arzt, der in der kritischen, skeptischen Atmosphäre und den nüchternen Methoden der Wissenschaft des 20. Jahrhunderts ausgebildet worden ist, zur Überzeugung, daß der Glaube an Gott die Heilung des Menschen fördert, daß also der Glaube eine hilfreiche Arznei ist?

Der verwundete Heiler wird geheilt

Wie viele, die anderen helfen möchten, bin ich, was der jüngst verstorbene katholische Theologe und spirituelle Schriftsteller Henri J. M. Nouwen als den „verwundeten Heiler" bezeichnet hat, dem es „ein tiefes Verständnis seines eigenen Leidens ermöglicht, seine Schwäche in Stärke umzuwandeln und seine eigene Erfahrung allen, die sich oft in der Finsternis ihres eigenen mißverstandenen Leidens verloren fühlen, als Quelle der Heilung anzubieten".[4]

Nur durch meine eigenen Erfahrungen auf der „Universität der Schmerzen", wie es der Theologe David Biebel genannt hat[5], bin ich im Mitleiden, Verstehen und Wunsch, anderen zu dienen, gewachsen.

22

Ich hatte eine ganze Reihe lästiger körperlicher Probleme, darunter Migräne und Schmerzen im Nacken, Rücken und den Knien. Als junger Mann beim Medizinstudium und während meiner Ausbildung nach der Promovierung kämpfte ich gegen Anfälle von Depressionen und Angstzuständen. Aber, wie das für so viele von uns gilt, haben alle diese Leiden, die mich zum verwundeten Heiler machten, ihre Wurzeln in meinen frühesten Jahren.

In vieler Hinsicht war meine Kindheit idyllisch. Ich war gesund und wurde geliebt, wurde zum Lernen und Glänzen ermutigt und war in der Schule gut. Daheim wurde großer Wert auf das geistige Leben gelegt. Ich entsinne mich noch mit Freude daran, wie mir mein Vater immer einen „Auftrag" gab, bevor er morgens das Haus verließ. Er bestand darin, daß er mir die Aufgabe stellte, etwas über eine Persönlichkeit aus der Geschichte, ein Ereignis oder einen Begriff herauszufinden, und das Ergebnis sollte ich dann immer bei Tisch berichten. Ich erinnere mich noch äußerst gern an die Diskussionen und Debatten bei Tisch und an die Fragen, die ich meiner Mutter während des Geschirrspülens stellte. Kurz vor den Sommerferien gab mir mein Vater immer einen Fünf-Dollar-Schein, und damit sollte ich mir so viele Bücher wie möglich zum Mitnehmen auf die Familien-Urlaubsreise kaufen. Zur damaligen Zeit konnte ich für dieses Geld bis zu zehn Taschenbücher erstehen, eine Menge guten Stoffs, den ich mir dann am Strand oder im Auto zu Gemüte führen konnte. Ich mochte das Klima des Lernens, das in unserer Familie herrschte, sehr.

Doch – in unserem Heim gab es auch traurige Zeiten. Noch bevor ich geboren wurde, starb mein Bruder Alan im Alter von neun Monaten an Lungenentzündung. Der vierte Sohn meiner Eltern, Paul, der drei Jahre nach mir zur Welt kam, entwickelte in seiner frühen Kindheit eine chronische psychische Krankheit, die ihn behindert sein ließ.

Die Tragödien setzten sich fort. Mein jüngster Bruder Douglas bekam den Wilms-Tumor, einen Nierenkrebs, der zur damaligen Zeit unheilbar war. Ich war elf, als sich meine Eltern mit meinem älteren Bruder Skip und mir zusammensetzten und uns eröffneten, Douglas sei sehr ernst krank; es sehe schlimm mit ihm aus, und entweder werde er bald nicht mehr leben oder für den Rest seines Lebens die Dialyse brauchen.

Ich hing sehr an meinem kleinen Brüderchen. Ich hatte sein erstes Lächeln und Lachen miterlebt, hatte mit angesehen, wie er zu krabbeln anfing, hatte ihn mit der Flasche gefüttert und ihn umsorgt, wie das eben ein 11-jähriger Junge tun kann. Er *durfte* nicht sterben! Ich schoß aus dem Zimmer, rannte in mein Schlafzimmer im dritten

Stock hinauf, kniete mich dort neben mein Bett und formulierte das erste echte Gebet meines Lebens. Ich hatte bislang alles in der Kirche mitgemurmelt und daheim beim Tischgebet mitgesprochen, aber das Gebet hatte in meinem Leben noch keine wirkliche Rolle gespielt. Doch an diesem Tag lag ich zusammengesunken neben meinem Bett und flehte Gott inständig an, das Leben meines Bruders zu retten.

Mein Bruder Doug starb am Tag danach, dem Tag vor seinem ersten Geburtstag. „Er wäre sein Leben lang sehr krank gewesen, Dale", sagten meine Eltern zu mir. „Es ist für ihn besser so." Sie meinten, wenn Doug überlebt hätte, wäre sein ganzes weiteres Leben sehr von der Krankheit beeinträchtigt gewesen. Während sie in diesem vernünftigen Gedanken einigen Trost fanden, fand ich ihn nicht. Aber ich lernte es rasch, meine Trauer zu verbergen, genau wie ich es getan hatte, als der eine meiner beiden Großväter, der Missionar, im Jahr zuvor gestorben war, und mein anderer Großvater, der Architekt, schon etliche Jahre früher. Meine Eltern waren Menschen von großer Disziplin und Würde. Sie lehrten mich durch ihr Beispiel, daß man seine Gefühle für sich behielt, und so blieb meine Trauer in meinem Inneren verborgen.

Aber auch wenn Gott das Leben meines Bruders nicht gerettet hatte, so gab er mir doch ein Geschenk, das mir helfen würde, mich selbst und andere zu heilen. Kurz nach Dougs Tod wurde ich mir meines tiefen Bedürfnisses bewußt, die Bibel zu lesen und zu verstehen. Ich begann, jeden Abend darin zu lesen. Nicht immer verstand ich, was ich las, aber ich legte damals den Grund zu einer lebenslangen Beziehung zu diesem Buch, von dem ich erst später erfaßte, daß es das Wort Gottes darstellt.

Jetzt sehe ich, daß meine Leidenschaft für die Bibel ein hilfloser Versuch war, mit dem Verlust meines kleinen Bruders zurechtzukommen („Wenn ich regelmäßig die Bibel lese, straft oder tötet Gott mich vielleicht nicht"), aber *auch* ein geistliches Geschenk von Gott, nämlich der Wunsch, ihn besser kennenzulernen. Ich verstehe jetzt, daß Gott nicht immer unsere verzweifelten Bitten um Heilung mit „Ja" beantwortet, uns jedoch trotzdem nicht ohne Trost läßt. Eine der größten Gaben Gottes ist die Heilung der Trauer nach dem Verlust eines geliebten Menschen. Ich glaube, daß Gottes heilende Berührung in meinem jungen Leben darin bestand, in mir den Hunger und Durst nach der Heiligen Schrift zu wecken; das brachte meiner Seele die Nahrung, die sie so bitter nötig hatte.

Seit damals habe ich fast täglich in der Bibel gelesen, und ich glaube, daß mich diese Praxis als Christen, Ehemann, Vater und Arzt geprägt hat. Aus Heilungsberichten im Alten und Neuen Testament habe ich gelernt, daran zu glauben, daß Gott tatsächlich Heilung schenkt. Dieses Wissen und dieser Glaube, welche mir die Bibel geschenkt hat, ist im Leben meiner Patienten genau wie in meinem eigenen Leben fruchtbar geworden. Aus dieser Liebe für das Wort Gottes ist mein Glaube erwachsen.

Ich kann mich lebhaft des Schmerzes über Dougs Tod entsinnen und auch an die benebelnden Auswirkungen der psychischen Erkrankung auf das Leben meines Bruders Paul; aber ich glaube, daß Gott mich von abgrundtiefer Trauer befreit hat. Auch die kurzen Phasen der Depression und Angstzustände, die ich durchgemacht habe und für die ich in den frühen Jahren meiner medizinischen Ausbildung eine Therapie brauchte, sind überstanden. Ebenso bin ich von meiner Migräne geheilt; meine Schmerzen in Nacken, Knien und Rücken – Erinnerungen an Verletzungen beim Football-Spiel – sind mir zwar geblieben, aber in deutlich geringerem Maß. Nachdem ich alle diese Beeinträchtigungen am eigenen Leib erfahren habe, kann ich größeres Mitempfinden für meine Patienten aufbringen. Das ist ein Geschenk, das mir hilft, ihnen besser zu dienen. Da ich von einigen meiner Leiden geheilt worden bin, kann ich aus erster Hand von der Erfahrung berichten, daß Gottes Heilkraft allen Menschen zur Verfügung steht. Und da mir einige andere Leiden geblieben sind, kann ich auch Verständnis für die bleibenden Mühsale meiner Patienten aufbringen und sie dazu ermutigen, in diesen Leiden Gottes Gnade und Gegenwart zu suchen.

Kommen Sie in mein Büro!

Ich schreibe dieses Buch zur Beantwortung einer einfachen Frage: „Wie kann der ‚Gesundheitsfaktor Glaube' uns helfen?" Ganz gleich, ob Sie derzeit gesund sind oder Heilung suchen: Dieses Buch will Ihnen die immer zahlreicheren wissenschaftlichen Beweise dafür vor Augen führen, daß sich ein lebendiges Glaubensleben positiv auf Ihre körperliche, psychische und spirituelle Gesundheit auswirkt. Ich werde Ihnen Mittel und Wege vorschlagen, wie Sie diese Information für Ihr eigenes Leben fruchtbar machen können. Außerdem werde ich Sie an den Erfahrungen vieler meiner Patienten teilhaben lassen, die durch Gebet, Gottesdienst, Bibelstudium und den Rückhalt einer Glaubensgemeinschaft bessere Gesundheit und größeres Wohlbefinden erlangt haben.

Da ich in erster Linie Arzt bin, kann ich verstehen, daß Sie dieses Buch vielleicht deshalb lesen, weil Sie Heilung für sich selbst oder einen Ihnen nahestehenden Menschen suchen. Und obwohl ich aus christlicher Sicht schreibe und mich zu Jesus Christus und zur Bibel als Heiliger Schrift bekenne, hoffe ich, daß dieses Buch auch Menschen Heilung und Ermutigung bringt, die vielleicht nicht meine christlichen Glaubensüberzeugungen teilen. Gebet, Gottesdienst und Glaubensgemeinschaft sind universelle Ausdrucksformen. Und die Bibel ist schließlich nicht nur für Juden und Christen ein heiliges Buch, sondern zweifellos das wichtigste Buch der abendländischen Zivilisation, durch viele Jahrhunderte hindurch die hervorragendste Quelle und Inspiration für die abendländische Architektur, Kunst, Musik, Literatur, Philosophie und Ethik.

Beim Schreiben dieses Buches hoffe und bete ich, es möge Ihnen helfen, heil zu werden und als Mensch zu reifen, ganz gleich, welcher Tradition Sie sich angehörig fühlen. Die medizinisch positiven Auswirkungen des Glaubens sind nicht auf eine bestimmte Tradition beschränkt, sondern für alle offen.

Jetzt möchte ich Sie einladen, in mein Büro zu kommen. Ich will Ihnen von den aufregenden wissenschaftlichen Untersuchungen berichten, die beweisen, daß die Religion sich positiv auf Ihre Gesundheit auswirkt.

Teil 1

Erfahrungen –
wissenschaftlich beobachtet

1. KAPITEL

Der Gesundheitsfaktor Glaube

Stellen Sie sich für einen Augenblick vor, Sie suchen Ihren Hausarzt zu einer routinemäßigen Gesundheitsuntersuchung auf. Sie haben keine ernsthaften Probleme, nur hier und da irgendeine Unpäßlichkeit; jedenfalls nichts, was Anlaß zur Sorge geben würde. Ihr Arzt bescheinigt Ihnen eindeutig, daß Sie gesund sind und empfiehlt Ihnen vielleicht irgendwelche Medikamente für Ihre gelegentlichen kleinen Beschwerden. Und dann fügt er oder sie hinzu: „Ich möchte Ihnen gern noch etwas anderes nennen, womit Sie Ihre Chancen, gesund zu bleiben, erhöhen können. Es ist leicht zu haben, jedermann zugänglich und kostet nichts. Möchten Sie genaueres darüber erfahren?"

Und jetzt stellen Sie sich vor, Sie haben ein schwerwiegendes gesundheitliches Problem. Nachdem Ihr Arzt die Ergebnisse eines Angiogramms (einer Röntgenuntersuchung des Herzens) ausgewertet hat, empfiehlt er Ihnen eine Bypass-Operation und beschreibt Ihnen, wie eine solche vor sich geht.

Als Antwort auf Ihre Frage, wie Sie sich am besten auf die Operation vorbereiten können, sagt Ihr Arzt: „Ich habe gerade in einer medizinischen Fachzeitschrift einen Beitrag gelesen, in dem ein Faktor beschrieben wird, der zu besserer Genesung hilft. Möchten Sie wissen, worum es sich dabei handelt?"

Man kann sich doch kaum vorstellen, daß man darauf mit „Nein" antworten würde, oder? Gestützt auf Forschungsergebnisse, die uns heute zur Verfügung stehen, würde Ihnen Ihr Arzt – aus streng wissenschaftlicher Sicht – raten, ein aktives Gebets- und spirituelles Leben zu führen. Das werde Ihre Chancen vergrößern, um

- gesund zu bleiben und lebensbedrohliche, Leben behindernde Krankheiten wie Krebs und Herzerkrankungen zu vermeiden;
- sich im Fall, daß Sie sich tatsächlich eine ernsthafte Krankheit zuziehen, rascher und mit weniger Komplikationen wieder zu erholen;
- sich lebensbedrohlichen und tödlichen Krankheiten mit größerem innerem Frieden und weniger Schmerzen zu stellen;
- psychische Erkrankungen wie Depressionen und Angstzustände zu vermeiden und besser mit Streß zurecht zu kommen;
- Problemen mit Alkohol, Drogen und Nikotin von vornherein aus dem Weg zu gehen;
- ein glücklicheres Ehe- und Familienleben zu führen;
- mehr Sinn und Zweck in Ihrem eigenen Leben zu finden.

Diese positiven Ergebnisse eines lebendigen Glaubens- und Gebetslebens sind im Lauf der letzten drei Jahrzehnte mit zahlreichen wissenschaftlichen Untersuchungen belegt worden, und Forschungsergebnisse in diesem Bereich wurden in maßgeblichen, führenden medizinischen Fachzeitschriften [hier der USA; ähnlich im deutschen Sprachraum] veröffentlicht, wie etwa im *„American Journal of Public Health"*, *„Cancer"*, *„American Journal of Psychiatry"*, *„American Journal of Medicine"*, *„Heart and Lung"* und vielen anderen. Vor mehreren Jahren half ich, diese Forschungserkenntnisse in einem Sammelwerk mit dem Titel *The Faith Factor: An Annotated Bibliography of Clinical Research on Spiritual Subjects* zusammenzufassen.[1] Schon bevor ich mich an die Aufgabe machte, diese vierbändige Bibliographie herauszugeben, war ich vom Wert des Glaubens für die Gesundheit überzeugt; aber die Forschungserkenntnisse bestärkten mich vollends in meiner Überzeugung, welch ein breites Spektrum an positiven Auswirkungen jener bemerkenswerte Katalysator hat, den ich als den „Gesundheitsfaktor Glaube" bezeichne.

Auch andere Gesundheitsfaktoren, wie der soziale und wirtschaftliche Status, die Ernährungsweise und die körperliche Ertüchtigung wirken sich auf das Wohlbefinden des Menschen aus; aber ein aktives Glaubensleben führt zu einer Bandbreite von Auswirkungen, die in ihrem Umfang einzigartig zu sein scheint. Diese positive Wirkung ist bereits für die meisten Bereiche der Gesundheit des Menschen nachgewiesen worden. Das reicht von der Krankheitsverhütung über die Behandlung bis zur Rekonvaleszenz und zur seelischen Bewältigung von Fragen am Beginn des Lebens (Unfruchtbarkeit und Frühgeburt) bis zu dessen Ende (Milderung von Todesängsten).

Doch infolge einer tiefen Kluft zwischen moderner medizinischer Wissenschaft und Religion wurde der Gesundheitsfaktor Glaube jahrhundertelang in der Forschung und Praxis sträflich vernachlässigt. Warum ist dieser gewichtige Gesundheitsfaktor so lange Zeit übersehen worden?

Die Trennung der Zwillingstraditionen der Heilkunst – Medizin und Religion

Es gab eine Zeit, in der Medizin und Religion so eins waren, daß der Medizinmann zugleich auch Priester war. Viele Kulturen auf der ganzen Welt sehen ihre Heiler immer noch in dieser Doppelfunktion. Im Abendland blieben Religion und Medizin bis zum Ausgang des Mittelalters eng miteinander verknüpft. Die ersten Hospitäler wurden von Klöstern gegründet; die Ärzte dieser Zeit waren gewöhnlich Mönche. Diese Verbindung kam auch in der Diagnose zum Ausdruck: Krankheiten wie die Pest wurden auf spirituelle Ursachen zurückgeführt.

Doch beim Anbruch der wissenschaftlichen Revolution wurden die Zwillingstraditionen der Heilkunst voneinander getrennt. Die Wurzeln dieser Revolution gehen auf das Werk von Philosophen wie René Descartes, David Hume und John Locke zurück, die eine neue Methode der Wahrheitserkenntnis propagierten. Im 17. Jahrhundert vertrat der französische Philosoph René Descartes die Auffassung, die Wahrheit lasse sich *ausschließlich* durch das Auswerten empirischer Daten und mittels einer rationalen wissenschaftlichen Methode erkennen. Von diesem Ansatz ausgehend, halfen bemerkenswerte Forscher die wissenschaftliche Revolution in Gang zu bringen, die einen noch nie dagewesenen Zugewinn an Erkenntnissen auf allen Gebieten der Wissenschaft erbrachte.

Von diesen außerordentlichen Entwicklungen auf dem Gebiet der experimentellen Wissenschaft fühlte sich die christliche Kirche überrollt und sah ihre bislang nicht hinterfragte Autorität und ihr Monopol auf die Bestimmung dessen, was Wahrheit ist, zerbröckeln. Da sich die Methode des Experiments nicht leicht und verläßlich auf Gott oder unsere Gotteserfahrungen anwenden ließ, wurde Religion aus dem Bereich der Wissenschaft ausgeschieden, während die Medizin ihm angehörte. Im Lauf der Zeit gewannen im Abendland die Anhänger der wissenschaftlichen Methode und Weltsicht die Oberhand, und so wurden auch die besten Ärzte nur mit den medizinischen Techniken ausgestattet, die der Prüfung mittels der Methode des Experiments standhielten, wie es die moderne Wissenschaft verlangte.

Heute, Jahrhunderte danach, sehen wir die unglücklichen Folgen dieser Aufspaltung von Religion und Medizin. Die Ärzte leben in einer Welt, die vollständig von der Philosophie Descartes' beherrscht wird, und sie werden darin geschult, ihr Urteil nur danach auszurichten, was im Laboratorium empirisch bewiesen werden kann. Das Ansinnen, auf religiöse Fragen zu sprechen zu kommen und vor allem auf subjektive spirituelle Erfahrungen, weckt bei allzu vielen Ärzten größtes Unbehagen, wenn nicht ironisches Mitleid. Wenn Ärzte gebeten werden, im Untersuchungszimmer, vor einer Operation oder am Krankenhausbett mit einem Patienten zu beten, fühlen sich die meisten völlig außerhalb ihres „professionellen" Gebiets. Und doch – viele Menschen wollen dringend über ihren Glauben sprechen, wenn sie krank sind. Wenn die Krankheit die Patienten in unsere Sprechzimmer führt, suchen sie zunächst und zuerst die Linderung ihrer körperlichen Symptome, aber viele suchen noch viel mehr. Sie möchten wissen: „*Warum* bin ich krank? Ist das eine Strafe für mich? Welche Rolle spielt Gott dabei? Ist es richtig, Gott zu bitten, mich wieder gesund zu machen? Hilft es überhaupt irgend etwas, wenn ich das tue?"

Kein Arzt kann diese Fragen endgültig beantworten; aber ich glaube, wir können es lernen, offen und einfühlsam auf die spirituellen Anliegen unserer Patienten zu hören. Wenn wir dazu bereit sind und die Situation sich dazu eignet, können wir noch mehr tun: vielleicht auf eine bestimmte Bibelstelle verweisen, vielleicht ein bestimmtes Gebet empfehlen, oder Einsichten von unserem eigenen Glaubensweg weitergeben, oder anregen, ein Gespräch mit einem Geistlichen zu führen.

Angesichts der wissenschaftlichen Belege, über die wir heute bezüglich des Verhältnisses von lebendiger Glaubens-/Gebetspraxis und Gesundheit verfügen, müßte selbst René Descartes der Behauptung zustimmen: Ärzte, die anderen Menschen in ihrem Leiden helfen wollen, Ärzte, die Heiler des ganzen Menschen sein wollen, sind verpflichtet, auch das spirituelle Leben ihrer Patienten zur Sprache zu bringen bzw. sich ihm zu stellen. Wenn Ärzte dies tun, verbessern sie nicht nur die Qualität ihres Zuspruchs am Krankenbett, sondern, was noch wichtiger ist: Sie helfen ihren Patienten, die physische und seelische Heilkraft des Glaubens für ihr Leben zu aktivieren.

Bis vor kurzem hatten die meisten Menschen noch nicht von klinischen Beweisen gehört, die den Gesundheitsfaktor Glaube belegen. Das hat sich zu ändern begonnen, und zwar dank der Pionierarbeit von Medizinforschern wie Herbert Benson, Larry Dossey und anderen, sowie dadurch, daß dieses Thema immer öfter auch in den großen öffentlichen Medien auftaucht. Doch da dies für die meisten von uns immer noch ziemliches Neuland ist, möchte ich Ihnen zunächst einen Überblick darüber geben, was uns der aufregende Beweis zu sagen hat – und wie er Ihr Leben verändern kann.

Zum richtigen Verständnis dieser Daten müssen wir zuerst auf zwei Grundsätze zu sprechen kommen, auf denen die Forschung in diesem Gebiet weithin beruht. Ich werde sie in späteren Kapiteln gründlicher ausführen; für den Augenblick soll eine kurze Beschreibung genügen.

(1) *Unterschied zwischen Gläubigkeit und Spiritualität*
Während das Wort „Spiritualität" die private Suche des einzelnen Menschen nach Sinn und Zugehörigkeit bezeichnet und vor allem seine Beziehung zu Gott, wird mit „Gläubigkeit" die Zugehörigkeit eines Menschen zu einem organisierten System von Glaubensüberzeugungen und Praktiken umschrieben, die er in einer Gemeinschaft von Glaubensgefährten pflegt. Man kann gläubig und zugleich auch spirituell sein; ja, der Beweis deutet darauf hin, daß die Verknüpfung von beidem das Ideal ist und am wirksamsten die Gesundheit und das Wohlbefinden fördert. Aber man *muß* nicht ein „Gläubiger" sein, um spirituell zu sein, und umgekehrt gilt das gleiche (im 8. Kapitel werde ich das Verhältnis von Gläubigkeit und Spiritualität ausführlicher besprechen).

(2) *Die Häufigkeit der Teilnahme am Gottesdienst wird meistens als Maß dafür genommen, wie stark jemand seinen Glauben praktiziert.* Der Grund dafür ist nicht, weil das der einzige Indikator der Gläubigkeit wäre, sondern einfach, weil der Gottesdienstbesuch leichter zu messen ist als die meisten anderen Indikatoren, vor allem die persönlicheren, innerlicheren Faktoren, wie etwa der, auf welche Weise man Gottes Wirken in seinem eigenen Leben erfährt und deutet. Mit anderen Worten: In einer wissenschaftlichen Untersuchung läßt sich leicht messen, wie oft ein bestimmter Mensch an einem Gottesdienst teilnimmt; viel schwerer dagegen ist es zu messen, wie oft und auf welche Weise dieser Mensch Gottes Nähe erfährt. Daher werden Sie im Verlauf dieses Buches oft vom Besuch der Kirche oder Synagoge als Maßstab oder Synonym für die Glaubenspraxis lesen, und Sie werden sehen, daß der häufige Gottesdienstbesuch als Indikator einer „großen Gläubigkeit" gewertet wird. Das ist einfach deshalb so, weil der Gottesdienstbesuch viel öfter erforscht worden ist als jedes andere einzelne

31

religiöse oder spirituelle veränderliche Element. Wie ich im 11. Kapitel darlegen werde, gibt es durchaus Gründe für die Annahme, daß die Teilnahme am Gottesdienst tatsächlich eine maßgebliche Komponente des Gesundheitsfaktors Glaube ist, jedoch nicht das einzige Kriterium für Gläubigkeit oder Spiritualität. Künftige Forschungen über die Verbindung von Glaube und Gesundheit werden zweifellos noch genaueres Licht auf andere, noch weniger gründlich untersuchte Verhaltensweisen, Überzeugungen und Haltungen werfen.

Die körperliche Gesundheit –
Vorbeugung, Genesung und Überleben

Vielen Menschen leuchtet es unmittelbar ein, daß die Religion zur mentalen oder emotionalen Gesundheit beitragen kann. Aber kann sie gegen tödliche Krankheiten wie Krebs und Schädigung der Herzkranzgefäße helfen? Oder gegen verkrüppelnde Krankheiten wie die chronische Polyarthritis?

Hier kommt die frohe Botschaft: Wissenschaftliche Studien zeigen, daß ein aktives religiöses Leben den Menschen hilft, gegen das Krankwerden *vorzubeugen*, von Krankheiten zu *genesen* und – was das bemerkenswerteste ist – *länger zu leben.* Je lebendiger das Glaubens- und Gebetsleben eines Menschen ist, desto wahrscheinlicher wirkt sich das spürbar positiv auf seine Gesundheit aus.

Vorbeugen gegen Krankheiten

Wenden wir unsere Aufmerksamkeit zunächst den Untersuchungen zu, die zeigen, daß der Gesundheitsfaktor Glaube bei der Vorbeugung gegen Krankheiten hilft. Eine klassische Untersuchung im Jahre 1972 an 91 909 Einzelpersonen im County Washington (Maryland)[2] hat ergeben, daß diejenigen, die ein- oder mehrmals wöchentlich die Kirche besuchten, bemerkenswert seltener an folgenden Todesursachen starben:

Erkrankung der Herzkranzgefäße (50% weniger)

Emphyseme (56% weniger)

Leberzirrhose (74% weniger)

Selbstmord (53% weniger).

Bei den Teilnehmern an der Umfrage, die regelmäßig den Gottesdienst besuchten, traten auch wesentlich weniger Lungentuberkulose, vaginale Trichomoniasis (eine beim Sexualverkehr übermittelte Krankheit) und abnorme zervikale Zytologien (präkanzeröse und krebsige Zellen im Zervixbereich) auf. Diese Untersuchung führte zu einer Reihe von Hypothesen über mögliche Mechanismen, die zu den Auswirkungen des Gesundheitsfaktors Glaube führten. Das geringere Auftreten von Emphysemen und Erkrankungen der Herzkranzgefäße unter den regelmäßigen Kirchenbesuchern könnte daher rühren, daß religiös Praktizierende weniger rauchen. Das seltenere Vorkommen von Leberzirrhose könnte durch einen entsprechenden geringeren Alkoholkonsum bedingt sein; die niedrigere Rate an sexuell übertragenen Krankheiten und Selbstmord deutet auf entsprechend andere sexuelle Verhaltensweisen und auf die Fähigkeit hin, besser mit den Problemen des Lebens fertig zu werden.

Diese provozierende Untersuchung warf so viele Fragen auf, wie sie beantwortete. Sie lenkte die Aufmerksamkeit der Wissenschaftler auf die Möglichkeit eines inneren Zusammenhangs zwischen einem religiös aktiven Leben und der Gesundheit und steckte die Bereiche für weitere Forschungen ab.

Bei dieser Studie hat man nicht gründlicher nachgehakt, also zum Beispiel nicht die statistische Bedeutung von Faktoren wie Rauchen und Alkoholkonsum mit in Betracht gezogen. So konnten die Forscher nicht ermitteln, ob das geringere Auftreten von Zirrhose, Emphysemen und Erkrankungen der Herzkranzgefäße unter den Kirchgängern nur mit dem regelmäßigen Gottesdienstbesuch zusammenhing oder durch geringeren Tabak- und Alkoholgenuß bedingt war, oder durch beides. Wie ich im folgenden Kapitel ausführen werde, sollte man die Bedeutung von Religion für die Anleitung zu gesunden Lebensgewohnheiten nicht unterschätzen; eine gesunde Lebensweise ist nicht der einzige Faktor, der die positive Auswirkung des Glaubens auf die Gesundheit erklärt.

Es dürfte klar sein, daß eine gesunde Lebensweise für eine gute Gesundheit von zentraler Bedeutung ist. Wir brauchen nur an die beiden hauptsächlichen Todesursachen in unserer Gesellschaft zu denken: Herzversagen und Krebs. Heute wissen wir, daß sich das Risiko einer Herzerkrankung und vieler Formen des Krebs (darunter Krebs an Lippen, Mundhöhle, Rachen, Speiseröhre, Magen, Kehlkopf, Lunge und Blase) oft bedeutend verringern läßt, indem man sich des Genusses von Tabak und Alkohol enthält und sich gesunde Lebensgewohnheiten zulegt, etwa fettarme Kost bevorzugt, sich regelmäßig körperlich ertüchtigt und mit seinem Streß auf angemessene Weise umgeht. Wissenschaftler haben nachgewiesen, daß sich religiös praktizierende Menschen mit größerer Wahrscheinlichkeit als nicht Praktizierende für gesunde Lebensgewohnheiten entscheiden und diese beibehalten. Eine 1991 durchgeführte Untersuchung von 1077 Studenten an der *Northern Illinois University*[3] erwies zum Beispiel, daß die besonders intensiv religiös praktizierenden Studenten (ein Sechstel der gesamten Teilnehmer) insgesamt eine bessere Gesundheit hatten, weniger krank wurden, seltener zum Arzt gingen und sich weniger oft verletzten als ihre weniger oder gar nicht religiös eingestellten Kommilitonen. Diese Studenten sprachen auch deutlich weniger dem Alkohol, Tabak und Drogen zu; sie trainierten häufiger und legten regelmäßiger die Sicherheitsgurte im Auto an.

Die Bedeutung gesundheitsfördernder Gewohnheiten wurde noch drastischer in Untersuchungen des National Cancer Institute an Mitgliedern der Mormonen vor Augen geführt.[4] Die Wissenschaftler J. W. Gardner und J. L. Lyon fanden heraus, daß die religiöse Praxis bei Mormonen einen gesunden Lebensstil begünstigt, der eine wichtige Rolle bei der Vorbeugung und Behandlung von Krebserkrankungen spielt.[5] Unter den untersuchten Mormonen traten bei denen, die religiös besonders engagiert waren, bedeutend weniger Fälle von Krebs auf als bei ihren weniger aktiven Glaubensgenossen. (Das größere religiöse Engagement wurde nach folgenden Kriterien bemessen: Bei den Männern äußert es sich dadurch, daß sie höhere Positionen innerhalb der Laienpriester-Hierarchie einnehmen, die man infolge sichtlich erwiesener größerer Treue zur Kirchenlehre erlangt, wozu gehört, daß man sich des Alkohols, Tabaks, Kaffees und Tees enthält und strikt eine Reihe von moralischen Richtlinien beachtet, etwa den Zehnten abgibt, moralisch einwandfrei lebt, ehrlich ist, regelmäßig an den Kirchenversammlungen teilnimmt. Bei den Frauen äußert sie sich durch die Häufigkeit der Teilnahme an den Gottesdiensten und an anderen kirchlichen Aktivitäten.)

- Mormonische Frauen, die in ihrer Kirche aktiver engagiert waren, hatten weniger als halb so viel Krebserkrankungen der Verdauungs- und Atemwege als die weniger religiös Aktiven.
- Mormonische Frauen wiesen um 45 % weniger Gebärmutterkrebs auf als Frauen im nationalen Durchschnitt.
- Die mormonischen Männer in den höheren Rängen des Priestertums erkrankten mit bedeutend geringerer Wahrscheinlichkeit an Leukämie und Krebs an Lippen, Mundhöhle, Rachen, Speiseröhre, Magen, Kehlkopf, Lunge und Blase als ihre weniger engagierten Glaubensgenossen.

Auch Studien unter den Siebenten-Tag-Adventisten (STA) haben erwiesen, welch große Rolle der Faktor Glaube bei der Vorbeugung gegen Krankheiten spielt. Die Siebenten-Tag-Adventisten enthalten sich wie die Mormonen aus religiösen Gründen vom Rauchen und Alkoholgenuß; bei vielen Adventisten gehört zudem eine strikt vegetarische Ernährungsweise zu ihrem religiösen Lebensstil. Zweifellos trugen diese gesundheitsfördernden Gewohnheiten zu den aufsehenerregenden Ergebnissen einer Untersuchung im Jahre 1983 unter den Siebenten-Tag-Adventisten in Holland bei.[6] Bei den männlichen Adventisten stellte man fest, daß sie durchschnittlich *neun Jahre länger* lebten als die Männer in der Gesamtbevölkerung, die Frauen vier Jahre länger. Die STA-Mitglieder erkrankten nur halb so oft an Krebs wie ihre Nicht-STA-Mitbürger und wiesen 59% weniger Fälle von Erkrankungen der Herzkranzgefäße auf. Eine Untersuchung im Jahre 1983 an männlichen Siebenten-Tag-Adventisten und anderen Alkohol-Abstinenten in Dänemark[7] ergab, daß die Siebenten-Tag-Adventisten maligne Erkrankungen in viel niedrigerer Rate als die allgemeine Bevölkerung entwickelten: nur 69% der zu erwartenden Fälle.

Sind die Mormonen und Siebenten-Tag-Adventisten nur deshalb gesünder als der Durchschnitt der Bevölkerung, weil sie gesündere Lebensgewohnheiten haben (weniger rauchen und trinken, sich gesünder ernähren), oder weil sie religiös engagierter sind? Die Antwort lautet: Beides spielt mit. Diese Menschen pflegen *wegen* ihrer religiösen Überzeugung eine gesündere Lebensweise. Sie bevorzugen eine gesündere Ernährung und verzichten auf Rauchen, Trinken und den Genuß von Drogen, weil sie ein „gottgefälliges Leben" führen und sich an die Überlieferungen ihrer Vorfahren halten wollen. Diejenigen, die nichts Ungesundes zu sich nehmen oder sich vegetarisch ernähren, tun das nicht nur deshalb, weil sie gesünder sein möchten, sondern weil sie glauben, dies bringe sie Gott näher. Das ist für sie eine starke Motivation dafür, sich eine Disziplin aufzuerlegen, die vielen Menschen sehr schwer fällt. So ist ihre deutlich bessere durchschnittliche Gesundheit nicht nur das Ergebnis gesunder Lebensgewohnheiten, sondern sie läßt sich auf ihre religiöse Überzeugung zurückführen, die eine gesunde Lebensweise begünstigt.

Aber auch ohne derlei Praktiken kann sich ein lebendiges Glaubensleben positiv auf die Gesundheit auswirken. Häufige Kirchgänger, die sich nicht der Zigaretten, des Alkohols und fettreicher Nahrung enthalten, können ebenfalls in den Genuß der Vorzüge des Faktors Glaube kommen. Denken wir etwa an den Bluthochdruck, den „lautlosen Killer", der zum Schlaganfall/Herzschlag und sonstigen Beschwerden der Herzkranzgefäße führt. 1978 erbrachte eine Untersuchung an 355 Männern im County Evans (Georgia)[8], daß diejenigen, die ein- oder mehrmals wöchentlich den Gottesdienst besuchten, bedeutend niedrigere Blutdruckpegel aufwiesen als Männer, die weniger oft zur Kirche gingen. Der positive Zusammenhang von Gottesdienstbesuch und niedrigerem Blutdruck blieb sogar dann bestehen, *wenn die Gottesdienstbesucher Raucher waren!*

Bei einer Untersuchung im Jahre 1982 an 2754 Männern und Frauen in Tecumseh (Michigan)[9] kam man zu dem Ergebnis, daß die Frauen, die häufiger die Kirche besuchten, länger lebten als diejenigen, die es weniger oft taten. Im Unterschied zu der oben zitierten Studie im County Washington wurde bei derjenigen im County Tecumseh auch genauer auf andere Faktoren geachtet, wie etwa auf Alter, Geschichte der Herzerkrankungen, Bronchitis, Grad der Schwächung bei Atemtests, als man die Auswirkungen des Gottesdienstbesuchs genauer überprüfte. Mit anderen Worten: Bei den Ergebnissen der Untersuchung war man bemüht, die Unterschiede zwischen den verschiedenen Menschen „auszugleichen", um wirklich nur die unterschiedliche Häufigkeit des Gottesdienstbesuchs als verläßliches Kriterium anwenden zu können. Solche genaue Untersuchungen erlauben den Forschern Schlüsse wie den folgenden: Wenn Maria und Martha, zwei Frauen der Untersuchung, das selbe Alter haben und medizinisch gesehen ungefähr in der gleichen Verfassung sind, Maria jedoch jede Woche zur Kirche geht, Martha dagegen nur einmal im Jahr, dann wird Maria statistisch gesehen wahrscheinlich länger leben.

Die religiöse Praxis wirkt sich stark positiv auf die Lebenserwartung aus, sowohl weil sie gesunde Lebensgewohnheiten fördert, als auch aus Gründen, die nicht direkt mit einer gesunden Lebensweise zusammenhängen. Diese werde ich im 2. Kapitel erläutern. Angesichts dieser Daten ergibt sich, daß zum Rezept für ein längeres Leben gehört, sich schädigender Gewohnheiten zu enthalten und sich gesunde Gewohnheiten zuzulegen, wie etwa regelmäßige körperliche Ertüchtigung, *sowie auch*, jede Woche den Gottesdienst zu besuchen.

Genesung von Krankheit

Obwohl ein aktives Glaubensleben offensichtlich die Chancen, krank zu werden, verringert, verhütet es das Krankwerden nicht ganz. Doch auch wenn man von einer schweren Krankheit befallen wird, scheint das religiöse Leben den Genesungsprozeß wesentlich zu beschleunigen. Bei einer 1995 von Thomas Oxman an der *Dartmouth Medical School* durchgeführten Untersuchung[10] wurde der Fortschritt von 232 älteren Patienten mitverfolgt, die eine offene Herzoperation hinter sich hatten. Die allgemeine Sterberate unter diesen Patienten betrug in den ersten sechs Monaten nach der Operation 9%; bei den Patienten, die angaben, regelmäßig in die Kirche zu gehen, betrug die Rate hingegen nur 5%; die Todesrate bei denen, die gar nicht in die Kirche gingen, lag fast dreimal so hoch wie diejenige der Kirchenbesucher. Noch eindrucksvoller ist, daß unter dieser Gruppe von Gläubigen 73 Patienten, die von sich sagten, ihr Glaube schenke ihnen „viel Stärke und Trost", *alle* das erste halbe Jahr nach der Operation überlebten.

Bei Umfragen geben viele Patienten an, sie wüßten um die heilende Kraft des Gebets. Für eine Studie im Jahre 1986[11] wurden 586 Einwohner von Richmond (Virginia) nach dem Zufallsprinzip für eine telefonische Befragung ausgewählt. Die Fragen lauteten unter anderem: „Haben Sie schon einmal die Heilung von einer schweren Krankheit oder einem körperlichen Zustand erlebt, die Sie Ihrer Überzeugung nach dem Gebet verdanken oder die man als von Gott bewirkte Heilung betrachten kann?" 14% der Befragten beantworteten diese Frage mit „Ja". Die Krankheiten, von denen sie geheilt worden waren, reichten von Erkältungen und Grippe bis zu Krebs, Rückenleiden, Brüchen und emotionalen Problemen. Hierbei handelte es sich natürlich um selbstberichtete, sozusagen anekdotische Beweise ohne medizinische Dokumentation. Aber immerhin zeigt diese Umfrage wie viele andere ähnliche, daß viele Patienten der festen Überzeugung sind, daß das Beten eine meßbare Heilwirkung hat. Diese Erkenntnis hat dazu geholfen, neu das Interesse für die Wieder-Einbeziehung der spirituellen Dimension in die klinische Betreuung zu wecken.

Mentales und emotionales Wohlbefinden

Diese und andere Studien haben den Wert des Betens und der religiösen Praxis erwiesen, wenn es darum geht, physischen Erkrankungen vorzubeugen und von solchen wieder zu genesen. Dazu gehören auch lebensbedrohende Krankheiten wie Krebs und Herzprobleme. Aber welche Auswirkung hat der Faktor Glaube auf psychische Krankheiten und Süchte, die für die Patienten, ihre Familien und die Gesellschaft insgesamt zu unermeßlichem und fortwährendem Leiden führen? Bis vor kurzem waren mentale Krankheiten wie Depression und Angstzustände trotz bester Bemühungen der medizinischen Wissenschaft noch kaum wirksam zu behandeln. Heute werden diese Krankheiten oft erfolgreich mit pharmazeutischen Mitteln und durch Psychotherapie gemildert. Die süchtige Abhängigkeit von Substanzen wie Alkohol, Drogen und Tabak sind immer noch schwer mit Erfolg zu behandeln. Aber genau wie der Faktor Glaube sich nachhaltig positiv auf Erkrankungen der Herzkranzgefäße und Krebs auswirken kann, verspricht er auch bei psychischen Störungen und Süchten ungemein segensreiche Wirkungen. Der einzigartige Erfolg der spirituell ausgerichteten Zwölf-Schritte-Programme (der Anonymen Alkoholiker, Anonymen Narkotiker usw.) zeigt, daß der Faktor Glaube wohl die beste Hoffnung auf eine erfolgreiche Behandlung von Suchterkrankungen bietet.

Depression und Trauer

Ich weiß aus eigener Erfahrung, was es heißt, unter Depressionen zu leiden. Daher empfinde ich es als ein ganz besonderes Hoffnungszeichen, daß ein lebendiges religiöses Leben dazu angetan ist, dieser Störung beizukommen, die Winston Churchill als „den schwarzen Hund" bezeichnet hat. Die klinische Depression ist etwas ganz anderes als die „Tiefs" und „Durchhänger", die jeden von Zeit zu Zeit überkommen. Über elf Millionen Amerikaner werden jährlich von dieser Krankheit befallen.[12] Aus unbekannten Gründen ist die Rate der Depressionen bei Frauen zweimal so hoch wie bei Männern. Eine Untersuchung der Mediziner D. Hertsgaard und H. Light von der *North Dakota State University* in Fargo[13] ist in dieser Hinsicht besonders verheißungsvoll. Die Forscher untersuchten 760 Frauen im mittleren Westen und fanden heraus, daß diejenigen mit zwei und mehr Kindern unter vierzehn Jahren am meisten von Depressionen und Ängsten betroffen waren, und diejenigen ohne Kinder am wenigsten. Es half den Frauen, Ängste und Depressionen zu vermeiden, wenn sie an den Entscheidungen über die Aktivitäten auf der Farm beteiligt wurden und mehr als einmal im Monat Freunde besuchen konnten. Zudem erlebten Frauen, die mehr als einmal im Monat in die Kirche gingen, bedeutend weniger Angstzustände und Depressionen als diejenigen, die seltener oder überhaupt nicht an Gottesdiensten teilnahmen. Diese Daten könnten neue Wege zur Vorbeugung gegen Depressionen bei Frauen und anderen Bevölkerungsschichten weisen, die zu diesen schmerzlichen Zuständen neigen.

Der Gesundheitsfaktor Glaube scheint auch Männern zu helfen, sich gegen Depression zu wappnen. 1990 wurde in einer Studie über 451 afro-amerikanische Männer und Frauen[14] die Auswirkung der Teilnahme am Gottesdienst und anderer religiöser Aktivitäten auf Depressionen untersucht. Man fand heraus, daß Menschen, die ein aktives Glaubensleben führten, bedeutend weniger unter Depressionen litten. Ja, Männer mit geringer religiöser Praxis wurden fast doppelt so oft von Depressionen heimgesucht wie ihre religiös aktiveren Altersgenossen.

Depressionen bedrohen vor allem Menschen in angespannten Streßsituationen, wie etwa beim Verlust eines geliebten Menschen. Für viele von uns ist die Trauer um einen Menschen das streßreichste Ereignis im Leben. Das war auch in meiner Familie so. Mehrere Untersuchungen zeigen, daß ein aktives Glaubensleben hilft, in solchen Zeiten vor Depressionen verschont zu bleiben. 1983 erschien eine Studie über 92 Familien, die zwischen 1975 und 1979 ein Kind verloren hatten.[15] 70% der befragten Eltern gaben an, ihre religiöse Überzeugung habe ihnen zum Zeitpunkt der Beisetzung ihres Kindes Trost gespendet. 80% der Eltern sagten ein Jahr danach, sie hätten in ihrer Religion Stärke und Trost gefunden. Obwohl Krankheit und Tod eines Kindes eine schwere Glaubensprüfung darstellen können, erbrachte die Studie, daß 40% der Eltern das Gefühl hatten, nach dem Tod ihres Kindes sei ihr Glaube in Wirklichkeit stärker geworden. Diese Eltern hatten die Situation psychisch besser bewältigt und zeigten weniger physische Symptome als diejenigen, die während der Trauerzeit keine Stärkung ihrer religiösen Überzeugungen erfahren hatten.

Auch der Tod eines Ehepartners stellt gewaltige Herausforderungen dar, nicht nur emotionaler Art, sondern auch, weil die Wahrscheinlichkeit körperlichen Krankwerdens zunimmt. Christopher Rosik, P.D., befragte 165 Witwen und Witwer in den kalifornischen Counties Los Angeles und Ventura[16] und suchte nach einer Verbindung zwischen Glaubenspraxis und Trauer. Er fand heraus, daß Witwen und Witwer mit dem lebendigen Gefühl, eine persönliche Beziehung zu Gott zu haben, besser mit dem Verlust ihres Ehegatten zurechtkommen als ihre nichtreligiösen Schicksalsgefährten oder religiös praktizierende Menschen, die nicht die Gegenwart Gottes in ihrem Leben verspüren. Zusätzliche Studien haben diese wichtige Tatsache weiter erhellt: Ein lebendiges Glaubens- und Gebetsleben, vor allem wenn es mit einer tiefen persönlichen Spiritualität einhergeht, lindert die lebenserschütternden Wirkungen der Trauer und hilft den Trauernden, sich ihrem Verlust zu stellen und sich ihr Leben wieder sinnvoll einzurichten.

Kann der Glaube auch bei der Behandlung schwerer psychischer Erkrankungen wie etwa der Schizophrenie hilfreich sein? Auf diesem Gebiet brauchen wir zwar noch mehr gründliche Untersuchungen, aber eine 1985 unternommene Untersuchung an vier Krankenhäusern und psychiatrischen Kliniken ist verheißungsvoll.[17] Die Forscher

C.C. Chu und H.E. Klein überprüften 275 afro-amerikanische Patienten mit Schizophrenie, die in psychiatrische Kliniken eingewiesen worden waren, und wollten dabei herausfinden, welche Faktoren bei der Rate der Wiedereinweisung solcher Patienten in die Klinik im Spiel sind. Sie kamen zu dem Ergebnis, daß eine lebendige religiöse Praxis das Risiko, wieder eingewiesen zu werden, erheblich senkt, vor allem, wenn die Angehörigen des Patienten ihn oder sie ermutigten, auch während des Klinikaufenthalts Gottesdienste zu besuchen. Obwohl viele Menschen mit psychotischen Krankheiten wie Schizophrenie religiöse Wahnvorstellungen entwickeln und sich zur Artikulierung ihrer Streßzustände der religiösen Sprache bedienen, kann die Religion auch ein positiver Faktor im Leben der Menschen sein, die unter diesen schrecklichen Krankheiten leiden. Die Studie von Chu und Klein spricht von der Möglichkeit, daß Religion einen sinnvollen Rahmen und ein Netzwerk der Hilfe bieten kann, was beides psychisch schwerkranken Patienten einen festen Halt verschaffen kann.

Süchte

Der Erfolg von Zwölf-Schritte-Programmen wie demjenigen der Anonymen Alkoholiker hat bewiesen, wie wertvoll ein spiritueller Ansatz für das Freiwerden von Sucht ist. Das wird durch wissenschaftliche Daten aus Studien über Suchterkrankungen noch weiter erhärtet. 1981 wurden im Rahmen einer Studie im *United States Public Health Service Hospital* in Fort Worth (Texas) 248 Männer befragt, von denen 87% mexikanische Amerikaner waren. Sie hatten durchschnittlich eine achtjährige Geschichte des Opiatmißbrauchs (meistens von Heroin) hinter sich, und es sollte untersucht werden, wie wirksam religiös und nicht-religiös geprägte Entziehungskuren sind.[18] Die Ergebnisse waren aufsehenerregend: Patienten, die an religiös orientierten Programmen teilnahmen, blieben mit *fast zehnmal höherer Wahrscheinlichkeit* nach Ende des Programms vom Heroin abstinent als Patienten, die an nichtreligiösen Programmen teilnahmen. Letztere wurden auch mit weniger Wahrscheinlichkeit auf Ehrenwort oder Bewährung entlassen.

Natürlich besteht die beste Strategie zur Eindämmung der Suchtabhängigkeit in der präventiven Verhütung; das gilt vor allem bei Jugendlichen, unter denen die Anfälligkeit für den Drogenmißbrauch besonders groß ist. Wie zahlreiche Studien belegen, kann Religion auch bei der Verhütung helfen. Religiös engagierte Jugendliche neigen spürbar weniger zum Gebrauch von Tabak, Alkohol und Drogen.

1980 erbrachte eine Studie unter erwachsenen Alkoholikern[19], daß das religiöse Engagement in der Jugend als eine Art „Schutzimpfung" gegen den Alkoholismus wirken könnte. Bei dieser Studie fand der Psychiater David Larson, Vorsitzender des *National Institute for Healthcare Research* und ein Pionier auf dem Gebiet der Untersuchung des Faktors Glaube, heraus, daß 89 % der Alkoholiker als Jugendliche das Interesse an der Religion verloren hatten; nur 20 % der Nichtalkoholiker sagten von sich das gleiche. Der Alkoholismus-Experte Dr. William Miller[20] glaubt, daß Alkoholismus die Spiritualität austreibt und umgekehrt Spiritualität den Alkoholismus. Er bezieht sich dabei auf einen Satz in einem Brief C. G. Jungs an den Gründer der Anonymen Alkoholiker, Bill Wilson: „Sie sehen, im Lateinischen heißt Alkohol *spiritus*, und Sie verwenden das gleiche Wort für die höchste religiöse Erfahrung... So lautet die hilfreiche Formel: *spiritus contra spiritum*."[21]

Bei jüngeren Menschen wie auch bei älteren wird das Vakuum, das sich beim Fehlen eines religiösen Inhalts einstellt, allzu oft mittels des Mißbrauchs von Alkohol oder Drogen ausgefüllt. Aber alle Eltern können zuversichtlich sein; denn zahlreiche Untersuchungen zeigen, daß ein religiös geprägtes Elternhaus stark vorbeugend gegen Drogenmißbrauch wirkt. Die Ergebnisse einer 1984 veröffentlichten Studie mit 600 Schülern der *Public High School* in Atlanta[22] sind besonders erhellend:

	% Wahrscheinlichkeit des wöchentlichen Konsums von		
	Alkohol	Marihuana	anderen Drogen
Schüler, die Religion als „sehr wichtig" betrachten	8	5	7
Schüler, die Religion als „nicht so wichtig" betrachten	26	23	25
Schüler, die häufig zur Kirche gehen	5	11	12
Schüler, die selten in die Kirche gehen	20	15	21

Viele weitere Untersuchungen bestätigen diese Ergebnisse, darunter eine 1986 veröffentlichte Studie über 16 130 ältere Schüler von High Schools[23], bei der sich ergab, daß die Frömmigkeit dieser Schüler der stärkste bestimmende Faktor für ihre Enthaltung von Drogen und Alkohol war. Er war sogar stärker als familienbedingte Faktoren, darunter derjenige, ob der Schüler mit beiden Elternteilen zusammenlebte. So scheint es, daß die elterliche „Predigt" gegen den Drogenkonsum noch wesentlich bestärkt wird, wenn die jungen Menschen beim regelmäßigen Gottesdienst gute Predigten mitbekommen.

Die Nikotinsucht verursacht in den USA jährlich 340 000 vorzeitige Todesfälle und kostet unsere Gesellschaft jährlich schätzungsweise 13 Milliarden Dollar für die medizinische Betreuung dieser Kandidaten, abgesehen von den unermeßlichen Leiden für viele.[24] Der Gesundheitsfaktor Glaube ist vielversprechend dafür, den Menschen zu helfen, ihrer Verfallenheit an die mächtige Tabaksucht zu entkommen. Wie wir gesehen haben, vermeiden viele Menschen, darunter die Siebten-Tags-Adventisten und die Mormonen, aus religiöser Überzeugung den Genuß von Tabak. Die Ergebnisse einer verblüffenden Studie, die 1987 veröffentlicht wurde[25], legen den Gedanken nahe, daß ein weiterer Aspekt des Faktors Glaube ebenfalls helfen könnte, die Fesseln der Nikotinabhängigkeit zu sprengen.

In dieser von den beiden Medizinern M. Gmur und A. Tschopp in der Schweiz durchgeführten Studie hatte ein religiöser Heiler 532 Rauchern die Hände aufgelegt. Das war die einzige Behandlung, die diese Raucher erfuhren; aber 40% von ihnen enthielten sich nach dieser Handauflegung wenigstens vier Monate lang des Rauchens – ein bemerkenswertes Ergebnis. (Man muß zum Vergleich dazu wissen, daß bei einer Raucher-Therapie mittels der Technik von Verhaltensänderungen die Erfolgsquote bei schätzungsweise 2% liegt, oder bei der Therapie mit Ersatzstoffen für Nikotin bei 13%[26]). Nach einem Jahr waren 33% der von der Schweizer Studie beobachteten Patienten Nichtraucher geblieben, nach 5 Jahren noch 20%. Als die Patienten zwölf Jahre nach der damaligen Behandlung wieder befragt wurden, enthielten sich immer noch 16% des Rauchens.

Kann eine einzige einfache „Behandlung", hier also die Handauflegung, allein für derlei positive Ergebnisse verantwortlich sein? Weitere Untersuchungen könnten helfen, dies genauer zu ergründen; aber wir wissen, daß diejenigen, die langfristig Nichtraucher blieben, dazu neigten, regelmäßig zur Kirche zu gehen und sehr stark an die Wirkung der Handauflegung zu glauben. Mit anderen Worten: Ihr Glaube könnte ihnen den sinnvollen Rahmen für diese Behandlung geliefert haben, und so wurde durch ihn deren Wirkung verstärkt. Weil die Langzeit-Nichtraucher zudem auch zu geringerem Alkoholkonsum als vergleichbare andere Menschen neigten, kam ihnen vielleicht auch zugute, daß sie weniger dem „passiven Rauchen" bei Cocktailparties und anderen Anlässen ausgesetzt waren, wo Rauchen und Trinken immer Hand in Hand gehen.

Diese eindrucksvolle Studie zeigt, daß wir noch ziemlich viel darüber lernen müssen, welch hilfreiches Potential der Glaube dafür bietet, daß sich Menschen aus ihren Süchten lösen. Wenn wir von den Fesseln der Sucht frei bleiben, gewährleisten wir unsere körperliche Gesundheit und sichern unser allgemeines Wohlbefinden und unsere Zufriedenheit. Das Vermeiden des Drogenmißbrauchs ist ein Grundpfeiler dessen, was die Forscher als „Lebensqualität" bezeichnen.

Auf der Suche nach dem Glück

Möchten Sie eine glücklichere Ehe und ein gesünderes Familienleben führen? Das Gefühl haben, Ihr Leben habe einen Sinn und mache Freude? Innerlich ausgeglichen und zufrieden sein?

Unzählige wissenschaftliche Untersuchungen weisen darauf hin, daß ein aktives religiöses Leben in hohem Maß dazu beiträgt, die Lebensqualität von Menschen aller Altersstufen und Lebenssituationen beträchtlich zu verbessern. Wir können diese Wirkung den Ergebnissen einer 1992 vom *National Opinion Research Center* veröffentlichten Studie entnehmen[27], mit der erforscht werden sollte, wie sich der *Verlust* des eigenen Glaubens auf die Menschen persönlich auswirkt. Die Forscher legten im Zeitraum von 18 Jahren 26 011 Personen detaillierte Fragen vor. Sie fanden heraus, daß bei religiös aktiven Menschen in bezeichnend höherem Maß als bei den „religiös Abspenstigen" die Wahrscheinlichkeit bestand, glücklich verheiratet zu sein, daß sie von sich behaupteten, sie seien „sehr glücklich", daß sie gemeindlichen Organisationen angehörten und bei den letzten Wahlen ihr Stimmrecht ausgeübt hatten. Die von ihrem Glauben Entfremdeten waren im Lauf der vorangegangenen fünf Jahre in weit höherem Maß arbeitslos als ihre religiös aktiven Altersgenossen.

Eine bereits früher durchgeführte Studie über das Verhältnis von religiös engagiertem Leben und Lebensqualität erwies einen engen Zusammenhang zwischen religiösem Leben und dem Gefühl, das Leben habe einen lohnenden Sinn. Diese Studie von 1978 über 2 164 amerikanische Erwachsene[28] zeigte nicht nur, welche Rolle die Religion für die Lebensqualität spielt, sondern erwies auch die Bedeutung des Umstands, verheiratet zu sein sowie des Alters, Einkommens, der Rasse, Ausbildung und Gesundheit. Es stellte sich heraus, daß die Umfrageteilnehmer fast durchweg der Überzeugung waren, von allen diesen Variablen sei für ihr Leben die Religion *der einzige und stärkste Garant einer positiven Lebensqualität*. Von denen, die Religion als äußerst wichtig einstuften, bezeichneten 59% ihr Leben „als sehr lohnend", im Gegensatz zu den 35% derjenigen, die der Auffassung waren, Religion sei unwichtig. Sowohl regelmäßiger Gottesdienstbesuch wie Kirchenmitgliedschaft wurden ebenfalls als Faktoren für eine hohe Lebensqualität bezeichnet. Diese Erkenntnisse trafen auf Männer wie Frauen zu, sowie auf Umfrageteilnehmer aus allen Einkommensschichten.

„The family that prays together, stays together – Die Familie, die miteinander betet, bleibt auch beieinander", sagt ein altes Sprichwort. Viele wissenschaftliche Studien bestätigen, daß es stimmt: Die Ehe profitiert ganz eindeutig vom Faktor Glaube. Eine 1980 veröffentlichte Studie über 7029 Personen[29] ergab, daß die Häufigkeit des Kirchen- oder Synagogenbesuchs ein Schlüsselfaktor für die Scheidungsraten war:

Häufigkeit des Gottesdienstbesuchs	Scheidungs-/Trennungsquote
Weniger als einmal jährlich	34 %
Ein bis mehrmals jährlich	27 %
Monatlich oder öfter	18 %

Eine Untersuchung über 2278 Amerikaner aller Glaubensrichtungen[30] zeigte, daß die Häufigkeit der Teilnahme am Gottesdienst für Männer wie Frauen der stärkste Garant für ein glückliches Eheleben war: stärker als Ausbildung, Alter, Familieneinkommen, beruflicher Rang und Zahl der Kinder daheim. Ja, der Gottesdienstbesuch war der einzige diesbezügliche Faktor, der auf beide Geschlechter zutraf.

Familien steuern wesentlich konstruktiver durch die Zeit der Pubertät ihrer Kinder – die schrecklichen „teens" –, wenn die Religion ein wichtiger Teil des Familienlebens ist. Ein aktives religiöses Leben hilft nicht nur, daß die Kinder weniger der Versuchung durch Drogen erliegen, sondern es scheint ihnen auch zu helfen, sich riskanter sexueller Aktivitäten und krimineller Delikte zu enthalten. 1977 untersuchten Forscher 1400 16-Jährige[31] und fanden heraus, daß das religiös aktive

Leben umkehrt proportional zu siebzehn delinquenten Verhaltensweisen stand, darunter das Autofahren ohne Führerschein, das Bei-sich-Tragen eines Messers oder einer Rasierklinge, das Fortlaufen von daheim, das Randalieren, das Kaufen und Trinken von Alkohol, das Verkaufen und die Einnahme von Drogen, das Schnüffeln von Klebstoff und der Vandalismus gegenüber fremdem Eigentum.

Zu einer Zeit, wo schon eine einzige hochriskante sexuelle Begegnung zur Infizierung mit dem HIV-Virus führen kann, werden die Eltern es gern erfahren, daß der Faktor Glaube helfen kann, die sexuelle Aktivität unter Jugendlichen einzuschränken. Eine Studie von 1991[32] ergab, daß Jugendliche, die häufig zur Kirche gingen, bedeutend weniger zu vorehelichem Sex neigten, vor allem, wenn sie konservativen Gruppen angehörten. Die schützende Wirkung der Religion erstreckt sich aber auch auf die Studenten, wie mehrere Studien belegen. Selbst unter Studenten einer religiös geprägten Schule[33] geht ein höheres Maß an religiöser Aktivität und persönlicher Spiritualität einher mit einem geringeren Maß an sexueller Aktivität: 80% der Studenten, die dreimal in der Woche die Kirche besuchten, waren noch ohne sexuelle Erfahrung, dagegen nur 37% derjenigen, die die Kirche weniger als einmal wöchentlich besuchten. Da nur die Enthaltsamkeit oder die lebenslange Monogamie einen vollkommenen Schutz gegen sexuelle Übertragung von Krankheiten wie AIDS, Gonorrhöe, Syphilis und Herpes bietet, läßt sich aus medizinischer Sicht die sexuelle Abstinenz unter unverheirateten Teenagern und jungen Erwachsenen als förderlich für die Gesundheit der jungen Menschen betrachten.

Alle diese Daten legen es nahe, die Rolle der Familie und des aktiven Glaubenslebens bei der Eindämmung von Verhaltensweisen, die die Gesundheit und das Glück bedrohen, neu zu überdenken und mehr als bislang zu betonen. Angesichts der vielen schlimmen Krankheitsrisiken, denen unsere Kinder heute ausgesetzt sind, ist es von entscheidender Bedeutung, diese das Leben fördernden Traditionen der Zugehörigkeit und des Sinns wieder zu entdecken und zu pflegen.

Mit den Wunden des Lebens richtig umgehen

Ein aktives Glaubens- und Gebetsleben hat viele wohltuende Wirkungen; aber es kann nicht gegen alle Krisen des Lebens abschirmen. Wir alle erleben Situationen der Trauer und letztlich unser eigenes Sterben; die meisten Menschen werden auch noch von anderen Krisen geschüttelt: Sie verlieren ihren Arbeitsplatz, ihre Ehe wird geschieden, sie erkranken schwer oder werden behindert, um nur einige wenige Möglichkeiten zu nennen. Viele Untersuchungen haben gezeigt, daß ein religiös aktives Leben den Menschen hilft, mit einem breiten Spektrum von Krisen zurechtzukommen; es erhöht die Spannkraft, fördert den inneren Frieden und macht belastbarer.

Wenige Streßfaktoren sind so stark wie der Umstand, in Haft zu sitzen. Um festzustellen, ob ein religiös aktives Leben älteren Männern hilft, das Leben im Gefängnis zu bewältigen, befragte der bekannte Gerontologe Dr. Harold Koenig von der *Duke University* 96 Häftlinge[34] und fand heraus, daß 32 % von ihnen ihren Glauben als ihr wichtigstes Mittel zur Bewältigung ihrer Situation bezeichneten. Häftlinge, die wöchentlich an den Gottesdiensten teilnahmen, neigten dazu, sich viel weniger über körperliche Krankheitssymptome zu beklagen als solche, die die Gottesdienste nicht besuchten. Dr. Koenig und seine Kollegen untersuchten auch ältere männliche Patienten in einem Krankenhaus der *Veterans Administration* in Durham (North Carolina). Auch in dieser Gruppe litten diejenigen, die ihre Lebenssituation mit Hilfe ihrer Religion zu bewältigen suchten, wesentlich weniger unter Depressionen als ihre nichtreligiösen Leidensgenossen. 21 % der Männer sagten, ihr Glaube sei „das wichtigste, was mich am Leben hält". Auch eine Studie von 1997[35] läßt darauf schließen, daß ein religiös aktives Leben im Gefängnis in sich das Potential zu einer Lebensänderung zu bergen scheint. Diese Studie erwies, daß die Häftlinge, die am häufigsten die von der *Prison Fellowship*, einem christlichen Werk, angebotenen Bibelstudienkurse besuchten, mit viel geringerer Wahrscheinlichkeit erneut ins Gefängnis kamen als diejenigen, die daran nicht teilnahmen: Von den Kursbesuchern wurden 14 % rückfällig, von den anderen 41 %. Dieser beträchtliche Unterschied weist auf neue Möglichkeiten für die Vorbeugung gegen Rückfälligkeit hin.

Die Betreuung chronisch kranker Angehöriger stellt für die Betreuenden eine enorme physische und seelische Belastung dar. Eine Studie von 1994[36] zeigte, daß der Faktor Glaube auch auf diesem Gebiet Hilfe bieten kann. Bei dieser Studie wurde das Verhältnis zwischen Gottesdienstteilnahme und Wohlbefinden bei 84 älteren Betreuerinnen und Betreuern von Alzheimer-Patienten und 81 Personen der gleichen Altersgruppe, die keine solchen Angehörigen betreuten, untersucht. Wie kaum anders zu erwarten, gaben die Betreuer in geringerem Maße an, sich rundum wohl zu fühlen, als diejenigen, die niemanden betreuten. Aber die Betreuer, die regelmäßig an Gottesdiensten teilnahmen und aussagten, sie fänden für ihre spirituellen Bedürfnisse Anregungen, fühlten sich in höherem Maß wohl und litten weniger unter Streß als die Betreuer, die sagten, mit ihren spirituellen Bedürfnissen stünden sie allein.

Eine weitere wichtige Lebenskrise stellt das Altern dar; es bringt ein breites Spektrum potentieller Streßfaktoren mit sich, von Behinderung über Vereinsamung bis zum Verlust des Lebenssinns. Eine Untersuchung an 272 Patienten im Alter von 60 bis 94 Jahren aus dem Jahr 1976[37] erbrachte zwar nicht, daß religiös aktive ältere Menschen länger leben als ihre religiös nicht aktiven Altersgenossen, erwies jedoch, daß sie sich beträchtlich wohler fühlten und sich nützlicher vorkamen (spätere Studien haben gezeigt, daß Menschen mit einem aktiven Glaubensleben tatsächlich länger leben; siehe darüber ausführlicher das 7. Kapitel). Von den 1170 Teilnehmern einer Umfrage von 1982[38] gaben die älteren Männer und Frauen, die regelmäßig die Kirche besuchten, an, sie seien jetzt mit ihrem Leben zufriedener als vor fünfzehn Jahren.

Der oben erwähnte Dr. Koenig hat viele Untersuchungen über den inneren Zusammenhang zwischen aktivem Glaubensleben und positiver Lebensqualität bei älteren Amerikanern angestellt. In einer Studie von 1988[39] konzentrierte er sich darauf, wie ältere Menschen die Religion einsetzten, um ihr Leben zu bewältigen. Er befragte die Teilnehmer, wie sie mit ihren Lebenskrisen, etwa Eheproblemen, Verletzungen oder Krankheiten, geschäftlichen Mißerfolgen oder finanziellen Problemen umgingen. Bei weitem die verbreitetsten Mechanismen zur Bewältigung solcher Krisen waren bei den Teilnehmern religiöser Natur: Sie setzten ihr Vertrauen auf Gott und das Gebet und fanden unter anderem bei Gott Hilfe und Kraft. Für diese Gruppe war nicht einmal die Unterstützung durch Angehörige und Freunde so wertvoll wie die religiösen Bewältigungsmechanismen.

Ernsthafte physische Erkrankung bringt auch die Aussicht auf Verlust und Schmerz mit sich, aber auch hier bietet wieder der Faktor Glaube Hoffnung und Hilfe. 1982 wurde in einer Studie[40] die Rolle der aktiven Religiosität im Leben von Patienten untersucht, die sich chronisch der Hämodialyse unterziehen müssen, einer streßreichen medizinischen Prozedur, deren Patienten mit Nierenversagen mehrmals wöchentlich bedürfen, um am Leben zu bleiben. Patienten, die auf diese Dialyse angewiesen sind, kämpfen mit ihrer Krankheit und zusätzlich dazu noch mit den Schwierigkeiten ihrer Behandlung, die den Arbeits- und Zeitplan der Familie ziemlich beeinträchtigen kann. Der Forscher M.E. O'Brien fand heraus, daß Dialysepatienten, die wöchentlich einen Gottesdienst besuchen, sich in höherem Maß auf ihre von den medizinischen Bedürfnissen diktierte Lebensweise einstellen, was bei schwerer Krankheit etwas sehr Wichtiges ist. Die religiös eingestellten Patienten berichteten auch weniger, sich allein und ohnmächtig zu fühlen; sie hatten mehr befriedigende soziale Kontakte und sagten, sie verdankten es ihrem Glauben, daß sie mit ihrer Krankheit zurechtkämen.

Diese Befunde werden durch eine Studie an einer noch viel stärker beeinträchtigten Gruppe von Menschen bestätigt: von Menschen mit Schäden der Wirbelsäule. Die Forscherin Susan D. Decker, Ph.D., von der *University of Portland School of Nursing*, befragte 100 Querschnittsgelähmte und Quadriplegie-Kranke im Alter über 40 Jahren nach ihrer Zufriedenheit mit dem Leben und stellte fest, daß die mehr religiös orientierten Personen ihr Leben als deutlich positiver und von besserer Qualität empfanden als die religiös desinteressierten Patienten.[41]

Auch Studien über Patienten mit Krebs im Endstadium haben gezeigt, daß ein aktiv religiöses Leben den Menschen hilft, die schwierigsten Momente des Lebens besser zu bewältigen. Eine 1978 angestellte Untersuchung über die Angst vor dem Tod bei Sterbenskranken[42] erwies, daß sterbenskranke Patienten mit starkem religiösem Glauben bedeutend weniger von Todesangst geplagt wurden als ihre Leidensgenossen ohne einen solchen Glauben. Ja, für ihr Gefühl des Wohlbefindens war diesen Patienten ihr Glaube wichtiger als ein geringes Maß an Schmerzen oder die Nähe von Familienangehörigen.

In einer anderen Studie über Krebskranke im Endstadium[43] stellten Forscher fest, daß Patienten, die regelmäßig die Kirche besucht hatten, viel weniger Angst vor dem Tod hatten als diejenigen, die nicht an Gottesdiensten teilgenommen hatten. Religiös aktive Patienten legten auch ein höheres Maß an Mut für die Auseinandersetzung mit ihrer Krankheit an den Tag. Wenn wir bedenken, wie hilfreich ein lebendiges Glaubensleben angesichts des Todes ist, verstehen wir leicht, warum „there are no atheists in foxholes – es in Schützengräben keine Atheisten gibt". Menschen, die unmittelbar vom Tod bedroht sind, halten instinktiv nach dem Trost und der Kraft Ausschau, die der Glaube bietet.

Angesichts der Befunde der oben zitierten Untersuchungen, die besagen, daß Menschen mit einem aktiven Glaubensleben ein geringeres Maß an Ängsten und Depressionen haben, sieht es so aus, als bewahre sich der sterbende Mensch dann das höchste Maß an Gleichmut, wenn er im Lauf etlicher Jahre ein intensives Glaubensleben und eine gesunde religiöse Praxis entwickelt hat, statt erst im Moment der Krise verzweifelt zu einem Gott zu beten, den er kaum kennt.

Ein medizinischer Durchbruch
in noch nie dagewesenem Ausmaß?

Es erweist sich also, daß ein aktives religiöses Leben im selben oder sogar noch in höherem Maß als jeder andere von den Epidemiologen erfaßte Faktor die Gesundheit und das Wohlbefinden des Menschen praktisch von der Wiege bis zum Grab fördert. Ganz gleich, welchen Herausforderungen wir im Leben begegnen: Die Forschungen zeigen, daß wir uns ihnen besser stellen können, wenn wir über einen echten religiösen Glauben und eine entsprechende Praxis als Grundpfeiler unseres Lebens verfügen.

Ich habe Sie auf diese „Blitztour" durch die wissenschaftlichen Befunde über den Gesundheitsfaktor Glaube mitgenommen, um Ihnen diese Erkenntnisse in ihrem unglaublichen Ausmaß lebhaft vor Augen zu führen. Diese Tour hat bei weitem nicht alles erfaßt. Sie werden sehen, daß Sie noch die Befunde von vielen weiteren bemerkenswerten klinischen Untersuchungen erwarten. In den weiteren Kapiteln will ich jedes Gebiet genauer behandeln: physische Gesundheit und Sterberate, psychische Gesundheit, Süchte, Auseinandersetzung mit schweren Lebenssituationen, Lebensqualität. Ich werde dabei die Daten ausführlicher vorstellen, Krankengeschichten meiner Patienten (und auch meine eigene) zur Sprache bringen, sowie Mittel und Wege vorschlagen, wie Sie den Gesundheitsfaktor Glaube auch in Ihrem eigenen Leben wirksam einsetzen können.

Doch zunächst müssen wir die Befunde in ihren größeren Zusammenhang stellen und uns mit der Frage befassen, ob das Wiederauftauchen des Gesundheitsfaktors Glaube aus wissenschaftlicher Sicht wirklich einen der bemerkenswertesten medizinischen Durchbrüche dieses oder des nächsten Jahrhunderts darstellt. Dazu müssen viele Fragen beantwortet werden. Sind die Ergebnisse all dieser Studien wirklich stichhaltig, oder haben sie sich bloß zufällig so ergeben?

Wenn sie tatsächlich stimmen (was ich glaube), bleiben weitere Fragen: *Warum* übt die Religion eine so starke Wirkung auf Gesundheit und Wohlbefinden aus? *Wie* führt der Faktor Glaube buchstäblich zu Veränderungen in unserem Körper? *Welche Arten* religiöser Praxis sind am wirksamsten? Und, was vielleicht am verwirrendsten ist, wir müssen uns auch die seltenen, aber wichtigen Beispiele ansehen, in denen eine religiöse Praxis den Menschen eher *schadet* als heilend auf sie wirkt.

2. KAPITEL

Zu schön, um wahr zu sein?

Ein kritischer Blick
auf den Gesundheitsfaktor Glaube

„Na ja", sagen Sie sich vielleicht jetzt, „ich weiß nicht recht. Dieser Arzt erzählt mir, daß der Glaube eine höchst hilfreiche Medizin sei. Heißt das also, daß ich beten, die Bibel lesen und jede Woche den Gottesdienst besuchen soll, und schon fühle ich mich besser – seelisch, körperlich und spirituell? Außerdem soll ich dann auch noch länger und besser leben... Aber, lieber Herr Doktor, ist das nicht alles zu schön, um wahr zu sein?"

Mein Kompliment! Ihre Skepsis spricht für Sie. Das heißt, Sie bilden sich Ihr eigenes Urteil, und ich als Arzt lege Ihnen ans Herz, genau das zu tun: die Verantwortung für Ihre Gesundheit selbst zu übernehmen, indem Sie kluge Entscheidungen treffen und sich eine gesunde Lebensweise zu eigen machen. Wenn Sie bezüglich der Daten, die ich Ihnen vorstellte, Ihre Fragen haben, heißt das, Sie laufen nicht gleich der erst besten Musikkapelle nach, bloß weil sie in die Richtung marschiert, die Ihnen gefällt. Allerdings ist im vorliegenden Fall glücklicherweise die Marschrichtung der Musikkapelle wissenschaftlich abgesichert, trotz einiger tatsächlicher Risiken und möglichen negativen Auswirkungen, die Religion haben kann, wenn sie mißbraucht wird. Ich nehme die Gelegenheit gern wahr, auf Ihre Fragen und Sorgen genauer einzugehen. Um die positiven Auswirkungen, die ich im vorigen Kapitel umrissen habe, ins rechte Licht zu rücken, wollen wir jetzt gemeinsam die Verläßlichkeit der Daten über den Gesundheitsfaktor Glaube überprüfen und außerdem auch auf die gelegentlich bedenklichen Seiten religiöser Praxis eingehen.

Störche und Säuglinge –
und der Gesundheitsfaktor Glaube?

Es war einmal in einem fernen Land, daß die Menschen miterlebten, wie sich ein Naturwunder ereignete. In einem einzigen Jahr schien sich die Zahl der Störche zu verdoppeln oder gar zu verdreifachen. Diese großen, geselligen Vögel schienen überall zu sein, wo man auch hinschaute, in den Bäumen, auf Teichen und Flüssen und vor allem auf den Hausdächern aller Klein- und Großstädte. Der Chefnaturwissenschaftler der Regierung führte eine Storchenzählung durch und verkündete, daß die Nation tatsächlich von Störchen überschwemmt sei; allerdings konnte niemand, nicht einmal der Chefnaturwissenschaftler, einen Grund dafür finden.

Später in diesem Jahr erlebte dieses gleiche ferne Land einen weiteren lawinenartigen Zuwachs: Eine noch nie dagewesene Zahl von Kindern wurde geboren. Es wurden Geburtshelfer aus anderen Ländern eingeflogen, um der Geburtenschwemme Herr zu werden. Die Kliniken waren derart von Müttern mit Säuglingen überfüllt, daß die Frauen auf jedem Stock und in jedem Flur Kinder zur Welt brachten. Als die Daten zusammengetragen wurden, bestätigten die Regierungsstatistiker, was jedermann bereits wußte: In diesem Jahr war die Geburtenzahl sensationell angestiegen. Gelehrte und Marktfrauen diskutierten gleichermaßen über die Gründe für diese Babyschwemme. Lag es an der erst unlängst verkürzten Arbeitswoche? An der zunehmenden Aufklärung durch volkstümliche Bücher und Filme? Oder an der Abfolge zahlreicher Schneestürme und Unwetter, die das Land im vorhergehenden Winter heimgesucht hatten?

Schließlich brachte ein hervorragender Denker an der Spitzenuniversität des Landes die Puzzlestücke zusammen. Er veröffentlichte einen Aufsatz, der die akademische Welt erschütterte; denn er legte dar, daß die Zahl der in einem Land lebenden Störche sich direkt proportional zur Zahl der Neugeborenen in einem bestimmten Jahr verhalte. Ja, er behauptete sogar, die Störche *verursachten* die Geburt von Kindern, und es bestehe aller Grund, den Mechanismus dieses bislang unvermuteten Phänomens gründlicher zu erforschen.

Ist das eine Fabel? Natürlich. Sie soll als Beispiel dafür dienen, wie man Fakten, die nichts miteinander zu tun haben, ungebührlicherweise miteinander verknüpfen und so statistisch signifikante, aber wissenschaftlich ungültige Schlüsse ziehen kann. Manche kritisch denkenden Leser werden sich zweifellos fragen, ob die Geschichte von den Auswirkungen des Faktors Glaube auf die Gesundheit nicht in die Kategorie der „unwissenschaftlichen" Schlüsse im Stil der Fabel von den Störchen und Säuglingen gehört. Selbst gläubige Menschen, die für die vielversprechenden Neuigkeiten über die positiven Auswirkungen des Faktors Glaube offen sind, fragen sich vielleicht: „Sind diese Untersuchungen stichhaltig, oder ist das alles nur ein Wunsch-

denken? Können wir den Daten über den ‚Gesundheitsfaktor Glaube'
wirklich trauen?"

Doch hier kann Gutes vermeldet werden. Nach den Maßstäben der
Wissenschaft sind die Daten über den Faktor Glaube tatsächlich verläßlich. Wir medizinischen Wissenschaftler ziehen nicht voreilige
Schlüsse, wenn wir sagen, Glaube wirke sich auf die Gesundheit positiv aus. Die Untersuchungen, die ich diesem Buch vorstelle, entsprechen den Normen der wissenschaftlichen Forschung; sie wurden nach
deren gültigen Richtlinien durchgeführt, zu denen einen sorgfältige
Beschreibung der Forschungsmethoden gehört, so daß der Versuch
jederzeit wiederholt werden kann, und zudem stehen alle erhobenen
Daten anderen Forschern offen zur Verfügung. Jede wissenschaftliche
Untersuchung kann zwar von blinden Flecken der Forscher beeinträchtigt sein, aber die Stichhaltigkeit der Daten über den Gesundheitsfaktor Glaube wird dadurch bestätigt, daß die betreffenden Erkenntnisse beliebig wiederholt werden können. Bei einem Gesamt-
überblick zeigte sich, daß in über 75% von 325 Studien unterschied-
lichster Ansätze, die von Hunderten von verschiedenen Forschern vorgenommen worden waren[1], Erkenntnisse gewonnen wurden, die darauf hinweisen, daß ein aktives Glaubensleben sich positiv auf die
Gesundheit und das Wohlbefinden auswirkt.

Eine *einzelne* Untersuchung kann sich, wenn man sie ganz gründlich überprüft, als wissenschaftlich mangelhaft erweisen. Die Untersuchungen, von denen Sie im vorliegenden Buch lesen werden, habe
ich persönlich genau begutachtet, um sicher zu gehen, daß sie den
üblichen wissenschaftlichen Kriterien für Verläßlichkeit und Gültigkeit entsprechen. Doch angesichts der *Fülle* an Studien über die Auswirkung des Faktors Glaube, die alle in die gleiche Richtung weisen,
kommen die Gesundheitsforscher nicht daran vorbei, diese Auswirkung bei ihren Untersuchungen zu berücksichtigen.

Zur noch präziseren Beantwortung eventueller Fragen, die Sie bezüglich der Gültigkeit der gewonnenen Daten haben, will ich Ihnen
einige Kriterien erläutern, die für eine wissenschaftliche Glaubwürdigkeit erfüllt sein müssen. Jeffrey S. Levin, Medizinprofessor an der
Eastern Virginia Medical School und führender Theoretiker über die
gesundheitlichen Auswirkungen von Religion, hat drei entscheidende
Fragen formuliert, die bei der Auswertung der Daten über den Gesundheitsfaktor Glaube behandelt werden müssen.[2] Diese Art Untersuchung ist als „Meta-Analyse" bekannt:

(1) *Gibt es einen inneren Zusammenhang zwischen Religion und Gesundheit?*

Ja, sagt Dr. Levin. Zahlreiche, ganz unterschiedlich angelegte Untersuchungen haben erwiesen, daß ein aktives religiöses Leben positive Auswirkungen auf die Gesundheit hat. Er stellt fest, daß religiös strengere Gruppen wie die orthodoxen Juden, die Heiligen der Letzten Tage (Mormonen) und die Siebenten-Tag-Adventisten sich offensichtlich infolge ihres intensiven religiösen Lebens und gesunden Lebensstils einer spürbar besseren Gesundheit erfreuen. Selbst wenn der Grad des religiösen Lebens an weniger streng observanten Bevölkerungsgruppen gemessen wird, zeigen die Ergebnisse zahlreicher Studien „quer durch alle Schichten eine Tendenz zu besserer Gesundheit, weniger Anfälligkeit für Krankheiten und höherer Lebenserwartung, sobald das religiöse Leben intensivere Formen annimmt". Diese Tendenz gilt für viele Aspekte der körperlichen und geistigen Gesundheit.

(2) *Ist die innere Beziehung zwischen Religion und Medizin gültig?*

Diese Frage ist schwieriger zu beantworten. Wissenschaftler wissen, daß Zufall wie Vorurteil Daten beeinflussen können. Bei jedem wissenschaftlichen Experiment können die beobachteten Ergebnisse dem Glück zu verdanken sein (Zufallsvarianten), genau wie eine hochgeworfene Münze bei einer Reihe von Würfen seltener auf Kopf statt Zahl fallen kann. Aber wenn man eine Münze tausendmal wirft, sollte sie nur in 50% der Fälle auf den Kopf fallen (es sei denn, sie wurde verändert). Dr. Levin weist darauf hin, daß der Zufall bei den Ergebnissen der Forschungen über den Gesundheitsfaktor Glaube kaum eine größere Rolle gespielt haben kann, weil sie von derart vielen und unterschiedlichen Gruppen gewonnen wurden, dabei von einer Vielzahl verschiedener Ansätze ausgegangen wurde und sich derart allgemein immer wieder positive Ergebnisse einstellten, daß drei Viertel der veröffentlichten Studien die heilsamen Auswirkungen des lebendigen Glaubenslebens auf die Gesundheit aufzeigen.

Wie steht es mit dem Vorurteil? Um das genauer zu ergründen, müssen wir betrachten, was Wissenschaftler als *confounders*, als irreführende Momente bezeichnen. Es handelt sich um scheinbare innere Zusammenhänge zwischen einem vorgegebenen Faktor und Forschungsergebnissen, die in Wirklichkeit verfälscht sind, gewöhnlich deshalb, weil eine Variable nicht berücksichtigt worden ist. Zur Verdeutlichung dessen, was damit gemeint ist, stellen wir uns vor, ich habe eine Studie über Sichelzellenanämie bei zwei verschiedenen Menschengruppen der gleichen Stadt vorgenommen: bei Mitgliedern der *Bible Way Church* und bei Mitgliedern der *Metropolitan Civic Association*. Ich habe herausgefunden, daß die Sichelzellenanämie bei den Mitgliedern der *Bible Way Church* beträchtlich häufiger auftritt, und ich schließe daraus, daß die Zugehörigkeit zu dieser Kirche die Möglichkeit, diese Krankheit zu bekommen, erheblich vergrößert. Ein scharfer Kritiker könnte fragen: Inwiefern unterscheiden sich Alter, Geschlecht, ethnische Herkunft und allgemeiner Gesundheitszustand dieser beiden Gruppen voneinander? Bei genauerem Zusehen entdecken wir dann, daß die *Bible Way Church* fast nur aus Afro-Amerikanern besteht, die *Metropolitan Civic Association* dagegen ausschließlich aus Weißen.

Da wir zudem wissen, daß die Sichelzellenanämie nur Afro-Amerikaner befällt, müßten wir jetzt unseren falschen Schluß revidieren, die Kirchenzugehörigkeit bedinge diese Krankheit. Wenn wir natürlich nicht um die ethnische Bedingtheit dieser Wirkung wüßten, könnten wir vernünftigerweise durchaus schließen, die Zugehörigkeit zu dieser Kirchengemeinschaft könne diese Krankheit verursachen.

Angesichts der Tatsache, daß unsere wissenschaftliche Kenntnis über die Gesundheit des Menschen keineswegs vollkommen oder vollständig ist, könnten solche verfälschenden Faktoren leicht auftreten, wenn wir den inneren Zusammenhang zwischen Religion und Gesundheit bewerten. Zum Beispiel haben manche den Zusammenhang zwischen Gottesdienstteilnahme und Gesundheit in Frage gestellt; sie sagen, daß Menschen, die gesund genug sind, um am Gottesdienst teilzunehmen, eine gesündere Gruppe darstellen als diejenigen, die aus gesundheitlichen Gründen nicht in die Kirche gehen können. Doch der Forscher William J. Strawbridge vom *Human Population Laboratory* der *University of California* hat darauf hingewiesen, daß in Wirklichkeit Menschen mit körperlichen Gebrechen mit *größerer* Wahrscheinlichkeit in die Kirche gehen als ganz gesunde.[3] Zudem können die Auswirkungen körperlicher Beeinträchtigung statistisch erfaßt und ausgewertet werden. Sorgfältiger angesetzte Untersuchungen[4], darunter die in diesem Buch vorgestellten, achten streng auf die Möglichkeit solcher verfälschender Elemente, und die meisten von ihnen zeigen dennoch, daß die Religion sich positiv auf die Gesundheit auswirkt.

(3) *Besteht hier ein ursächlicher Zusammenhang?*
Kann man mit voller Überzeugung sagen, daß ein aktives Glaubensleben die *Ursache* für bessere körperliche und geistige Gesundheit ist? In einem bemerkenswerten Artikel, den Dr. Levin 1994 in der Zeit-

schrift *Social Science and Medicine* veröffentlicht hat, sagt er: „vielleicht". Um seine Ungewißheit im richtigen Zusammenhang zu sehen, müssen wir beachten, wie streng die wissenschaftliche Definition der Kausalität ist. Zum Beispiel können Ärzte *trotz* der Existenz Hunderter von Studien, die einen Zusammenhang zwischen hohem Blutcholesterin und Herzerkrankungen aufzeigen, nicht eindeutig sagen, das hohe Cholesterin *verursache* die Herzerkrankung, und das deshalb, weil die Forscher noch nicht genau herausgefunden haben, *wie* das Cholesterin zur Verursachung von Herzerkrankungen beiträgt. Doch aufgrund der vielen Untersuchungen, die einen engen inneren Zusammenhang zwischen diesem Faktor und Herzerkrankungen aufzeigen, vertritt die medizinische Wissenschaft mit Nachdruck, daß eine Senkung des Cholesterinspiegels im Blut eine potentiell lebenserhaltende Vorsorgemaßnahme ist.

Für den Nachweis einer Verursachung müssen in der Medizin die Forschungserkenntnisse solide, wiederholbar und eindeutig sein. Das ist am deutlichsten bei Erkrankungen, die durch Infektion oder genetische Faktoren verursacht sind. Zum Beispiel sind alle Menschen, die AIDS haben, vorher vom HIV-Virus infiziert worden; niemand, der nicht zuerst vom HIV-Virus infiziert wurde, hat jemals AIDS entwickelt; hier gibt es keine Ausnahmen, keine „Grauzonen". Daher können wir mit Sicherheit schließen, daß es das HIV-Virus ist, was AIDS verursacht. Ein ähnlicher Schluß läßt sich bei Menschen mit Sichelzellenanämie ziehen: Ohne eine genetische Abnormalität, die diese Erkrankung verursacht, kann man sie sich nicht zuziehen; *mit* einer Abnormalität kann man dieser Krankheit nicht entkommen.

Wenige andere Beziehungen zwischen krankheitsverursachenden Gründen und Krankheit sind jedoch so eindeutig klar. In den meisten Fällen arbeitet die medizinische Wissenschaft mit Wahrscheinlichkeiten. Wir wissen, daß krankheitsverursachende Faktoren wie ein hoher Cholesterinspiegel im Blut, Diabetes, Rauchen, Bewegungsmangel und Vererbung die Entwicklung von Herzerkrankungen wahrscheinlicher machen. Doch wir können nicht sagen, daß jeder, der einem oder mehreren dieser Faktoren ausgeliefert ist, tatsächlich herzkrank wird.

Ähnlich können wir von den Daten über den Gesundheitsfaktor Glaube her den Schluß ziehen, daß ein religiös aktives Leben in positivem Zusammenhang mit einer höheren Lebenserwartung steht, gegen bestimmte Krankheiten vorbeugend wirkt, die Genesung von manchen Krankheiten beschleunigt und eine höhere Lebensqualität beschert. Praktisch gesprochen heißt das: Es besteht die Wahrscheinlichkeit, daß eine 55-jährige Afro-Amerikanerin, die wöchentlich in die

Kirche geht, länger lebt, von bestimmten Krankheiten verschont bleibt und sich von manchen Krankheiten rascher erholt, sowie glücklicher lebt als eine 55-jährige Afro-Amerikanerin, die überhaupt nicht in die Kirche geht. Allerdings lassen sich die Auswirkungen des Faktors Glaube nicht in der Form von „Ja oder Nein" oder „gesund oder krank" ausdrücken. Man kann in keinem Fall sagen, das völlige Fehlen oder das Vorhandensein von Religion schließe alles Krankwerden aus. Wir alle kennen Menschen, die mit Religion nichts anfangen können und sich bester Gesundheit erfreuen, und tief religiöse Menschen, die krank sind. Statt also nach einem Entweder-oder-Maßstab zu suchen, müssen wir uns das religiös aktive Leben eher als eine bewegliche Variable in der Gleichung von Gesundheit und Wohlbefinden vorstellen, während andere Variable eher in die Kategorie des Entweder-Oder gehören, etwa Rasse, Alter, Geschlecht, Rauchen usw. Der Faktor Glaube ist einer von vielen Faktoren in einem komplexen Gewebe, was jedoch seine Bedeutung als gesundheitsförderndes Element nicht mindert.

Ehe wir nicht über Ergebnisse noch gründlicherer Langzeitstudien über das lebendige Glaubensleben, spirituelle Einflüsse und die Gesundheit verfügen, werden Wissenschaftler die Frage, ob Religion für die Gesundheit ursächlich sei, nicht mit einem endgültigen „Ja" oder „Nein" beantworten können. Aber solange wir noch auf weitere Erkenntnisse warten, sind die Daten, über die wir bereits verfügen, vom wissenschaftlichen Standpunkt aus bereits aussagekräftig genug, um die Aufmerksamkeit der Wissenschaftler und Ärzte – und sogar der Skeptiker unter ihnen – zu rechtfertigen.

Wie Religion die Gesundheit fördert – was wir heute schon wissen

Als religiöser Mensch glaube ich daran, daß Gott direkt in unser Leben hineinwirkt. Für mich ist die Vorstellung ganz natürlich, daß ein liebender Gott unsere Gebete um Gesundheit und Heilung erhören kann und es tatsächlich auch tut. Doch das ist ein *theologischer* Schluß, eine Frage des Glaubens, während ich dieses Buch in erster Linie und vor allem als Mediziner und Arzt schreibe, der sich für wissenschaftliche Themen und Schlußfolgerungen interessiert. Natürlich werden wir nie exakt wissen, wie der Gesundheitsfaktor Glaube genau wirkt; denn die transzendente Dimension des Lebens wird auch den fähigsten und eifrigsten Forschern nie alle ihre Geheimnisse offenlegen. Seiner Definition nach kann das Wirken einer unendlichen, transzendenten Gottheit von endlichen Menschenwesen nie voll begriffen werden, ganz gleich, wie genial ihre Wissenschaft auch erscheinen mag. Vor allem Untersuchungen über die Auswirkung von Fürbittgebeten weisen in diese transzendente Dimension. Die Auswirkungen dieser Dimension auf die Gesundheit des Menschen können in gewissem Umfang gemessen werden, aber sie lassen sich nicht kontrollieren oder voll verstehen. Wir müssen uns immer vor Augen halten, daß wir mit keiner Wissenschaft je die Tiefen Gottes ausloten können; aber dennoch können wir dann versuchen, alles nur mögliche darüber zu ergründen, wie sich aus wissenschaftlicher Sicht ein lebendiger religiöser Glaube auf die Gesundheit auswirkt. Wie in anderen Bereichen der Medizin wird letztlich immer ein Stück Geheimnis übrigbleiben. Auch wenn man die medizinischen Auswirkungen eines aktiven religiösen Lebens genau auswertet, braucht man noch ein gewisses Maß an Glauben.

Was kann ich Ihnen berichten, was wir tatsächlich darüber wissen, wie ein lebendiger Glaube die Gesundheit fördert? Die Antwort lautet, daß es eine Reihe von *Unterfaktoren* oder *Komponenten* gibt. Wissenschaftler haben keine spezielle gesundheitsfördernde Substanz ausgemacht, die in den Blutstrom ausgeschüttet würde, wenn jemand um seine Genesung betet. Es bedarf noch vieler Forschungen, bis sich eventuell ein derartiger Mechanismus erkennen läßt. Obwohl wir nicht auf einen eindeutig identifizierbaren, einzigen Aspekt des aktiven Glaubenslebens verweisen können, der bessere Gesundheit verursacht, ergibt sich aus meiner gründlichen Durchsicht der wissenschaftlichen Literatur, daß sich das religiöse Leben als einzigartiger „kombinierter Wirkstoff" erweist, der spürbar eine Anzahl von wirksamen, ineinandergreifenden Elementen aktiviert, die zu Gesundheit und Wohlbefinden führen. Einige dieser Elemente, die ich darin erkannt habe, finden sich auch in nichtreligiösen Umständen; aber sie spielen öfter in Gruppen eine Rolle, die bestimmte Überzeugungen über die transzendente oder nichtmaterielle Dimension des Daseins vertreten und aufgrund ihrer Glaubenslehren einen bestimmten Lebensstil führen, mit anderen Worten in religiösen Gemeinschaften beheimatet sind (s. das 8. Kapitel, wo ausführlicher das Glaubensleben erörtert wird, namentlich die Teilnahme am Gottesdienst als wirksamster Mechanismus zur Aktivierung aller Komponenten des Gesundheitsfaktors Glaube).

Zum besseren Verständnis der Heileelemente des Faktors Glaube stellen Sie sich am besten die Tasche eines altmodischen Hausarztes

vor: wie die alte, abgewetzte schwarze Ledertasche, mit der mein Vater
zu seinen Hausbesuchen unterwegs war. Ich kann sie mir noch lebhaft
bis in alle Einzelheiten vorstellen; denn ich genoß nicht nur das Vor-
recht, ihn (und sie!) bei Krankenbesuchen begleiten zu dürfen, sondern auch, weil diese Tasche oft neben meinem Stuhl in der Küche ab-
gestellt wurde, immer in Reichweite, falls ein Notfall eintreten sollte.

Als Junge beobachtete ich immer ehrfürchtig, wie Vater diese Tasche
öffnete und für jeden Patienten das richtige Medikament herausgriff:
eine Spritze, um der Übelkeit einer Frau abzuhelfen, etwas Nitroglyze-
rin gegen die Brustschmerzen eines Farmers, oder irgendeine Salbe
und sterile Umschläge für die Verletzung eines Mädchens. Mir kam es
so vor, als berge diese Tasche für jeden Kranken etwas Besonderes.
Heute, da ich selbst Arzt bin, weiß ich, daß es nicht nur jeweils das
bestimmte Medikament war, was dem betreffenden Patienten half. Es
waren zahlreiche Elemente, die zusammenwirkten, um den Kranken
sich wieder wohler fühlen zu lassen: die Ermutigung durch meinen
Vater an der Tür mit seiner Tasche, seine gütige Art, die Wirkung der
Behandlungsmaßnahmen, das „Handauflegen" und der Glaube des
Patienten.

Genau wie Vater seinen Patienten in seiner Tasche viele heilende
Elemente brachte, so glaube ich auch, daß uns der Göttliche Arzt eine
Vielzahl von Heilelementen in den ineinander wirkenden und voneinander abhängigen Komponenten des Faktors Glaube bringt. Bei meinem Suchen und Forschen habe ich etliche von ihnen herausgefunden. Sehen wir uns also jetzt den Inhalt der „Arzttasche Gottes" genauer an und überprüfen wir die verschiedenen Medikamente, die wir
darin finden.

Medikament Nr. 1: Gleichmut
Sich von den Höhen und Tiefen des Lebens
nicht aus der Bahn werfen lassen

Wir leben in einer schnellebigen Gesellschaft voller Bedrohungen. Die
Abendnachrichten bringen regelmäßig eine entmutigende Litanei von
Chaos und Katastrophen. Unsere Schulen und Straßen sind nicht
mehr sicher. Arbeitsplätze, die wir für sicher hielten, werden über
Nacht aufgelöst, und rasch kann darauf der finanzielle Absturz folgen.
Wir haben nicht mehr das Gefühl der Zugehörigkeit und Geborgen-
heit, das wir früher in unserer Nachbarschaft, unseren Städten und so-
gar Staaten empfanden. Die Streß erzeugenden Faktoren geben uns das

beängstigende Gefühl, nichts mehr im Griff zu haben, und unser gesteigertes Maß an Streß stellt eine gefährliche Bedrohung unserer körperlichen und seelischen Gesundheit dar.

Aber der Streß läßt sich dämpfen; sein Ziehen und Zerren an unserem Körper und Geist läßt sich mildern. Wir können Entspannungs- und Meditationsmethoden anwenden, um unseren Geist klarer werden zu lassen und unseren Körper aus der Spannung des heutigen Lebens zu lösen. Dank seiner bahnbrechenden Forschungen hat der Kardiologe Herbert Benson eine Schlüsselmethode für die Streßdämpfung gefunden.

Dr. Benson erläuterte bereits 1975 in einem Buch[5] die Auswirkungen von Streß auf die Physiologie des Menschen und erläuterte, wie man diesen Wirkungen mittels einer einfachen Form der Meditation gegensteuern kann, die zur „Relaxation Response", zur „Entspannungsreaktion" führt. Um diese „Relaxation Response" auszulösen, muß man eine Reihe von Schritten machen (sie werden im 9. Kapitel genauer beschrieben), wozu gehört, daß man ein Wort, einen Satz, ein Gebet oder ein Geräusch ständig wiederholt, zerstreuende Gedanken achtlos passiv an sich vorüberziehen läßt und seine Konzentration immer wieder auf das Wort oder den Satz lenkt, wenn solche Gedanken auftauchen.

Wird diese „Relaxation Response" regelmäßig geübt, so hat sich immer wieder gezeigt, daß sie wirksam gegen Überspannung, Unregelmäßigkeiten im Herzrhythmus, chronische Schmerzen, Schlaflosigkeit, Ängste, Depressionen, Unfruchtbarkeit sowie gegen die Nebenwirkungen von Behandlungen gegen Krebs und AIDS hilft.[6] Dr. Benson stellte fest, daß 80% der Patienten sich für den Gebrauch eines Gebets oder religiösen Satzes entschieden (wie etwa „Vater unser im Himmel", „Mein Herr und mein Gott", „Jesus" oder „Maria"), um sich damit auf die Auslösung der „Entspannungsreaktion" zu konzentrieren. Diese Beobachtung spiegelt die ausgesprochen religiöse Orientierung der Amerikaner wider. So sah sich dieser bedeutende Kardiologe und Wissenschaftler zu seiner Überraschung plötzlich in die Rolle eines Anleiters zum Beten versetzt.

Schon lange bevor Dr. Benson die „Relaxation Response" entdeckt hatte, war es den religiös Praktizierenden geläufig, diese Wirkung mittels Gebet und Meditation herbeizuführen. Dr. Benson selbst schreibt: „Die Relaxation Response hat es im Rahmen der religiösen Lehren schon immer gegeben. Am verbreitetsten war ihr Einsatz in den östlichen Kulturen, wo sie zum wesentlichen Bestandteil des täglichen Lebens gehörte. Aber ihre Physiologie wurde erst vor kurzem klar festgestellt. Religiöse Gebete und damit verbundene mentale Techniken haben meßbare, feststellbare physiologische Auswirkungen auf den Körper..."[7] – Zu diesen Auswirkungen gehören:

• eine Verringerung der Zahl der Herzschläge,
• Verlangsamung des Metabolismus (d. h. der Geschwindigkeit, mit der der Körper Sauerstoff verbrennt),
• langsameres Atmen,
• Dämpfung der Gehirnwellen.

Man könnte sagen, wenn jemand sich auf die Auslösung der „Entspannungsreaktion" konzentriert, gibt er seinem Körper eine „Erholungszeit": eine Zeit tiefer Ruhe und der Erleichterung von Streß. So läßt sich jede durch Streß verursachte Situation durch die regelmäßige Anwendung der Übung der „Entspannungsreaktion" verbessern, sei es mit Hilfe der von Dr. Benson entwickelten Technik, oder mittels anderer Methoden, wie etwa des kontemplativen Gebets, des Yoga oder der buddhistischen Einübungen in die Achtsamkeit, wie etwa des langsamen Gehens. Zudem hat man festgestellt, daß die Entspannung die Immunstärke des Körpers erhöht, wozu eine verstärkte Aktivität der Killerzellen und eine gesteigerte Fähigkeit des Immunsystems, die Vermehrung von Viren zu unterbinden, gehört.[8]

Die den Streß dämpfenden und die Immunkraft stärkenden Wirkungen der meditativen Gebetstechniken stellen eine der stärksten Komponenten des Gesundheitsfaktors Glaube dar.

Medikament Nr. 2: Mäßigkeit
Ehrung des Körpers als Tempel des Heiligen Geistes

Wie bereits ausgeführt, verlangen manche religiösen Gruppierungen von ihren Mitgliedern, daß sie auf bestimmte krankheitsverursachende Verhaltensweisen und Gewohnheiten verzichten. Die Wurzeln solcher Empfehlungen können wir etwa in den Speisevorschriften der Juden im Alten Testament sehen; Verbote des Alkoholmißbrauchs gibt es im Alten wie Neuen Testament, und manche von ihnen haben auch heute noch als hervorragender medizinischer Rat ihre Gültigkeit.

Jeder, sei er religiös eingestellt oder nicht, der das Rauchen aufgibt, sich des übermäßigen Alkoholgenusses enthält oder stark fetthaltige Kost meidet, tut seiner Gesundheit etwas Gutes. Doch wie oben erwähnt, fördern manche religiöse Gruppen darüber hinaus aktiv einen gesunden Lebensstil als Teil ihrer Lehre, was vielen Menschen zu helfen scheint, sich an Richtlinien zu halten, deren Befolgung nicht leicht fällt, wie etwa das Einhalten von fettarmer Ernährung. Zudem sind stark religiös motivierte Patienten darin erfolgreicher, ungesunde Dinge zu meiden: Ihr Glaube verschafft ihnen sowohl die Motivation als auch die Mittel, gesunde Gewohnheiten zu pflegen. Obwohl ihre Hauptmotivation darin besteht, ein gottgefälliges Leben zu führen, erzielen solche Gläubige einen kostbaren Nebeneffekt: eine bessere Gesundheit.

Medikament Nr. 3: Schönheit
Die Wertschätzung von Kunst und Natur

Haben Sie schon einmal verspürt, wie Sie ein herrliches Musikstück beschwingt? Sind Sie schon einmal von einem atemberaubend schönen Himmel bei Sonnenuntergang zu Tränen gerührt worden? Daß der Mensch ein Gespür für die Schönheit hat und von ihr stark angesprochen wird, scheint eine grundsätzliche Veranlagung zu sein. Wir sehnen uns nach ästhetischem Genuß auf hohem Niveau; wir werden von unseren Erfahrungen der Schönheit bereichert, sie erheben und erfrischen uns, und es gibt immer mehr Beweise dafür, daß eine ästhetische Erfahrung auch nachweisbare positive Auswirkungen auf die Gesundheit hat. Untersuchungen haben erwiesen, daß zum Beispiel Musik helfen kann, die Beweglichkeit von Patienten nach einem Schlaganfall oder von Parkinson-Patienten zu verbessern, Depressionen und Ängste zu mildern, und sie hat sogar zur Folge, daß Frauen eine geringere Dosis an Betäubungsmitteln – wenn überhaupt – bei der Geburt brauchen.[9] Viele Chirurgen hören im Operationssaal Musik. Eine faszinierende Studie über fünfzig männliche Chirurgen hat erwiesen, daß die Musik den Blutdruck senken und die Zahl der Herzschläge verringern kann, was der Tendenz zu deren Erhöhung bei Arbeit unter Druck entgegensteuert.[10]

Auch visuelles Genießen scheint für die Gesundheit förderlich zu sein. In meinem eigenen Krankenhaus, dem *Georgetown University Medical Center*, bietet der Fernseher auf einem Kanal ein ungewohntes Bild: Er zeigt unablässig die Krankenhauskapelle. Die Patienten, die diesen Kanal einschalten, können regelmäßig einen Gottesdienst mitverfolgen; die meiste Zeit sehen sie aber einfach die Kamera still auf den Altar gerichtet, und viele Patienten lassen diesen Kanal gern pausenlos eingeschaltet. Die angenehme Stille der Kapelle und ihre visuellen Symbole des Glaubens wirken auf sie als ermutigende und beruhigende Bilder.

Wenn man an einem Gottesdienst teilnimmt, bekommt man dabei oft eine starke Dosis ästhetischer „Medizin" mit: Bei vielen Gottesdiensträumen gibt man sich besonders viel Mühe um ihre Schönheit. Bunte Glasfenster, eine himmelanstrebende Architektur sowie Blumenschmuck wirken zusammen, um nicht nur dem Auge zu gefallen. Selbst die Nüchternheit eines Versammlungsraums der Quäker vermittelt ein Gefühl der Harmonie und des Gleichmaßes. Sakrale Musik – ob alter Gesang oder zeitgenössische Lobpreislieder, sei es auf Hebräisch, Griechisch, Lateinisch oder im alten Kirchenslawisch – scheint uns geradezu bis ins Mark gehen und die Botschaft von Gottes Herrlichkeit und Liebe tief ins Wesen zu flößen. In manchen Traditionen wird Weihrauch verwendet, als Symbol für unser Gebet, das zu Gott emporsteigt, und so wird dadurch auch unser Geruchssinn angeregt.

Medikament Nr. 4: Anbetung
Gottesverehrung mit unserem gesamten Wesen

Christen, denen vertraute Kirchenlieder in Fleisch und Blut übergegangen sind, Juden, die in der Synagoge immer wieder beim Vorzeigen der Torahrolle das „Torah Ora" gesungen, und Buddhisten, die jahrelang ihre Gebete im Stil ihrer uralten Tradition psaltiert haben, wissen alle, daß die Teilnahme an gottesdienstlichem Gesang etwas ganz Besonderes an sich hat. Das Singen gestattet es uns, unser gesamtes Selbst einzubringen, Körper, Geist und Seele, und wir bringen dabei unsere Gefühle über Gott und unser Leben zum Ausdruck. Die aktive Teilnahme an der Musik dient der Verehrung Gottes, und zugleich kann sie eine positive Wirkung auf unsere Gesundheit haben.

Die Musik beeinflußt auch stark unser Erinnerungsvermögen. Wenn man eine Lieblingsmelodie aus einer besonders glücklichen Zeit seines Lebens hört, beschwingt einen das erneut; manchmal hat das Hören eines bestimmten Musikstücks zur Folge, daß man sich in eine andere Zeit und an einen anderen Ort zurückversetzt fühlt. Wenn ich alljährlich im Gottesdienst am Heiligabend die vertrauten Weihnachtslieder singe, weckt das – zusammen mit der Schönheit der Lieder und dem Sinn des Festtags – Erinnerungen, die mich tief bewegen. Ich bin voll und ganz dabei: körperlich durch die genußvolle Tätigkeit des Singens; geistig, indem ich auf die Liedtexte achte und ihren Sinn bedenke; und spirituell, weil ich mittels des Lieds bete; emotional, weil in mir wie bei Charles Dickens' Ebenezer Scrooge Bilder von früheren Weihnachtsfesten hochkommen, vom gemeinsamen Weihnachtsliedersingen mit Nachbarn, von Mitternachtsgottesdiensten, von Feiern mit Klaviermusik am Kaminfeuer.

Auch die Körperbewegungen beim Gottesdienst aktivieren gleichzeitig mit unserem Körper alle Schichten unseres Seins. Wir bewegen uns, um verschiedene Gebetshaltungen einzunehmen: knien, stehen, beugen das Haupt, falten die Hände, machen eine Kniebeuge, erheben unsere Hände im Lobpreis. In manchen Traditionen veranstaltet man sogar gottesdienstliche Tänze.

Mittels des Gottesdienstes wenden wir unser gesamtes Sein in Liebe dem Göttlichen zu und aktivieren, vereinen und stärken dabei also Körper, Geist und Seele.

Medikament Nr. 5: Erneuerung
Schuldbekenntnis und Neuanfang

Wenn wir die Last von Schuldgefühlen mit uns herumtragen, kann uns das buchstäblich krank machen. Als Arzt habe ich es oft miterlebt, wie sich Patienten verändert haben, wenn sie erst einmal mir oder einem vertrauenswürdigen Seelsorger ein dunkles, lange gehütetes Geheimnis „gebeichtet" hatten. Im Juden- wie im Christentum wird den Gläubigen nahegelegt, ihre Sünden zu bekennen und Buße zu tun, und man bietet ihnen regelmäßig die Gelegenheit, zu beichten und die Lossprechung zu empfangen, die Zusicherung, daß ihnen vergeben ist. Der Rhythmus des regelmäßigen Bekennens und Losgesprochenwerdens sowohl in der Gruppe wie einzeln ermöglicht es uns, immer wieder unsere Fehler zu erkennen, unsere Gefühle der Reue und Scham mit Gott und anderen Menschen zu teilen und eine frische Seite im Buch unseres Lebens aufzuschlagen. Zwar haben Schuld und Reue bestimmt ihren sinnvollen Zweck, aber sie können uns geistig und körperlich schaden, wenn sie nicht angemessen freigesetzt und aufgelöst werden. Das Schuldbekennen und die Vergebung innerhalb unserer religiösen Traditionen helfen uns zum Lernen und Weitergehen, statt auf ungesunde Weise in unseren Mängeln steckenzubleiben.

Medikament Nr. 6: Gemeinschaft
Einander gegenseitig die Last tragen helfen

Es ist eine eindeutig belegte Tatsache, daß es wichtig ist, sich ein möglichst großes Netzwerk sozialer Unterstützung zu schaffen, wenn man so gesund wie möglich bleiben möchte. Gemeint sind damit zunächst die Gruppen der Familie, der Freunde und Bekannten, die einem in Notzeiten praktische Hilfe, emotionale Unterstützung und spirituelle Ermutigung bieten. Menschen, die isoliert und einsam sind, verfügen über eine schlechtere Gesundheit als solche, die in ein Netzwerk von Menschen eingebettet sind, die sich um sie kümmern.

Zwar gibt es bislang relativ wenig Untersuchungen über das Fürbittgebet für einen anderen Menschen, aber die bisherige Forschung über den Gesundheitsfaktor Glaube deutet darauf hin, daß auch die Gebete Ihrer Familie und Ihrer Freunde für Sie eine stark positive Wirkung haben. Das hat zum Beispiel eine Studie von Dr. Randolph Byrd über Patienten in einer Herzklinik erwiesen[11] (s. 9. Kapitel, wo diese Studie ausführlicher vorgestellt wird).

Warum ist die soziale Unterstützung so wichtig? Nun, wir Menschen sind eindeutig soziale Wesen; wir brauchen einander in vielfacher Weise. Schon die bloße Anwesenheit anderer Menschen kann unser Gehirn zu Produktion von Endorphinen anregen, den natürlichen opiatähnlichen Substanzen, die ein Gefühl des Wohlbefindens erzeugen; der Mangel an menschlicher Gesellschaft dagegen, so hat man erkannt, hat eine Schwächung des Immunsystems zur Folge. Das ergab eine Studie an Medizinstudenten, bei der sich herausstellte, daß bei einsameren Studenten die natürlichen Killerzellen weniger aktiv sind[12], sowie eine Untersuchung, die erwies, daß bei stärker isolierten Psychiatriepatienten ebenfalls die natürlichen Killerzellen weniger aktiv sind, das Immunsystem schwächer reagiert und ein höheres Maß an Streßhormonen ausgeschüttet wird als bei anderen.[13]

Ganz praktisch gesehen, helfen Freunde einander gegenseitig ihre Last tragen und verringern das Maß an schädigendem Streß. Die soziale Unterstützung läßt uns wissen, daß wir bei unserer Auseinandersetzung mit den Schwierigkeiten des Lebens nicht allein stehen, was in Zeiten von besonderen Belastungen eine große Hilfe sein kann. In den Genuß dieser Vorzüge kann man dank sozialer Unterstützung in einer nichtreligiösen Umgebung kommen; eine Reihe von Studien deutet darauf hin, daß soziale Unterstützung in einem religiösen Kontext noch positiver wirkt, wie ich im 8. Kapitel ausführen werde.

Medikament Nr. 7: Einssein
Stark werden, weil man einen gemeinsamen Glauben hat

Jeder Mensch neigt sich spontan Menschen zu, die ihn mögen. Wir wissen, daß unsere Chance, mit anderen Menschen in eine engere Beziehung zu kommen, größer ist, wenn wir miteinander gleiche Ansichten und Interessen teilen. Das gilt auf weltlichem Gebiet in der Wirtschaft, in Sport oder Politik genauso wie im religiösen Leben. Unser Grad des Wohlbefindens nimmt zu, wenn wir spüren, daß wir mit den Mitgliedern einer Gruppe Gemeinsamkeiten haben, und eine Gruppe, die sich über gemeinsame Werte einig ist, erzeugt eine Art von Kraft, die Großes bewirken kann.

Wenn ich als gläubiger Mensch an einem Gottesdienst teilnehme, schließe ich mich einer Gemeinschaft von Menschen an, die gemeinsame Glaubensüberzeugungen teilen. Ich genieße den Trost, „dazuzugehören", Teil der Gruppe zu sein, ja sogar Teil einer langen Tradition von Glaubenden; ich entspanne mich dank eines Gefühls der Geborgenheit. Meine Geisteshaltung ist zutiefst von den Grundsätzen und Praktiken meiner Religion geprägt und getragen, die durch Gottesdienst, Lehre und Zusammenhalt verstärkt werden. Wenn mein Glaube gelegentlich ermattet, erinnern mich meine spirituellen Brüder und Schwestern an Gottes Verheißungen und begleiten mich wieder hin auf unseren gemeinsamen festen Boden. Wenn wir unseren Glauben mit Weggefährten teilen, kann uns das neue Kraft geben und die Isolation beheben, in die wir so oft in unserer wurzellosen säkularen Gesellschaft geraten.

Medikament Nr. 8: Rituale
Trost in vertrautem Tun finden

Die Wirkung des Ästhetischen in der religiösen Erfahrung und die Kraft des religiösen Singens und Tanzens verstärken sich durch regelmäßiges Wiederholen. Sie werden so zu *Ritualen*. Die „Hardware" unseres Gehirns scheint so beschaffen zu sein, daß es besonders auf die Erfahrung von Ritualen anspricht. Herbert Benson schreibt darüber in *Timeless Healing*: „Das Gehirn speichert eine Erinnerung daran, wie die mit dem Ritual verbundenen Tätigkeiten beschaffen waren, und zwar sowohl ihren emotionalen Inhalt, was dem Gehirn erlaubt, seine Wichtigkeit abzuschätzen, als auch die Signale der Nervenzellen, Interaktionen und Ausschüttungen von Chemikalien, die zunächst aktiviert wurden."[14]

Die meisten Menschen wissen inzwischen um die Vorzüge nicht-religiöser Rituale. Baseballspieler und Golfer führen bezeichnenderweise beim Training tagtäglich genau die gleiche Anzahl von Übungsschwüngen aus. Kindern (und Erwachsenen!) tut es ausgesprochen gut, Vorlese- oder Bad-Rituale für das Zubettgehen zu haben; es erleichtert ihnen den Übergang ins Schlafen. In bestimmten Fällen, wie etwa bei Patienten mit zwanghaften Verhaltensweisen, bringen Rituale nur zeitweise eine Erleichterung; ein geläufiges Beispiel ist der Fall, wo jemand hundertmal am Tag die Hände wäscht. Zwanghaft Kranke praktizieren Rituale, um damit ihre Ängste zu lindern. Unglücklicherweise verliert mit zunehmendem Fortschreiten der Krankheit in solchen Fällen das Ritual seine angstmindernde Wirkung.

Wenn wir uns auf religiöse Rituale einlassen, versuchen wir ebenfalls etwas gegen die Angst zu tun, vor allem gegen die Angst vor dem Tod. Nach der Theorie der Psychoanalyse empfindet jeder Mensch eine tiefsitzende Todesangst, die ihn zu einer ganzen Reihe von Verhaltensweisen motiviert, darunter zum Wiederholen von trostvollen Worten oder Gesten. Wenn man ein Gebet wiederholt, das man schon hundertmal gesprochen hat, wenn man ein Lied singt, das man schon seit seinen Kindertagen kennt, wenn man zum tausendsten Mal an der Kommunionbank zum Empfang der Kommunion hinkniet, aktiviert man die beruhigende Kraft des Rituals. Welche Kraft da wirkt, kann man merken, wenn Gottesdienstrituale eine Veränderung erfahren. Es gibt wenige Eingriffe, die in Religionsgemeinschaften zu mehr Spaltung und Schmerz führen. Verbunden mit der Freude, dem Trost und dem Sinn, den wir durch die Ästhetik des Gottesdienstes empfinden, kann uns das Ritual ein Gefühl der Sicherheit vermitteln und uns beruhigen, in unserer stürmischen Welt einen sicheren Hafen gefunden zu haben.

Medikament Nr. 9: Sinn
Einen Zweck für sein Leben finden

Menschen haben das Bedürfnis nach Sinn. Ja, so schreibt der Psychiater Victor Frankl, der den Holocaust überlebt hat: „Die Suche des Menschen nach Sinn ist die wichtigste Motivation seines Lebens … Dieser Sinn ist insofern einzigartig und spezifisch, als ihn nur der betreffende Mensch erfüllen muß und kann; nur dann gewinnt er eine Bedeutung, die seinen eigenen *Willen*, einen Sinn zu erfüllen, befriedigt."[15]

Diese zentrale Suche nach Sinn verschärft sich noch in Zeiten der Krankheit und Behinderung. Immer und immer wieder reagieren meine Patienten auf ihr Kranksein mit der Frage: „Warum passiert das gerade mir? Warum jetzt? Welchen Sinn hat diese Krankheit für mein Leben?" Wir erschaffen Symbole, Geschichten, philosophische Systeme, Kunstwerke, die auf die Transzendenz verweisen, und das alles deshalb, um unserem Dasein einen Sinn zu geben. Ohne das Gefühl, irgendeinen Sinn zu erfüllen, können wir buchstäblich verwelken und sterben. Ein gutes Beispiel für dieses Phänomen sind die Witwe oder der Witwer, die sich jahrelang der Versorgung ihres kranken Ehepartners gewidmet haben. Kurz nachdem dieser stirbt, oft schon innerhalb eines Jahres, entwickelt auch der Partner, obwohl er offensichtlich gesund war, eine Krankheit und stirbt. Des Sinnes beraubt, den ihm die Aufgabe geschenkt hat, den Partner zu betreuen, ist der betreffende Mensch nicht mehr in der Lage, einen Grund dafür zu finden, weshalb er sich den Herausforderungen der Trauer stellen und einen neuen Sinn für sein Leben finden soll. Von diesen Gefühlen und dieser Einstellung wird das Immunsystem überwältigt und kann nicht mehr angemessen reagieren, und folglich stellt sich eine Krankheit ein.

Selbst mitten in den schlimmsten Schwierigkeiten des Lebens bietet die Religion einen sinnerfüllten Rahmen, der den Menschen hilft, noch irgend etwas für sie Wichtiges zu erkennen, und so mildert oder überwindet Religion die tiefe Angst vor der Sinnlosigkeit. Unser Glaubensverständnis und unsere entsprechende Praxis schenken uns die Möglichkeit, aus der Fülle zu leben, weil wir wissen, daß es einen Grund dafür gibt, daß wir hier sind. Die Wirkung daraus ist, daß wir uns auch besserer Gesundheit erfreuen.

Medikament Nr. 10: Vertrauen
„Loslassen und Gott machen lassen"

In der jüdischen-christlichen Tradition wird der allmächtige Schöpfergott zugleich auch als der *Immanente* gesehen, der in den geringsten Kleinigkeiten unseres Alltagsleben anwesend und an ihnen beteiligt ist. Alterfahrene mit dem „Zwölf-Schritte-Programm" bringen ihre Bereitschaft, eine immanente höhere Macht anzurufen, auf den bekannten Wahlspruch: „Let go and let God – Loslassen und Gott machen lassen".

Wir machen im Leben die Erfahrung, daß wir nur ein sehr begrenztes Maß an Umständen selbst voll im Griff haben; wir können nicht alle unsere Probleme aus eigener Kraft lösen. Gläubige Menschen lernen es, im Gebet ihre Sorgen Gott anzuvertrauen und ihn um Führung, Eingreifen und Kraft zu bitten. Genau wie das Schuldbekenntnis und die Lossprechung Erleichterung von den lebenshemmenden Wirkungen der Schuld verschaffen, haben wir die Möglichkeit, unsere relative Ohnmacht anzuerkennen und bei Gott Hilfe zu suchen, indem wir „alles ihm übergeben". Wenn wir „loslassen und Gott machen lassen", lösen wir uns aus dem krampfhaften Versuch, das nicht Kontrollierbare unter Kontrolle zu bringen, und unsere schmerzlichen Angstgefühle legen sich.

Medikament Nr. 11: Transzendenz
Anschluß an die Letzte Hoffnung

Oft drohen uns unsere Sorgen und Befürchtungen zu überwältigen. Wir sorgen uns um unsere Arbeit, unsere Finanzen, unsere Kinder, unsere Gesundheit und sogar um unser spirituelles Leben: „Bin ich gut genug? Ist Gott wirklich mit mir zufrieden?" So wichtig diese Sorgen sein mögen, wir müssen uns immer wieder daran erinnern, daß sie nicht *absolut wichtig* sind. Religion erinnert uns an die *transzendente Dimension* unseres Daseins und spricht uns von einem Gott, dessen Größe, Allmacht und Liebe weit über unsere alltäglichen Sorgen und Wehen hinausreichen, und sie lädt uns ein, mit dieser unendlich großen, heiligen Wirklichkeit in Gebet und Gottesdienst in Kontakt zu treten.

Unsere religiösen Traditionen lehren uns, Großes von Gott zu erwarten. Dadurch wird in uns die gesundheitsfördernde Wirkung der positiven Erwartungshaltung in Gang gesetzt: der Hoffnung und des Vertrauens. In der Medizin kennt man diese Dynamik als den „Placebo-Effekt": Es ist ein allbekanntes Phänomen, daß sich der Zustand von Patienten schon dadurch verbessert, daß sie glauben, er tue es. Das erstaunliche Ausmaß der Wirkung des Placebo-Effekts in einem breiten Spektrum von Krankheiten ist von der Forschung ausführlich dokumentiert worden. Dank dieser Forschungen wissen wir, daß unser Gehirn uns so „einstellen" kann, daß sich an uns unsere Erwartungen erfüllen, die guten wie die schlechten (bei letzteren spricht man vom „Nocebo-Effekt"). Wir aktivieren die Kraft des Placebo-Effekts, wenn wir uns einer transzendenten Wirklichkeit zuwenden und wenn unsere derzeitigen Kümmernisse angesichts der großartigen Verheißungen Gottes verblassen.

Im Rahmen eines lebendigen Glaubens, wie wir ihn hier anhand der Daten des Gesundheitsfaktors Glaube beschreiben, richten wir uns auf die transzendente Wirklichkeit aus, was uns zu unseren kühnsten Hoffnungen inspiriert und die Kraft der positiven Erwartung in Gang setzt. Außerdem entheben wir uns der gegenwärtigen Situation und bekommen wieder ein Gespür dafür, wer wir zutiefst sind: Wir erinnern uns, daß wir in Kontakt mit dem Gott stehen, der uns erschaffen hat. Dadurch bekommt alles seinen richtigen Stellenwert, und wir empfinden innerlich größeren Frieden.

Medikament Nr. 12: Liebe
Für andere da sein und andere haben, die für einen da sind

Wie wichtig Liebe ist, kann gar nicht hoch genug angesetzt werden. Ohne Liebe laufen wir Gefahr, unsere Freude am Leben zu verlieren und keinen Sinn mehr im Dasein zu sehen. Wir werden dann auch für Krankheit und andere Störungen anfälliger.

Religion in ihrer besten Form weckt in uns Liebe und fördert deren Wachstum in uns, und zwar in jedem einzelnen und in der Glaubensgemeinschaft. Jede große theologische Tradition stellt die Aufgabe in den Mittelpunkt, Gott und seine Nächsten zu lieben. Unsere Aufgabe als gläubige Menschen ist es, unsere Fähigkeit zur Erfüllung dieses Doppelgebotes immer mehr zu steigern. In der stützenden Umgebung einer religiösen Gemeinde können die Beziehungen untereinander geknüpft und vertieft werden. Der gemeinsame Gottesdienst festigt die Bande zwischen Familien und Freunden. Viele Kirchen und religiöse Gruppen bieten auch kleinere Hauskreise an, in denen die Liebesgemeinschaft zwischen einzelnen Menschen gepflegt werden kann.

Gesunde religiöse Organisationen stellen die Liebe zu anderen Menschen in ihren Mittelpunkt. Die Bibel weist uns immer wieder an, einander das als *agape* bekannte gesundheitsfördernde Geschenk zu machen; *agape* ist das griechische Wort, das in den christlichen Schriften für die bedingungslose Liebe verwendet wird. Alle großen religiösen Traditionen der Welt bezeichnen diese Art Liebe als die Grundlage des Glaubens und Zusammenlebens der Menschen. Wenn wir aus der Liebe leben, leben wir intensiver, voller und gesünder; wir aktivieren unsere höchsten Potentiale als Menschenwesen. Die Liebe macht unsere Herzen froh und besänftigt unseren Geist. Nach Aussage des Apostels Paulus ist sie die kostbarste aller Eigenschaften des Menschen: „Wenn ich in den Sprachen der Menschen und Engel redete, hätte aber die Liebe nicht, wäre ich dröhnendes Erz oder eine lärmende Pauke. Und wenn ich prophetisch reden könnte und alle Geheimnisse wüßte und alle Erkenntnis hätte; wenn ich alle Glaubenskraft besäße und Berge damit versetzen könnte, hätte aber die Liebe nicht, wäre ich nichts. Und wenn ich meine ganze Habe verschenkte, und wenn ich meinen Leib dem Feuer übergäbe, hätte aber die Liebe nicht, wäre ich nichts... Für jetzt bleiben Glaube, Hoffnung, Liebe, diese drei; doch am größten unter ihnen ist die Liebe" (1 Korinther 13, 1–3. 13).

Die zwölf Medikamente, die der Gesundheitsfaktor Glaube enthält, verstärken sich gegenseitig: Wenn sie ineinandergreifen, bilden sie ein Ganzes, das größer ist als die Summe seiner Teile. Sie müssen nicht alle gleichzeitig auftreten, um wirksam zu sein, obwohl ich glaube, daß eine häufige Teilnahme am Gottesdienst sich als Variable herausgestellt hat, die von besonders entscheidender Bedeutung ist; denn im Rahmen des Gottesdienstes wirken sich am häufigsten alle zwölf Komponenten gemeinsam aus (s. 8. Kapitel). Wir können letztlich nicht genau nachvollziehen, wie der Gesundheitsfaktor Glaube wirkt, so wie wir etwa nachvollziehen können, auf welche Weise das Grippevirus zur Grippe führt, aber eines wissen wir: Die Komponenten des Faktors Glaube erweisen sich als ungemein wirksame Mittel zur Vorbeugung gegen Krankheiten, zur Beschleunigung der Genesung von Krankheiten, zur Verlängerung der Lebensdauer und zur Schaffung des Wohlbefindens.

Gerade weil sich der Faktor Glaube so mächtig auf das Leben von Menschen auswirkt, müssen wir gegen den negativen Einfluß bestimmter religiöser Verhaltensweisen und Überzeugungen sorgfältig auf der Hut sein. Sie stellen zwar nur eine kleine Minderheit der religiösen Erfahrungen dar, haben jedoch jahrhundertelang ungemein schlimme Wirkungen auf die Menschen ausgeübt.

Wenn sich Religion negativ auswirkt

Beim aktiven religiösen Leben ist es wie mit jeder anderen gesunden Lebensweise: Man kann es ins Extrem treiben. Eine übergewichtige Frau läßt sich vielleicht auf eine Schlankheitskur ein und wird davon so besessen, daß daraus schließlich Magersucht wird. Ein schlaffer Mann fängt vielleicht ein Krafttraining an, stürzt sich aber zu stürmisch hinein und läuft Gefahr, sich alle möglichen Schäden zuzuziehen, von Muskelzerrungen bis zum Herzanfall. Ebenso ist es auch vorstellbar, daß sich jemand auf der Suche nach Ganzheit und Zugehörigkeit einer religiösen Organisation anschließt, jedoch in einen Strudel selbstzerstörerischer Verhaltensweisen hineingezogen wird. Um deutlich die potentiellen Gefahren einer religiös intensiven Lebensweise vor Augen zu haben, braucht man sich nur an die schreckliche Selbstmordwelle von 1978 in Jonestown (Guyana) erinnern, wo 914 Männer, Frauen und Kinder ihrem Führer Jim Jones folgten, vergiftetes Kool-Aid tranken und starben. Oder man denke an Waco (Texas), wo 1993 78 Menschen in einem Feuer umkamen, das ausbrach, als Bundestruppen das Gelände der *Davidianer* stürmten, einer Gruppe, die von dem sich exzentrisch charismatisch gebärdenden David Koresh geführt wurde. Selbst wenn sich der Mißbrauch religiöser Vorstellungen nicht in direkter körperlicher Schädigung äußert, kann er verderbliche Folgen haben, wie man es schon bei vielen Fällen von „Glaubensheilern" und anderen skrupellosen pseudo-charismatischen Personen erlebt hat, die ihre Anhänger um hohe Geldsummen betrogen und sich dann aus dem Staub gemacht haben.

Die spirituelle Ernsthaftigkeit irgendeiner bestimmten Sekte zu beurteilen, ist hier nicht meine Aufgabe. Doch will ich ein wesentliches Erkennungsmerkmal dafür nennen, daß in einer religiösen Gruppe etwas Gesundheitsschädigendes am Werk ist: Wenn Führer ihre Anhänger dazu zwingen oder manipulieren, alle persönliche Autonomie aufzugeben, führt die Zugehörigkeit wahrscheinlich zu größeren Problemen, als daß es solche löst.

In meinen Augen als Mediziner ist es zudem fragwürdig, wenn religiöse Führer ihre Anhänger nötigen, die traditionelle ärztliche Versorgung zu meiden. Ich will hier nur ein Beispiel dafür geben. Forscher verglichen die Sterberate von Kindern bei der Durchschnittsbevölkerung mit derjenigen bei den Mitgliedern der *Faith Assembly*, einer fundamentalistischen Sekte, die alle ärztliche Betreuung ablehnt.[16] Die Kindersterblichkeit bei Frauen der *Faith Assembly* war dreimal höher als in der sonstigen Bevölkerung. Und was noch schlimmer war: Bei der *Faith Assembly* war die Sterberate der Gebärenden fast hundertmal höher!

Als Mediziner glaube ich, daß unserer geistigen, körperlichen und spirituellen Gesundheit am besten dann gedient ist, wenn wir uns der positiven Wirkungen eines lebendigen Glaubens *und* der Vorteile des Besten erfreuen, was uns die traditionelle Medizin zu bieten hat. Die Enthaltung von ärztlicher Betreuung aus religiösen Gründen scheint mir eine unnötige und schädliche „Nebenwirkung" einer bestimmten Art von religiösem Engagement zu sein.

Sich auf das Äußere oder das Innere konzentrieren – eine wichtige Unterscheidung

Die Art, wie jemand grundsätzlich religiös ausgerichtet ist, kann auch einige negative Seiten der Religiosität aktivieren. Für unsere Zwecke sei eine Einteilung in zwei Grundtypen der religiösen Ausrichtung vorgenommen, wie sie Gordon W. Allport von der *Harvard University* vorgelegt hat: die auf das Äußere oder auf das Innere konzentrierte.[17]

Auf das Äußere konzentriert sind Menschen – um die berühmte Formulierung von John F. Kennedy zu gebrauchen (und abzuwandeln) –, die „nicht fragen, was sie für ihre Religion tun können, sondern was ihre Religion für sie tun kann". Für die auf das Äußere konzentrierten Menschen ist die Religion ein Mittel zum Erreichen eines anderen Zwecks: Sie wollen damit Gesundheit, Sicherheit, Status, Macht erlangen, auch wenn sie sich selbst ihrer eigentlichen Motivation gar nicht richtig bewußt sind. In den letzten Jahren sind in den USA etliche prominente Tele-Evangelisten als zutiefst auf das Äußere konzentrierte religiöse Aktivisten enthüllt worden. Für sie zählten die sekundären Vorteile ihrer religiösen Aktivitäten – Einfluß, Geld, sexuelle Gunst – mehr als ihre eigentliche religiöse Lehre. Auf das Äußere gerichtete Menschen können sehr wohl recht überzeugende Fassaden der Religiosität bieten: Sie gehören vielleicht zu den häufigsten Gottesdienstteilnehmern, sind die ersten, die auf den Wert religiös motivierter Verhaltensweisen pochen, etwa auf den Verzicht auf bestimmte Nahrungsmittel (obwohl sie nicht unbedingt bei der Einhaltung dieser Prinzipien die Gewissenhaftesten sein müssen!), und sie können am geschicktesten die Bibel oder dogmatische Lehrsätze zitieren, wann immer sie in irgendeiner Situation ihre Ansichten vertreten. Doch selbst wenn sie sich alle Mühe geben, die sichtbaren und meßbaren Vorschriften ihrer jeweiligen Tradition zu erfüllen, läßt sich ihr Herz dennoch nicht auf eine wirklich tiefe Beziehung zu Gott ein. Vielleicht ist es ihnen aus einer ganzen Reihe von Gründen (sie werden im 8. Kapitel entfaltet) nicht gelungen, die Lehren ihrer eigenen Tradition wirklich tief zu erfassen.

Was immer diese Gründe auch sein mögen, jedenfalls hält sie ihre Ausrichtung auf das Äußere in sicherem Abstand von den Ansprüchen eines ehrlichen Sich-Einlassens auf die Fragen des Glaubens. Das könnte die Tatsache erklären, die Dr. Allport herausgefunden hat: daß auf das Äußere konzentrierte religiöse Menschen trotz ihrer offensichtlichen Religiosität eher zu Rassenvorurteilen neigen als nicht religiös orientierte Menschen.

Im Gegensatz dazu fragen Menschen, die sich auf das Innere ihrer Religion konzentrieren, nicht danach, was ihre Religion für sie tun kann, sondern was sie für ihre Religion tun können. Dr. Allport stellte fest, daß diese Menschen von den drei untersuchten Gruppen (äußerlich Orientierte, innerlich Orientierte, überhaupt nicht religiös Praktizierende) am wenigsten zu rassistischen Vorurteilen neigen. Sie verfügen über einen tiefverwurzelten, authentischen Glauben, sind religiös, weil es ihrer ureigenen Identität und ihrem Charakter entspricht. Innerlich religiös orientierte Menschen scheren sich weniger darum, ob sie sich sozial konform geben, als dies äußerlich Orientierte tun. Sie sind eher auf Gott als auf sich selbst konzentriert, und bei ihnen ist die Wahrscheinlichkeit größer, daß sich ihre Glaubensüberzeugung positiv auf ihre Gesundheit auswirkt, als es bei den äußerlich Orientierten der Fall ist. Die innerlich Orientierten werden von ihrer Liebe zu Gott und ihren Mitmenschen motiviert, und deshalb findet man sie oft in der Rolle derer, die in religiösen Gemeinschaften die eher undankbaren und unauffälligen Dienste verrichten, etwa chronisch Kranke pflegen oder den Boden der Kirche schrubben, ohne dafür viel Anerkennung zu erwarten. Obwohl sie dazu neigen, kaum darüber zu reden, führen die meisten innerlich Orientierten ein konsequent spirituelles Leben, beten und lesen täglich in der Heiligen Schrift. Sie zeichnen sich durch Bescheidenheit und Güte aus und wirken wie aus einem Guß: Statt zu reden, was man alles tun müßte, tun sie es ohne viel Aufhebens.

Bezeichnenderweise haben viele Studien erwiesen, daß ausgerechnet Menschen, die sich der Religion nur als Mittel bedienen, um sich äußere Vorteile wie etwa Macht, Prestige oder bessere Gesundheit zu verschaffen, am wenigsten Aussicht haben, in den Genuß der Vorzüge des Gesundheitsfaktors Glaube zu kommen.

In einer Studie von 1991, bei der es um die Rolle der äußerlich und innerlich orientierten Religion bei Depressiven ging[18], fanden die Forscher heraus, daß der Grad der Depression bei denen höher war, die nach bestimmten Kriterien als religiös äußerlich orientiert eingestuft wurden. Umgekehrt neigten die als religiös innerlich orientiert Eingestuften weniger stark zu Depressionen. Mit anderen Worten: Tief und authentisch religiöse Menschen können der Depression wirksamer Widerstand leisten als solche, die Religion „einfach mitmachen".

Auch bei einer 1989 durchgeführten Untersuchung über die Trauer bei älteren Witwen und Witwern wurde das Kriterium der äußerlich oder innerlich orientierten Religion mit einbezogen.[19] Es stellte sich heraus, daß bei den Menschen mit einer äußerlichen Religiosität die

Trauer und der negative Streß viel größer waren als bei denjenigen mit einer innerlichen Religiosität. Es könnte folglich sein, daß eine äußerlich orientierte Religiosität nicht nur die positiven Wirkungen des Faktors Glauben verfehlt, sondern sogar negative Auswirkungen auf die Gesundheit mit sich bringt. Das wurde auch in einer Studie über die Angst vor dem Tod deutlich[20], bei der sich ergab, daß äußerlich religiöse Menschen bedeutend mehr Angst vor dem Tod hatten als ihre innerlich religiösen und auch als ihre religiös nicht interessierten Vergleichspersonen. Ausgehend von den oben genannten Kriterien für äußerlich und innerlich religiös Orientierte können wir vermuten, daß dies deshalb der Fall ist, weil innerlich religiöse Menschen zutiefst an einen verläßlichen Gott glauben und davon überzeugt sind, daß sie nach dem Tod ein verheißungsvolles neues Leben erwartet, oder zumindest, daß sie kaum etwas Schlimmes nach dem Tod zu erwarten haben. Nichtreligiöse Menschen glauben gewöhnlich, mit dem Tod sei schlicht alles aus, und so hätten sie für das Danach nichts zu befürchten. Aber äußerlich orientierte religiöse Menschen neigen dazu, das Leben nach dem Tod in den Kategorien von Himmel oder Hölle als Belohnung oder Strafe dafür zu sehen, wie sie in ihrem Leben ihre religiösen Pflichten erfüllt haben, und so besteht für sie etlicher Grund, davor Angst zu haben.

Gewalt im Namen von Religion

Im Lauf der Geschichte haben die Menschen in hohem Maß das negative Potential ihrer Religionen vorgeführt, vor allem wenn ihre Religion äußerlich orientiert war: Unter Berufung auf ihren Glauben haben sie sich das Recht angemaßt, andere zu verfolgen, zu unterdrücken und zu ermorden. Eine der großen Ironien der Weltgeschichte besteht darin, daß ausgerechnet Jerusalem (dessen hebräischer Name „Stadt des Friedens" bedeutet), ein Ort, an dem viele Heilungen und Wunder geschehen sind und der den drei großen monotheistischen Religionen, dem Judentum, Christentum und Islam, heilig ist, Zeugin von mehr Kriegen als jede andere Stadt geworden ist. In einer blutigen Schlacht um die andere haben hintereinander Ägypter, Israeliten, Philister, Babylonier, Griechen, Seleukiden, Römer, Byzantiner, Moslems, Kreuzfahrer, Mamelucken, Ottomanen, Engländer, Jordanier und Israelis dieses kleine Hügelstück erobert und dabei oft behauptet, zu dieser Eroberung berechtige sie ihre Religion. Fast viertausend Jahre lang haben frommer Gottesdienst und Pilgerwesen das Leben dieser

Stadt geprägt, aber genauso Brandschatzung und Blutbäder, und das unter Berufung auf die gleichen religiösen Überzeugungen, die andererseits auch zu Großherzigkeit, Mitleid und Zusammenarbeit inspiriert haben.

Als Arzt und gläubiger Mensch beklage ich die Gewalt im Namen von Religion und sehe mit Entsetzen ihre allbeherrschende Gegenwart im Laufe der Menschheitsgeschichte. Wir können nur hoffen und beten, daß die *positiven* Auswirkungen der lebendigen religiösen Überzeugung, und zwar nicht nur die gesundheitlichen, sondern auch der Altruismus, die Friedfertigkeit und die Toleranz, immer mehr gegenüber ihren negativen Auswirkungen überwiegen.

Ich habe den Optimismus und das Vertrauen, daß dies tatsächlich der Fall sein wird. Angesichts der bedeutenden heilsamen Auswirkungen der lebendigen Religiosität glaube ich, daß die positiven Beiträge der Religionen in unserer Gesellschaft und der Menschheit insgesamt immer mehr ins Gewicht fallen werden. Dieser überraschend positive Ertrag gelebter Religion könnte sich tatsächlich als einer der größten medizinischen Durchbrüche des 20. Jahrhunderts erweisen, der in nichts der Entwicklung der Antibiotika und den Fortschritten in der chirurgischen Technik nachsteht.

Führt der Gesundheitsfaktor Glaube zum letzten einer ganzen Reihe von Durchbrüchen in der Medizin?

Im Lauf der Geschichte der Medizin haben sich einige der wichtigsten Durchbrüche als Überraschungen ergeben. Mittels der Beobachtung hat immer wieder ein Arzt eine Hypothese entwickelt, die zunächst sehr unwahrscheinlich oder unkonventionell erschien. Oft führten solche neuen Erkenntnisse zu beträchtlichen Kontroversen in der Gemeinschaft der Wissenschaftler und der allgemeinen Öffentlichkeit. Aber war erst einmal ihre Gültigkeit erwiesen, so wurden diese scheinbar kontroversen Entdeckungen zu Grundpfeilern der Medizin, wie wir sie heute praktizieren.

Hier sei nur ein Beispiel aus dem 19. Jahrhundert zitiert. Der Geburtshelfer Ignaz Semmelweis zerbrach sich den Kopf über ein rätselhaftes Kindbettfieber, eine Infektion des weiblichen Gebärkanals, an dem Frauen oft kurz nach der Entbindung starben.[21] Bei seiner Arbeit in einem angesehenen Wiener Hospital beobachtete er, daß die Frauen auf einem Stock des Hospitals sich dieses Fieber beträchtlich seltener zuzogen als auf einem anderen. Außerdem stellte er fest, daß sich

Frauen, denen bei der Entbindung Hebammen beistanden, weniger Infektionen zuzogen als Frauen, denen Medizinstudenten halfen. Die Hebammen waren sehr auf Sauberkeit bedacht und durften keine Autopsien vornehmen. Aber, so beobachtete I. Semmelweis, die Medizinstudenten führten regelmäßig Autopsien durch und gingen direkt aus dem Anatomieraum zu den Patientinnen, ohne sich zu waschen. Aufgrund seiner Beobachtung, daß sich die Medizinstudenten nicht die Hände wuschen, stellte er die Hypothese auf, das Unterlassen des Händewaschens könnte für den Tod der frisch entbundenen Mütter verantwortlich sein. Seine Hypothese kam früher als Louis Pasteurs Theorie, daß die Verbreitung von Bakterien die Ursache von Krankheiten sei, und folglich früher als die Einführung des strikten Achtens auf Sterilität als Grunderfordernis und allgemeine Praxis bei der Behandlung von Patienten.

Um die Ausbreitung des Kindbettfiebers zu unterbinden, erließ Dr. Semmelweis die strikte Anordnung, daß alle Medizinstudenten, die auf der betroffenen Entbindungsstation arbeiteten, vor Betreten der Station ihre Hände in einer Lösung aus Chlorkalk waschen mußten. Die Infektionsrate fiel daraufhin im Lauf einiger Monate von 18 auf 1,5 %. Sie fiel sogar noch tiefer, als I. Semmelweis seine Anordnung auch auf alle anderen Studenten ausweitete, die Patientinnen in der Entbindungsstation betreuten, unabhängig davon, ob sie vorher in der Anatomie gearbeitet hatten oder nicht.

Man sollte meinen, Ignaz Semmelweis sei als Held gefeiert worden. Statt dessen führten seine brillanten Beobachtungen und mutigen Schritte zu einer derartigen Kontroverse, daß er seine Stellung an diesem Hospital verlor und seine Laufbahn in Budapest in Ungnaden beschloß. Er wurde schließlich in eine Nervenheilanstalt eingewiesen und starb an einer Blutinfektion, einer ähnlichen, wie er sie mit so großem Erfolg bei vielen Frauen verhütet hatte. Dieser mutige Arzt wurde 1879 rehabilitiert, als der große Wissenschaftler Louis Pasteur auf einer Tagung der medizinischen Akademie in Paris die Theorien von I. Semmelweis persönlich verteidigte. Heute sind uns natürlich die Erkenntnisse von Wissenschaftlern wie Dr. Semmelweis zur soliden, fraglosen medizinischen Selbstverständlichkeit geworden. Heutige Ärzte achten peinlich genau darauf, daß in Krankenhäusern, Sprechzimmern und Laboratorien alles steril bleibt. Aber als diese Vorstellung zum ersten Mal geäußert wurde, betrachtete sie ein guter Teil des medizinischen Establishments als Irrweg, ja hielt sie für gefährlich.

Semmelweis konnte nicht befriedigend erklären, *wie* oder *warum* seine Vorkehrungen wirkten. Er wußte nur aufgrund von Experimenten und Beobachtungen, *daß* sie wirkten und daß man Leben retten konnte, wenn man die angemessenen Vorkehrungen traf. Das Wie und Warum mußte bis später warten; worauf es zunächst ankam, war, daß die Krankheits- und Sterbefälle deutlich zurückgingen.

Ich glaube, daß sich beim Gesundheitsfaktor Glaube, der von vielen Ärzten jahrhundertelang mißachtet und von manchen Wissenschaftlern als irrelevant abgetan wurde, in etwa die Geschichte von Pionieren der Medizin wie Dr. Semmelweis gleicht. Bis vor kurzem lief die kleine Zahl von Ärzten und Wissenschaftlern, die den Gesundheitsfaktor Glaube tatsächlich ernst nahmen, Gefahr, bestenfalls mit dem Etikett „fachfremd", „unwissenschaftlich" versehen, schlimmeren Falls verspottet oder als gefährlich betrachtet zu werden. Wenn sie ihre Sache zu begeistert vertraten, riskierten sie wie Ignaz Semmelweis, beruflich ins Hintertreffen zu geraten.

Forscher, die die positiven Auswirkungen des Faktors Glaube auf die Gesundheit erkannt und nachgewiesen haben, sind trotz aller Widerstände ihren Weg weitergegangen, weil sie der Überzeugung waren, die Gesundheit der Patienten sei wichtiger als die „Gesundheit" der eigenen Laufbahn. Wir wenden die Methoden der Wissenschaft an, um zu beweisen, daß die medizinischen Auswirkungen von Religion nicht nur eine Glaubenssache, sondern eine wissenschaftliche Tatsache sind. Einige Vorsicht ist dabei durchaus angebracht; immerhin befassen wir uns mit diffizilen Bereichen der Seele, des Gewissens und des Körpers, woraus sich wichtige praktische und ethische Fragen ergeben, die ich in späteren Kapiteln erörtern will. Aber ich hoffe, daß Ärzte wie Patienten sich nicht durch übergroße Vorsicht den Mut nehmen lassen. Ich hoffe sehr, wir machen uns in ganz naher Zukunft die hervorragend dokumentierten Forschungsergebnisse zu eigen, welche die Wichtigkeit des Gesundheitsfaktors Glaube und der heilsamen Lebensweisen, zu denen er führt, dokumentieren.

Könnte es nicht sein, daß in hundert Jahren die Menschen auf die Medizin des 20. Jahrhunderts zurückblicken und sagen: „Könnt ihr euch vorstellen, daß die Ärzte tatsächlich nie mit ihren Patienten gebetet haben? Denkt nur, wieviele Leben sie hätten retten können, wenn sie nur in jedem Krankenhaus Fürbittgebets-Gruppen eingerichtet hätten, wie wir das heute tun!" Werden sie genauso den Kopf darüber schütteln, daß wir nicht für unsere Patienten gebetet haben, wie wir heute den Kopf schütteln würden, wenn Ärzte sich nicht die Hände wüschen, bevor sie die Wunden ihrer Patienten behandeln?

Wir können tatsächlich den Zeitpunkt herbeibeschleunigen, zu dem der Gesundheitsfaktor Glaube die volle Anerkennung findet, die er verdient. Als Arzt, Gelehrter und Professor versuche ich dies in meiner Praxis, Forschung und Lehre nach besten Kräften zu tun. Auch Sie als Patient können dazu beitragen, indem Sie – wenn es so ist – Ihrem Arzt sagen, wie wichtig für Sie der Gesundheitsfaktor Glaube ist und Sie deshalb seine Hilfe auch auf diesem Gebiet in Anspruch nehmen möchten, weil Sie sich eine ganzheitliche Heilung wünschen: das Heilwerden von Körper, Geist und Seele. Diese Heilung werde dadurch unterstützt, daß bei Ihrer medizinischen Behandlung der Faktor Glaube berücksichtigt und mit einbezogen werde.

3. Kapitel

Die Heilung des Körpers

Die Wiederherstellung unseres physischen Selbst

Die moderne Wissenschaft hat erst vor kurzem begonnen, die Kraft des Gebets und des Gesundheitsfaktors Glaube im Heilungsprozeß anzuerkennen. Aber viele sakrale Traditionen bezeugen uns, daß die Menschen aller Zeiten einen inneren Zusammenhang zwischen spirituellen Praktiken und Heilwerden gesehen haben, lange bevor wissenschaftliche Methoden und unsere modernen Medikamente aufkamen. In der Welt vor Prednison und Prozac gab es immer schon das Gebet; im Lauf der ganzen überlieferten Geschichte sind Menschen immer wieder mit Hilfe des Glaubens von Arthritis, Asthma, Asthenie und vielen anderen Leiden geheilt worden. Eine besonders nützliche Quelle sind für uns in dieser Hinsicht die überlieferten Lebensbeschreibungen der Heiligen. So finden wir zum Beispiel einen Beweis für eine aufsehenerregende Heilung im Leben der heiligen Teresa von Ávila, einer spanischen Nonne des 16. Jahrhunderts; es ist eine der drei Frauen, denen der Titel „Kirchenlehrerin" verliehen wurde.[1] Teresa wurde als junge Frau von einer schweren Krankheit heimgesucht, die sie zwang, ihr Kloster zu verlassen und wieder nach Hause zu gehen, um sich von ihren Angehörigen versorgen zu lassen. Die damals verfügbare medizinische Hilfe brachte ihr nichts. Schließlich fiel sie in ein viertägiges Koma. Teresa erwachte daraus zwar wieder, war jedoch sehr schwach, litt große Schmerzen und war offensichtlich gelähmt. Viele Menschen beteten für sie, so auch ihre Familienangehörigen und ihre Mitschwestern im Kloster, aber ihr Zustand verbesserte sich zunächst kaum; man rechnete damit, daß sie nicht mehr lange leben werde. Schließlich kehrte sie in ihr Kloster zurück, um sich dort auf das Sterben vorzubereiten. Nach acht Monaten konnte sie sich wieder bewegen, nach zwei Jahren konnte sie kriechen. In einem Prozeß, der als wunderbare Heilung betrachtet wurde, gewann sie schließlich wieder ihre ganze Bewegungsfähigkeit zurück und führte ein volles und aktives Leben.

Teresas Geschichte bietet eine von vielen unerklärten Heilungen, die sich in der historischen Überlieferung finden. Wir können die genauen Gründe ihrer Genesung nicht wissen und wissen nicht einmal genau, woran sie erkrankt war. Ganz gewiß können wir aus ihrer Geschichte keine Methode und kein Rezept für das Heilen ableiten. Doch ich glaube, daß wir sowohl aus historischen als auch zeitgenössischen Berichten über Heilungen, die dem Gebet zu verdanken waren, das Folgende ableiten können: Die spirituelle Dimension des Lebens ist für unsere Gesundheit in einer Art wichtig, die wir nicht voll verstehen, und die Ärzte sind in die Pflicht genommen, sich damit zu befassen.

Angesichts dieser neu sich stellenden Aufgabe bemühen sich einige Mediziner um eine neue Synthese aus Betreuung, fruchtbarer Verwendung des uns aus der experimentellen Wissenschaft verfügbaren Wissens, aus Offenheit für die Weisheit, welche die Patienten aufgrund ihrer eigenen Erfahrungen angesammelt haben, sowie den Einsichten, die wir aus den einschlägigen Berichten der großen religiösen Traditionen gewinnen können. Wenn wir uns im Folgenden noch genauer mit den Beweisen der modernen Wissenschaft befassen, die den inneren Zusammenhang zwischen Glaube und Heilung belegen, betrachten wir auch die Zeugnisse von Erfahrungen des Geheiltwerdens, die sich in der Bibel und anderen heiligen Texten finden. Die Heilungsgeschichten der Heiligen Schrift werden wir im 10. Kapitel genauer behandeln. Um besser zu verstehen, wie Patienten selbst die Quellen ihres Glaubens mit der medizinischen Behandlung verknüpfen, werden wir uns Erfahrungen von Patienten in ihrem eigenen Wortlaut anhören.

Wenn wir uns die Geschichten der Menschen ansehen, die Heilung auf medizinischem und zugleich spirituellem Weg gesucht haben, stellen wir fest, daß sich diese Geschichten, so einmalig auch jede in vieler Hinsicht ist, doch in einige Kategorien einteilen lassen. Manche Menschen werden nicht vollständig von ihrer Krankheit geheilt, aber lernen es, mittels des Gebets und anderer Formen aktiven Glaubens *mit ihrem Kranksein zurechtzukommen*. Bei anderen ereignet sich die Heilung in der Form, daß *das Fortschreiten ihrer Krankheit zum Stehen kommt*, wie etwa bei Krebs oder Herzkrankheiten. Wieder andere erfahren eine *Linderung oder vollständige Heilung ihrer Krankheit* dank des Zusammenwirkens von fürbittendem Gebet und medizinischer Behandlung. Als Arzt habe ich festgestellt, daß der Grad der Heilung, die Patienten mittels des Gebets, des Bibellesens und -betrachtens, der Unterstützung seitens einer religiösen Gemeinde und der anderen Komponenten des Faktors Glaube erfahren, nicht vorausgesagt oder gemessen werden kann. Natürlich wissen wir, daß der Faktor Glaube kein Allheilmittel ist – die Sterberate für alle Menschen bleibt immer noch bei 100%. Aber selbst wenn sich keine physische Heilung einstellt, findet fast immer in irgendeinem Maß Besserung statt, am meisten ein Gefühl des inneren Friedens angesichts einer schweren Krankheit oder Behinderung.

Fangen wir unsere Rundreise mit der Geschichte einer zeitgenössischen Frau an, die in den Worten eines heiligen Textes ein Vorbild und eine Methode für ihr eigenes Gesundwerden fand.

◆ Es war nur ein kleiner Knoten in ihrem Nacken, aber er bedrohte alles: ihr eigenes Leben, die Zukunft ihrer drei Kinder (im Alter von sechs, drei und einem Jahr) und ihren Mann. „Wahrscheinlich ist es Schilddrüsenkrebs", hatte der Arzt Barbara eröffnet, einer 31-jährigen Frau und Mutter. „Aber genau können wir das noch nicht wissen, bevor wir die Hormontests und die Operation durchgeführt haben."

Während dieser Zeit des Wartens mußte Barbara unablässig an das Schicksal ihrer Familie denken: „Ich war immer voller Angst und Sorgen. Was würden die Ärzte herausfinden? Was würde auf mich zukommen? Würde der Mann, den ich liebe, mich sterben sehen und dann die Kinder allein aufziehen müssen? Ich begann leichte Panikanfälle zu bekommen, die sich in Atembeschwerden und Schlaflosigkeit äußerten."

Barbara hatte sich von Kind an intensiv mit der biblischen Geschichte und der Frühkirche befaßt. Daher kannte sie sich gut in den Evangelien aus, und es ist kein Wunder, daß sie als Metapher für ihre persönliche Heilung eine bestimmte Bibelstelle fand. Eines Sonntags, als Barbara in der Kirche betete, kam ihr die Evangeliengeschichte von der blutflüssigen Frau in den Sinn:

„Viele Menschen folgten Jesus und drängten sich um ihn. Darunter war eine Frau, die schon zwölf Jahre an Blutungen litt. Sie war von vielen Ärzten behandelt worden und hatte dabei sehr zu leiden; ihr ganzes Vermögen hatte sie ausgegeben, aber es hatte ihr nichts genutzt, sondern ihr Zustand war immer schlimmer geworden. Sie hatte von Jesus gehört. Nun drängte sie sich in der Menge von hinten an ihn heran und berührte sein Gewand. Denn sie sagte sich: Wenn ich auch nur sein Gewand berühre, werde ich geheilt. Sofort hörte die Blutung auf, und sie spürte deutlich, daß sie von ihrem Leiden geheilt war. Im selben Augenblick fühlte Jesus, daß eine Kraft von ihm ausströmte, und er wandte sich in dem Gedränge um und fragte: Wer hat mein Gewand berührt? Seine Jünger sagten zu ihm: Du siehst doch, wie sich die Leute um dich drängen, und da fragst du: Wer hat mich berührt? Er blickte umher, um zu sehen, wer es getan hatte. Da kam die Frau, zitternd vor Furcht, weil sie wußte, was mit ihr geschehen war; sie fiel vor ihm nieder und sagte ihm die ganze Wahrheit. Er aber sagte zu ihr: Meine Tochter, dein Glaube hat dir geholfen. Geh in Frieden! Du sollst von deinem Leiden geheilt sein" (Markus 5,25–34).

Barbara erklärte: „Sie wollte geheilt werden, aber sie wollte Jesus nicht belästigen. Deshalb näherte sie sich ihm in der Menge und berührte sein Gewand. Natürlich wußte Jesus, was geschehen war und lobte die Frau wegen ihres Glaubens. Ich wollte wie diese Frau sein."

Als Barbara sich anschickte, zur Kommunion zum Altar zu gehen – sie war Mitglied der Episkopalkirche –, kam ihr plötzlich: „Ich könnte es doch tatsächlich wie sie machen." Sie betrachtete den Priester, der der Eucharistiefeier vorstand, als „Verkörperung" Jesu während des Gottesdienstes. So beschloß sie, sein Gewand zu berühren, wenn er ihr die Kommunion reichte.

„Ich berührte sein Gewand, und er konnte das nicht gemerkt haben, obwohl er um meine Krebserkrankung wußte", erinnerte sie sich. „In dem Augenblick tat er etwas, was ich ihn noch nie hatte tun sehen: Er stellte die Schale mit den Hostien ab und trat vor mich, legte mir beide Hände auf und betete um meine Heilung."

Nachdem sie den Kommunionwein empfangen hatte, stand Barbara am Altar auf. „Ich war derart von Gottes Liebe überwältigt, daß ich wußte: Ich war geheilt", sagte sie. „Zu dem Zeitpunkt war ich noch nicht körperlich geheilt, aber mein Herz war geheilt. Ich empfand überhaupt keine Angst, keine Sorgen und keine Zweifel mehr. Ich war von vollkommenem Vertrauen auf Gott erfüllt, von etwas, wovon er wußte, daß ich es zu dem Zeitpunkt viel dringender brauchte als jede andere Art von Heilung." Ihr Empfinden der Gelassenheit war nicht nur eine kurze Augenblickserfahrung: „Während dieses schwierigen Jahres meiner Krebsbehandlung blieb ich weiterhin von einem Frieden und einem Vertrauen erfüllt, das ein direktes Geschenk von Gott und unmöglich mit etwas anderem zu verwechseln war."

Einige Wochen nach ihrer Heilung an der Kommunionbank ergab Barbaras Operation, daß es sich bei dem Knoten tatsächlich um Schilddrüsenkrebs handelte. Sie machte hierauf etliche Behandlungen durch, und sechs Monate danach noch einmal. Irgendwie schienen ihr auch die Behandlungen wie ein direktes Geschenk Gottes zu sein: „Ich hatte das Gefühl, Gott vollendete dabei einfach die Heilung, mit der er in der Kirche vor dem Altar angefangen hatte."

Heute ist Barbara gesund, hat ein erfülltes Leben und betet gern. Ihr jüngstes Kind ist auf dem College; die gottgeschenkte Zuversicht, die sie 1979 als Mutter von drei kleinen Kindern jäh erfuhr, ist in ihrem Leben nicht enttäuscht worden.

◆ Gemäß der Erzählung in der Bibel ging von Jesus auf die blutflüssige Frau, die vermutlich unter Gebärmutterkrebs oder einem fibroiden Gebärmuttertumor litt, eine übernatürliche Kraft aus. Angeregt von dieser Schriftstelle, griff auch Barbara nach dieser heilenden Kraft, wie es die blutflüssige Frau fast zweitausend Jahre vor ihr getan hatte. Und wie die Frau in der biblischen Geschichte tat Barbara das im Glauben und tiefem Vertrauen auf Gottes Vermögen, ihre physische wie spirituelle Krankheit zu heilen. Barbaras Krebs muß nicht unbedingt auf übernatürliche Weise geheilt worden sein; immerhin wurde sie dagegen nicht nur ein-, sondern sogar zweimal behandelt. Aber sie war sich innerlich sicher, daß sie an jenem Tag vor dem Altar Gottes heilende Berührung erfahren hatte. Dadurch waren ihre Ängste geschwunden, und sie hatte ihren inneren Frieden wiedergefunden. Sie war bereit, sich mit ihrer Krankheit auseinanderzusetzen, im Vertrauen, daß Gott für sie und ihre Familie sorgen werde.

Heilte *Gott* Barbaras Krankheit? Das ist keine Frage, welche die Wissenschaft beantworten kann. Die Frage, die sich uns stellt, lautet vielmehr: Hilft der *Glaube an Gott* zur Heilung? Das ist tatsächlich eine wissenschaftliche Frage, und aufgrund der in diesem Buch vorgestellten Beweise muß die Antwort wohl „Ja" lauten. In Barbaras Geschichte können wir deutlich sehen, daß ihr ihr Glaube half, in einer Zeit großer Ängste wieder inneren Frieden zu finden. Wir können jedoch nicht beweisen, daß es Gott war, der sie vom Krebs heilte, oder die medizinische Behandlung oder beides.

Barbaras Geschichte zeigt uns, wie Glaube und Medizin im Leben von Menschen mit ernsten physischen Erkrankungen Hand in Hand arbeiten können. Genau wie die Quellen des Glaubens zur Heilung von Krankheiten beitragen können, die ihre Grundlage nicht selten in unserer Psyche haben (wie Sucht und manche psychische Krankheiten), so fördern sie auch die Heilung tödlicher Erkrankungen wie etwa die der Herzkranzgefäße und Krebs.

Wie setzen die Menschen auf ihrer Suche nach physischer Heilung den Faktor Glaube ein? Ich will Ihnen dazu etliche meiner Patienten, Kollegen und Bekannten vorstellen, die den Weg der Heilung gegangen sind, indem sie sowohl die Möglichkeiten der traditionellen Medizin als auch des Glaubens genutzt haben.

Fertigwerden mit der Krankheit

Wenn ich Sie bitten würde, sich eine typische herzkranke Patientin vorzustellen, würden Sie sicher nie auf Claire kommen. Diese dynamische Italo-Amerikanerin, Ende Dreißig, war der Inbegriff der Gesundheit. Sie hielt sich täglich anderthalb Stunden durch Gymnastik fit und arbeitete ganztags als Fachkraft für Öffentlichkeitsarbeit bei einer Kinderschutzorganisation; außerdem besuchte sie noch die Abendschule, um einen „Master's Degree" zu erwerben. Claire war eine herzliche, offene und hochmotivierte Persönlichkeit, hatte es in ihrem Leben zu etwas gebracht und war voller Aktivitäten. Sie hatte wirklich „alles". Aber dann, an einem Dezembertag, als sie gerade Anstalten traf, über die Feiertage zu ihrer Familie nach New York City zu reisen, brach ihre Welt jäh zusammen. Sie zog sich plötzlich eine lebensgefährliche Krankheit zu, die sich in hohem Fieber, ungeheurer Erschöpfung, Kurzatmigkeit, Sehstörungen, Schwäche und ungewöhnlichen Hautausschlägen äußerte.

Claire war bedrohlich krank, als ich sie im Notaufnahmeraum des Krankenhauses traf, in dem ich arbeite und lehre; aber glücklicherweise begann sie auf die intensive Behandlung anzusprechen, zu der Infusionen und intravenös verabreichte Antibiotika gehörten. Ihre Diagnose ging auf Endokarditis, eine schwere bakterielle Infektion der Herzwände, eine Erkrankung, die rasch tödlich ausgehen kann, wenn sie nicht unverzüglich diagnostiziert und behandelt wird.

Aber Claires erste Einweisung ins Krankenhaus war nur der Anfang einer langen und von vielen Enttäuschungen begleiteten monatelangen Genesungszeit. Klümpchen infizierten Materials wanderten von ihrem Herzen in ihr Gehirn und führten zum Verlust des Sehvermögens; die Infektion schädigte ihre Herzklappen und machten fast einen raschen operativen Eingriff notwendig.

„Ich führte vier bis sechs Wochen lang daheim täglich eine intravenöse Therapie durch, so daß ich diese Kanüle in meiner Brust stecken hatte und mich jeden Tag mit Zeug vollpumpte", sagte sie. „Ich war extrem schwach und müde und hatte einfach Angst. Schließlich ging mir auf, daß ich fast gestorben wäre."

In ihrer Schwäche, Angst und Enttäuschung wandte Claire sich an Gott. Sie war wohl als Katholikin aufgewachsen, hatte jedoch schon seit Jahren nicht mehr die Kirche besucht und war nicht mehr im traditionellen Sinn religiös. Sie beschrieb sich selbst als spirituellen, aber nicht religiösen Menschen: „Wenn ich das Bedürfnis nach Kontakt mit Gott hatte, machte ich einen langen Spaziergang im Wald."

Ich sagte zu Claire, die Zeit des Krankseins biete eine wichtige Gelegenheit, über die eigenen Prioritäten nachzudenken und diese neu zu ordnen: „Claire, Sie sind pausenlos aktiv, und oft ist es so, daß wir erst dann wieder nach oben zu schauen beginnen, wenn wir flach auf dem Rücken liegen. Niemand möchte krank werden, aber zuweilen können wir die Welt mit neuen Augen sehen lernen, wenn uns eine Krankheit die Gelegenheit zum Innehalten und Nachdenken bietet." Und ich fragte sie: „Ist Religion oder Spiritualität in irgendeiner Weise ein Teil Ihres Lebens?"

Sie zuckte mit den Schultern. „Für die organisierte Religion habe ich nicht viel übrig, aber ich glaube durchaus an Gott. Ich weiß nicht, ob ich in irgend jemandes religiöse Schubladen passen würde, und ich muß zugeben, in den letzten Jahren habe ich nicht besonders viel gebetet." Sie lächelte und fügte hinzu: „Wahrscheinlich war ich viel zu sehr beschäftigt, um auch noch an Gott denken zu können."

Ich sagte hierauf: „Ich möchte Ihnen gern eine Anregung zum Nachdenken geben. Sie brauchen in niemandes religiöse Schubladen zu passen, um wieder mit Beten anzufangen. Suchen Sie sich doch einfach in der Bibel, vielleicht in einem der Psalmen, ein Gebet, oder formulieren Sie sich selbst ein kurzes, einfaches Gebet. Und wenn Sie dann jeden Tag Ihren Spaziergang machen, wiederholen Sie immer wieder dieses Gebet. Meinen Sie, das könnte etwas für Sie sein?"

„Einen Versuch ist es wert", sagte Claire.

Bei ihrem nächsten Besuch berichtete mir Claire, sie sei zum Meditieren in die Natur hinausgegangen („wo Gott ist") und habe gemäß meinem Vorschlag ihr kurzes Gebet im Rhythmus ihres Gehens immer wieder vor sich hingesprochen.

„Nach diesen Gebetsspaziergängen fühle ich mich richtig ruhig und konzentriert", erzählte sie mir.

„Ihr Gebet aktiviert in Wirklichkeit die sogenannte Relaxation Response, einen Mechanismus, der den Streß in Ihrem Körper reduziert", erläuterte ich ihr. „Versuchen Sie, diese Übung auch dann noch beizubehalten, wenn Sie sich von Ihrer Infektion erholt haben; denn die Forschung hat erwiesen, daß sie Ihnen helfen kann, gesund zu bleiben."

Claire mußte noch eine lange und schwierige Zeit der Rekonvaleszenz durchmachen, aber sie ist inzwischen wieder zu ihrem voll aktiven Leben zurückgekehrt, wozu auch etwas anstrengendere Tätigkeiten gehören. Ihre Jugendlichkeit und ihre im Grunde robuste Gesundheit mögen zusammen mit der vorübergehenden medikamentösen Behandlung und ihrer sorgfältigen Einhaltung medizinisch notwendiger

Regeln (wie etwa bestimmter regelmäßiger Übungen) die einzigen Faktoren sein, die zu ihrer Genesung zusammengewirkt haben; aber Claire fühlte, daß ihr auch ihre Gebets-Spaziergänge geholfen haben, und sie pflegt weiterhin ein bewußt spirituelles Leben.

„Ich habe gelernt, daß der Glaube in ganz unterschiedlichen Verpackungen daherkommt. Man braucht nicht ein bestimmtes Etikett, und man muß auch nicht in eine bestimmte Kirche gehen, um seine Wirkungen spüren zu können", sagte Claire unlängst. „Wenn Sie dafür offen sind, kommt er. Bevor ich krank wurde, dachte ich meistens nur an Gott, wenn etwas schief ging. Das hat sich deutlich geändert. Heute sage ich zu ihm: ‚Ich danke dir, daß du mich immer noch dasein läßt, und bleibe bitte bei mir, damit ich nicht verlorengehe.' Jetzt spreche ich innerlich viel öfter mit Gott, als ich das je vorher getan habe."

Claire wandte sich wie viele andere kranke Menschen Gott zu dem Zeitpunkt zu, als sie von einer lebensgefährlichen Krankheit heimgesucht wurde. Diese weitverbreitete Reaktion auf das Krankwerden deutet die Möglichkeit an, daß wir Menschen irgendwie *wissen*, von welch entscheidender Bedeutung fürs Gesundwerden die Beziehung zu Gott sein kann.

◆   Feliciana stammt aus Peru und ist jetzt US-Bürgerin. Sie gibt emotional gestörten High-School-Schülern in einer multikulturellen Umwelt Spanischunterricht und verrichtet ihre Arbeit leidenschaftlich gern.

„Für meine Schüler tue ich alles", erzählte sie mir. „Ich sorge mich sehr um sie und ihre Zukunft. Irgend jemand muß sich ja schließlich um sie kümmern und ihnen helfen."

Als sie zum ersten Mal in meine Sprechstunde kam, hatte Feliciana schon fast dreißig Jahre lang unter starken, ihre Arbeit immer wieder beeinträchtigenden Migräneschmerzen gelitten. Sie hatte sich zwar schon wiederholt um eine medizinische Behandlung bemüht, jedoch keine Linderung dieser sie behindernden Störung erfahren.

„Meine Migräneanfälle waren zeitweise so schlimm, daß ich überhaupt nichts essen konnte", erzählte sie. „Ich konnte auch nicht schlafen. Ich lag dann die ganze Nacht lang wach, und oft konnte ich gar nicht arbeiten."

Bei ihrem ersten Besuch untersuchte ich Feliciana und sprach mit ihr über viele Aspekte ihres Lebens, darunter auch ihr spirituelles Leben. Ich war von ihrem starken Glauben beeindruckt. Sie sprach davon mit einer verblüffenden Überzeugung, und so fühlte ich mich gedrängt, zu ihr zu sagen: „Sie sind zu lange krank gewesen, und Sie sollen nicht weiter krank sein. Ich vertraue darauf, daß Gott uns ein Mittel zeigen wird, das Sie heilen kann." Da ich wußte, daß das Gebet in ihrem Leben eine wichtige Rolle spielte, fragte ich Feliciana, ob sie mit mir gemeinsam beten wolle. Sie bejahte das freudig. Wir beteten gemeinsam um ihre Heilung von ihren behindernden Symptomen. Anschließend verschrieb ich ihr ein neues Medikament, das mir aus der jüngsten Forschung über Migräne bekannt war. Dieses Medikament half schließlich, die Migräneanfälle von Feliciana zu lindern, im Unterschied zu den Dutzenden von anderen Mitteln, die ihr im Lauf der Jahre schon verschrieben worden waren.

„Ohne dieses Medikament und ohne das Gebet könnte ich nicht mehr arbeiten", sagte mir Feliciana.

Da ich Feliciana weiterhin regelmäßig sah, beobachtete ich, wie sie sich derart auf ihre Schüler einließ, daß sie Gefahr lief, sich deren emotionale Leiden anzueignen, zu ihrem eigenen emotionalen und physischen Schaden.

„Feliciana, nehmen Sie Ihre Arbeit jeden Abend mit nach Hause? Machen Sie sich um diese Jugendlichen auch außerhalb der Schulzeit Sorgen?" fragte ich sie.

Sie seufzte. „Und ob ich das tue!" gab sie zu. „Ich mache mir unablässig um sie Sorgen. Ich träume sogar nachts von ihnen!"

„Ich möchte Ihnen etwas anvertrauen, was ich als Arzt gelernt habe", erwiderte ich. „Es ist wichtig zu lernen, sich um andere zu sorgen und sensibel für sie zu sein, ohne ihre Probleme als seine eigenen zu betrachten. Zur Sorge um andere gehört es auch, für sich selbst zu sorgen. Könnten Sie nicht versuchen, jeden Tag, wenn Sie die Schule verlassen, dort auch Ihre Sorgen zurückzulassen?"

„Ich weiß nicht", entgegnete Feliciana. „Ich mache mir um die Schüler Sorgen, weil sie mir ans Herz gewachsen sind. Es ist schwer, sie einfach zu vergessen!"

„Das weiß ich, Feliciana", sagte ich zu ihr, „aber letztlich ist es Gottes Sache, für diese Kinder zu sorgen, und nicht die Ihre. Wie wäre es damit: Immer wenn Sie nachmittags die Schule verlassen, sprechen Sie ein Gebet und stellen Ihre Schüler der Sorge Gottes anheim? Und wenn Ihnen dann abends sorgenvolle Gedanken über sie kommen, entsinnen Sie sich, daß Sie sie Gottes Händen übergeben haben und Sie sich bis zum nächsten Morgen nicht mehr um sie sorgen müssen. Wollen Sie es damit versuchen?"

„Ja, ich glaube, das könnte ich machen", meinte Feliciana. Bei ihrem nächsten Besuch erzählte sie mir, daß ihr dieser Umgang mit ihren Ängsten tatsächlich Erleichterung verschaffe.

Auch die tägliche Schriftlesung war für Feliciana eine hilfreiche Form der Medizin; sie bezieht oft aus zwei Zitaten aus dem Neuen Testament Hoffnung, die ich ihr auf ein Rezeptformular geschrieben habe: „Kommt alle zu mir, die ihr euch plagt und schwere Lasten zu tragen habt. Ich werde euch Ruhe verschaffen. Nehmt mein Joch auf euch und lernt von mir; denn ich bin gütig und von Herzen demütig; so werdet ihr Ruhe finden für eure Seele. Denn mein Joch drückt nicht, und meine Last ist leicht" (Matthäus 11,28–30). Und: „Alles vermag ich durch Christus, der mir Kraft gibt" (Philipper 4,13).

Feliciana erfreut sich heute wesentlich besserer Gesundheit. Sie ist nicht ganz, aber weithin von der verheerenden Beeinträchtigung durch die Migräneanfälle frei, ist Vollzeit-Lehrerin und arbeitet mit neu eingetroffenen spanisch sprechenden Immigranten, um ihnen zu helfen, sich in den USA eine neue Existenz aufzubauen. Feliciana schreibt die Besserung ihres Gesundheitszustands der Medizin *und* dem Gebet zu; aber mir ist klar, daß es auch die Medizin allein gewesen sein könnte, was ihr geholfen hat. Andererseits habe ich zahlreiche Menschen in einem ähnlichen Zustand kennengelernt, die auf diese Weise beeinträchtigt wurden und denen mit Medikamenten allein nicht zu helfen war. Wenn ich Felicianas Geschichte aus ihrer und auch aus meiner Sicht betrachte, glaube ich, daß sie Recht hat: Vermutlich waren es das Gebet und das Medikament zusammen, was ihr Linderung verschafft hat.

Das Fortschreiten der Krankheit stoppen

Wie kann der Glaube helfen, wenn jemandem eine beängstigende Diagnose eröffnet wird, wie etwa, er habe Krebs oder eine schwere Herzkrankheit? Oft wird man von einer solchen Diagnose in eine endlose Abfolge quälender Entscheidungen über die Wahl von Behandlungsmethoden und die Veränderung seiner Lebensgewohnheiten getrieben. Ferner kann es sein, daß man es lernen muß, mit eingeschränkten körperlichen Möglichkeiten zu leben.

Mit zweiundvierzig trat bei Leslie Kardiomyopathie auf, ein schweres Herzproblem, das von einer Viruskrankheit ausgelöst wird, welche die Herzwand angreift. Von da an konnte sie jahrelang nicht mehr sehr viel mehr tun, als auf der Suche nach Heilung zwischen Ärzten, Krankenhäusern und sogar den *National Institutes of Health* hin- und herzureisen. An einer Universitätsklinik kamen die Ärzte zum Schluß, Leslie bedürfe einer Herztransplantation; sie waren zur damaligen Zeit der Auffassung, nur noch diese einschneidende Maßnahme biete ihr Hoffnung auf weiteres Leben.

Leslies wurde durch ihre Krankheit gezwungen, ihren Lebensstil radikal zu ändern. Sie war mit einem Piloten verheiratet, der infolge seines Berufs oft abwesend war, und sie hatte sich ganz darauf verlegt, ihr ländliches Familienhaus in den Bergen von West Virginia auf Hochglanz zu halten und es geradezu wie ein kostbares Kunstwerk zu behandeln. Dieser offenen, sprühenden Frau war es mehr als alles andere ein Anliegen, ihr Haus als gastliche Stätte für Familienangehörige und Freunde zu häufigen Treffen und Feiern offen zu halten. Aber als bei ihr diese Herzkrankheit auftrat, konnte sie nicht mehr jede Woche auf Händen und Knien mit einer Zahnbürste die Bodenfliesen in Toilette und Bad schrubben oder all die anderen anspruchsvollen Haushaltsnormen einhalten, die sie sich gesteckt hatte. Diese „Putzperfektionistin", deren Haus immer „wie aus dem Schächtelchen" blitzblank strahlen mußte, konnte nicht einmal die Treppen im eigenen Haus auf- und absteigen und mußte sich also auf ihren bitteren Schwächezustand einstellen.

Die Tatsache, daß sie eine extrem schwere Krankheit überlebt hat, obwohl ihr die Ärzte schon gar keine Chance mehr gaben, hat ihr geholfen, ganz neue Perspektiven für ihr Leben zu finden.

Leslie und ich sprechen oft über ihren Perfektionismus. Ich erinnere sie daran: „Nur Gott ist perfekt. Manchmal setzen wir mehr auf unsere eigenen Fähigkeiten als auf diejenigen Gottes. Halten Sie sich vor Augen, daß Gott uns immer annimmt, ganz gleich, was wir zustande bringen. Sie sind ein menschliches *Wesen*, nicht ein menschliches *Arbeitstier*."

Leslie verfügt zwar über einen starken Glauben, aber oft fühlt sie sich verlassen, wenn sie wieder erfolglos auf irgendeine neue Behandlung ihre Hoffnung gesetzt hatte. Sie entsinnt sich, einmal gebetet zu haben: „Gott, ich glaube, du hast mich vergessen. Ich komme überhaupt nicht mehr hoch."

Trotz aller deprimierenden Diagnosen kam Leslie wieder hoch. Sie bat Gott um Stärke und hielt sich gewissenhaft an alle medizinischen Richtlinien, die ihr die Ärzte gaben. Sie nahm in ihrem Lebensstil schwierige, aber entscheidende Änderungen vor und wandte sich immer wieder an Gott, er möge ihr helfen, ihre strikte Diät einzuhalten und bei einer Rehabilitationskur für Herzpatienten mitzumachen, zu der genau überwachte Übungen gehören. Leslie war bereits eine bewußte Christin, ehe sie krank wurde, und sie sagt, jetzt bete sie sogar noch öfter als früher. Außerdem hätten viele Mitglieder ihrer Kirche sowie Freunde und Familienangehörige sie in ihr Fürbittgebet eingeschlossen.

Als bei Leslie die Kardiomyopathie diagnostiziert wurde, gab man ihr noch zwei Jahre zum Leben. In Wirklichkeit lebt sie inzwischen schon vierzehn Jahre, und die Pumpleistung ihres Herzens hat sich verdoppelt. Ihr Kardiologe ist über ihre Besserung verblüfft und weiß keine Erklärung. Sie wird wohl nie wieder Bodenfliesen mit der Zahnbürste schrubben können, aber sie hat aus dem Fertigwerden mit ihren beschränkten körperlichen Fähigkeiten viel gelernt und ist innerlich im Frieden.

„Bis zu dem Zeitpunkt, als ich krank wurde, war ich ein Mensch, der morgens, mittags und abends in die Schulen, die Kirche, wer weiß wohin ging – ich war immer dabei, irgendwo hinzugehen. Als ich krank wurde, konnte ich es nicht akzeptieren, daß jemand anderes meine Arbeit verrichten mußte. Aber manchmal muß Gott etwas unternehmen, um uns auf sich aufmerksam zu machen. Daß andere Menschen für mich sorgten, war für mich eine sehr demütigende Erfahrung. Seit ich alles langsamer mache, haben sich meine Prioritäten geändert. Jetzt weiß ich, daß es auf der Welt für mich nichts wichtigeres gibt als meine Enkelkinder."

Leslie hatte es gelernt, auf andere angewiesen zu sein, „loszulassen und Gott machen zu lassen", statt weiterhin zu versuchen, alles in ihrem Leben und ihrer Umgebung fest im Griff zu haben. Sie ist zwar durch die Auswirkungen ihrer Kardiomyopathie immer noch teilweise eingeschränkt, fühlt sich aber körperlich wieder viel besser. Unlängst erst erzählte sie mir, sie habe es fertiggebracht, letzte Weihnachten wieder einen Stapel von zweihundert Karten zu verschicken – ein Brauch, der ihr sehr teuer gewesen war und den aufzugeben sie ihre Krankheit gezwungen hatte.

◆ Martha hatte damit gerechnet, zum jetzigen Zeitpunkt schon tot zu sein. Jedenfalls hatten ihr das ihre Ärzte vorausgesagt, als man bei ihr 1989 eine seltene Form von Krebs diagnostizierte. Ihr Leben wurde von einem Krebs der Nebenhöhlen, einem sogenannten adenoiden zystischen Karzinom, bedroht, und sie machte sich auf die Suche nach medizinischer Abhilfe. Ärzte an angesehenen Krebszentren im ganzen Land beschieden ihr, ihre Krankheit sei tödlich, und in ihrem Fall würden die üblichen Formen der Krebsbehandlung – Operation, Bestrahlung und Chemotherapie – nichts helfen. Als kreativer und entschlossener Mensch versuchte es Martha mit alternativen Heilmethoden, darunter einer ungemein eingeschränkten makrobiotischen Diät.

„Das tat ich sieben Monate lang, ließ wieder eine MRT machen (eine Magnet-Resonanz-Tomographie, einen Diagnosetest), und der Tumor saß immer noch genauso riesengroß da", erzählte mir Martha. „Ich beschloß, es mit mentaler Kontrolle zu versuchen. So besuchte ich von da an die *Bernie Siegel's Exceptional Cancer Patient Clinic* (eine Klinik für ‚Patienten mit seltenen Formen von Krebs') in Yale."

Martha fand das Programm dieser Klinik emotional hilfreich, aber der Tumor blieb. Als ihr Mann eine andere Arbeit annahm, zog das Paar in eine Kleinstadt in Maryland, und dort fing Martha, die zuvor religiös nicht praktiziert hatte, damit an, in die Kirche zu gehen. Bei Martha „klickte" irgend etwas, und bald traf sie sich häufig mit anderen Kirchenmitgliedern zum Gebet und Bibelstudium.

„Ich erzählte den Gemeindemitgliedern von meinem Krebs, und sie begannen für mich zu beten", berichtete sie. „Ich beschloß, wieder nach meinem Tumor sehen zu lassen; denn zu der Zeit waren zwei Jahre vergangen, und ich dachte: ‚Vielleicht ist er verschwunden, weil alle diese Menschen für mich beten'."

Aber die Ärzte an der *John Hopkins Klinik* fanden, daß der Tumor immer noch da war. Sie überwiesen Martha in das Krankenhaus der *University of Washington* (Seattle), das eine neue Behandlungsweise für ihre Form des Krebs anbot, eine Neutronenbestrahlung.

Die dortigen Ärzte warnten Martha vor den möglichen schlimmen Nebenwirkungen der Behandlung, und tatsächlich wurde sie sehr krank. Nach zwölf von vorgesehenen 32 Behandlungen verließ Martha Seattle. Sie sagte zu den Ärzten: „Ihr bringt mich um. Ich will jetzt alles von Gott erwarten."

Heute erfreut sich Martha offensichtlich guter Gesundheit. Die letzte MRT zeigte, daß der Tumor immer noch da ist, aber Martha verspürt keine Symptome, und er ist nicht gewachsen.

„Die Ärzte haben mir gesagt, sie hätten schon hundert Fälle dieser Art des Krebs gesehen, und jeder Patient sei bald daran gestorben", erzählte sie. „Ich sehe das so: Gott möchte, daß ich noch etwas tue. Warum sonst sollte ich noch am Leben sein? Warum sind alle diese anderen Menschen gestorben?"

Ihr starker Sinn dafür, daß sie noch einen Zweck im Leben erfüllen müsse, hat zweifellos zu Marthas Überleben und ihrem Gefühl des Wohlbefindens beigetragen. Zwar ist ihr der Tumor geblieben, aber er wächst nicht weiter. Dafür gibt es keine medizinische Erklärung. Warum sollte Martha noch so viele Jahre nach Stellung der tödlichen

Diagnose leben, während das bei den meisten anderen Patienten mit dieser Art des Krebs nicht der Fall ist? Ich weiß es nicht. Martha glaubt, daß Gott sie geheilt habe. Als Wissenschaftler sagte ich zu ihr: „Wir können nicht beweisen, daß *Gott* Sie geheilt hat, aber eines ist klar: Wir müssen noch eine Menge über die Auswirkung des Glaubens auf die Gesundheit lernen."

♦ Eine schick gekleidete, elegante ältere Dame namens Dorothy kam zum ersten Mal zu mir in die Sprechstunde und beklagte sich über Kurzatmigkeit. Sie berichtete, daß sie deshalb nicht mehr im vollen Umfang ihren bisherigen Aktivitäten nachgehen könne. Sie war eine begeisterte, energische Fußgängerin gewesen; aber ihre Atemprobleme hatten sie gezwungen, ihre Ausgänge in letzter Zeit auf das Umrunden eines einzigen Häuserblocks zu beschränken, weshalb sie nicht mehr ihrer liebsten Tätigkeit nachgehen konnte: täglich die Heilige Messe zu besuchen. Bei meinen Gesprächen mit ihr stellte ich fest, daß sie immer ein Gebetbuch und einen Rosenkranz bei sich hatte.

Dorothy hatte über zwölf Kilo zugenommen und starke Ermüdungserscheinungen und Schlafstörungen entwickelt. Bei der Untersuchung zeigte sie Anzeichen von Stauungsinsuffizienz ihres Herzens sowie Anzeichen von Flüssigkeit im ganzen Brustbereich, einen abnormalen Herzrhythmus und eine deutliche Schwellung ihrer Knöchel. Ich ordnete ein Elektrokardiogramm an, das keinen Hinweis auf eine irreversible Schädigung ergab, sowie das Röntgen der Brust, was das Vorhandensein einer schweren Stauungsinsuffizienz ihres Herzens bestätigte.

Ich teilte Dorothy ihre Diagnose mit. „Am liebsten würde ich Sie auf der Stelle zur Behandlung ins Krankenhaus einweisen, Dorothy", eröffnete ich ihr. „Ihr Zustand ist sehr bedenklich."

Aber Dorothy griff nach ihrem Gebetbuch und ihrem Rosenkranz und sagte ruhig, jedoch fest: „Ins Krankenhaus gehe ich nicht. Ich möchte heimgehen und darüber beten."

„Für Ihren Wunsch, darüber zu beten, habe ich volles Verständnis", sagte ich, „und ich bin gern bereit, mit Ihnen zusammen zu beten. Aber Sie müssen unbedingt heute noch ins Krankenhaus."

Doch Dorothy bestand darauf, wieder heimzugehen und dort darüber zu beten. Angesichts meiner dringlichen Vorhaltung, der beste Weg für sie sei die unmittelbare Einweisung ins Krankenhaus, wurde sie nur um so entschlossener, die Entscheidung selbst zu treffen. Genau wie ich niemanden zwingen kann, ein Medikament einzunehmen, kann ich auch niemanden zwingen, ins Krankenhaus zu gehen. An diesem Tag bat sie mich, mit ihr zusammen zu beten, bevor sie mein Sprechzimmer verließ, und so beteten wir gemeinsam um ihre Heilung von ihrer Herzerkrankung. Ich verordnete ihr auch die übliche medizinische Therapie, darunter drei Medikamente, die dazu dienen, die Kraft der Kontraktionen ihres Herzens zu stärken und übermäßige Flüssigkeitsproduktion zu unterbinden. Sie ging heim, nahm ihre Medikamente ein und bat darum, daß ihr Priester, die Diakone und die Mitglieder ihrer Kirchengemeinde für sie beteten.

Als Dorothy eine Woche danach wieder zu einer Untersuchung in meine Sprechstunde kam, staunte ich, wie die Behandlung bei ihr angeschlagen hatte. Sie hatte in einer Woche zwölf Kilo abgenommen, die Schwellungen ihrer Knöchel waren zurückgegangen, Flüssigkeit in ihrer Lunge ließ sich kaum mehr feststellen, und sie fühlte sich wieder wohl: ein ungewöhnlich rasches Ansprechen auf die Behandlung. Es fiel zwar nicht völlig aus dem Rahmen des medizinisch Möglichen, war aber bei weitem stärker, als ich erwartet hätte. Dorothy schrieb ihren Fortschritt dem Gebet zu. Wissenschaftlich läßt sich auch ihre Gewißheit nicht bestätigen; aber aus medizinischer Sicht können wir sagen, daß die Ergebnisse der Behandlung bei weitem unsere üblichen Erwartungen übertrafen.

Patienten, die an einer Stauungsinsuffizienz des Herzens leiden, haben innerhalb von fünf Jahren eine hohe Sterberate. Bei Dorothy ist es jetzt vier Jahre her, und es geht ihr sehr gut. War es das Gebet, waren es die Medikamente, war es beides? War es ein Wunder? Ich weiß es nicht; aber wie es bei ihr angeschlagen hat, war (und bleibt) eindrucksvoll, wofür sie und ich Gott im Gebet gedankt haben.

◆ Als Arzt versuche ich, mich in die Weltsicht jedes meiner Patienten hineinzudenken. Wenn ich eine fruchtbare Beziehung mit meinem Patienten unterhalten will, muß ich verstehen, wie er die Welt sieht und seine Sicht in unsere Gespräche mit einbeziehen. Wenn also eine Patientin wie Dorothy ihre Genesung dem Gebet zuschreibt, bitte ich sie, mir ihre Überzeugungen und Gefühle genauer zu beschreiben. Ich diskutiere dann jedoch nicht mit ihr über die Kraft des Gebets, die sie gesund werden lassen kann. Die gleichen Regeln gelten, wenn ich einen Arztkollegen behandle. Als mir zum Beispiel mein Kollege Dr. Mohammed Alijani erzählte, ihm sei im Traum ein Engel erschienen, um ihm zu sagen, er habe Krebs, bat ich ihn, mir Genaueres über den Engel zu erzählen.

Am 14. Juli 1989 war Dr. Alijani, der auch an der Fakultät der *Georgetown University Medical School* lehrt, der erste Chirurg, der eine kombinierte Transplantation von Niere, Bauchspeicheldrüse und Dünndarm vornahm. In jahrelangem Studieren, Üben und Experimentieren hatte er diese schwierige und riskante Prozedur entwickelt und zu meistern gelernt, die für bestimmte Patienten die einzige Aussicht bietet, weiter am Leben zu bleiben.

„Ich habe die Genugtuung, Menschen, die ans Bett gefesselt waren, das Krankenhaus verlassen zu sehen, und bei ihnen funktionieren mehrere gleichzeitige Transplantate", sagte er. „Ich verschreibe nicht nur Rezepte gegen die übliche Erkältung oder gegen Verdauungsstörungen, sondern ich unternehme Operationen, die manchmal vierzehn bis sechzehn Stunden dauern, und ich habe dabei mit zwei Menschengruppen zugleich zu tun: den Toten und den Halbtoten."

Als frommer Muslim findet Dr. Alijani für sein ärztliches Wirken in seinem Glauben Kraft, und außerdem ist er der Überzeugung, daß der Glaube für das Wohlbefinden seiner Patienten eine wichtige Funktion hat. „Ich habe die Erfahrung gemacht, daß der Geist des Patienten im Genesungsprozeß eine Hauptrolle spielt. Worauf es vor allem ankommt, ist der Glaube des Patienten. Wer Glauben hat, ist ein ausgeglichener, belastbarer Mensch, bereit, das Problem anzupacken." Für Dr. Alijani ist die Verbindung von Gesundheit und Glaube so stark, daß er das Gebet buchstäblich als lebenserhaltend betrachtet: „Wie mein Körper Wasser, Kohlenhydrate, Eiweiße und Fette braucht, so braucht mein Geist Allah, und die einzige Weise, Allah zu empfangen, ist das Gebet."

1995 lernte Dr. Alijani die Verbindung von Glaube und Gesundheit noch intensiver kennen, als bei ihm selbst Lymphknotenkrebs diagnostiziert wurde. So wie er mir seine Geschichte erzählte, spielte sein spirituelles Leben eine entscheidende Rolle bei der Frühentdeckung dieser Krankheit. „Ich kam im Juni 1995 von einer internationalen Tagung zurück. Am Samstag um Mitternacht wachte ich auf, nachdem ich gerade einen Traum gehabt hatte. Ich hatte darin einen Arzt in weißem Kittel an meiner rechten Seite stehen sehen, der mich untersuchte. Statt mein Herz abzuhören oder mich zu bitten, einmal tief Luft zu holen, untersuchte er mein Bein. Diese Erfahrung, untersucht zu werden, war so stark, daß ich daran aufwachte und sah, wie meine eigene Hand über mein Bein strich. Ich fühlte daran einen Lymphknoten, den ich an meinem Körper noch nie wahrgenommen hatte. Ich wusch mir das Gesicht, sprach meine Gebete und ging wieder ins Bett. Beim Frühstück erklärte ich meiner Frau und einem Freund, der gerade bei uns weilte: ‚Es sieht so aus, als hätte ich Lymphknoten-krebs'."

Dr. Alijani äußerte seine Vermutung dem Arzt, bei dem er damals in Behandlung war. „Der sagte: ‚Machen Sie sich keine Sorgen, in einigen Monaten schaue ich noch einmal danach.' Aber wegen meines Traums blieb ich hartnäckig und sagte zu meinem Kollegen: ‚Entfernen Sie diesen Lymphknoten aus meinem Körper!' Der Lymphknoten wurde herausgeschnitten, und es wurde diagnostiziert, daß es tatsächlich ein bösartiger Krebs war. Drei Wochen lang machte ich gründliche Untersuchungen durch, ob sich der Tumor irgendwo ausgestreut habe. Alle Tests führten zu negativem Befund. Ich glaube, daß mir dieser Traum von Allah geschickt wurde, damit der Krebs in seinem frühest-möglichen Stadium abgefangen wurde, auf Stufe I", sagte Dr. Alijani. „Wäre der Lymphknotenkrebs auf Stufe IV statt Stufe I gewesen, hätte ich nur noch neun bis zwölf Monate zu leben gehabt. Der Arzt im Traum war ein Engel, der gesandt war, mir zu helfen."

Dr. Alijani erfreut sich weiterhin guter Gesundheit. Er hält einen rigorosen Tagesplan ein und hat sich antrainiert, nachts nur vier Stunden zu schlafen, um den Ansprüchen seines Berufs nachzukommen und Zeit für die im Islam vorgeschriebenen fünf täglichen Gebetszeiten zu finden. Oft betet er morgens zu früher Stunde für seine Patienten. Durch sein regelmäßiges Beten für sich selbst und andere hat er eine Ausgeglichenheit gefunden, die es ihm gestattet, angstfrei mit seiner Krebsdiagnose umzugehen.

„Als ich erfuhr, daß ich Krebs habe, betete ich: ‚Was immer du meinst, es sei gut für mich, was immer du meinst, ich solle es durchmachen, laß es bitte geschehen'", sagte Dr. Alijani.

Bemerkenswerte Heilungen dank des Gebets

Wir haben zuvor betrachtet, wie der Glaube Menschen hilft, mit ihrer Krankheit zurechtzukommen und von ihr zu genesen. Jetzt soll von den unerklärlichen, spontanen Heilungen die Rede sein, die sich gelegentlich ereignen, wenn Menschen sich auf direkte Fürbittgebete um Heilung verlassen und sie, namentlich in der christlichen Tradition, mit Öl gesalbt und ihnen die Hände aufgelegt werden.

Die medizinische Wissenschaft steht noch, wie gesagt, in den Anfängen damit, das Wirken des Gesundheitsfaktors Glaube genauer zu definieren, einschließlich solcher Komponenten wie der Relaxation Response, der sozialen Unterstützung, dem gemeinsamen Glauben und der Transzendenz. Sie hat jedoch noch nicht einmal damit begonnen zu untersuchen, wie sakramentales Heilen vor sich geht. Mehrere Studien haben gezeigt, daß dieser Ansatz tatsächlich bemerkenswerte Wirkungen erzielt. Ich habe bereits weiter oben die Schweizer Studie erwähnt[2], bei der Rauchern durch einen Geistheiler die Hände aufgelegt wurden: 40% unterließen das Rauchen wenigstens vier Monate lang, und 16% gaben es zwölf Jahre lang auf, – angesichts der Schwierigkeit, die Nikotinsucht ganz abzulegen, erstaunliche Ergebnisse.

Auch eine Studie im Jahre 1988 in den Niederlanden[3] erwies die positive Wirkung des Gebets um Heilung. Dabei wurden die Wirkungen des Handauflegens bei drei verschiedenen Gruppen von Patienten mit Bluthochdruck gemessen. Einer Gruppe wurden fünfzehn Wochen lang jede Woche einmal von auf diesem Gebiet erfahrenen Heilern die Hände aufgelegt. Die zweite Gruppe erhielt wöchentlich „positive Impulse" (auf das Gesundwerden gerichtete Gedanken) von Heilern, die sich in einem Raum neben dem Versuchslaboratorium aufhielten. Die dritte Gruppe, die sogenannte „Kontrollgruppe", erhielt keinerlei diesbezügliche Behandlung. Allen Patienten wurde gesagt, daß für sie gebetet werde. Bei jeder Gruppe beobachtete man ähnliche Senkungen des Blutdrucks, aber die Gruppe, welche die Handauflegung empfangen hatte, berichtete in deutlich höherem Maße von einem Gefühl des Wohlbefindens. Diese Studie legt die Vermutung nahe, daß die Kraft der Berührung, verbunden mit dem Gebet, die Wirkung spiritueller Heilungsbemühungen verstärken kann, nicht nur, indem sie zu physischer Heilung, sondern auch zu einer Steigerung des gesamten Wohlbefindens beim Patienten führt.

Im 1. Kapitel habe ich mehrere andere aufsehenerregende Erkenntnisse über die Kraft des direkten Heilungsgebets und des Fürbittgebets erwähnt; aber es gibt noch relativ wenige wissenschaftliche Studien über diese Phänomene. Wir wissen, daß viele Amerikaner um Heilung beten. 1991 ergab eine telefonische Umfrage unter 325 Bewohnern des mittleren Westens[4], daß 30% regelmäßig um Heilung und Erhalt guter Gesundheit beteten. Bei einer Umfrage 1988 in North Carolina[5] gaben 21% der Teilnehmer an, schon an einem Heilungsgottesdienst teilgenommen zu haben, und über die Hälfte hatte schon im Fernsehen Glaubensheilern zugeschaut; 6% sagten, sie seien von Glaubensheilern geheilt worden, und 15% äußerten, sie kennten jemanden, der auf diese Weise geheilt worden sei. Da es über die von Patienten berichteten Heilungen keine unabhängige Beobachtung gibt, können wir aus diesen Aussagen nicht schließen, daß solche Heilungen tatsächlich stattfanden; aber diese Studie sagt auf jeden Fall, daß eine bedeutende Anzahl der befragten Patienten *überzeugt* war, sie hätten bereits eine Glaubensheilung erfahren, und wünschten, daß spirituelle Heilungsmethoden genauso wie traditionelle medizinische Praktiken gepflegt würden.

Die Studie von Clearwater über chronische Polyarthritis

1996 erhielt ich ein Stipendium von der *Foundation for Medicine and Spirituality* und der *John Templeton Foundation*, um in Clearwater (Florida) eine Untersuchung über die Wirkungen des Fürbittgebets auf Patienten mit chronischer Polyarthritis durchzuführen. Als Fürbittgebetsteam gewann ich Francis und Judith MacNutt, weitbekannte Heiler, Autoren und Gründer der *Christian Healing Ministries* in Jacksonville (Florida). Ich hatte Francis MacNutts Buch *Healing* gelesen, von dem in den siebziger Jahren über eine Million Exemplare verkauft worden waren, und war mit der Arbeit dieses Paares vertraut. Ich fragte bei Francis an, ob er daran interessiert sei, an einer wissenschaftlichen Untersuchung über das Gebet teilzunehmen und skizzierte ihm meine Vorstellungen.

„Ich habe dreißig Jahre lang auf eine derartige Untersuchung gewartet", gab er zur Antwort. „Ich würde mich freuen und geehrt fühlen, daran teilzunehmen."

Francis, Judith und ihre Teams erfahrener Fürbitter widmeten im Zeitraum von drei Tagen ungefähr zwölf Stunden dem Gebet über jeden einzelnen Patienten sowie der Instruktion der Patienten über die christliche Heilungstradition. Obwohl die Ergebnisse der Untersuchung noch nicht vollständig vorliegen, möchte ich Ihnen doch zwei Geschichten von Patienten aus der Untersuchung von Clearwater mitteilen. Die Heilkraft des Glaubens kann man wohl am besten dadurch erfassen, daß man sich anhört, wie andere sie erfahren haben.

„Ich tanze vor Freude!"

Rita kam ohne große Hoffnung nach Clearwater. „Ich bin tatsächlich völlig behindert", sagte sie am ersten Tag des Fürbittgebets. „Ich stehe unter Prednison und Schmerzmitteln. Das ermöglicht mir ein bißchen Leben, ich kann aufstehen und frühstücken, mich anziehen – nicht viel mehr. Ich kann überhaupt nichts mehr unternehmen."

Rita war immer eine offene und dynamische Persönlichkeit gewesen, aber jetzt höhlte die chronische Polyarthritis für sie völlig den Sinn des Lebens aus. „Ich lebe nicht für jemand anderen, sondern bloß für mich selbst. Ich bin nur noch mit mir selbst beschäftigt. Eigentlich bin ich so gern für andere da. Gott sei Dank kann ich mich wenigstens noch selbst versorgen, so daß nicht auch noch jemand kommen und mich betreuen muß."

Rita hatte sich um die bestmögliche medizinische Betreuung bemüht, und sie hatte auch von sich aus um ihre Heilung gebetet. „Ich salbe mich ein und bete dabei. Ich glaube an Gott; nur so kann ich leben, auch wenn ich Gottes Gegenwart nicht spüre."

Aber schon nach einigen von den Mitgliedern der *Christian Healing Ministries* geführten Gebetssitzungen begann sich Rita besser zu fühlen. Zur Methode der Gebets-Studie gehörten täglich mehrere Sitzungen mit „soaking prayer" (wörtlich: „Einweichungs-Gebet"), das heißt mit intensiven, stundenlangen Phasen des Handauflegens und Betens von jeweils zwei Gebets-Dienern pro Patient, sowie Unterweisungsstunden über die Natur der spirituellen Heilung. Das Gebetsteam-Mitglied Bobby Fallon bat Rita nach der ersten Gebetssitzung, ihren Schmerzpegel einzuschätzen: „Stellen Sie sich eine Skala von null bis hundert Prozent vor, wobei hundert Prozent eine völlige Heilung wären, null Prozent überhaupt keine, und versuchen Sie einzuschätzen, wie weit Ihnen jetzt, nachdem wir mit Ihnen gebetet haben, geholfen worden ist."

Rita dachte einige Minuten nach und gab dann zur Antwort: „Ich würde sagen, zu 40%, aber in Wirklichkeit ist es wohl mehr. Schauen Sie doch, wie ich wieder von meinem Stuhl aufstehen kann!" Sie sprang wie ein bewegliches junges Mädchen in den Stand auf. „Gewöhnlich mußte ich mich jetzt dazu immer konzentrieren und beten: ‚Bitte, lieber Gott, gib mir die Kraft zum Aufstehen, und dann zählte ich eins, zwei, drei und stemmte mich hoch.' Jetzt ist das ganz anders!"

Während der Gebete des Teams für sie machte Rita eine spirituelle Wahrnehmung: „Ich hatte das Gefühl, als atmete ich Gottes Gegenwart ein, und dabei ging mein Einatmen ganz leicht. Die meiste Zeit fühle ich mich sehr schwer und kann mich kaum bewegen. Nach dem Gebet fühlte ich mich wohl. Ich wollte aufstehen und umhergehen und tanzen!"

Tatsächlich fühlte sich Rita an diesem Tag schließlich so wohl, daß sie eine abgewandelte Form des Macarena tanzte, die sie schon gesehen, aber noch nie hatte selbst ausprobieren können. „Den Wackler am Schluß bringe ich noch nicht hin!" sagte sie, aber dann, mit einem glücklichen Lächeln, schaffte sie auch den!

Sechs Monate nach den ersten Gebetssitzungen geht es Rita weiterhin besser. Nach dem Unternehmen in Clearwater fühlte sie sich während des ersten Monats sehr wohl, erfuhr dann einen Rückschlag und brauchte zum ersten Mal eine Gehhilfe. Sie berichtete, da sie durch ihre Erfahrungen mit den Gebetssitzungen spirituell gestärkt gewesen sei, habe sie „es gewagt, von Gott ein Wunder zu erbitten". Bald besserte sich ihr Zustand wieder deutlich, und sie war imstande, die Gehhilfe wegzulassen. Schmerzen und Gelenksteifheit bleiben immer noch ein Problem für sie, aber es geht ihr eindeutig besser als vor den Experimenten unserer Untersuchung.

„Hier geht etwas Seltsames vor sich, aber ich finde das toll!"

Bei Mike, zum Zeitpunkt unserer Untersuchung 65, wurde in seinen zwanziger Jahren chronische Polyarthritis diagnostiziert. In den nachfolgenden Jahrzehnten hatte er zahllose Schmerzen, Leiden und medizinische Behandlungen durchgemacht. Wie viele Patienten mit dieser Form der Arthritis kann Mike von einer langen Geschichte der Behandlung mit starken Medikamenten berichten, von Prednison über Cytoxan bis Methotrexat, von wiederholten Operationen und physischen Therapien und von Phasen der Linderung und dann wieder des Rückfalls.

Zu Beginn der viertägigen Veranstaltung in Clearwater ging Mike steif am Stock. Er hatte starke Schmerzen in den Händen, die schon mehrmals operiert worden waren. Nachdem er viele Stunden des Gebets und der Handauflegung um Heilung mitgemacht hatte, berichtete Mike von aufsehenerregenden Ergebnissen.

„Schaut, heute ohne Stock!" sagte er. „Gestern oder vorgestern hätte ich ohne ihn noch nicht gehen können. Ich habe mich ganz auf den Stock verlassen müssen, vor allem seit es wieder stärker geworden ist. Heute sind meine Füße gut in Form. Ich kann ein recht gutes Stück weit gehen. Vor ein, zwei Tagen hätte ich das noch nicht geschafft."

Wie viele Patienten bei dieser Studie stellte Mike auch eine bessere Beweglichkeit und geringere Schmerzen in seinen Händen fest: „Ich war ziemlich mit den Schmerzen in meinen Händen beschäftigt. Lynn (ein Mitglied des Heilungsgebets-Teams) betete mit mir und hielt meine Hände, und ich hatte ein Gefühl der Wärme, fast als vibriere eine Energie meine Hände hinunter, und jetzt tun meine Hände nicht mehr annähernd so weh. Heute beim Mittagessen konnte ich eine Tasse und ein Glas halten. Gewöhnlich verschütte ich diese Tassen mit den zierlich kleinen Henkeln immer ziemlich schnell. Und für Gläser brauche ich zwei Hände. Aber heute ging alles sehr gut!"

Mike beschrieb sich zwar selbst als spirituellen Menschen und häufigen Kirchgänger; aber zu der Untersuchung war er gekommen, ohne zu wissen, was ihn erwartete. Grinsend sagte er: „Hier geht etwas Seltsames vor sich, aber ich finde das toll!"

Die Schmerzen und Behinderung, die ihm seine chronische Polyarthritis beschert hatten, sind stark gelindert, und er führt jetzt wieder ein aktives Leben. Als weitere Vorsorge macht er dreimal wöchentlich eine Wassertherapie mit. Unlängst hat er mit einer genau überwachten Kur zur Gewichtsabnahme begonnen.

Mike sagte: „Ich versuche jeden Tag, wenigstens dreimal vor dem Essen über mich selbst zu lachen. Das ist nicht leicht, vor allem, wenn man allein lebt. Ich muß mir immer etwas an mir einfallen lassen, worüber ich lachen kann. Ich habe mich viel zu lange viel zu ernst genommen. Da hatte ich auch stärkere Schmerzen."

Zehn Monate nach den ersten Heilungsgebets-Sitzungen berichtet Mike weiterhin von einer beachtlichen Besserung. Er ist tatsächlich schmerzfrei und kann ohne jedes Medikament gegen seine Arthritis leben. Mike tanzt gern; aber jahrelang mußte er sich immer eine Cortison-Spritze holen, wenn er auch nur einige Stunden zum Tanzen fähig sein wollte. Heute geht er ohne Cortison zum Tanzen und ohne Schmerzen. Er sagt, er fühle sich heute besser als je zuvor in seinem Leben.

◆ Ich sehe der Zusammenstellung der Endresultate der Untersuchung über die Gebetsheilungen in Clearwater mit großer Zuversicht entgegen und habe die Hoffnung, daß das Fürbittgebet in Verbindung mit der medizinischen Behandlung ein wertvolles Mittel für die Besserung des Gesundheitszustands von Patienten mit chronischer Polyarthritis sein kann. Es ist eine verkrüppelnde und schmerzhafte Krankheit, und die Menschen, die daran leiden, können durch die uns bislang zur Verfügung stehenden medizinischen Methoden keine vollständige Befreiung von ihr finden.

Ritas und Mikes Geschichten sind tatsächlich aufsehenerregend. Aber das Gebet um Heilung muß nicht im ungewöhnlichen Rahmen wie dem einer wissenschaftlichen Untersuchung stattfinden. Wenn

Menschen an die Kraft des Heilungsgebets glauben, kann diese Heilung überall und immer erfolgen. Die offensichtlichen Ergebnisse sind zuweilen verblüffend.

Vollständige Heilung durch Gebet

Für die Kraft des Heilungsgebets möchte ich Ihnen noch ein einziges Beispiel erzählen. Es ist die Geschichte von Kathy, die im Personalbüro eines gemeinnützigen Forschungsinstituts tätig ist. 1996 ließ Kathy routinemäßig ein Mammogramm machen, bei dem man einen Knoten entdeckte. Die Chirurgen rieten ihr zu einer Biopsie. Wie die meisten Frauen in dieser Situation hatte Kathy Angst und war außer sich. Sie verlegte sich auf das Gebet, um darin Hilfe für das Bestehen dieser schweren Prüfung zu suchen. Zwei Mitarbeiterinnen boten ihr eines Nachmittags an, für Kathy gemeinsam in ihrem Büro zu beten. Sie hielten sich an die alte christliche Heilungspraxis des Handauflegens bei Kathy und beteten intensiv um ihre Heilung von diesem Knoten in ihrer Brust.

Kathy erinnert sich: „Sie beteten und beteten und beteten einfach, und ich betete auch für mich. Es war ungeheuer stark!" Am Tag der Operation betete ohne Wissen Kathys eine Gruppe von Freunden aus ihrer Kirche den ganzen Vormittag, und ein Kirchenältester besuchte sie im Krankenhaus, wo er Kathy, ihren Mann und ihre Mutter zum Gebet anleitete.

„Ich hoffte, der Knoten werde verschwunden sein", sagte Kathy, „aber ich hatte auch ja dazu gesagt, daß, was immer Gott entschied, seinem guten Plan entsprechen werde. Ich dachte: ‚Bislang war Gott so ungemein gut zu mir, ich nehme es jetzt einfach so, wie es kommt und danke ihm'."

Die Ärzte begannen mit der Vorbereitungsprozedur zur Operation und fertigten ein weiteres Mammogramm an, um den Knoten in der Brust genau zu lokalisieren; aber auf dem Röntgenbild war kein Knoten zu erkennen. Kathy erzählte staunend von diesem Augenblick: „Sie machten zwei weitere Röntgenaufnahmen, die zwei verschiedene Radiologen vornahmen, und verglichen sie mit den früheren Aufnahmen, auf denen der Knoten zu sehen war; aber jetzt war er verschwunden."

Ihr Radiologe stand vor einem Rätsel, beschloß aber, die Prozedur fortzuführen; er injizierte ihr ein Kontrastmittel und setzte die Biopsienadel an, in der Hoffnung, den Knoten zu finden. Aber er konnte ihn immer noch nicht finden.

„Es wurde sehr grotesk", erzählte Kathy, „denn ich dachte: ‚Dank sei Gott!', indes die Ärzte immer wieder ihre Röntgenaufnahmen mit den früheren Aufnahmen verglichen, Adern überprüften, den Knoten zu finden versuchten und ihn nicht fanden."

Der technische Assistent fragte Kathy: „Glauben Sie an die Macht des Gebets?"

„Und ob!" gab sie zur Antwort.

Während ihrer ganzen schweren Prüfung fand Kathy in dem Schriftvers Stärke und Hoffnung, von dem sie als von „meinem" Vers spricht: „Alles vermag ich durch Christus, der mir Kraft gibt" (Philipper 4,13). Krebsdiagnose hin oder her: Kathy war bereit, Gottes Plan mit ihr anzunehmen. Aber dieses Mal ereignete sich eine wunderbare Heilung.

Physische Heilung – ein Geheimnis und ein Potential

Mochten es Krebs und Herzkrankheiten sein (die beiden Hauptkiller unserer Nation) oder Bluthochdruck, Diabetes, Migräne, chronische Polyarthritis und vieles andere, ich habe es erlebt, daß es meinen Patienten schneller besser ging, unerwartet besser ging und sie besser mit bleibenden Symptomen zurechtkamen, wenn man die Möglichkeiten des Glaubens mit den Möglichkeiten der Medizin verbindet. Was können wir aus den Geschichten dieses Kapitels schließen?

(1) Erstens haben wir unter dem Einfluß der religiösen Praxis und Spiritualität ein *breites Spektrum an Heilungserfahrungen* erlebt. Das reicht von einer Frühdiagnose (wie im Fall von Dr. Alijani) über besseres Zurechtkommen mit der Krankheit (bei Claire, Feliciana, Rita und Mike) bis zum Stillstand der Krankheit (bei Leslie, Martha und Dorothy) und zu einer womöglich völligen Heilung von Kathys Knoten in der Brust.

(2) Zweitens beobachten wir, daß sich die Patienten auf ein *breites Spektrum spiritueller Heilpraktiken* einlassen, darunter Gebet und Meditation, Schriftlesung und Inanspruchnahme der sozialen Unterstützung und des Gebetsbeistands von Freunden aus ihrer Glaubensgemeinschaft. Sie zapfen die Quellen an, die als zwölf „Medikamente" im Gesundheitsfaktor Glaube stecken, vom „Loslassen und Gott machen lassen" bis zur Verbesserung ihrer Lebensart durch angemessene Diät, Übungen und Streß reduzierende Techniken.

(3) Drittens sehen wir, daß *wir Art und Grad der durch spirituelle Mittel erzielbaren Heilung nicht bestimmen können.* Es gibt keinen Beweis dafür, daß Kathy „fester" oder „besser" als Martha gebetet hätte, und doch verschwand Kathys Krebs, der von Martha dagegen nicht. Heißt das, daß Kathy es „richtig gemacht", Martha dagegen irgend etwas „falsch gemacht" hat? Ganz und gar nicht. Wenn wir glauben, daß Gott die Quelle der Heilung ist, können wir das Maß an Kraft, das wir bei unserer Suche nach Heilung auf spirituellem Weg aufbieten, in seinen angemessenen Grenzen sehen. Dr. Alijani hatte es treffend so formuliert: „Als ich erfuhr, daß ich Krebs habe, betete ich: ,Was immer du meinst, es sei gut für mich, was immer du meinst, ich solle es durchmachen, laß es bitte geschehen'." Für ihn ist es wichtiger, Gottes Gegenwart zu suchen und sich eng an ihn zu halten, als einen bestimmten Grad der Heilung zu erlangen. Zugleich haben wir aufgrund der Erfahrungen, welche die Geschichten meiner Patienten bieten, allen Grund zur Hoffnung, daß Gott uns auf irgendeine Weise und in irgendeinem Maß Heilung schenkt, wenn wir die Verheißungen des Glaubens mit den Bemühungen der Medizin verbinden.

Ich finde es spannend, an der derzeitigen Forschung beteiligt zu sein, bei der es darum geht, genauer herauszufinden, wie diese Dynamik wirkt. Doch da ich schon so oft Zeuge davon gewesen bin, wie positiv sich der Gesundheitsfaktor Glaube auswirkt, warte ich nicht die wissenschaftlich zufriedenstellende Erklärung ab, bis ich diese vorteilhaften Wirkungen nutze. Natürlich sollten, ja dürfen Patienten nicht gezwungen werden, sich an „Anordnungen des Arztes" zu halten, wenn es um Fragen des Glaubens und der Spiritualität geht, genausowenig wie Dorothy gezwungen werden konnte, sich meinem ärztlichen Rat, sofort ins Krankenhaus zu gehen, zu beugen. Jeder Mensch muß selbst entscheiden, ob er den Glauben und die religiöse Praxis als Quelle der Heilung von physischen Leiden mit in Anspruch nehmen will. Wer sich entscheidet, auf seiner Suche nach Wohlbefinden auch die spirituelle Dimension mit einzubeziehen, kann sich in den religiösen und spirituellen Traditionen umschauen, welche Hilfen sie zusätzlich zu medizinischen Behandlung bieten. In späteren Kapiteln werden wir uns einige der vielen Ansätze zur spirituellen Heilung genauer ansehen. Doch zunächst wollen wir uns noch weiter die positiven Wirkungen des Gesundheitsfaktors Glaube auf einem anderen Gebiet ansehen, dem der psychischen Krankheit.

4. Kapitel

Die Heilung des Geistes –
bleibenden inneren Frieden finden

Nach amtlichen Schätzungen leiden im Durchschnitt eines Jahres ungefähr 17,6 Millionen US-Amerikaner unter Depressionen.[1] Die ökonomischen Kosten dieser Depressionen für die amerikanische Nation wurden auf zwischen 30 und 44 Milliarden Dollar geschätzt, wobei schätzungsweise 200 Millionen Arbeitstage pro Jahr wegen dieser Erkrankung verlorengehen. Depressive Störungen, einst als bloße „Durchhänger" oder als moralisches Versagen abgetan, plagen Männer und Frauen jeden Alters, treten jedoch am häufigsten bei Frauen in ihren zwanziger und dreißiger Jahren auf. Die typischen Symptome der Depression sind neben ihren Gefühlsstörungen Schlaf- und Appetitlosigkeit sowie Gewichtsabnahme, übermäßige Schuldgefühle, Ermüdung, Beeinträchtigung des Denkens, der Konzentrationsfähigkeit und des Verhaltens, Mangel an Interesse für gewöhnliche Hobbys und Aktivitäten. Werden Depressionen nicht behandelt, können sie zu Selbstmord führen, aber selbst ohne einen solchen drastischen Schritt rauben Depressionen den Menschen die Freude am Leben.

Auch Ängste mindern die Lebensqualität vieler Menschen. Nach Zahlen des *National Institute of Mental Health* leiden unter Krankheiten dieser Art über 23 Millionen US-Amerikaner, sind also verbreiteter als depressive Störungen.[2] Angstzustände reichen von Herzrasen, Kurzatmigkeit, Benommenheit, Durchfall und Schlaflosigkeit bis zu voll ausgebildeten Phobien und Panikanfällen, überschreiten also bei weitem einfache Gefühle der Nervosität. In manchen Fällen kann das, was anderen nur als eine irrationale Angst erscheint, Patienten dazu zwingen, wie Eingeschlossene zu leben, die sich vor lauter Angst nicht einmal mehr aus der eigenen Haustür wagen.

Depressionen und Ängste „macht man sich" nicht „bloß vor"; es handelt sich um echte Krankheiten mit physischen, emotionalen und spirituellen Schmerzen, die mit klar definierbaren Veränderungen der chemischen Vorgänge im Gehirn einhergehen. Weil beide Krankheitsbilder zusätzlich zu den emotionalen Problemen eine Vielzahl physischer Symptome auslösen können, verbergen sie sich nicht selten hinter etlichen anderen Krankheiten. Daher bedarf ihre angemessene Behandlung einer sorgfältigen Diagnose. Zur Behandlung von Depressionen und Angstzuständen können Ärzte heute zusätzlich zu den psychotherapeutischen Methoden auf ein breites Spektrum an wirksamen pharmazeutischen Mitteln zurückgreifen. Neue antidepressive Mittel wie das Serotonin-verstärkende Prozac, Zoloft und Paxil, sowie angstlösende Medikamente wie Xanax und Klonopin erleichtern heute wesentlich die Behandlung. Wie bei den meisten anderen Krankheiten tragen auch hier eine gesunde Ernährung und regelmäßige körperliche Übungen sehr wirksam zur echten Genesung bei.

Auch der Gesundheitsfaktor Glaube kann bei Menschen, die unter Depressionen und Angstzuständen leiden, viel bewirken. Zunächst einmal zeigen Untersuchungen, daß gläubige Menschen weniger zu Depressionen und Ängsten neigen als religiös Uninteressierte. Die im 1. Kapitel erwähnte Studie über Ängste und Depressionen bei Frauen im ländlichen mittleren Westen der USA[3] ergab, daß häufiger Kirchenbesuch zu einem deutlich geringeren Maß an Ängsten und Depressionen führte. (Bei dieser Studie wurde untersucht, wie sich das soziale Eingebundensein *und* die religiöse Praxis als Faktoren bei Ängsten und Depressionen auswirkten, jedoch besteht zwischen diesen beiden Faktoren ein Unterschied; eine ausführlichere Darstellung beider siehe im 11. Kapitel).

Diese Erkenntnisse wurden für Frauen und auch Männer in einer nationalen Studie über die Ursachen psychischer Erkrankungen bestätigt[4]; bei dieser Studie ergab sich, daß bei 2679 Teilnehmern aus der Generation der „Baby-boomer" die Rate psychopathologischer Störungen einschließlich Depression und anderer psychischer Krankheiten bei häufigen Kirchgängern halb so hoch war wie bei denen, die selten in die Kirche gingen (18 zu 34%). Dieses Ergebnis traf quer durch alle Grupppierungen der befragten Protestanten zu, unabhängig davon, ob sie Pfingstkirchen, konservativen Richtungen oder den großen Hauptkirchen angehörten.

Wie sieht es diesbezüglich bei Menschen unterschiedlicher Religionen aus? Darüber sind erst wenig vergleichende Untersuchungen angestellt worden. In einer Studie über christliche und hinduistische Patienten in Indien[5] wurde das psychische Wohlbefinden der Patienten sorgfältig ausgewertet, nach Faktoren wie Stimmung, Schlaf und Wahrnehmungsbeeinträchtigungen. Bei den christlichen Männern und Frauen und den hinduistischen Frauen ging die häufige Teilnahme am Gottesdienst mit einem geringeren Grad an psychischen Problemen einher. (Aus ungeklärten Gründen galt das nicht für die hinduistischen Männer.) Es gab keine grundsätzliche statistische Differenz zwischen den Gruppen der Christen und der Hindus, was vermuten läßt, daß die positive Wirkung des Gesundheitsfaktors Glaube nicht von der Religionszugehörigkeit abhängt.

Die schützende Wirkung des Faktors Glaube wurde auch in einer 1992 veröffentlichten Studie über 1110 ältere männliche Patienten in einem Krankenhaus der Veterans Administration deutlich.[6] Die Männer, die auf Fragen mit offenem Ende, was ihnen bei der Bewältigung ihrer Probleme am besten helfe, spontan antworteten, das sei ihre Religion, neigten auch am wenigsten zu Depressionen, während das bei denen, die in diesem Zusammenhang Religion nicht nannten, in weit höherem Maß der Fall war. Dieses Ergebnis blieb auch bestehen, nachdem man statistische Präzisionen vorgenommen hatte, um Faktoren wie Alkoholgenuß, eine Vorgeschichte mit psychischen Problemen, Alter, Rasse, sozialer Rückhalt und Gesundheitszustand mit zu berücksichtigen.

In einer Studie, bei der die psychische Gesundheit von Mitgliedern einer Pfingstkirche in Neufundland ausgewertet wurde[7], zeigten sich bei Kirchenmitgliedern, die an Heilungsritualen teilnahmen und sich aktiv bei allen gemeindlichen Veranstaltungen beteiligten, bedeutend weniger Symptome von psychisch negativem Streß als bei denjenigen, die seltener daran teilnahmen. Bei dieser Studie wandte man eine ungewöhnliche Methode an: Die Forscher nahmen selbst zwölf Monate lang an allen kirchlichen Aktivitäten teil, so daß sie direkt das Verhalten der einzelnen beobachten konnten. Sowohl die Berichte der Beobachter wie auch die Selbstdarstellungen der Beobachteten bestätigten die innere Beziehung zwischen einem höheren Maß an Aktivität in der Kirchengemeinde und einem niedrigeren Maß an psychisch schädlichem Streß.

Diese Studien zeigen, daß aktive Religiosität vor psychischen Problemen schützen kann. Betrachten wir jetzt eine andere Gruppe von Studien, die aufzeigen, daß Menschen, die tatsächlich unter deutlichen psychischen Störungen wie Depression und Ängsten leiden, weniger wahrscheinlich religiös praktizierend sind als Menschen, die psychisch im Gleichgewicht sind. In einer Studie über 100 ambulante Patienten einer psychiatrischen Klinik und 100 untersuchte Menschen ohne psychische Erkrankung[8] fand der Forscher Rodney Stark heraus, daß 16% der psychisch Kranken sagten, sie gehörten keiner religiösen Gemeinschaft an, während dies nur 3% der psychisch Gesunden von sich angaben. Die psychisch kranken Menschen neigten also mit geringerer Wahrscheinlichkeit dazu, Religion als für sich wichtig zu bezeichnen, und ihr Maß an Gottesdienstbesuchen war niedriger als das der nicht psychisch Kranken.

Die schlimmste Auswirkung psychischer Erkrankung ist der Selbstmord. Auch hier bewirkt der Glaube einen positiven Unterschied. In einer 1974 veröffentlichten Studie über Selbstmordgefühle bei 720 Angehörigen der Durchschnittsbevölkerung von Connecticut[9] stellten Forscher fest, daß die Personen, die von sich sagten, Selbstmordgedanken gehabt zu haben, mit weniger Wahrscheinlichkeit einer religiösen Organisation angehörten, an Gottesdiensten teilnahmen oder beteten als diejenigen, die das von sich verneinten. Eine andere, breit angelegte Untersuchung auf kirchlicher Gemeindebasis von 1972[10] ergab, daß Menschen, die einmal pro Woche oder öfter den Gottesdienst besuchen, nur mit halb so großer Wahrscheinlichkeit einen Selbstmordversuch machen wie andere. Die beiden Forscher J.B. Ellis und P.C. Smith fanden 1991 bei einer Studie heraus, daß von 100 Collegestudenten diejenigen mit einem starken Gefühl religiöser Geborgenheit weniger zum Selbstmord neigten als diejenigen, die nicht aus einer religiösen Aktivität ihren Frieden und ihre Zufriedenheit bezogen.[11]

Auch wenn religiös aktive Menschen mit weniger Wahrscheinlichkeit psychisch erkranken, sind sie dagegen natürlich nicht einfach immun. Doch wenn sie in dieser Hinsicht krank werden, können die Quellen ihres Glaubens den Genesungsprozeß beschleunigen. Die Geschichten von Menschen, die von ihren Angstzuständen und Depressionen wieder geheilt worden sind, zeigen, wie der Gesundheitsfaktor Glaube die Last dieser Krankheiten erleichtern kann. Betrachten wir jetzt zunächst genauer die Depression, deren Erfahrung der Dichter John Keats in einem Brief an einen Freund treffend so beschrieben hat: „Ich bin in dem Gemütszustand, daß, wäre ich unter Wasser, ich kaum einen Strampler machen würde, um an die Oberfläche zu kommen."[12]

Depression besiegen

Depressionen stellen sich zwar oft im Gefolge von starkem Streß ein, können aber auch ohne Vorwarnung oder Vorspiel im Leben eines Menschen auftauchen, so, als umhülle plötzlich ein düsterer Nebel Geist, Psyche und Körper. Forscher haben herausgefunden, daß den Patienten mit Depressionen die Quellen des Glaubens zur Genesung helfen können. In einer Studie von 1980 wurden die Ergebnisse verschiedener Methoden der Gruppentherapie ausgewertet, darunter einer Therapie, bei der religiöse Bilder verwendet wurden, sowie einer Therapie ohne diese.[13] Bei den beteiligten Personen handelte es sich um Studenten mit Depressionen, die nach den Standardmaßstäben über ein hohes Maß an Religiosität verfügten. Die Studie kam zu dem Ergebnis, daß nur 14% der Patienten aus der Gruppe, in der mit religiösen Bildern gearbeitet wurde, depressiv blieben, während es aus einer anderen Gruppe, die nicht mit diesen Bildern gearbeitet hatte, 60% waren. Interessanterweise waren die beiden Therapeuten, die die Gruppe mit religiösen Bildern leiteten, persönlich nicht religiös praktizierend, jedoch imstande, den Patienten zu helfen, aus dem Hoffnungs- und Zuversichtspotential ihres Glaubens zu schöpfen, indem sie sie zur Verwendung religiöser Bilder ermutigten (zum Beispiel: „Ich kann mir lebhaft vorstellen, wie Christus mit mir in diese Situation hineingeht, wenn ich mich ihr künftig vielleicht wieder einmal stellen muß").

Gebet und Prozac

Wenn ich religiös gesinnte Menschen behandle, schöpfe ich aus den Quellen des Glaubens, sowohl desjenigen meiner Patienten wie meines eigenen, sowie aus dem Fundus des medizinischen Wissens und Könnens.

Das war zum Beispiel bei Sarah der Fall, einer 35-jährigen Mutter, Krankenschwester und Kirchenmusikerin, die immer eine engagierte, einsatzfrohe Frau gewesen war. Mehr als alles andere liebte sie es, Gott mit ihrer Musik zu verherrlichen: Sie war Chorleiterin, spielte Orgel und sang. Aber als Depressionen sie heimsuchten, hatte sie an der Musik keine Freude mehr, sondern das Gefühl, nur noch die Tonleiter hinauf und herunter zu klimpern.

Sarah litt nicht nur unter Depressionen, sondern auch unter einem chronischen Erschöpfungssyndrom. Immer wieder überkamen sie Anfälle der Mattigkeit, verbunden mit Gelenk- und Muskelschmerzen, Fieber und Schüttelfrost. Zur Zeit, als sie mich aufsuchte, hatte sie fast alle Hoffnung verloren. Ich verschrieb ihr ein Antidepressivum, *Prozac*, und riet ihr, sich um eine Gesprächstherapie zu bemühen.

Sarah sprach auf typische Weise nicht unverzüglich auf das Medikament an; wir warteten, bis es wirkte, und in dieser Zeit verstärkte sich das Tief ihres Gemüts eher noch.

„Ich erinnere mich, daß ich eine Zeit durchgemacht habe, in der ich dauernd an die Skalpelle an meinem Arbeitsplatz denken mußte und mich die Vorstellung umtrieb, eines mit heimzunehmen und mir die Kehle durchzuschneiden", erzählte sie mir vor kurzem, als wir miteinander ihre Krankheit besprachen. „Derartige Gedanken hatte ich noch nie in meinem Leben gehabt! Aber das zeigt, an welchem Tiefpunkt ich war."

Eines Tages während dieser Zeit rief mich Sarah an und sagte: „Ich fühle mich so völlig hoffnungslos."

„Sarah", sagte ich, „ich habe genug Hoffnung für uns beide." Nachdem ich mich versichert hatte, daß sie nicht akut selbstmordgefährdet war und ich sie nicht unverzüglich in eine Klinik einweisen mußte, bat ich sie dringend, möglichst bald in meine Sprechstunde zu kommen. Als sie kam, ermutigte ich sie, weiter ihr Medikament einzunehmen und mit der Gesprächstherapie weiterzumachen. Außerdem erkundigte ich mich vorsichtig nach der Möglichkeit, ganz bewußt auch das Gebet und die Meditation in ihren Heilungsprozeß mit einzubeziehen.

„Daran hätte ich selbst schon denken sollen", meinte Sarah, „aber ich litt derart furchtbar, daß ich gar nicht mehr vernünftig denken konnte."

„Das glaube ich. Aber wenn das Medikament erst einmal voll wirkt, werden Sie sich besser fühlen und wieder klarer denken können", sagte ich. „Bis es so weit ist, möchte ich Ihnen einige Bibelverse vorschlagen, über die Sie nachdenken können. Ich glaube, das wird Ihnen helfen." Ich griff nach meinem Rezeptblock und schrieb für Sarah zwei Verse auf: „Wandelt euch und erneuert euer Denken" (Römer 12,2) und „Furcht gibt es in der Liebe nicht, sondern die vollkommene Liebe vertreibt die Furcht" (1. Johannesbrief 4,18).

Ich riß den Zettel vom Block und übergab ihn ihr. „Wenn Sie sich am Boden fühlen, lesen Sie immer wieder diese beiden Schriftverse. Tragen Sie sie immer bei sich und verwenden Sie sie zum Gebet, sooft Sie sie brauchen, und lassen Sie mich beim nächsten Mal wissen, wie es Ihnen damit geht."

Bei ihrem nächsten Besuch war Sarah spürbar weniger niedergeschlagen. Innerhalb weniger Monate erfuhr sie eine bemerkenswerte Besserung. Wenn sie heute auf die Erfahrung mit ihren Depressionen zurückschaut, dankt sie Gott, daß sie die Möglichkeit hatte, diese beiden Bibelverse, in denen so viel Hoffnung steckt, in ihrem Beten verwenden zu können.

„Das hat mich durchgebracht", sagte Sarah. „Ich klammerte mich einfach an diese Hoffnung."

Seit Sarah mit der medizinischen Behandlung begonnen hat, sind jetzt vier Jahre vergangen, und sie fühlt sich wesentlich besser. Um den Streß in ihrem Leben zu verringern, hat sie ihr Arbeitspensum verringert und auch ihr Engagement in der Kirchengemeinde etwas eingeschränkt. „Ich bin immer noch im Einsatz für andere und für die Kirche, aber ich verausgabe mich nicht mehr so übermäßig wie früher", sagte sie. „Jetzt nehme ich mir mehr Zeit für mich selbst und für Gott."

Sarah hatte viele Monate gebraucht, bis sie einsah, daß für ihre Depressionen eine Behandlung nötig sei. Das waren Monate, in denen ihr der Glaube überhaupt nicht zu helfen schien. Selbst nachdem ihr Depressionszustand diagnostiziert war, dauerte die Behandlung – wir nannten sie „Gebet plus *Prozac*" (und plus Gesprächstherapie) noch mehrere Monate, bis sie Wirkung zeigte; und ich beobachte sie auch jetzt noch genau, um zu gewährleisten, daß es ihr weiterhin gut geht; bei Patienten mit Depressionen sind Rückfälle nicht selten.

Als Sarah sich von ihren Depressionen erholte, wurde ihr auch die Musik wieder zur Quelle der Freude und Inspiration.

◆   Trotz der beachtlichen Fortschritte, welche die Forschung auf dem Gebiet der Psychopharmaka in den letzten Jahrzehnten gemacht hat, weigern sich viele Menschen mit Depressionen und Ängsten immer noch, gegen diese Krankheit Medikamente einzunehmen. Leider ist jegliche Art der psychischen Erkrankung immer noch mit einem Stigma behaftet. Viele Menschen meinen, sie müßten diese Probleme doch eigentlich mit Willenskraft oder mit der Beherrschung ihrer Gedanken in den Griff bekommen. Stark religiös ausgerichtete Menschen sind eher noch ablehnender gegen Medikamente eingestellt, weil sie der Ansicht sind, sie *dürften* einfach keine Ängste und Depressionen haben, weil sie doch an Gott glauben, oder Gott müsse sie ohne Medikamente heilen. Sie können in die Gedankenfalle tappen: „Wenn ich genügend Glauben hätte, hätte ich keine Depressionen." Tatsache ist jedoch, daß Depressionen und Ängste jeden Menschen befallen können, ganz unabhängig von der Stärke seines Glaubens. Bislang sind noch keine genauen Untersuchungen zur Messung der Gehirnchemie bei religiös und nicht religiös orientierten Menschen angestellt worden, so daß wir noch nicht wissen, in welchem Maß sich die religiöse Betätigung auf Neurotransmitter wie das Serotonin auswirkt. Aber wir wissen, daß eine medikamentöse Behandlung, die das Gleichgewicht der Neurotransmitter im Gehirn günstig beeinflußt, zu bemerkenswerten Verbesserungen des Gemütszustands und des Allgemeinbefindens führen kann, was wiederum dazu dienen kann, die spirituellen Aspekte des Lebens neu ins Bewußtsein zu heben, die infolge der Depressionen darniederlagen.

Ich habe gegen die Ablehnung von Medikamenten einige Antworten in der Bibel gefunden, die ich einsetzte, um meinem Patienten Ron zu helfen, mit seiner Krankheit fertig zu werden. Der 55-jährige Ron war in seiner Kirche Diakon und seit seinem Bekehrungserlebnis vor 25 Jahren ein überzeugter Christ. Als er mich aufsuchte, klagte er, sich „ausgelaugt", übermüdet und voller Schmerzen zu fühlen. Er hatte Schlafstörungen und konnte sich bei der Arbeit nicht mehr richtig konzentrieren, hatte das Interesse an seinen Hobbys – Arbeiten mit Holz und Baßgitarrenspielen in einer Country-Music-Band – verloren, und sein früherer herzhafter Appetit war ihm auch vergangen.

„Ich weiß nicht, was es ist, Doktor", sagte er. „Ich habe nicht das Gefühl, etwas anderes zu tun als normalerweise sonst auch. Aber ich komme mir irgendwie so halblebig vor."

Nachdem ich Ron aufmerksam zugehört und einige Untersuchungen vorgenommen hatte, diagnostizierte ich auf eine klinische Depression. Aber als ich das Wort „Depression" gebrauchte, erstarrte Ron.

„Dr. Matthews, eine Depression kann ich nicht haben!" sagte er mit Nachdruck. „Eine Menge Leute in meiner Kirche und meiner Gemeinde schauen zu mir auf. Ich bin Christ! Ich kann auf keinen Fall eine Depression haben!"

Ich erinnerte Ron an die großen Glaubensgestalten in der Bibel, die von Depressionen geplagt wurden: die Propheten Elija (1 Könige 19,3–5), Jeremia (4,19–20), Jona (4,13) und König Saul (1 Samuel 16,14–16). Ich versicherte ihm, die Depression rühre nicht aus einem Mangel an Glauben, noch sei sie durch ein moralisches Versagen verursacht oder durch einen Mangel an Willenskraft seinerseits. Ich erläuterte ihm etwas ausführlicher die physischen Grundlagen der klinischen Depression und erklärte ihm, die Depression könne von einer chemischen Unausgewogenheit im Gehirn ausgelöst werden, und Gott habe den Spezialisten auf dem Gebiet der Medizin das Wissen und die Kompetenz geschenkt, diese Krankheit genauer zu verstehen.

„Ron, heutzutage verfügen wir zur Behandlung von Depressionen über etliche ausgezeichnete Medikamente und Therapien, etwa Psychotherapie und spirituelle Gesprächstherapie", sagte ich ihm. „Wenn wir den normalen Pegel einer wichtigen chemischen Substanz in Ihrem Gehirn, des Serotonin, wiederherstellen, können wir damit Ihre Depression beträchtlich mildern."

„Ich weiß nicht, Doktor", entgegnete Ron. „Mir kommt das höchst seltsam vor, meinen Geisteszustand mittels einer Tablette zu verbessern. Ich brauche einfach mehr Glauben und muß mehr beten." Ich gab ihm zu bedenken, daß Jesus selbst zur Heilung von Menschen

111

Arzneien angewandt habe. Dazu las ich ihm aus der Bibel zwei Geschichten des Markusevangeliums (7,31–37 und 8,22–26) vor, in denen erzählt wird, wie Jesus einen Blinden und einen Taubstummen heilte, indem er Speichel verwendete, dem man damals Heilkraft zuschrieb. Hierauf sagte ich: „Das Gesundheitsamt des District of Columbia würde mir die Verwendung von Speichel nicht gestatten, aber ganz sicher die von Prozac!" Außerdem las ich ihm die folgende Schriftstelle vor: „Alles, was ihr in Worten und Werken tut, geschehe im Namen Jesu, des Herrn. Durch ihn dankt Gott, dem Vater!" (Kolosserbrief 3,17).

„Ron", erläuterte ich ihm, „das heißt: *Alles*, was ihr tut – ob ihr bei der Arbeit seid, duscht, die Zähne putzt oder ein Medikament gegen eure Depressionen einnehmt. Bei *allem*, was ihr tut, betet und dankt Gott. Beten Sie also und nehmen Sie Ihr Medikament ein!"

Weil ich ihm mit Bibelstellen ein Argument für ein äußeres Heilmittel geliefert hatte, war Ron schließlich damit einverstanden, sich ein antidepressives Medikament verschreiben zu lassen. Immer wenn er es einnimmt, spricht er ein Danksagungsgebet, und tatsächlich sind seine Depressionen deutlich zurückgegangen.

◆ Auch mein Patient Frank war anfangs ganz gegen den Einsatz eines antidepressiven Medikaments. Frank war Ende dreißig und hatte das Gefühl, sich in lauter Einzelteile aufzulösen. Er war immer ein äußerst energischer, ehrgeiziger Mensch gewesen. Als Handelskaufmann war er in seiner Firma rasch in eine führende Position einer regionalen Einzelhandelskette aufgestiegen. Doch plötzlich nahm er seltsame Symptome wahr, darunter Ohrensausen, Schmerzen, organische Störungen und Erschöpfungszustände. Hinzu kamen düstere Stimmungstiefs, und er verbrachte ganze Tage im Bett, unfähig für jegliche Arbeit. Frank war Presbyterianer und in seiner Kirchengemeinde aktiv. Er suchte zunächst dort Hilfe, fand aber wenig Verständnis: „Die Leute von der Gemeinde versuchten mir auf eine Art zu helfen, die völlig unwirksam war. Sie klopften mir eben auf die Schulter und sagten: ‚Mensch, reiß dich zusammen' oder ‚Mit etwas Geduld und Anstrengung kommst du da bestimmt wieder heraus'. Das half mir überhaupt nicht."

Frank suchte nach körperlichen Ursachen für seine Probleme und nach allen möglichen entsprechenden Gründen. „Vielleicht liegt es an der Operation am Mittelohr, die ich als Kind hatte." Im Rückblick kam Frank später zu dem Schluß, daß ihn alle seine Versuche, seine

Depression „festzumachen", nur tiefer ins Dunkel geführt hatten. Schließlich kam er zu mir, um sich körperlich untersuchen zu lassen. Nachdem ich Frank untersucht, Tests mit ihm gemacht und mit ihm geredet hatte, eröffnete ich ihm, meine Diagnose laute auf Depression, und ich wolle ihm ein Antidepressivum verordnen.

Zunächst wies Frank den Gedanken von sich, er brauche für seinen Geist ein Medikament. Ich erläuterte ihm, wie Antidepressiva wirken, indem sie die Neurotransmitter des Gehirns in ihren normalen Zustand versetzen. Außerdem beschrieb ich ihm, wie er sich vermutlich fühlen werde, wenn er mit der medikamentösen Therapie anfange. „Das ist ein bißchen so, wie wenn Sie zuerst eine Zeit mit Gewichten an den Füßen gelaufen sind", erklärte ich ihm, indem ich ein Bild gebrauchte, mit dem dieser frühere Marathonläufer etwas anfangen konnte. „Dann fühlt es sich an, als hätten Sie sich abgelegt und könnten wieder frei und leicht laufen."

Frank war einverstanden, es mit dem Medikament zu versuchen. Im Laufe der nächsten Wochen begannen sich einige seiner Symptome zu legen. Das Ohrensausen, ein klassisches Angstsymptom, verschwand. Ich legte Frank nahe, zusätzlich zu der Medikation und der Gesprächsberatung, die ich ihm bot, wieder in seiner Kirchengemeinde Unterstützung zu suchen, vielleicht in Form einer Männer-Gebetsgruppe. Frank scheute sich davor, weil er von der bisherigen Reaktion seiner Gemeindemitglieder so enttäuscht worden war. „Sie sagten zu mir, ich solle mich einfach zusammenreißen, und das konnte ich nicht. Was werden sie von mir denken, wenn sie erfahren, daß ich jetzt ein Medikament einnehme? Sie werden mich wahrscheinlich für übergeschnappt halten!"

„Sie brauchen Ihnen das ja nicht gleich zu sagen, sondern erst, wenn Sie das Gefühl haben, das könnten Sie ihnen anvertrauen", erwiderte ich. „Ich weiß, wie schwierig es sein kann, mit anderen Menschen offen über seine Probleme zu sprechen. Wenn es in Ihrer Gemeinde eine regelmäßige Männer-Gebetsgruppe oder eine Bibelgruppe gibt, rate ich Ihnen, unverzüglich bei einer solchen Gruppe mitzumachen."

Genau wie ich Frank zunächst dringend geraten hatte, ein Antidepressivum einzunehmen, beharrte ich jetzt darauf, er brauche die Unterstützung und den Rückhalt, den eine Kleingruppe Gleichgesinnter bieten kann; denn aus dem, was ich in den Aussprachen mit Frank erfahren hatte, schloß ich, er müsse dringend viele Ereignisse seines Lebens aufarbeiten, seine Prioritäten neu ordnen und eine tiefere Spiritualität entwickeln. Bei der Erfüllung all dieser Aufgaben konnte eine Gesprächsgruppe ungemein hilfreich sein. In einem unserer Gespräche erzählte er mir, wie sein Prozeß der spirituellen Erneuerung eingesetzt hatte: „Als ich beruflich die Spitzenposition erreicht hatte, wurde ich zum Teilhaber meiner Firma. Ich fuhr den neuesten Volvo 740 und hatte eine Menge Leute, die für mich arbeiteten. Ich ließ mir von meinen Angestellten sogar das Auto putzen und einwachsen. Beruflich fühlte ich mich ganz oben, aber innerlich fühlte ich mich leer. Eine Zeitlang sprach ich dem Alkohol zu. Ich spielte auch ein bißchen mit Drogen herum, so, als wäre ich wieder achtzehn oder zwanzig", gab er zu. „Vordergründig war ich der Inbegriff eines guten Familienvaters: Ich hatte eine nette Frau, zwei Kinder, ein eigenes Haus, war jung und machte Karriere. Aber obwohl ich überzeugter Christ war, ließ ich mich in außereheliche Affären ein. Darunter begann das Geschäft zu leiden. Eines Tages kam ich von der Arbeit heim, und meine Frau hatte mich verlassen. Sie hatte die Kinder und die ganze Hauseinrichtung mitgenommen. Das war am Tag vor meinem Geburtstag. Sie hatte es fertiggebracht, an einem einzigen Tag ein dreistöckiges Stadtwohnhaus mit drei Schlafzimmern samt allen Möbeln komplett auszuräumen. Sogar die Lampen waren alle abgenommen!"

Frank hatte sich nie die Zeit genommen, den Verlust seiner Familie zu betrauern und genauso wenig den Tod seiner Mutter im selben Jahr. Auch gestand er sich zunächst seine Schuld am Zerbrechen seiner Ehe überhaupt nicht ein.

„Ich schrie verzweifelt zu Gott, aber in meinem Schreien war keine Spur Reue", sagte er.

Mit dem Geschäft ging es weiter bergab, oder, wie Frank heute sagt: „Mit mir ging es bergab, und darunter litt das Geschäft. Einige grundlegende Arbeiten brachte ich einfach nicht mehr auf die Reihe. Ich bin mir sicher, ich hatte zu der Zeit schon Depressionen, aber damals merkte ich das noch nicht, und so stürzte ich mich in alle möglichen Zerstreuungen."

Frank vereinbarte mit dem Buchhalter seiner Firma einen Termin und besprach mit diesem die finanziellen Probleme, die sich aus der zunehmend schlechteren Geschäftslage ergaben. „Mit allem ging es zunehmend bergab. Wir suchten nach Lösungen, und ich äußerte den Vorschlag, einen anderen Partner mit in die Firma hereinzunehmen. Der Buchhalter, der übrigens nicht Christ war, schaute mich bloß an und sagte: ‚Ich glaube nicht, daß Sie einen Partner brauchen. Was Sie brauchen, ist ein Retter.'

Natürlich meinte mein Buchhalter damit, daß die Firma in einer heillosen Lage war und wir sie aus eigener Kraft nicht mehr hochbringen konnten. Aber ich hörte aus diesem seinem Spruch noch etwas anderes heraus. Ich hörte etwas, was mich Gott hören lassen wollte: daß ich persönlich einen Retter brauchte, der mich aus dem Schlamassel herauszog, in das ich mich selbst hineingesteuert hatte.

Nach dem Treffen mit dem Buchhalter sprang ich in meinen Volvo mit den teuren Ledersitzen und seiner komfortablen Klimaanlage. Es regnete an diesem Abend nicht; aber ich sage Ihnen, ich brauchte trotzdem während der ganzen Fahrt eine ganz eigene Art Scheibenwischer. Die ganze Dreiviertelstunde bis zu meinem Haus heulte ich wie ein Schloßhund. Die Tränen der Reue vor Gott schossen mir nur so aus den Augen. Gott sprach mich an und lud mich ein, endlich zu ihm zurückzukehren."

Frank ließ sich auf diese Erfahrung, daß Gott ihn zurückrufe, ein und schloß sich einer Männer-Gebets- und Bibelgruppe an. Zunächst fühlte er sich in der Gruppe unsicher. Er war von der Sorge befangen, die anderen könnten ihn verurteilen, und deshalb erzählte er die erste Zeit kaum etwas von sich selbst. Doch als schließlich ein anderer Mann bekannte, auch er habe mit Depressionen zu kämpfen, war auch Frank imstande, sich zu öffnen. Inzwischen erfährt er von der Gruppe spürbare geistliche Hilfe und weiß, daß er sich auf die anderen verlassen kann. Frank gibt dabei ein Bibelwort viel, das genau von einer solchen Beziehung spricht: „Einer trage des anderen Last; so werdet ihr das Gesetz Christi erfüllen" (Galater 6,2). Nachdem er sein Leben lang vor allem um sich selbst gekreist war, lernte es Frank nach und nach, sich auf andere zu verlassen und auf das zu hören, was sie ihm zu sagen haben.

Franks Depressionen halten sich nun zwar etliche Jahre in erträglichem Rahmen, aber sein Leben bleibt ein Kampf. Er hat wieder geheiratet, aber trotz seiner spirituellen Erneuerung und persönlichen Reifung tut er sich weiterhin mit der Pflege einer engen Beziehung schwer. Unlängst wollte sich seine zweite Frau von ihm trennen, wogegen Frank sich mit allen Mitteln wehrte. Als seine Frau darauf bestand, gab Frank widerstrebend nach. Jetzt sind beide in einer Eheberatung und hoffen, eine stärkere Beziehung zueinander aufbauen zu können, die Bestand hat.

Seine Eheprobleme belasteten Frank schwer, aber sie haben ihn nicht wieder in seine Depressionen zurückfallen lassen. Ganz so trostlos wie zur Zeit seiner klinischen Depression und seiner körperlichen Krankheitszustände sieht die Welt für ihn nicht mehr aus, und so gibt sich Frank mit dem Ringen um seine Ehe und dem Bewältigen seiner anderen persönlichen Probleme alle Mühe.

„Meine Lebensgeschichte ist noch lange nicht an dem Punkt, wo es wie im Märchen heißt: ‚Und von da an lebte er glücklich alle Tage seines Lebens'", äußerte Frank unlängst, „aber in einem Punkt bin ich eindeutig vorangekommen: Ich habe eine engere Beziehung zu Gott. Dazu war die Depression gut. Ich bin so ein Typ, bei dem Gott mit dem Holzhammer zuschlagen muß. Meine Depression hat mir geholfen, spirituell reifer zu werden, und in diesem Reifungsprozeß stecke ich noch mitten drin."

◆ Ich kann das Ringen meiner Patienten mit Depressionen auch deshalb sehr gut verstehen, weil ich, wie ich bereits erwähnte, selbst damit zu kämpfen hatte. In der Frühzeit meines Medizinstudiums, als ich mir Berge von Fakten aneignen und mit dem aufreibenden Tempo meiner Ausbildung Schritt halten mußte, fühlte ich mich schlapp und unfähig, mich auf meine Arbeit zu konzentrieren. Ich hatte zuvor immer hervorragende Noten erzielt; das Studium hatte mir Freude gemacht und war mir leicht gefallen. Aber jetzt fühlte ich mich total überfordert und hatte alle Mühe, überhaupt die Prüfungen zu bestehen. Ich mußte alle Kraft zusammennehmen, um gerade noch mitzukommen. Kleine Brötchen zu backen war für mich etwas ganz Neues und mir zuwider. Zum Glück dauerten die Zustände lähmender Depressionen immer nur relativ kurz, jedesmal nur wenige Wochen am Stück (zwei Wochen gelten als Minimum, um eine klinische Depression zu diagnostizieren). Weniger intensive Symptome von Depression blieben mir jedoch mehrere Monate lang. Meine Depressionen legten sich dann zwar wieder ganz, und ich konnte mein Medizinstudium mit Erfolg abschließen; doch das Gefühl der Schwere und Hoffnungslosigkeit ist mir noch lebhaft in Erinnerung.

Als ich dann Assistenzarzt wurde, kam ich in die beste und zugleich schwierigste Phase. Das Wissen, daß meine Patienten mich brauchten, baute mich auf, aber meine Hundert-Stunden-Woche kostete ihren Preis. Ich konnte nicht mehr die anspruchsvollen Maßstäbe aufrecht erhalten, die ich mir selbst gesteckt hatte. Wir waren fünf Brüder gewesen, und nur ich und ein zweiter Bruder hatten in guter gesundheitlicher Verfassung das Erwachsenenalter erreicht; so empfand ich das Bedürfnis, meiner Familie besonders große Ehre zu machen. Folglich setzte ich mich unter gewaltigen Erfolgsdruck. Ich hatte mir schon immer gern viel zugemutet. In der High School hatte ich an dem zermürbenden Wildnis-Überlebenskurs namens „Outward Bound" teilgenommen, dessen Wahlspruch ich mir zu eigen machte: „to serve, to strive and not to yield" („dienen, kämpfen, nicht aufgeben"). Ich glaubte an mich selbst und hatte das Gefühl, es gebe nichts, womit ich nicht fertig würde. Ich hatte schon genügend erzählen hören, wie schwer man es als Assistenzarzt haben konnte, und ich hatte auch schon beobachtet, wie es manchen Assistenzärzten arg zusetzte – aber *ich* würde das ganz anders machen. Ich würde es mit Schwung schaffen, würde mich nicht kleinkriegen lassen, würde „kämpfen und nicht aufgeben". Ich konnte mir gar nicht vorstellen, daß ich Schwierigkeiten damit haben könnte, meine Pflichten zu erfüllen.

Aber mitten in meinem ersten Jahr als Assistenzarzt wurde mein schlimmster Alptraum wahr: Mich überkam eine starke Depression. Ich mußte mich vom Kampfplatz zurückziehen. So nahm ich zehn Tage Krankheitsurlaub. Mir war es äußerst schmerzlich, mit ansehen zu müssen, wie meine Kollegen mein Pensum noch zusätzlich übernehmen mußten, während ich gegen meine schlimmen Gefühle der Düsternis und Traurigkeit ankämpfte. Zunächst deutete ich meine Depression als Versagen und Niederlage, als Mangel an Willensstärke, und das machte mich nur um so trostloser.

Aber dann geschah etwas Wunderbares: Im Lauf weniger Monate kam ich nach und nach zu dem Schluß, daß die Erfahrung dieser Depression den Sinn hatte, mir zu einer Veränderung meiner inneren Einstellung zu verhelfen. Bislang hatte ich mich völlig auf mich selbst verlassen, wenn es darum ging, mich den Herausforderungen des Lebens zu stellen. Ich war zwar ein gläubiger Christ; aber wenn es kritisch geworden war, hatte ich mich selten an Gott gewandt. Die Erfahrung der Depression führte mir deutlich vor Augen, daß meinen Fähigkeiten, alles selbst zu schaffen, Grenzen gesetzt waren. In Zeiten der Trostlosigkeit konnte ich mich nicht motivieren, meine Arbeit zu erledigen, meine Traurigkeit und Verwirrung zu überwinden oder meine Sicht der Dinge zu ändern. Jetzt lernte ich es, daß ich „loslassen und Gott machen lassen" mußte, damit er mir helfe, mit meinen Gefühlen und Problemen zurechtzukommen.

Da verstand ich endlich auch, was Paulus damit gemeint hatte, als er vom „Stachel im Fleisch" gesprochen hatte: „Damit ich mich wegen der einzigartigen Offenbarungen nicht überhebe, wurde mir ein Stachel ins Fleisch gestoßen: ein Bote Satans, der mich mit Fäusten schlagen soll, damit ich mich nicht überhebe. Dreimal habe ich den Herrn angefleht, daß dieser Bote Satans von mir ablasse. Er aber antwortete mir: Meine Gnade genügt dir; denn sie erweist ihre Kraft in der Schwachheit. Viel lieber also will ich mich meiner Schwachheit rühmen, damit die Kraft Christi auf mich herabkommt. Deswegen bejahe ich meine Ohnmacht, alle Mißhandlungen und Nöte, Verfolgungen und Ängste, die ich für Christus ertrage; denn wenn ich schwach bin, dann bin ich stark" (2 Korinther 12,7-10).

Als ich diese Phasen der Depression als „Stachel im Fleisch" einzuordnen und als „Denkzettel" dafür zu deuten vermochte, daß ich demütig bleiben und mich selbst annehmen sollte, war es der Todesstoß für etliche meiner perfektionistischen Ansprüche an mich selbst. Zum Glück verbesserte sich meine Gemütsverfassung im Laufe eines Monats ohne die Unterstützung durch Medikamente; mir half ganz wesentlich die Gesprächstherapie. Das Gebet, die Zeit und genügend Freizeit trugen ebenfalls viel zu meiner Heilung bei. Als ich dann wieder das stramme Arbeitspensum eines Assistenzarztes auf mich nahm, kam ich damit besser zurecht. Meine depressiven Symptome sind seitdem nicht mehr aufgetreten.

Die Lektionen, die ich aus meiner „Niederlage" gelernt habe, halfen mir, mein Glaubensleben zu vertiefen, und bereiteten mich für meine Lebensaufgabe vor, anderen zu helfen, die unter Depressionen und ähnlichen Krankheiten leiden.

Das Überwinden der Mischpsychose

Eine der schlimmsten Formen der Gemütsstörungen ist die sogenannte Mischpsychose, die auch als manisch-depressive Erkrankung bekannt ist. Bei dieser seelischen Krankheit schwankt der Patient hin und her zwischen Phasen großer Energie und intensiven Hochstimmungen – also der „Manie" – einerseits und Phasen tiefer Niedergeschlagenheit, also der Depression andererseits.

◆ Meine 53-jährige Patientin Claudia wurde von dieser Krankheit häufig attackiert, und sie hatte sie vermutlich bereits von ihrer Jugend an. Auch ihre Kinder zeigen Anzeichen dafür, was durchaus zu erwarten ist, weil diese Krankheit zum Teil erblich bedingt ist. Aber Claudia war schon Ende vierzig, als sie überhaupt den Namen ihrer Krankheit erfuhr, und sie war noch nie dagegen behandelt worden.

„Ich war mein Leben lang krank", erinnerte sich Claudia. „Ich hatte immer wieder Depressionen. Ich hatte auch körperliche Krankheiten. Es gab in meiner Schulzeit Jahre, in denen ich mehr Tage fehlte, als ich am Unterricht teilnahm. Das Ergebnis war, daß ich mich ziemlich schwer tat."

Als Claudia erwachsen war, äußersten sich ihre Depressionen vor allem in Wutanfällen: „Mich überkam immer wieder einmal ungeheure, gewalttätige Wut. Es schien mir, als könnte ich sie überhaupt nicht zügeln. Die Gewalttätigkeit kam so schnell, daß ich gar nicht merkte, wie sie mich befiel. Deswegen ist meine Ehe in die Brüche gegangen. Ich hatte Schwierigkeiten mit meinen Kindern. Jemand gab mir den Rat: ‚Wenn du wütend bist, mußt du immer erst bis zehn zählen, bevor du etwas tust.' Aber ich konnte nicht bis zehn zählen. Dann setzte das Denken bei mir völlig aus!"

Trotz ihrer krankhaften Wutanfälle war Claudia beruflich in verantwortlicher Stellung. Als Katholikin mit einer Ausbildung und guten Kenntnissen im Verwaltungsbereich war sie für alle nichtakademischen Programme einer großen Pfarreischule verantwortlich. In dieser und in anderen Stellungen hatte sie regelmäßig Wutausbrüche. Aber dann gewann immer wieder die manische Seite ihrer Krankheit die Oberhand. Während dieser manischen Phase vermochte sie die Brücken wieder aufzubauen, die sie während ihrer depressiven Phase abgebrochen hatte. Außerdem war sie imstande, doppelt so hart und doppelt so kreativ zu arbeiten wie jede ihrer Kolleginnen. Sie war in ihrem Beruf derart außergewöhnlich gut, daß es ihr half, die Krankheit zu überspielen.

„Ich habe beruflich eine Spitzenstellung und mache meine Sache hervorragend. Also kann ich doch kein Wrack sein", sagte sie sich immer wieder selbst. Da sich ihre Krankheit regelmäßig auch in vielen körperlichen Symptomen wie Schmerzen, Unwohlsein und Erschöpfungszuständen äußerte, suchte Claudia bei vielen Ärzten Hilfe, aber mit wenig Erfolg. Sie bekam eine Abneigung gegen die Ärzteschaft und mied Ärzte so weit wie möglich.

Doch auf der Suche nach einer Therapie, die ihr helfen sollte, die Probleme in ihrer zweiten Ehe und anderen Beziehungen zu bewältigen, wurde Claudia mir zur Untersuchung überwiesen. Bei unserer ersten Aussprache erzählte sie mir wütend, was sie von Ärzten halte.

Mehrere Jahre später erinnerte sich Claudia noch: „Ich war nicht bereit, Ihnen mein Vertrauen zu schenken, so nett Sie auch waren. Hätten Sie mich schief angeschaut, dann hätte ich sie angeschrien. So sehr sperrte ich mich damals."

Zum Glück schaute ich sie nicht „schief an". Aus meiner psychiatrischen Erfahrung heraus merkte ich gleich, daß Claudia ihre ganze Wut auf Ärzte auf mich projizierte. Deshalb reagierte ich mit Sympathie und ließ sie erst einmal ihren ganzen Frust abreagieren. Ganz langsam bauten dann Claudia und ich eine vernünftige Beziehung auf, und nachdem ich sie untersucht und ausführlich mit ihr gesprochen hatte, stellte ich ihr meine Diagnose, es handle sich bei ihrer Krankheit um eine Mischpsychose. Ich verordnete ihr Lithium, was man in diesen Fall mit Vorzug zur Stabilisierung verwendet. Claudia ging weiter in die Therapie zu dem Psychologen, der sie an mich überwiesen hatte. Da Claudia mir gesagt hatte, sie sei ein gläubiger Mensch, hatte ich ihr außerdem vorgeschlagen, um ihre Heilung zu beten und einige Bibelstellen immer wieder zu lesen. Heute fühlt sich Claudia wie ein anderer Mensch.

„Ich habe überhaupt keine Wutanfälle mehr", erzählte sie mir erst unlängst in der Sprechstunde. „Ich kann einen Großteil meiner Wut und Depression mit Hilfe des Gebets loswerden. Ich kann nur staunen, wie ich mich verändert habe."

Claudia überkommt immer wieder tiefes Bedauern, wenn sie an all die Jahre zurückdenkt, in denen sie krank war und die Natur ihrer Erkrankung nicht kannte. Sie schaut sich Bilder von sich selbst als Kind und junge Frau an und hat den Eindruck, sie sehe darauf immer ein schrecklich unglückliches Gesicht.

„Ich wußte nicht, was es war, und folglich konnte ich auch nichts daran ändern, und das ist traurig", sagte sie im Rückblick auf ihre Leidensjahre. „Aber infolge meiner Krankheit empfinde ich tiefes Mitleid für andere Menschen, die anderen wehtun."

Claudia ist inzwischen im Ruhestand hinsichtlich ihrer Stellung in der Schulverwaltung und bringt sich jetzt aktiv in ihrer Kirchengemeinde ein. Sie gibt Bibelstunden und kümmert sich um Menschen in Notlagen.

„Einer der Burschen, denen ich jetzt helfe, ist Häftling. Ein anderer ist gerade aus dem Gefängnis entlassen worden; er hatte seine Frau geschlagen und vergewaltigt. Das ist natürlich schlimm, aber ich kann trotzdem mit ihm sprechen", erzählte sie. „Ich habe selbst so vieles durchgemacht und so viel Schlimmes getan, daß es mir schwer fällt, jemand anderen zu verurteilen. Sogar diesen Mann, der sich so schrecklich verhalten hat, kann ich nicht abschreiben."

Dank ihres aktiven Glaubens, ihrer sorgfältigen Anwendung von Medikamenten und ihrer Therapie hat Claudia ihre Krankheit unter Kontrolle. Einige Nebenwirkungen ihrer Medikamente sind ihr lästig, wie starker Durst, Durchfall und heftiges Zittern. Aber sie ist sich darüber klar geworden, daß sie sie weiter einnehmen muß. Wie viele andere Menschen mit Mischpsychosen hat sie gelegentlich schon einmal die Medikamente abgesetzt, in der Meinung, sie sei inzwischen von ihrer Störung geheilt. Doch dann stellten sich wieder einige ihrer Symptome ein, und sie nahm wieder ihre Arznei, die sie jetzt als unvermeidlich akzeptiert, genau wie eine Diabetikerin auf Insulin angewiesen ist. Sie ist froh darüber, daß sie jetzt für andere da sein kann, statt in blinder Wut auf sie einzuschreien.

„Das Glück, das ich jetzt empfinde, habe ich zuvor in meinem ganzen Leben noch nie gekannt", meinte sie. „Vielleicht kann ich aus dem Grund jetzt so leicht über etwas lachen. Früher war ich zum Lachen kaum fähig."

Angst erleichtern

Menschen mit Depressionen beschreiben sich so, daß sie sich erstarrt fühlen, emotional gelähmt, traurig und physisch langsamer als sonst. Angst dagegen zeichnet sich oft durch ein Gefühl der Beschleunigung aus: Man fühlt sich „unter Strom". Eine alltägliche Sorge wird zu einer enormen, dringenden Aufgabe, die den Geist des Leidenden voll in Beschlag nimmt. Angstpatienten berichten von Körpersymptomen wie rasendem oder unregelmäßigem Herzschlag, einem würgenden Gefühl oder dem Empfinden, nicht genügend Luft zu bekommen, Verdauungsstörungen, Schwäche und Zittern. Äußern sich Ängste in Form von Phobien, so unternehmen die Patienten die unmöglichsten Dinge zur Vermeidung des Faktors, der die Phobie oder den Anfall von Panik auslöst. Phobiepatienten haben schließlich nicht nur Angst vor dem ursprünglich angstmachenden Ereignis oder Umstand, etwa dem Fliegen, dem Befahren einer Brücke oder eines Tunnels oder dem Entlanggehen an einem hohen Gebäude oder Abgrund; sie haben auch Angst vor den dramatischen Körperreaktionen der Phobie selbst. Patienten mit Phobien und Panikanfällen haben das, was ich als das „Franklin D. Roosevelt-Syndrom" bezeichne: Sie haben „vor nichts Angst, außer vor der Angst selbst".

Genau wie mir meine persönliche Erfahrung mit Depressionen hilft, auf Patienten mit dieser Erkrankung einzugehen, kenne ich selber aus erster Hand die Erfahrung von Angstzuständen, so daß ich mich auch in diese Krankheitserlebnisse einfühlen kann. Ich entsinne mich lebhaft meines einen und einzigen Angstanfalls. Er überkam mich, als ich während des Medizinstudiums vor einer Anatomieprüfung stand. Ich fühlte mich darauf ungenügend vorbereitet, und als ich die Prüfungsunterlagen ausgehändigt bekam, wußte ich plötzlich überhaupt nichts mehr. Plötzlich entstand in meiner Kehle ein würgendes Gefühl. Mir war, als hätte ich die Beherrschung über mein Sehen, meine Gemütsverfassung und mein Denken verloren. Ich verließ den Raum unverzüglich, eilte auf die Toilette und versuchte, dort wieder zu mir zu kommen. Nach ungefähr zehn Minuten legten sich die Gefühle der Panik, und ich war in der Lage, die Prüfung mit Erfolg abzulegen. Aber ich werde nie das panisch beängstigende Gefühl vergessen, überhaupt nicht mehr Herr meiner selbst zu sein, das mich an jenem Tag beherrschte. Mit diesem Gefühl müssen sich Millionen von Patienten regelmäßig herumschlagen.

Den meisten Menschen mit Angstzuständen kann durch Verschreiben von Medikamenten und psychotherapeutische Behandlung – und auch durch Gottesdienstbesuch, Gebet und Bibellesen – geholfen werden, ihre Symptome in den Griff zu bekommen. Der Forscher Harold Koenig untersuchte 1993 bei 2969 Personen den Zusammenhang zwischen religiöser Betätigung und Angstzuständen.[14] Personen jungen und mittleren Alters, die mindestens einmal pro Woche den Gottesdienst besuchten, neigten bedeutend weniger zu angsthaften Störungen als solche, die nicht regelmäßig zur Kirche gingen. Bei den Jüngeren zeigte sich, daß ein Zusammenhang zwischen Übungen wie Gebet und Bibellektüre und dem geringeren Auftreten von Platzangst und anderen Formen der Angst bestand.

◆ Angst kann sich auch als Verspanntheit des Körpers äußern. Diese kann sich derart steigern, daß sie lähmend wirkt, vor allem bei extremer Angst. Betty, eine Reiseschriftstellerin, Mitte vierzig, hielt sich mit ihrem Mann, einem Heeresoffizier, in Japan auf, als ihre Angstzustände zu einem gravierenden Problem wurden. Wenn man diese makellos frisierte, elegant gekleidete Frau vor sich sah, konnte man sich nur schwer vorstellen, daß sie unter der Last ihrer Ängste fast zerbrach; aber ihre äußere Erscheinung entsprach oft gar nicht einem entsprechenden inneren Gleichgewicht.

Sie erzählte mir: „Ich litt unter starken Kopfschmerzen, die durch starke Verspannungen verursacht waren, wie mir der Neurologe erklärte, den ich aufgesucht hatte. Es war, als hätte ich einen dicken Knoten im Hinterkopf, der entsetzlich schmerzte. Ich konnte kaum mehr den Kopf bewegen. Ich mußte ein verordnetes Medikament einnehmen und viel Kaffee trinken, wegen des Koffeins, und außerdem meinen Kopf warm halten. Es dauerte dann immer mehrere Stunden, bis der Schmerz nachließ."

Betty war wohl eine tiefgläubige Frau, aber sie hatte noch nie daran gedacht, um Erleichterung ihrer Verspannungen und Kopfschmerzen und um eine Abnahme ihrer Angst zu beten, bis dann eines Tages schreckliche Kopfschmerzen eine geplante Reise zu vereiteln drohten. „Ich hatte eine Freundin, die ziemlich ängstlich und nervös war, und wir wollten gemeinsam nach Seoul in Korea reisen. Das bedeutete, wir mußten von unserem Stützpunkt in der Nähe von Tokyo zum Militärstützpunkt fahren. Das war eine ungefähr einstündige Fahrt, die wir selbst durch Japan machen mußten, bis zum Flughafen, um dort einen Flug zu finden, mit dem wir für zwei, drei Tage zum Einkaufen und Erkunden des Landes nach Korea kommen konnten. Allein schon der Gedanke an die Fahrt durch Japan erfüllte mich mit Schrecken. Der Verkehr ist chaotisch, man kann kein einziges Verkehrsschild entziffern, obendrein fährt man auf der anderen Fahrbahnseite."

Aber Betty, der abenteuerlustige Mensch, wollte den Versuch wagen. „Ich war schon einmal mit meinem Mann zu diesem Stützpunkt gefahren, und so glaubte ich, daß ich wieder dorthin finden würde, wenn ich mich an markanten Stellen längs der Strecke orientierte. Am Morgen, an dem wir losfahren wollten, war ich so nervös, daß ich eine halbe Stunde, bevor ich meine Freundin abholen sollte, plötzlich diese schrecklichen Schmerzen bekam. Es war, als sitze mir ein Knoten von der Größe einer Orange hinten im Genick. Wenn das andauern würde, wäre ich nicht zu fahren imstande.

Ich wußte, daß die Durchführung der Reise ganz von mir abhing; denn meine Freundin war ein hilfloses Nervenbündel. Die Tatsache, für sie verantwortlich zu sein, war das Eigentliche, was mir so zusetzte. Ich ging ins Schlafzimmer auf der Rückseite unseres Hauses, kniete mich vor mein Bett und betete zu Gott, er möge mir helfen. Ich bat ihn, mir zu helfen, meine Verantwortung wahrzunehmen und wohlbehalten diese Reise zu überstehen.

Als ich mein Gebet beendete, hatte ich das Gefühl, als hätte mich hinten am Kopf leicht ein Finger berührt und dieser schmerzende Kloß sei buchstäblich zerbröselt, als sei er eine Kugel aus trockenem Lehm gewesen – der Schmerz war weg. Ich brachte uns beide sicher im Auto ans Ziel, und wir verbrachten wunderschöne gemeinsame Tage."

Seit ihrem damaligen Gebet haben Bettys Verspannungen und Kopfschmerzen an Häufigkeit und Stärke abgenommen. „Früher bekam ich das zwölf- bis sechzehnmal im Jahr, und zwar ganz schlimm. Jetzt hat sich das auf zwei- bis dreimal pro Jahr verringert, und es ist bei weitem nicht mehr so schlimm wie früher. Ich mußte nur ganz selten das Medikament einnehmen, das mir der Neurologe verschrieben hatte."

War es einzig das Gebet, was die Häufigkeit und Stärke von Bettys Kopfschmerzen abnehmen ließ? Nach ihrer Aussage hatte sich in ihren Lebensgewohnheiten nichts verändert, und sie hatte auch keine anderen Medikamente eingenommen. Aus medizinischer Sicht glaube ich, daß Betty wahrscheinlich das Medikament Nr. 1 des Faktors Glaube, die Relaxation Response, zu sich nimmt, wenn sie betet, wodurch sich die Muskelspannung in ihrem Nacken reduziert und ihre Kopfschmerzen nachlassen. Die Erfahrung, mittels des Gebets Erleichterung zu finden, könnte Betty auch geholfen haben, Angstgefühle zu überwinden, die ihre spannungsbedingten Kopfschmerzen nur noch verstärkt hätten. Jetzt, wo sie weiß, daß es ein Heilmittel gibt, das zusätzlich zu den Medikamenten wirkt, kann sie sich mehr innere Sicherheit und Ausgeglichenheit verschaffen und so größere Anspannung vermeiden.

◆ Oft werden Angstzustände von Schlaflosigkeit begleitet, und zwar nicht nur in Gestalt einer gelegentlich unruhigen Nacht, sondern einer nachhaltigen Unfähigkeit zum Einschlafen oder Durchschlafen. Viele meiner Patienten sind mit Erfolg gegen ihre Ängste angegangen, indem sie Medikamente genommen, aber auch, indem sie gebetet haben.

Brooke, eine 29-jährige Verwalterin bei einer gemeinnützigen Organisation, litt unter starken Schlafstörungen, nachdem ihr Vater und ihr Schwager bei einem schweren Verkehrsunfall ums Leben gekommen waren und ihr die Verantwortung für ihre Mutter und Schwester hinterließen, die den Unfall schwer verletzt überlebt hatten. Brooke erzählte mir, zum Zeitpunkt des Unfalls sei sie durchaus nicht fromm gewesen: „Ich war aus der Kirche ausgetreten, weil ich über die Art, wie Frauen in ihr diskriminiert werden, wütend war. Wohl war ich der Meinung, damit nicht meinen Glauben an Gott aufgekündigt zu haben, aber praktisch war ich doch von meinem Glauben weggedriftet." Doch als Brooke in der Zeit nach dem Unfall Nacht für Nacht schlaflos dalag, spürte sie, wie sie geradezu instinktiv wieder zu den Quellen ihrer Religion zurückkehrte.

„So viele Nächte lag ich da und mußte immer wieder an meinen Vater denken, wie er in das Autowrack eingeklemmt war, oder wie es mit meiner Mutter und meiner Schwester weitergehen sollte, die jetzt behindert und verwitwet waren. Dann rückte mir der Schlaf in immer weitere Ferne. Meine Schlaflosigkeit steigerte mich dann noch weiter in Sorgen hinein. Wenn ich so im Bett lag und vergeblich einzuschlafen versuchte, war es mir, als hörte ich unablässig Stimmen, die mir immer wieder neu alle meine Sorgen aufzählten. Mein ganzer Körper war angespannt, und ich konnte ihn gar nicht mehr entspannen. Wie sollte ich je alle diese Probleme bewältigen können, wenn ich auch noch körperlich und geistig derart erschöpft war? Am Tag darauf bei der Arbeit saß ich dann an meinem Schreibtisch und starrte in die

Luft. Ich konnte nur noch die langweiligsten, routiniertesten Aufgaben erledigen. Schließlich begann ich mir Sorgen zu machen, ich könne obendrein auch noch meine Stelle verlieren."

Während einer solchen schlaflosen Nacht kam Brooke ein altvertrautes Gebet in den Sinn. „In der Episkopalkirche hatte ich als Kind eine alte Liedfassung des Vaterunsers gelernt. Eines Nachts, als ich überhaupt nicht daran dachte, begann ich still dieses Vaterunser vor mich hinzusingen, immer und immer wieder. Ich ging es im Geist durch, Silbe für Silbe, bis ich schließlich einschlief."

Trotz langer psychotherapeutischer Behandlung, die ihr helfen sollte, mit ihrer Trauer umgehen zu können, hatte Brooke weiterhin gegen Schlaflosigkeit und andere Formen der Angst anzukämpfen, wie auch gegen gelegentliche Depressionen. Wohl erfuhr sie nach und nach eine Erneuerung ihres Glaubens; aber immer noch gab es Tage, an denen sie gar nicht aus dem Bett konnte oder ganz in den Fängen ihrer Hoffnungslosigkeit gefangen war. Als sie mehrere Jahre nach dem Unfall meine Patientin wurde, schlug ich ihr vor, es sowohl mit einem Medikament gegen Depressionen als auch mit mehr Gebet zu versuchen.

„Sie sind die ideale Kandidatin für Gebet und Prozac", sagte ich ihr. Zum Gebet war Brooke bereit, gegen das Prozac hatte sie noch Vorbehalte, willigte aber schließlich in einen Versuch ein.

„Sollen wir über das Medikament beten?" fragte ich sie. Sie war einverstanden, und ich betete laut, dankte Gott für das Geschenk der Medikamente und bat ihn, diese Medizin positiv wirken zu lassen, sie zu segnen und zur Heilung von Brooke beitragen zu lassen.

Die Auswirkungen auf Brooke waren bemerkenswert. Ihre Schlaflosigkeit und das innere angsterfüllte Geplapper, das ihre Konzentrationsfähigkeit erheblich gestört hatte, sind nur wieder aufgetreten, als sie einige Male für kurze Zeit das Prozac absetzte. Sie ist fest davon überzeugt, daß ihre Genesung ohne Glaube und Medikament nicht möglich gewesen wäre.

„Ich kehrte zur Kirche zurück und versuchte jetzt, regelmäßig zu beten und die Bibel zu lesen; aber Depression und Angst beeinträchtigen wirklich die Entfaltung meines spirituellen Lebens", berichtete sie. „Als das Medikament dann wirkte, wurde ich ruhig und stabil genug, um eine feste Gebetsdisziplin durchzuhalten und mich an einigen Aktivitäten in der Kirchengemeinde zu beteiligen. Ich war dann auch viel besser imstande, meine Mutter und meine Schwester zu betreuen.

Als ich wieder zur kirchlichen Gemeinschaft gehörte, erhielt ich außerdem von meinen Bekannten in der Gemeinde und von meinem

Priester viel Unterstützung. Ich betete beharrlich um Kraft, während ich meine Mutter und Schwester versorgte, bis sie wieder in der Lage sein würden, sich selbst zu versorgen. Ich habe an vielen Heilungsgottesdiensten teilgenommen und für mich beten lassen, damit ich von meiner Depression, meiner Angst und meinen anderen Problemen geheilt werde. Bei all dem gab es zwar keine schnellen Lösungen, aber ich habe tatsächlich erfahren, wie sich aus einem Großteil des Leidens in meinem Leben auch viel Gutes ergeben hat. Heute habe ich das Gefühl, daß ich spirituell wieder neu zu leben angefangen habe, fast als wäre ich ein ganz neuer Mensch."

Während der Auseinandersetzung mit den vielen Herausforderungen, vor die sie sich gestellt sah, hat Brooke etliche Bibelverse regelmäßig gebetet. Eine bestimmte Stelle aus der Heiligen Schrift wurde ihr dabei besonders kostbar. „Es fiel mir sehr schwer, meine Grenzen anzunehmen und zu begreifen, daß ich nicht alle Probleme meiner Familie allein lösen kann. Auch fiel es mir nicht leicht, mit der Tatsache zu leben, daß ich gegen meine Angst und Depression Medikamente brauchte", erzählte sie unlängst. Ich sagte ihr, daß auch ich gegen meinen eigenen Perfektionismus angekämpft habe und schlug ihr vor, einen Bibelvers zu beten, der mir selbst so viel bedeutet habe. Darin sagt Gott zu Paulus: „Meine Gnade genügt dir; denn sie erweist ihre Kraft in der Schwachheit" (2. Korintherbrief 12, 9).

Genau wie für mich wurde auch für Brooke dieses markante Bibelwort zum festen Anker. „Immer wenn ich denke, ich sollte eigentlich mehr tun können, besser sein oder jedermann gefallen, denke ich an diesen Vers", sagte sie. „Ich halte mich an ihn wie an ein Rettungsseil, denn ich möchte unbedingt in guter Verfassung bleiben." Sie nimmt immer noch Prozac ein und wird wohl auch auf unabsehbare Zeit dabei bleiben müssen. Bei all ihren Versuchen, es abzusetzen, stellten sich binnen weniger Monate wieder Schlafstörungen und Angstsymptome ein, obwohl es zu der Zeit in ihrem Leben keine größeren Streßfaktoren mehr gab.

„Ich schlafe nachts gern", meinte sie. „So bleibe ich eben weiter bei Gebet und Prozac!"

◆ Im Leben mancher Menschen, die unter Angstzuständen leiden, wird Angst allbeherrschend. David, ein 45-jähriger selbständiger Bauunternehmer, wirkte auf den ersten Blick auf mich kerngesund und energisch. Er war athletisch, trug langes braunes Haar und einen Bart und erinnerte mich an die Hippies der sechziger und siebziger Jahre.

Tatsächlich stellte sich heraus, daß David in jenen Jahren Vertreter dieser Gegenkultur gewesen war, sie jedoch mit zunehmendem Alter abgelegt und sich wieder der Praxis des jüdischen Glaubens seiner Kinderzeit zugewandt hatte. Davids Glaube war zwar stark geblieben, aber trotz seiner robusten körperlichen Erscheinung hatte er eine Angst entwickelt, die immer schlimmer wurde, trotz aller seiner Bemühungen, „sie sich selbst auszureden".

Ich bat David, mir etwas genauer das Entstehen dieser Krankheit zu beschreiben. Er erzählte mir: „Zunächst war es so, daß mein Herz heftig zu klopfen anfing und ich zu schwitzen begann, meistens wenn ich über eine Brücke oder durch einen Tunnel fahren mußte. Ich weiß, das ist lächerlich, aber so hat das Ganze angefangen. Das steigerte sich so sehr, daß ich regelmäßig Durchfall bekam, und das ist immer noch so. Ich habe mich schon von mehreren Ärzten gründlich untersuchen lassen, aber es gibt keinen organischen Grund dafür. Es ist ziemlich unberechenbar, ganz gleich, was ich tue. So habe ich mir hinten in meinem Lastwagen eine mobile Toilette installiert. Auf diese Weise bin ich nicht dauernd im Streß, ganz schnell eine Toilette finden zu müssen."

Davids Angst, über Brücken oder durch Tunnels zu fahren, führte dazu, daß er ungeheure Umwege fuhr, was ihn oft Hunderte von Kilometern von seinem Weg abbrachte. Als Bauunternehmer arbeitet er auf Baustellen im gesamten Bereich Baltimore-Washington, so daß ihn die Umwege wertvolle Zeit kosten und damit auch viel Geld. Doch im Lauf der Jahre wurden diese Ängste immer schlimmer.

„Ich kann schon fast keine *Bilder* von Brücken mehr anschauen, Doktor!" gestand er zerknirscht. „Da bin ich nun ein gestandener Mann und fange zu zittern an, wenn ich nur an eine Brücke denke!"

Ich erläuterte David, daß angsthafte Störungen und Phobien nichts mit dem emotionalen oder spirituellen Reifegrad eines Menschen zu tun haben. „Es handelt sich dabei um eine Erkrankung, David", sagte ich ihm. „Die haben nicht Sie erfunden. Sie sind auch nicht schuld daran. Millionen von Menschen leiden an ähnlichen Phobien wie Sie, und ich glaube, ich kann Ihnen helfen, sie zu überwinden."

Ich verschrieb David ein Medikament gegen Angstzustände und fragte ihn, ob er schon um die Befreiung von seiner Angst gebetet habe. „Nein, das habe ich noch nicht", gab er zur Antwort. „Ich finde es unpassend, Gott mit einem solchen Problem zu behelligen."

„David, die Heilige Schrift sagt, wir sollten darauf vertrauen, daß Gott für uns sorgt und sich unserer Anliegen annimmt", entgegnete ich. Als ich erfuhr, David habe noch nicht mit seinem Rabbi über seine Probleme gesprochen, legte ich ihm dringend nahe, das zu tun, und ich schlug ihm vor, einige Stellen aus der Hebräischen Bibel öfter zu überdenken, zum Beispiel: „Denn so spricht der Herr, der Heilige Israels: Nur in Umkehr und Ruhe liegt eure Rettung, nur Stille und Vertrauen verleihen euch Kraft" (Jesaja 30,15).

Ich zeigte David dann, wie er bestimmte Techniken der Tiefenatmung und Muskelentspannung einsetzen könne, wenn er spüre, daß die Angstsymptome im Kommen seien. Außerdem empfahl ich ihm, sich einer Therapiegruppe für Phobiekranke anzuschließen, die genau seiner Art der Erkrankung entspreche. In solchen Gruppen wendet man die Therapie der Desensibilisierung an, um den Menschen zu helfen, ihre Phobien in den Griff zu bekommen. Das bedeutet unter anderem, daß man sie sorgfältig kontrolliert, indem man sich in langsam sich steigerndem Maß der Situation aussetzt, die ihre phobische Reaktion auslöst, damit sie sich allmählich wieder auf natürliche Weise an sie gewöhnen.

Im Lauf des Jahres, während ich David behandelte, begann er langsam seine Symptome in den Griff zu bekommen. Zu seiner großen Erleichterung konnte er schließlich die mobile Toilette aus seinem Lastwagen wieder entfernen. Und schließlich erlebte David seinen größten Triumph. Ich erfuhr davon eines Tages, als ich die Post durchsah, die mir meine Sekretärin gerade gebracht hatte. Darunter war eine rosarote Postkarte mit der einfachen Nachricht von David: „Habe die Chesapeake Bay Bridge geschafft – ohne Schweißausbruch! Danke!"

Heute bewältigt David hohe Brücken und lange Tunnels mit mäßiger Angst, und das dank eines dreifachen Umgangs mit seiner krankhaften Angst: durch ein Medikament, eine hilfreiche Gruppentherapie und eine tägliche Zeit am frühen Morgen, die er dem meditativen Beten widmet, das ihm hilft, seinen Tag in ruhiger und konzentrierter Geistesverfassung anzutreten.

◆ Es ist noch nicht lange her, da mußten Menschen mit Krankheiten wie Depressionen, Mischpsychose und Angstzuständen ein Leben voller Verzweiflung und Qualen führen. Als es noch keine wirksamen Medikamente gegen diese Zustände gab, wurden viele Patienten durch sie dauerhaft behindert, und manche begingen sogar Selbstmord. Wenn heute Ärzte diese Krankheiten genau diagnostizieren, gibt es für sie viele Behandlungsmöglichkeiten. Die Verschreibung von Medikamenten stellt einerseits einen Grundpfeiler der Genesung von psychischen Erkrankungen dar; andererseits helfen Psychotherapie, Therapiegruppen und die Kraftquellen des Glaubens den Menschen offensichtlich ebenfalls, ihre Denkmuster zu ändern und konstruktive Veränderungen in ihrem Leben vorzunehmen.

Viele meiner Patienten hat das Leiden unter Depressionen oder Angstzuständen tatsächlich näher zu Gott gebracht, vielleicht nicht unverzüglich, aber auf längere Sicht. Sind sie erst einmal dem Würgegriff dieser angstmachenden Krankheiten entkommen, finden sie einen neuen Sinn ihres Lebens, und es erwacht in ihnen der Wunsch, spirituell reifer zu werden und sich für andere einzusetzen. Bei manchen kann die Erkrankung zum Anstoß werden, destruktive Lebensmuster zu durchbrechen. Menschen, die sich auf diese Botschaft einlassen, gehen aus dieser Krise oft reifer und erfüllter hervor.

Leider wissen viele Menschen mit Depressionen und Angstzuständen nicht, daß das eine Krankheit ist. Sie versuchen, sich selbst zu helfen, und verfallen leicht in den Mißbrauch von Medikamenten. Wenden wir uns daher jetzt den Suchtkrankheiten zu: der Drogen-, Alkohol-, Nikotinsucht und der Sucht nach anderen Substanzen. Bei diesen verheerenden Störungen scheinen Menschen die ihnen von Gott gegebene Freiheit zu verlieren, ihr Verhalten selbst zu steuern.

5. KAPITEL

Heilung von Süchten

Unsere Freiheit wiedergewinnen

Auf keinem Gebiet der Medizin hat sich der Faktor Glaube wirksamer erwiesen als auf demjenigen der Heilung von Süchten. Es ist wissenschaftlich erwiesen, daß die Quellen des Glaubens von entscheidender Bedeutung für die Vorbeugung und Behandlung vieler Formen des Drogenmißbrauchs und anderer Formen süchtigen Verhaltens sind. In den meisten klinischen Studien über die Auswirkung spiritueller Überzeugungen und Praktiken auf die Vorbeugung und Behandlung von Nikotin-, Drogen- und Alkoholsucht hat sich erwiesen, daß sich praktizierte Religiosität sehr positiv auswirkt.[1]

Untersuchungen haben wiederholt gezeigt, daß religiös lebende Menschen mit weniger Wahrscheinlichkeit zum Alkoholmißbrauch neigen als andere. Dieses Ergebnis mag nicht überraschen, da alle großen Religionen und Konfessionen viel Wert auf die Enthaltsamkeit gegenüber süchtig machenden Drogen legen; man denke etwa an den Islam, die Mormonen und die Siebenten-Tag-Adventisten. Forschungsergebnisse weisen darauf hin, daß die schützende Wirkung des Faktors Glaube gegen Alkoholmißbrauch sogar für jene Menschen zutrifft, die Alkohol trinken. In einer Untersuchung von 1995[2] maßen Forscher die Anzeichen der Alkoholabhängigkeit (Blackouts, intensives Trinkbedürfnis, Zittern der Hände, Steigerung von Herzschlag und Blutdruck) und die sozialen Folgen der Trunksucht (Haft wegen Trunkenheit am Steuer, Probleme am Arbeitsplatz oder dessen Verlust, familiäre Konflikte, Verlust von Freunden) bei den Betreffenden sowie weitere Auswirkungen, darunter hinsichtlich der religiösen Aktivität. Über 40% der Trinker sahen Religion als „sehr wichtig" an. Diese Personen wiesen mit nur halb so großer Wahrscheinlichkeit drei oder mehr Symptome der Alkoholabhängigkeit auf, und noch niedriger war bei ihnen die Wahrscheinlichkeit, zwei oder mehr soziale Konsequenzen ihrer Trunksucht erfahren zu haben als bei denjenigen, die Religion als weniger wichtig einschätzten.

Obwohl wir um die verheerenden Auswirkungen des Alkoholismus auf Körper, Geist und Seele wissen, sind auch Ärzte nicht gegen ihn gefeit. Doch zum Glück können auch sie durch ein religiös aktives Leben darin gestärkt werden, nicht der Alkoholsucht zu verfallen. 1990 ergab eine Untersuchung bei den Absolventen der *John Hopkins University Medical School*[3], daß bei 13% von ihnen zu irgendeinem Zeitpunkt ihrer beruflichen Laufbahn Anzeichen des Alkoholmißbrauchs aufgetreten waren. Der stärkste einzelne Wahrscheinlichkeitsfaktor dafür, nach dem Medizinstudium dem Alkohol zu verfallen, war die Nichtzugehörigkeit zu einer Religionsgemeinschaft. Ein interessantes, wenn auch nicht erklärbares zusätzliches Ergebnis dieser Untersuchung war, daß Medizinstudenten, die durch Beitritt oder von ihrer Abstammung her jüdischen Glaubens waren, deutlich weniger zum Alkoholmißbrauch neigten als nichtjüdische Vergleichspersonen.

Die Schutzwirkung der Religion gegen Suchterkrankungen ist besonders wichtig während der Adoleszenz, wenn der Gruppenzwang und das Bedürfnis, sich von den Eltern abzugrenzen, die jungen Menschen besonders anfällig für den Gebrauch von Alkohol, Zigaretten und Drogen machen. Ein bedeutende Zahl von Untersuchungen weist darauf hin, daß Jugendliche, die religiös engagiert sind, eine viel größere Chance haben, vor Drogenmißbrauch und den sich oft daraus ergebenden kriminellen Delikten verschont zu bleiben.[4] Auch der Grad, in dem die Eltern religiös engagiert sind, beeinflußt das Verhalten ihrer Kinder hinsichtlich des Drogenmißbrauchs. Eine diesbezügliche Studie von 1996 über Heranwachsende und ihre Mütter erwies, daß das religiöse Leben der Mutter der wichtigste Indikator dafür war, daß die Jugendlichen weniger stark zum Alkoholmißbrauch neigten[5], und eine Studie von 1985 zeigte, daß ein religiöses Familienleben die Jugendlichen vor Alkohol- und Drogenmißbrauch schützte, wobei der Glaube des Vaters an Gott der wichtigste Faktor war.[6] Tatsächlich legen die jetzt verfügbaren medizinischen Daten den Schluß nahe, daß der „Krieg gegen die Drogen" oder andere Suchtsubstanzen von vornherein verloren ist, wenn nicht der Glaube ein fester Bestandteil der Strategie ist.

Wissenschaftler haben jedoch auch herausgefunden, daß Drogen- und Alkoholabhängige weniger für spirituelle und religiöse Fragen aufgeschlossen sind als ihre nicht abhängigen Vergleichspersonen. Eine Untersuchung[7] zeigt, daß dies sogar für eine Menschengruppe gilt, die in besonders hohem Maß vom Drogenmißbrauch gefährdet ist, nämlich Patienten in psychiatrischen Kliniken. Dabei wurden bei 835 Patienten die Faktoren untersucht, die den Alkohol- und Drogenmißbrauch begünstigten, und es stellte sich heraus, daß Patienten mit einem hohen Grad religiösen Lebens mit nur halb so hoher Wahrscheinlichkeit zum Alkoholmißbrauch und mit nur einem Drittel so hoher Wahrscheinlichkeit zum Drogenmißbrauch neigten wie ihre Schicksalsgenossen, die religiös indifferent waren.

Natürlich ist es am besten, bei der Vorbeugung gegen Suchterkrankungen sowohl auf die spirituellen als auch auf alle anderen verfügbaren Mittel zurückzugreifen. Wenn Menschen tatsächlich in den Sog einer süchtig machenden Substanz geraten, ist es vor allem der Faktor Glaube, der Hilfe und Hoffnung bietet, davon wieder zu genesen. Um nur *ein* herausragendes Beispiel zu nennen: Ein Programm wie das der Anonymen Alkoholiker hat sich als der beste langfristig gangbare Weg für viele Süchtige erwiesen. Dieses und ähnliche „Zwölf-Schritte-Programme" gehen von spirituellen Grundsätzen aus und führen zu einer spirituellen Reifung der Teilnehmer.

So entscheidend auch der spirituelle Aspekt bei Suchterkrankungen sein mag, müssen die Ärzte jedoch auch die reale körperliche Abhängigkeit der Suchtkranken von Substanzen wie Alkohol, Nikotin oder Kokain berücksichtigen. Bei den meisten Menschen beginnt die Lösung von der Substanz, auf die sie süchtig sind, mit einem sehr schmerzlichen Entzug, einer Phase der „Austrocknung", die im Rahmen eines Klinikaufenthalts oder auch daheim stattfindet. Es kann sein, daß Drogensüchtige ganz langsam von ihrem Stoff, dem sie verfallen sind, entwöhnt werden müssen, um zu heftige Entzugserscheinungen wie allzu starken Drang nach der Droge, Angstzustände, Ruhelosigkeit, Kopfschmerzen und Verdauungsstörungen zu vermeiden. Rauchern kann der Entzug durch Nikotin-Ersatzstoffe erleichtert werden, so daß sie das überstarke Bedürfnis nach dieser ungeheuer süchtig machenden Droge besser bewältigen können. Oft stellen Ärzte auch fest, daß Suchtpatienten gegen psychische Störungen wie Depressionen oder Wechselpsychosen behandelt werden müssen. Ein Suchtverhalten kann aus dem Versuch entstanden sein, emotionalen Leiden durch „Selbstmedikation" abzuhelfen, so daß der betreffende Patient womöglich unbedingt bestimmte Medikamente oder eine Psychotherapie braucht, um vor Rückfall bewahrt zu werden.

Viele Menschen, die es geschafft haben, ihre Sucht zu überwinden, weisen ausdrücklich darauf hin, daß ein Hauptfaktor für ihre Heilung die spirituelle Komponente gewesen sei. In einer 1991 durchgeführten Untersuchung über Alkohol- und Drogenabhängige[8] stellten die Forscher fest, daß Alkoholiker, die langfristig (vier bis sechzehn Jahre lang) „trocken" geblieben waren, zusammen mit ihrer Teilnahme am Programm der Anonymen Alkoholiker auch spirituell aktiv geworden waren: 100% gaben an, sie meditierten täglich oder nähmen sich eine „Zeit der Stille", 100% beteten regelmäßig, und 97% lasen täglich in einem meditativ ausgerichteten Buch.

Die spirituellen Praktiken, die diesen Alkoholikern halfen, zur Abstinenz zu gelangen und diese einzuhalten, beruhen nicht auf Willenskraft oder auf dem Versuch, aus eigener Kraft der Versuchung zu widerstehen, sondern auf vollkommenem Vertrauen auf Gott oder die weniger genau definierte „Höhere Macht" der Zwölf-Schritte-Bewegung. In diesem Sinn heißt es bei den ersten beiden Schritten des Zwölf-Schritte-Programms:

- *„Schritt eins*: Wir gaben zu, gegen den Alkohol machtlos zu sein und unser Leben nicht mehr selbst im Griff zu haben.
- *Schritt zwei*: Wir kamen zum Glauben, daß uns nur eine größere Macht als wir selbst wieder gesund machen konnte."9

Wenn man zugibt, gegen eine bestimmte Substanz machtlos zu sein, läuft dies gegen den Strich des Bedürfnisses unserer Kultur, „alles im Griff zu haben" und alle unsere Probleme mit Willenskraft zu bewältigen. Doch für viele Süchtige besteht der einzige Weg, neu zu Kräften zu kommen, darin, zu ihrer Schwäche und Hilflosigkeit zu stehen und sich der Macht Gottes anzuvertrauen, von der allein sie die Kraft erhoffen können, in Zukunft nüchtern zu bleiben. Sie können die Kontrolle über sich selbst nur dadurch gewinnen, daß sie „loslassen und Gott machen lassen".

Betrachten wir jetzt genauer den Genesungsprozeß von der Suchtkrankheit, wie er sich im Leben einzelner Menschen abspielt, und achten wir besonders darauf, wie die Genesung häufig durch einen tiefgreifenden spirituellen Wandel wie etwa eine religiöse Konversion herbeigeführt wird, oder wie Menschen im Lauf ihrer Bemühungen, ihre Sucht zu überwinden, spirituelles Wachstum erfahren. Der Psychiater Gerald May schreibt darüber in *Addiction and Grace*: „Jeder redliche Kampf mit einer bestimmten Sucht führt uns mit hoher Wahrscheinlichkeit in irgendeine Art spirituellen Konflikt, und jeder redliche spirituelle Weg ist unvermeidlich mit ganz praktischen Kämpfen gegen bestimmte Süchte verbunden."10

Die Lösung aus der Knechtschaft –
ein Quantensprung

Wie der Alkoholismusexperte Dr. William R. Miller anmerkt, scheinen viele Süchtige einen plötzlichen, tiefen Wandlungsprozeß zu erfahren, der ihre Genesung einleitet.[11] Dabei wird oft das Wertsystem solcher „Quantenspringer" rasch und völlig umgestülpt, und ihnen kommt ganz tief zu Bewußtsein, daß es mit ihrem süchtigen Verhalten so nicht weitergehen kann. Manche haben auch das Gefühl, als sei ihnen ihr Bedürfnis nach Alkohol oder Drogen von einer Macht außerhalb ihrer selbst wie weggenommen.

Die medizinische Wissenschaft hat keine überzeugende Erklärung für solche Umwandlungen, die über Nacht stattfinden können. Die Psychiater erwarten (und beobachten normalerweise auch) bei Patienten, die bewußt an ihren Problemen arbeiten, eine schrittweise Besserung. Doch die großen religiösen Traditionen der Welt sind voller Berichte von Fällen der *metánoia*, des vollständigen Gesinnungswandels, der zu einem radikal anderen Leben führt. Auch hier können die Quellen von Religion und Spiritualität ein Licht darauf werfen, wie suchtkranke Menschen eine jähe, jedoch tiefe Wandlung erfahren, die sie aus ihrer emotionalen, körperlichen und spirituellen Knechtschaft befreit.

◆ Julia, eine Alkoholikerin, die jahrelang erfolglos gegen ihre Trunksucht angekämpft hatte, erfuhr einen solchen „Quantensprung" und schreibt ihre anhaltende Genesung Gott zu. ·

Julia wuchs als älteste Tochter eines hochrangigen Marineoffiziers auf. Bei Parties daheim und im Offiziersklub „gehörte Trinken einfach dazu". Dennoch wurde Julia erst von da an eine richtige Trinkerin, als sie nach dem Studium selbst Marineoffizierin wurde und Dennis kennenlernte, den Mann, den sie dann heiratete.

Von Anfang an stellte Julia unrealistische Erwartungen an ihre Beziehung zu Dennis und ihre Stiefkinder. „Ich war sehr leicht zu beeindrucken und hatte einen Erlöserkomplex", erzählte sie. „Mein Leben lang wollte ich eine Heldin wie die heilige Jeanne d'Arc werden. Als ich Dennis kennenlernte, sah ich die Gelegenheit, etwas Heldenhaftes zu tun. Er war Alleinerzieher seiner beiden Kinder aus einer früheren Ehe. Ihre Mutter hatte starke psychische Probleme. Ich wollte diese Familie retten und alles in Ordnung bringen." Als Dennis und Julia heirateten, wurde sie zur „Ersatzmutter" für den achtjährigen John und den sechsjährigen Chris.

Die Grundlage der Beziehung von Dennis und Julia war das gemeinsame Trinken. „Wir taten das einfach", erinnerte sie sich. „Wir liebten den Geschmack des Alkohols, sei es Scotch Whiskey, Martini, Wein oder sonst etwas. Mir kam das Trinken normal vor; denn ich war in einer Umgebung aufgewachsen, wo das Trinken im Sozialleben eine große Rolle spielte. Auch meine Kameraden in der Marine tranken viel miteinander."

Innerhalb weniger Jahre des Zusammenseins mit Dennis nahm Julia allabendlich einen guten halben Liter Whiskey zu sich, begann allerdings mit dem Trinken immer erst nach Feierabend. „Mein Berufsleben war in Ordnung; aber allabendlich kamen wir heim und tranken, bis wir die Besinnung verloren oder einschliefen."

Obwohl Julias Leben immer mehr außer Kontrolle geriet, gab sie sich nur um so mehr Mühe, mit ihren beiden Stiefkindern ein „perfektes Familienleben" zu führen. Gereizt von den üblichen Streitereien, den Hochs und Tiefs des Familienlebens und in ihren Gefühlen vom Alkohol beeinträchtigt, bekam Julia starke Wutanfälle, wenn nicht alles so lief, wie sie es wollte.

„Warum können wir nie einander helfen?" schrie sie dann die Kinder und ihren Vater an. „Warum müssen wir dauernd herumstreiten, statt einander zu helfen und gut zueinander zu sein?"

Julias verbissene Bemühungen, eine Musterfamilie zustande zu bringen, weckten bei ihren Stiefkindern nur Abneigung und Auflehnung. Die Familiensituation entfernte sich immer weiter vom Idealzustand. Julia war völlig frustriert und trank immer mehr.

Schließlich wurde Julia von der Marine zur Weiterbildung in einen anderen Teil des Landes geschickt. Dennis war beruflich gebunden und mußte am Ort bleiben. Als sie allein wohnte, trank sie noch mehr. „Ich hatte kein Auto, fuhr immer mit dem Fahrrad zum Lebensmittelgeschäft, kaufte mir Fusel und transportierte ihn im Rucksack heim. Nach einiger Zeit wechselte ich zwischen etlichen Geschäften ab, damit niemand merkte, wieviel ich kaufte."

Julia war als Christin aufgewachsen und davon überzeugt, ihr Trinken beeinträchtige ihre Beziehung zu Gott. Gelegentlich ging sie wieder in die Kirche, aber das half ihr nicht gegen ihre Sucht. „Ich hatte Angst vor dem Aufhören. Schon allein der Gedanke, ich könne nicht mehr trinken, schreckte mich so, daß ich sofort den Gedanken ans Aufhören verscheuchte."

Beruflich machte Julia weiter Karriere. Nach Abschluß ihres Examens kam sie wieder in die Gegend von Washington zurück, erhielt eine Spitzenstellung und arbeitete mit den hochrangigsten Vertretern der

Marine zusammen. „Ich war gerade dreißig, und der Sekretär der Navy benützte für seinen Bericht an den Kongreß und den Präsidenten Unterlagen, die ich verfaßt hatte. Es war eine großartige Zeit, und ich arbeitete pausenlos – von acht Uhr morgens bis acht Uhr abends, und das sieben Tage pro Woche. Aber unser häusliches Leben war eine Katastrophe."

Um diese Zeit wurde Julia mit dem ersten ihrer beiden eigenen Kinder schwanger. Trotz der Schwangerschaft hörte sie nicht mit Trinken und Zigarettenrauchen auf, obwohl ihr klar war, daß das falsch sei. „Ich entsinne mich, daß ich wußte, das Trinken sei nicht richtig, aber ich entsinne mich auch, daß ich dachte, Bier sei o.k., weil es viel Vitamin B enthält!" Ihre Kinder Jennifer und Harry kamen im Abstand von einem Jahr zur Welt, und bald wurde Julia auf eine neue Stelle in Florida versetzt. Dennis konnte dort keine Stelle finden, und so spaltete sich die Familie auf: Julia nahm ihre beiden kleinen Kinder mit und ließ Dennis und ihre Stiefsöhne in der Bannmeile von Washington zurück. In Florida wurde schließlich ihr Trinken beruflich zum Problem.

„Ich kam öfter zu spät, oder die Leute konnten den Fusel riechen", sagte sie. „Morgens trank ich nicht, aber jeden Abend goß ich ziemlich viel in mich hinein, und das, obwohl ich zwei kleine Kinder bei mir hatte. Eine Freundin sagte mir, ich müsse unbedingt mit dem Trinken aufhören. Ich kann mich erinnern, daß ich damit herumkämpfte, ob ich mit Trinken aufhören sollte oder nicht; aber das spielte sich alles nur in meinem Kopf ab, und ich war darüber verzweifelt. Aber aufhören konnte ich nicht."

Heute schaudert es Julia, wenn sie sich entsinnt, wie ihr Trinken ihre Kinder gefährdete. „Ich kam heim, trank und verlor die Besinnung. Es ist wirklich nur der Gnade Gottes zu verdanken, daß ich Jennifer oder Harry nichts antat oder sie zu Schaden kommen ließ. Als dauernd betrunkene Mutter war ich nicht in der Lage, meine Kinder zu behüten."

Durch all die Jahre ihrer Trunksucht hörte Julia doch nie auf, an das Dasein Gottes zu glauben; aber es kam ihr vor, durch den Dunst des Alkohols hindurch könne sie ihn nicht mehr erreichen. „Jahrelang betete ich die Worte Jesu, an die ich mich noch aus der Zeit als Mädchen in der Kirche erinnerte: ,Kommt alle zu mir, die ihr mühselig und beladen seid, ich will euch erquicken'. Ich betete: ,O Gott, ich bin beladen und brauche dich.' Aber lange Zeit konnte mir Gott nicht antworten, weil ich mir den Fusel zum Gott gemacht hatte. Ich konnte auch nicht hören, was Gott mir sagen wollte."

Nach Ende ihrer Dienstzeit in Florida kehrte Julia nach Washington zurück, um wieder mit Dennis und ihren Stiefsöhnen den Alltag zu teilen. Während ihrer Abwesenheit war ihr gemeinsames Heim, ein Farmerhaus auf dem Land aus dem 18. Jahrhundert, schrecklich verkommen. Dennis und die Stiefsöhne lebten völlig in Dreck und Unordnung, und das Haus war voller Flöhe und Mäuse. Auch Dennis war inzwischen schwerer Alkoholiker, und als Julia eines Tages heimkam, fand sie ihn im Bett mit einer Prostituierten. Ihr Stiefsohn John war jetzt in der Pubertät und wurde immer aufsässiger und gewalttätiger. Als er eines Abends mit seinem Vater wieder einmal heftig stritt, griff John nach einem Baseballschläger und begann ihn zu schwingen. Julia sprang gerade noch dazwischen, und John verließ wütend das Haus.

Die Illusion von der „idealen Familie" war völlig zerstört. Julia war nicht imstande, mit der Realität zurechtzukommen: ein ständig betrunkener, untreuer Ehemann, ein gewalttätiger, unberechenbarer Stiefsohn, ein verfallenes, verdrecktes Haus voller Ungeziefer, Verantwortung für zwei Kleinkinder und dazu höchste Anspannung im Beruf. Schließlich versagten Julia die Nerven. Sie war unfähig, zur Arbeit zu gehen, rief einen Bekannten bei der Marine an und gestand ihm, daß sie ein Problem mit dem Alkohol habe. Ihr Bekannter brachte sie ins *Bethesda Navy Hospital*, wo sie auf der Stelle stationär zu einer dreißigtägigen Entziehungskur aufgenommen wurde. Außerdem wurden ihr angstmindernde Medikamente verabreicht, um die Entziehungssymptome zu mildern.

„Bei Antritt dieser Kur mußte man zugeben, daß man sein Leben nicht mehr im Griff habe, dem Alkohol hilflos ausgeliefert sei und nur noch auf Gott vertrauen könne", erzählte Julia. „Ich mußte meine Lebensgeschichte aufschreiben und an Treffen der Anonymen Alkoholiker teilnehmen. Ich entsinne mich, daß ich schon beim ersten Treffen spürte: *So* müßte man eigentlich als Christ leben. Zum ersten Mal in meinem Leben fiel bei mir der Groschen, obwohl nie jemand ausdrücklich etwas über Christus sagte."

Als Julia in ihrer A. A.-Gruppe bekannte, ihre Trunksucht habe sie so weit gebracht, ihre Kinder zu mißbrauchen und zu vernachlässigen, wurde sie fähig, ihr Leben einer Höheren Macht – für sie war es Gott in Jesus Christus – auszuliefern. „Dieses Bekenntnis versetzte mir den entscheidenden Schlag", sagte sie. „Es war eine ungemein demütigende Erfahrung."

Als sie eines Tages mit anderen Entzugspatienten in einem Kleinbus zu einem Treffen der A. A. unterwegs war, hörte Julia Gott zu sich sprechen. „Es war eine innere Stimme, und er sagte, daß er mit mir zufrieden sei, denn ich hätte das Richtige gemacht", sagte sie. „Mich durchströmte ein ungemein tiefer Friede. Es war so, wie Gott zu Jesus bei seiner Taufe gesagt hatte: ‚Du bist mein geliebter Sohn. An dir habe ich mein Wohlgefallen.' Genau das sagte er auch zu mir. Da wußte ich, daß ich mir um nichts mehr Sorgen zu machen brauchte. Es sei nicht schlimm, während meiner Kur von Dennis und den Kindern getrennt oder nicht an meiner Arbeitsstelle zu sein."

Seit Julia das letzte Mal zum Alkohol gegriffen hat, sind inzwischen elf Jahre vergangen, obwohl Dennis nach ihrer Heimkehr weiterhin trank. Sie glaubt, daß ihr Gott ihren Wunsch nach Alkohol völlig genommen hat. „Gott wußte, wie schwach ich war, und deshalb hat er an mir eine besondere Heilung bewirkt. Ich mußte mich nie mit der Methode ‚Immer nur einen Tag lang sagen: Heute nichts' herumschlagen. Der Wunsch nach dem Trinken war bei mir plötzlich einfach weg. Gott kennt uns durch und durch. Ich vermute, er wußte um meine Grenzen." Obwohl Julia fast eine Art Wunderheilung vom Alkoholismus erlebt hat, kommt sie von ihrer Tabaksucht nicht los. Sie raucht weiterhin zwei oder mehr Schachteln Zigaretten am Tag, trotz wiederholter Versuche aufzuhören.

Dennis blieb dem Alkohol verfallen, verließ die Familie vor mehreren Jahren und besucht Jennifer und Harry nur noch selten. Die älteren Kinder sind inzwischen erwachsen und ausgezogen, so daß Julia jetzt praktisch alleinerziehende Mutter mit zwei Teenagern ist. Um für sie während der Jahre ihres Erwachsenwerdens mehr Zeit zu haben, ist sie aus dem Dienst bei der Marine ausgeschieden und hat eine Teilzeitstelle angenommen. Sie ist aktives Mitglied ihrer Kirchengemeinde, arbeitet gern im Garten, lädt Freunde zum Essen ein, das sie selbst kocht, und hört Musik. Die Lebensumstände sind für Julia und ihre Kinder nicht immer leicht. Das Geld ist knapp, und die Tatsache, daß Dennis nicht mehr da ist, lastet als Verlust auf der Familie.

Aber Julia ist ganz von der Fessel des Alkohols frei, und ihr Familienleben gestaltet sich, wenn auch nicht vollkommen, so doch friedlich. Jennifer und Harry sind in der Schule erfolgreich, treiben gern Sport und sind als Mitglieder im Chor und in der Jugendgruppe der Kirchengemeinde aktiv. Julia hat Zeit für die Kinder sowie für ältere Gemeindemitglieder, für die sie Fahrdienste zum Arzt oder zum Einkaufen versieht. Sie spürt jetzt, daß ihr Leben von Gott geführt wird, statt von dem Druck und Bedürfnis nach Prestige, der ihre Laufbahn in der Marine gesteuert hatte. Vor allem aber ist der

Alkohol, der Götze, dem sie einst gedient hatte, von seinem Sockel gestürzt, und an seine Stelle ist der Gott getreten, dem sie ihr Leben anvertraut hat.

Veränderungen, durch Bekehrung bewirkt – Leben erhält eine neue Qualität

Die „Quantenspringer" wie Julia könnte man als Glückspilze betrachten. Ihre Befreiung von der Sucht erfolgt plötzlich und scheinbar mühelos, wenn ihr ganzer Charakter eine drastische Veränderung erfährt. Für Julia und andere, denen es wie ihr gegangen ist, kam es zu einem tieferen spirituellen Leben erst, *nachdem* sie von ihrer Sucht befreit waren. Bei anderen Süchtigen steht an erster Stelle die Bekehrung zu einem ernsthafteren spirituellen Leben, und erst daraus ergibt sich das dringende Bedürfnis, ihr Leben zu ändern und es an neue und anspruchsvolle Lebensregeln anzupassen. In der folgenden Geschichte sehen wir, wie sich ein Ehepaar mit Erfolg darum bemühte, nach seiner Bekehrung zur Zeit der Lebensmitte von seiner Tabaksucht loszukommen. Das Bedürfnis, ihren Körper wieder zum würdigen „Tempel des Heiligen Geistes" werden zu lassen, gab beiden den Mut und die Kraft, ihre Sucht zu überwinden.

◆ Das Zigarettenrauchen ist eine der süchtigsten und destruktivsten Verhaltensweisen des Menschen. Nach Angabe der Gesundheitsämter waren 1994 ungefähr 48 Millionen US-amerikanischer Erwachsener Raucher. Nach Schätzung der Gesundheitsexperten verursacht das Rauchen unserer Gesellschaft jährlich Kosten in Höhe von 50 Milliarden Dollar nur für medizinische Zwecke.[12] Die emotionalen Kosten des Leidens und Elends, das sich aus dem Rauchen ergibt, sind gar nicht zu messen. Heutige Nikotin-Ersatzstoffe, darunter Kaugummi und Nikotinpflaster, können den Menschen helfen, die Entziehungssymptome besser zu verkraften, die sich beim Versuch, das Rauchen aufzugeben, einstellen: unter anderem erhöhte Reizbarkeit, Rastlosigkeit, Kopfschmerzen, Konzentrationsschwierigkeiten, Schlafstörungen und verstärkte Hungergefühle. Aber in vielen Fällen genügt der Ersatz für Nikotin allein nicht. Wie in anderen Fällen können spirituelle Mittel zur Bewältigung von Süchten auch hier zur Überwindung der Abhängigkeit beitragen.

Ich lege meinen Patienten, die Raucher sind, dringend das Aufhören nahe, und um ihnen zu helfen, verschreibe ich ihnen oft das Pflaster.

Handelt es sich um gläubige Menschen, so „verschreibe" ich ihnen auch Gebet, ein aktives religiöses Leben und Bibelzitate, damit sie die ersten schlimmen Tage oder Wochen besser überstehen können. Meine Patienten Becky und George gingen noch einen Schritt weiter und entwickelten ihre eigene Methode der Entzugstherapie zur Überwindung ihrer jahrzehntelangen Zigarettensucht. Sie entwarfen eine Reihe intensiver Phantasievorstellungen, auf die sie sich immer konzentrierten, wenn ihnen der Wunsch nach dem Rauchen wieder kam. Bilder von verrußten, geschrumpften Raucherlungen aus Autopsien hatten sie nicht genügend abgeschreckt; mehr halfen ihnen Bilder des aus Liebe zu ihnen am Kreuz leidenden Christus.

◆ Becky, eine hochgewachsene Frau, ist eine geborene Texanerin, die mit beiden Füßen fest auf dem Boden steht. Sie führt einen chaotischen, aber glücklichen Haushalt. Lachend sagte sie zu mir: „Sie können sich das ja vorstellen: vier Teenager, einen Hund, eine Katze, zwei Vögel, drei Hamster sowie George und ich in einem Stadthaus mit drei Schlafzimmern!" Ihr Mann George ist ein ruhigerer Typ, aber kann genauso gut ein kniffliges Rätsel lösen wie eine tiefe spirituelle Einsicht äußern. Er sagte zu Becky, sie solle mir ihre Geschichte erzählen, wie sie beide von der Zigarettensucht losgekommen seien.

Becky begann mit vierzehn zu rauchen, obwohl sie als Kind stolz geschworen hatte, es nie im Leben zu tun. „Ich ergab mich dem Gruppenzwang, als ich auf der High School war", erinnert sie sich. „So fing ich an, Cool-Zigaretten zu rauchen, um auch cool zu sein."

Als sie das Erwachsenenalter erreichte, war Becky Kettenraucherin und paffte pro Tag drei Schachteln. Bei ihrer Ausbildung zur Medizintechnikerin erlebte sie zum ersten Mal eine Autopsie mit, die am Körper eines Rauchers durchgeführt wurde.

„Der Pathologe wußte, daß ich Raucherin war. So zog er die Lungen heraus und sagte: ‚Sehen Sie sich das an.' Normale Lungen sind stark rosa und weiß, während die Lungen dieses Burschen wie Kohle aussahen. Es war abstoßend. Danach machte ich immer wieder Anläufe zum Aufhören, schaffte es aber immer nur kurze Zeit."

Becky lernte einen anderen Medizintechniker kennen und heiratete ihn schließlich. Das war George, und auch er war Raucher. Selbst wenn sie versuchte, ihre Gewohnheit des Rauchens aufzugeben, kapitulierte sie immer schon nach wenigen Stunden, wenn George sich seine Zigaretten anzündete. Andere Raucher – Freunde und Familienmitglieder – versuchten, sie ebenfalls immer wieder von ihrem Vorhaben abzubringen: „Komm, rauch doch eine mit. Du weißt doch, daß du eine willst." Dann wurde sie immer wieder schwach.

Während ihrer vier Schwangerschaften brachte Becky die innere Stärke auf, ihren Zigarettenkonsum drastisch zurückzuschrauben. „Von der Zeit an, wo ich merkte, daß ich schwanger war, bis zur Geburt des Kindes genehmigte ich mir nur eine oder zwei Zigaretten am Tag", erzählte sie. „Ich war dazu während der Schwangerschaft fähig, weil es nicht für mich war – auf ein Baby *muß* man einfach Rücksicht nehmen!"

Becky war als Kirchgängerin erzogen worden; aber als sie größer wurde, war Religion für sie unwichtig geworden. Als sie und George ihre Hochzeit vorbereiteten, wurden sie sehr verärgert, als der Pfarrer, der das Eheseminar leitete, von seinen Oberen nicht die Erlaubnis erhielt, ihre Trauung vorzunehmen, weil er irgendwelche persönlichen Probleme hatte. Nach der Trauungszeremonie schworen sich beide, nie mehr den Fuß über die Schwelle einer Kirche zu setzen.

Aber fast zwanzig Jahre danach hatte Becky plötzlich ein spirituelles Erweckungserlebnis. Ein Bekannter hielt ihr vor, es sei Unrecht, ihre Kinder kirchenfern aufwachsen zu lassen. „Er sagte zu mir: ‚Du bist mit der Kirche aufgewachsen, und so ist bei dir zumindest ein Fundament für den Glauben gelegt worden. Deinen Kindern enthältst du das vor, und damit tust du ihnen Unrecht.' In der Woche vor Weihnachten sagte dann meine Mutter zu mir: ‚Wie wäre es, wenn ihr am Heiligabend mit der ganzen Familie in die Kirche geht?' Ich war einverstanden. Die Kinder wollten gehen, und auch George war dazu bereit, obwohl er Agnostiker war. Wir gingen also, und in der Woche darauf machte Mama den Vorschlag, in einer anderen, näher bei unserer Wohnung gelegenen Kirche zum normalen Sonntagsgottesdienst zu gehen."

An diesem Sonntag sagte Beckys Mutter auf dem Weg zu dieser Kirche: „Übrigens, der Pfarrer an dieser Kirche ist eine Frau!" Becky war entsetzt: „Ich hatte eine Abneigung gegen Frauen als Pfarrer. Ich saß in der Bank, hörte mir ihre Predigt an und dachte bei mir: Na ja, das machst du ja ganz gut, aber welcher Mann hat dir diese Predigt verfaßt?"

Beim Verlassen der Kirche verabschiedete die Pfarrerin am Ausgang persönlich die Besucher. Sie schüttelte auch Becky die Hand, und Becky widerfuhr etwas Sonderbares: „Ich schaute ihr in die Augen und ich wußte, daß ich in die Augen Christi schaute", erinnerte sie sich. „Ich sagte: ‚Ich muß unbedingt einmal mit Ihnen sprechen.' Kate entgegnete: ‚Das ist jederzeit möglich.'"

Im Lauf der nächsten Monate traf sich Becky häufig mit Kate und unterhielt sich mit ihr über den Glauben, das Leben und Gott. Von Kate dazu ermutigt, nahm Becky schließlich an einer Wochenend-Einkehrzeit teil, um mehr über das Leben als Christ zu erfahren. Die Wirkung war sehr stark. „In dem Exerzitienhaus kniete ich vor meinem Bett und sagte zu Gott: ‚Hier bin ich. Ich gebe dir alles, was ich bin und habe.‘ Von da an begann mein Leben anders zu werden."

Bei ihrer Heimkehr von diesem Wochenende wußte Becky, daß sich ihr Lebensstil ändern mußte. „Ich wußte, daß dieser Tempel Gottes nicht durch Nikotin verschmutzt werden durfte", sagte sie. Bald widerfuhr auch George ein bemerkenswertes Bekehrungserlebnis, und sie beschlossen beide, nun endgültig mit dem Rauchen aufzuhören. Sie wandten sich auf ganz originelle Weise im Gebet an Gott um Hilfe. „Als Mediziner besorgten wir uns medizinische Fachliteratur und erforschten genau, wie sich das Sterben am Kreuz abspielt, in allen seinen grausigen Einzelheiten", erzählte Becky. „Wenn dann der eine von uns zur Zigarette greifen wollte, sagte der andere: ‚Stell dir vor, wie das wäre, wenn man dir einen Nagel durch die Hand schlagen würde.‘ Das hielt uns dann immer vom Rauchen ab." Für Becky war das stärkste Bild, das sie davor abschreckte, sich eine Zigarette anzuzünden, das folgende: „Ich stellte mir vor, wie groß die Liebe war, wenn sich einer mit den von Nägeln durchbohrten Füßen hochstemmte, um genügend Luft einatmen und sagen zu können: ‚Vater, vergib ihnen, was sie tun.‘ Wie konnte ich da meine Lungen mit Rauch füllen? Zuvor war mir noch nie gedämmert, daß Jesus am Kreuz erstickt war. Als mir das klar geworden war, kam es mir besonders niederträchtig vor, unsere Lungen zu verschmutzen."

Das Bild Jesu am Kreuz und die Unterstützung durch das Gebet anderer machten für Becky und George das Unmögliche möglich: „Das war der einzig für uns mögliche Weg, denn in Wirklichkeit waren nicht *wir* es, die das fertigbrachten", meinte Becky. „Wir stellten es ganz und vollkommen Christus anheim und hefteten es mit ihm ans Kreuz. Es bedurfte vieler Tränen und vieler Gebete. Unsere Kinder beteten wie wild. Sie hatten uns jahrelang angefleht, mit dem Rauchen aufzuhören."

War die Methode der beiden etwas makaber? Vielleicht, aber jedenfalls wirkte sei bei ihnen nachhaltig positiv, genau wie es bei anderen wirkt, wenn man ihnen die Fotos von krebsbefallenen Lungen zeigt. Ich ermutige meine Patienten dazu, sich selbst die Gedanken, Bilder und neuen Verhaltensmuster zu suchen, die ihnen persönlich helfen. Für manche ist die Verwendung angstmachender oder bestürzender

Bilder im Kampf gegen die Sucht hilfreich. Im Fall von Becky und George waren die Bilder tatsächlich schrecklich, zugleich jedoch von sehr tiefem Sinn erfüllt – und sie wirkten nachhaltig, sogar ohne eine Therapie mit Nikotin-Ersatzstoffen, um die Entzugserscheinungen zu mildern. Ich möchte nicht unbedingt jedem die Methode abschreckender Bilder empfehlen; aber wenn Patienten ihre eigenen Entwöhnungsstrategien entwickeln, ermutige ich sie dazu, es sei denn, sie hätten eindeutig schädliche Auswirkungen.

Vier Jahre, nachdem sie mit Rauchen aufgehört hatte, sagte Becky lachend: „Manchmal denke ich mir: ‚Wenn ich hundert Jahre alt bin, gehe ich in den nächsten Supermarkt und kaufe mir eine Packung Salem 100.' Aber ich weiß, daß ich das nicht tun kann. Ich möchte meinen Körper nicht auf diese Weise verschmutzen. Und mir tun alle Süchtigen unendlich leid. Mir ist es unvorstellbar, wie jemand ohne Gott Drogen oder andere Süchte überwinden kann."

◆ Normale Nahrungsmittel sind nicht auf die gleiche Art eine süchtigmachende Substanz wie Nikotin, Alkohol und Drogen; aber es gibt Menschen, die ein Suchtverhalten gegenüber Nahrungsmitteln sowie Eßstörungen wie etwa zwanghaftes Essen, Bulimie und Magersucht entwickeln können. Häufig sind es Menschen mit sehr starken anderen Bedürfnissen, die sich auf das Essen verlegen, um schmerzliche Emotionen zu lindern. Eßstörungen sind gewöhnlich mit negativen Einstellungen zum eigenen Körper verbunden; Patientinnen, die sich für „zu dick" halten, entwickeln eventuell beim Versuch, sich schlank zu hungern, Magersucht.

Meine 37-jährige Patientin Celeste kam ursprünglich in der Hoffnung zu mir, sie könne die schon lange gesuchte Lösung für ihr zwanghaftes Essen, ihr Übergewicht und ihr schlechtes Bild von sich selbst finden. Sie hatte sich mit diesen Problemen schon ihr ganzes Leben lang herumgeschlagen. Schließlich hatte Celeste in der Lebensmitte eine Erneuerung ihres Glaubens erlebt, und jetzt schien es ihr besonders angeraten, damit aufzuhören, sich selbst körperlich und emotional so schlecht zu behandeln. Das Ausmerzen alteingewurzelter Gewohnheiten erwies sich jedoch als äußerst schwierig.

Celeste begann schon als kleines Kind im ländlichen Virginia damit, zu viel zu essen. Später, als Erwachsene, erkannte sie den inneren Zusammenhang zwischen ihren Gefühlen und ihrer Eßsucht. „Wann immer ich Angst hatte oder mich über etwas aufregte, suchte ich nach etwas zum Essen, vor allem nach Süßigkeiten", erzählte sie. „Und ich nehme immer noch zu. Ich habe schon alles dagegen versucht: Tabletten, Therapien, Hypnose, jede nur erdenkliche Diät. Ich ging sogar einen Monat lang auf eine teure ‚Schlankheitsfarm'. Dabei nahm ich immer wieder ab, holte aber auch schnell wieder auf – und setzte dann noch mehr an."

Celeste betrachtete sich genau wie so viele Patientinnen, die gegen zwanghaftes Essen und das sich oft daraus ergebende Übergewicht ankämpfen, als „fett und häßlich". Bei ihrem ersten Besuch in meinem Sprechzimmer gestand sie mir, daß sie vor Ärzten Angst habe, einschließlich mir.

„Mein Leben lang haben mich die Ärzte ausgelacht und beschämt und mir das Gefühl gegeben, ich tauge nichts, weil ich mein Gewicht nicht reduzieren kann", sagte sie. „Ich mußte mich regelrecht zwingen, mit Ihnen einen Termin zu vereinbaren. Seit mindestens fünf Jahren habe ich schon keinen Arzt mehr gesehen."

Ich bat Celeste, mir ihre Kindheit und ihre gegenwärtigen Lebensumstände zu schildern. Sie wuchs in einer armen Familie auf, und obwohl ihre Eltern gewöhnlich liebevoll mit ihr umgingen, steckten sie doch die kleine Celeste mit ihren ständigen Ängsten um Geld und Gesundheit an.

„Ich hatte immer das Gefühl, Daddy werde sterben, während er bei der Arbeit fort war", erinnerte sie sich. „Die Gedanken beschäftigten mich, und ich bekam jede nur mögliche Kinderkrankheit und litt auch sonst an Erkrankungen, für die der Kinderarzt keinen körperlichen Grund finden konnte."

In der Schule fühlte sich Celeste als Außenseiterin, weil sie sich durch ihre außergewöhnliche Intelligenz von ihren Klassenkameradinnen abhob. „Ich war der Typ Kind, der immer nur Einser hatte – und ich war fett, und meine Kleider waren anders als die der anderen, weil meine Mutter sie selbst schneiderte, damit wir Geld sparten", erzählte sie weiter. „Die Folge war, daß ich keine Freundinnen hatte und von allen systematisch geächtet wurde, nur nicht von einigen Lehrern."

Celeste fand Trost in der Musik – sie spielte hervorragend Klavier – sowie im Lesen und Gedichteschreiben; außerdem ging sie stundenlang allein in den Wald. Auch Essen war für sie ein wichtiger Trost.

„In materieller Hinsicht hatten wir wenig. Mein Klavier hatte ich nur deshalb, weil eine der Großtanten meines Vaters uns ein ausgeleiertes altes Klavier schenkte, als sie in ein Altersheim zog. Aber wir aßen immer gut, selbst wenn wir unsere Stromrechnung nicht bezahlen konnten; denn Daddy hatte einen großen Gemüsegarten angelegt und hielt Hühner, Enten und Kaninchen."

Als Celeste an Gewicht zunahm, verordnete ihr der Kinderarzt strenge Diäten. Das kleine Mädchen, das im Essen Trost suchte, wurde dadurch nur noch mehr verstört.

„Meinen Mitschülern kam ich dadurch noch seltsamer vor. Ich ging ins Pausenzimmer mit meinem Metrecal (einem Büchsen-Diätgetränk) oder meinem kleinen halben Sandwich und einem Apfel. Alle anderen Kinder aßen Eis, nur ich nicht. Ich hatte das Gefühl, bestraft zu werden. So begehrte ich dagegen auf, indem ich daheim bei jeder Gelegenheit hinter dem Rücken meiner Mutter etwas aß. So brachte mir die Diät nichts, und ich fühlte mich noch schlechter."

Daraufhin verschrieb der Kinderarzt der 8-Jährigen Amphetamine, also Diättabletten. „Ich nahm die Tabletten morgens ein, und gegen Mittag bekam ich dann immer das Gefühl, als schwebte ich durch den Raum. Ich haßte dieses ,beschleunigende' Gefühl. Mein Blutdruck ging hoch, und der Arzt setzte mich dann von den Diättabletten ab. Ich hatte auch jetzt überhaupt keine Gewicht verloren – also wieder versagt."

Als Celeste größer wurde, lernte sie Freundschaften schließen und wurde zur geselligen, offenen und tüchtigen Studentin, aber ihre Probleme mit dem Essen – und dem Gewicht – blieben unverändert.

„Wenn ich mir Fotos von mir als Teenager ansehe, kommt mir wieder, wie schlimm ich mich damals fühlte", sagte sie. „Ich hielt mich für völlig häßlich. Aber das war ich gar nicht. In Wirklichkeit war ich zwar ziemlich groß und kräftig, aber ich war sehr hübsch. Allerdings konnte mich niemand davon überzeugen. Widersinnigerweise aß ich dann noch mehr, um mich besser zu fühlen."

Celeste und ihre Eltern waren treue Kirchgänger; aber der Glaube schien Celeste nicht dabei zu helfen, mit ihren Problemen fertig zu werden. Auch in der Kirche fühlte sie sich als danebengeraten, und sie fragte sich, ob Gott ein so dickes Mädchen wie sie überhaupt liebhaben könne.

Celeste bekam von mehreren Universitäten im Land Stipendien angeboten und wählte eines aus, das sie ziemlich weit fort von ihren sie überbehütenden Eltern führte. „Ich setzte mich von daheim ab und fing ein lockeres Leben an. Ziemlich schnell ging ich mit allen möglichen Burschen ins Bett. Das war nur, um mir selbst zu beweisen, daß ich trotz meines Dickseins attraktiv sei." Sie machte immer wieder eine Diät, verlor manchmal bis zu 25 Kilo, holte das aber immer wieder auf und legte sogar noch zu.

Als Celeste bei dieser ersten Konsultation vor mir saß, gestand sie mir, obwohl sie jetzt mit 32 Jahren glücklich verheiratet sei, ein intensives religiöses Leben führe, ein erfolgreiches Geschäft angefangen und eigentlich viele gute Freunde habe, fühle sie sich selbst immer noch sehr miserabel. „Die einzigen Techniken zur Gewichtsabnahme, die ich noch nicht versucht habe, sind die, mir den Bauch mit Pflastersteinen zu füllen oder den Kiefer mit Draht zuzusperren", sagte sie. „Und trotzdem bin ich heute fetter denn je. Ich schaue in den Spiegel und sage: ‚O Gott!' Ich gebe mir alle Mühe, mein Leben trotzdem zu genießen, aber diese miesen Gefühle sind immer dabei."

Als sich unsere Aussprache ihrem Ende näherte, fragte ich Celeste, ob es ihr recht sei, wenn ich sie heute noch körperlich untersuchen würde. Zögernd stimmte sie zu. Als ich im Untersuchungsraum vor ihr stand, nahm ich sie bei der Hand und sagte zu ihr: „Celeste, es tut mir leid, daß so viele, darunter auch Ärzte, dazu beigetragen haben, daß Sie Ihren Körper so schlecht finden. Sie sind ein Kind Gottes, und Sie sind genau so, wie Sie sind, in seinen Augen kostbar."

Celestes Augen füllten sich mit Tränen und sie nickte. „Ich weiß, daß ich so empfinden sollte", flüsterte sie. „Und das *möchte* ich auch empfinden."

Inzwischen sind mehrere Jahre vergangen, seit Celeste zum ersten Mal bei mir war. Ich habe ihr empfohlen, vor dem Essen zu beten und öfter nach der Bibel statt nach Nahrungsmitteln zu greifen. Wir haben gemeinsam um ihre Befreiung von ihrer zwanghaften Eßsucht gebetet. Ich habe sie zu einem Spezialisten für Eßstörungen überwiesen und ihr gegen ihre seit langem bestehende depressive Neigung ein Antidepressivum verschrieben. Ihre Genesung von ihren zwanghaften Eßanfällen ging nur sehr langsam voran, aber mit viel Gebet und einer Langzeittherapie machte sie Fortschritte.

„Eine Diät kann ich nicht mehr machen; denn mit der Diät komme ich wieder in den Kreislauf von Entzug und desto mehr Essen hinein, der mich in den Zustand gebracht hat, in dem ich heute bin", sagte sie mir unlängst. „Statt dessen lerne ich es, im Maß meines tatsächlichen körperlichen Hungers zu essen. Mein Leben lang habe ich immer gegessen, weil ich wütend war, Angst hatte oder traurig war, und zwar völlig unabhängig davon, ob ich wirklich Hunger hatte oder schon voll war. Jetzt lerne ich es, vor dem Essen immer erst kurz innezuhalten und mir die Frage zu stellen, ob ich nun wirklich etwas zu essen oder ob ich eigentlich etwas anderes brauche, etwa, in den Arm genommen zu werden oder mit einer aufmerksamen Freundin zu sprechen oder etwas stille Zeit mit Gott zu haben."

Bei Celestes Heilung war ein wichtiges Element die Annahme ihrer selbst. „Schließlich kam ich zu der Einsicht, daß alle diese inneren

Stimmen, die mir sagten, ich sei häßlich und schrecklich, nichts mit Gott zu tun hatten", sagte sie. „Gott würde mich nie so schlecht behandeln. Ich behandelte mich selbst schlecht und wiederholte mir selbst gegenüber die Sticheleien und den Spott von Kindern auf dem Spielplatz. Ich hatte das Vorurteil gegen das Dicksein, das in unserer Gesellschaft so gewaltig vorherrscht, völlig verinnerlicht und mich ständig selbst bestraft. Langsam, mit viel Gebet und dank des Angenommenseins in meiner Kirchengemeinde, habe ich schließlich verstanden, daß das Dicksein nicht heißt, ich sei inakzeptabel oder häßlich. Ich möchte gern abnehmen; aber selbst wenn ich nie rank und schlank werde, ist das in Ordnung. Ich bin Gottes geliebtes Kind, wie Sie mir vor einigen Jahren gesagt haben."

„Das stimmt, Celeste", sagte ich. „Glücklicherweise hängt das Heil nicht von unserer Körpermaßtabelle ab!" Ich ermutigte sie, mit ihrer Therapie weiterzumachen und es immer besser zu lernen, unabhängig von ihrem Gewicht eine gesunde Lebensweise einzuhalten. Heute macht Celeste regelmäßig sportliche Übungen, versucht, sich gesund zu ernähren, und pflegt ein intensives Glaubensleben. Sie geht mindestens einmal in der Woche zur Kirche und macht bei einer kleinen Gruppe mit, die sich wöchentlich zum Gebet und Austausch trifft; außerdem nimmt sie sich jeden Tag Zeit für das persönliche Gebet.

Aus der Sicht der Welt hat sie keinen Erfolg gehabt, weil sie nicht schlank geworden ist. Aber ihre innere Verwandlung hat tatsächlich stattgefunden. Celeste bezieht ihre Kraft aus ihrem Glauben und sucht sich ihren ganz eigenen Weg, der sie aus dem lebenslangen Kreislauf von zwanghaftem Essen und Selbsthaß herausführt.

◆ Während Celeste gegen ihre Eßsucht und ihr Gewicht ankämpfte, litt ihr Mann Tom, führender Mitarbeiter eines Verlagshauses, unter einer langjährigen Abhängigkeit von Marihuana. Tom war genau wie Celeste in der Lage, trotz seiner Sucht seine Alltagspflichten in vernünftigem Maß zu erfüllen; aber das dahinter verborgene Elend konnte erst gelöst werden, als er mit dem Rauchen von Marihuana aufhörte und sich mit zentralen Fragen seines emotionalen und spirituellen Lebens zu befassen begann. Das brachte er erst fertig, als er sich im Anschluß an Celestes Glaubenserneuerung ebenfalls zum Christsein entschloß.

Tom hatte wie viele aus seiner Generation der High School mit dem Rauchen von „dope" angefangen. Weil er in einer unreligiösen Familie aufgewachsen war, fiel bei ihm die behütende Wirkung des Faktors

Glaube gegen die Drogenabhängigkeit von Teenagern aus. Ich habe viele Patienten erlebt, die während ihrer wilden Teenagerjahre keinerlei Halt durch die Religion hatten und deshalb leichter für den Drogenmißbrauch anfällig waren. Das war eindeutig auch bei Tom der Fall, der achtunddreißig war, als er das erste Mal zu mir kam.

Toms Mutter war Alkoholikerin gewesen und plötzlich an einem Gehirnaneurysma gestorben, als Tom gerade dreizehn war. Zum Zeitpunkt ihres Todes lebten Toms Eltern getrennt. Tom zog zu seinem Vater, der bald wieder heiratete. Mit seiner Stiefmutter kam er nicht zurecht, und sein Vater zog sich emotional zurück und fing stark zu trinken an.

„Ich litt unsäglich", erzählte mir Tom. „Es war für mich die Hölle auf Erden. In mir steckte gewaltig viel ungelöste Trauer. Ich war mir völlig unsicher darüber, ob ich in meine Familie paßte und ob ich überhaupt willkommen war." Tom besuchte zwar eine Privatschule in kirchlicher Trägerschaft; aber weder er noch seine Eltern glaubten wirklich an Gott: So konnte Tom auf keinen Glauben zurückgreifen, um für den Weg durch diese schlimmen Jahre Hilfe zu finden.

Während seiner High School-Zeit fing Tom also an, Marihuana zu rauchen. „Zum Teil war das Gruppenzwang", erinnerte er sich, „aber ich wollte das auch tun. In mir steckten viele Gefühle, die ich nicht richtig wahrhaben wollte. Ich gehörte zu einer rebellischen Gruppe; wir waren Mitglieder der *Students for a Democratic Society*, protestierten laut gegen den Vietnamkrieg und fanden ganz allgemein das uns umgebende Leben der Reichen und Mächtigen in Washington abstoßend."

Sein Hang zum Marihuana verstärkte sich in der intensiven Wettbewerbsatmosphäre des College, das er besuchte. „Ich begann, ganz gewaltig dope zu rauchen, besonders an den Wochenenden. Im Sommer nach meinem ersten Collegejahr war ich schon bei vier- oder fünfmal Rauchen pro Woche; außerdem rauchte ich auch Zigaretten. Alkohol trank ich nicht – ich wollte kein Alkoholiker wie meine Mutter werden."

Tom war ein ernsthafter Student alter Sprachen und der Philosophie und glaubte nicht, das Marihuanarauchen beeinträchtige sein Studium. „Ich brachte es immer noch fertig, ein wirklich guter Student zu sein; aber im Rückblick weiß ich, daß ich nicht wirklich das brachte, was ich hätte bringen sollen." Im dritten Jahr am College war Tom fast die ganze Zeit „stoned", von der Droge benommen. „Ich hatte das Gefühl, ohne sie nicht leben zu können. Moralisch fand ich das nicht schlimm; denn ich dachte mir, ich schade ja niemandem außer mir selbst. Ich war der Ansicht, Marihuana helfe mir, mit den Leuten besser klar zu kommen und besser mit allem auf dem Laufenden zu sein, was um mich herum vorging."

Tom machte seinen Collegeabschluß, heiratete Celeste und nahm eine Stelle an. Sein Vater hatte Krebs und starb schon bald nach Toms Examen, was seine Trauer und Melancholie nur noch verstärkte. Marihuana rauchte er weiterhin, wenn auch mehrere Jahre nicht tagsüber. Aber an seinem zweiten Arbeitsplatz als Forschungsassistent einer großen Consulting-Firma lernte Tom junge Drogenkonsumenten kennen, die am Arbeitsplatz Marihuana rauchten und dazu noch Kokain und andere Drogen verwendeten. Obendrein steigerte sich sein eigener Drogenkonsum, obwohl er sich durchweg auf Marihuana beschränkte.

„Das Rauchen von dope machte mich high", sagte er. „Es ermöglichte es mir, den Schmerz darüber zu überspielen, daß ich nicht wußte, was ich mit meinem Leben anfangen sollte, und daß ich nicht fähig war, mit der vielen Trauer, die in mir steckte, klar zu kommen."

Eine berufliche Veränderung half Tom, seinen Drogenkonsum zu reduzieren. „Als ich ungefähr zweiunddreißig war, trat ich eine neue Stelle in einem anderen Gebiet an. Ich mußte dazu sehr viel lernen, und das nahm mich ziemlich in Beschlag. In diesem neuen Büro rauchte niemand Marihuana; aber ich fand schnell heraus, wer welches verkaufte und es mir besorgen konnte. Für mich war es immer noch wichtig, für die Abende und Wochenenden meinen Vorrat zu haben."

In diesen Jahren erlebte Celeste die Erneuerung ihres Glaubens; sie drängte Tom, sich ebenfalls mit Glaubensfragen zu beschäftigen und nach Gott zu fragen, und außerdem solle er eine Psychotherapie machen. Das tat er auch. „Ich kam nur sehr langsam zum Glauben. Ich mußte zuerst einmal so weit kommen, daß ich den Menschen glauben konnte, und erst dann konnte ich auch an einen Gott glauben. Ich glaubte fest an meine Beziehung zu Celeste, und das ist es, was mir letztlich geholfen hat. Was ich an ihr miterlebte, inspirierte auch mich. Ich dachte mir: ‚Sie ist ja schließlich nicht gerade auf den Kopf gefallen. Also muß an diesem Glauben doch etwas dran sein.' Zur selben Zeit wurde die Anziehungskraft des dope auf mich geringer. Es brachte mir nicht mehr das, was es mir einmal gegeben hatte. Manchmal war dies ebenso schmerzlich wie trostvoll."

Tom verfolgte mehrere Jahre mit, wie sich Celestes Glaubensleben entwickelte und suchte nach seinem eigenen spirituellen Weg. Er las etliche spirituelle Klassiker der jüdischen und christlichen Tradition und machte schließlich in einem Trappistenkloster Schweigeexerzitien mit. Immer noch auf der Suche nach seinem Glauben, nahm er an den Gottesdiensten der Mönche teil, hatte aber nicht das Gefühl, dazu zu passen. Eines Tages, als er auf dem Weg zum Mittagessen im Refektorium war, brach ein alter Priester, der ebenfalls an diesen Exerzitien teilnahm, das Schweigen, sprach Tom an und fragte ihn freundlich, warum er diese Exerzitien mache.

Tom erzählte dem Priester von seiner Suche nach dem Glauben, seiner Verwirrung und seiner Sehnsucht, Gott zu finden und von Gott gefunden zu werden. Nachdem der Priester sich geduldig Toms Geschichte angehört hatte, bot er ihm seine Hilfe für den nächsten Schritt an. „Ich könnte Sie während dieser Exerzitien hier weiter beraten und dann taufen", schlug er ihm vor, „vorausgesetzt, Sie fühlen sich dazu bereit."

„Meine Großmutter hat mich als kleinen Jungen getauft, Father, aber die Kommunion habe ich nie empfangen", entgegnete Tom mit einer Mischung aus Erregung und Angst. Der Priester erklärte ihm, es gebe eine Reihe von Schritten, die Tom erst machen müsse, bevor er in der katholischen Kirche zur Kommunion gehen könne.

„Wenn wir wieder in der Stadt sind, stehe ich Ihnen zum Gespräch zur Verfügung, Tom", sagte der Priester. Dann betraten die beiden Männer das Refektorium zum Mittagessen. Sie sprachen nicht weiter miteinander, weil Tom außer sich und verwirrt war und an diesem Abend das Kloster fluchtartig verließ, aus Angst, er könne bald an die Reihe kommen, das Tischgebet zu sprechen. Während der Heimreise versuchte er seine Gefühle zu sortieren. Schließlich begann er mit Celeste die Gottesdienste in der Episkopalkirche zu besuchen. Er ging dort nicht zur Kommunion, die wöchentlich ausgeteilt wurde, weil er sich noch nicht bereit und „nicht gut genug dafür" fühlte.

Dann wurden Tom und Celeste von Bekannten eingeladen, an einer Einsegnungsfeier ihres Hauses teilzunehmen. Zusammen mit den anderen Gästen folgten sie dem Priester von Zimmer zu Zimmer, der dabei Gebete für die Bewohner und ihr Leben in diesem neuen Heim sprach. Der Abschluß der Zeremonie bestand darin, daß sich Gäste und Priester im Wohnzimmer in einen Kreis setzten, Kommunion feierten und einander gegenseitig das Brot und den Wein reichten.

„Da war ich also, stand in diesem Kreis und konnte mich unmöglich ausklinken, ohne Aufsehen zu erregen", erinnerte sich Tom. „Ich mußte mich entscheiden, und zwar unverzüglich. Ich beschloß, im Kreis zu bleiben."

Seit dieser ersten Kommunion begann Tom sich selbst als „richtigen" Christen zu fühlen und aktiv am Leben der Kirchengemeinde teilzunehmen, aber er rauchte noch mehrere Monate lang weiterhin Marihuana.

„Ich war immer noch nicht zu einer radikalen Entscheidung zwischen dope und Gott fähig, jedenfalls noch nicht zu dem Zeitpunkt", sagte er. „Ich konnte spüren, wie sich das Blatt gewendet hatte; aber immer noch war ich hellwach für jede Bezugsquelle von Marihuana, die sich auftun sollte. Der einzige, den ich schließlich als Lieferanten noch fand, bestand darauf, mir das Marihuana ins Büro zu liefern. An diesem Punkt wachte ich auf. Denn wollte ich wirklich dieses Risiko eingehen? Ich dachte mir, es wäre irrsinnig, meine berufliche Laufbahn nur deshalb aufs Spiel zu setzen, weil ich mich gelegentlich high fühlen wollte. Und der Glaube spielte inzwischen doch schon eine ziemliche Rolle in meinem Leben. Ich hatte jetzt festen Boden unter den Füßen. Ich konnte irgendwo meinen Schmerz festmachen. Ich bezog Trost aus der Gemeinschaft und der Kirche."

Jetzt wandte sich Tom immer an Gott, wenn er das Bedürfnis spürte, eine Quelle für Marihuana zu finden. „Das ist für mich ein ganz erfolgreiches Rezept geworden. Ich erkannte, daß mir das dope nichts Entscheidendes mehr geben konnte; aber ich brauchte immer noch Gottes Hilfe, um der Versuchung widerstehen zu können. Wenn ich jetzt in dieser Hinsicht Schwierigkeiten bekomme, spreche ich mit Gott darüber. Ich sage ihm, was in mir vorgeht, was nicht stimmt und was noch auf die Reihe gebracht werden muß, und ich spüre, wie Gott mir versichert, daß alles in Ordnung kommt. Ich habe darum gebetet, von dieser Abhängigkeit freizukommen und anderswo einen Sinn zu finden. Ich habe nie Glocken läuten hören oder Visionen erhalten; aber ich glaube, Gott hat meine Gebete erhört."

Tom fühlte sich wegen seines jahrelangen Drogenkonsums ziemlich mit Schuld belastet und suchte Vergebung. „Oft überkommt mich das Gefühl, einen guten Teil meines Lebens vergeudet zu haben, und das ist für mich hart", sagte er. „Ich habe ziemlich damit zu kämpfen, mir nicht allzu viele Vorwürfe deswegen zu machen, daß ich all diese Jahre dope geraucht habe. Aber ich glaube, daß Gott mir verzeiht. In gewisser Hinsicht scheint mir Gottes Verzeihung die Bedeutung der ganzen Sache zu verringern und für mich aus der ganzen Geschichte den Stachel zu nehmen."

Heute findet Tom seine „highs" an anderen Stellen: „Ich finde jetzt meine Freude an ganz einfachen Dingen – an einem guten Essen, am schlichten Zusammensitzen mit Celeste, an einem schönen Tag. Ich habe das Gefühl, wirklich wieder den Anschluß an das Leben gefunden zu haben, und ich kann die Dinge wieder richtig genießen."

Im Lauf seiner Suche nach dem Glauben las Tom die *Bekenntnisse* des heiligen Augustinus, und er fand, einer der ersten Sätze des Buches fasse sehr gut seine eigene Erfahrung zusammen: „Ruhelos ist unser Herz, bis daß es seine Ruhe hat in Dir."[13]

„Das war für mein Leben ein sehr wichtiger Satz", sagte er. „Ja, die *Bekenntnisse* waren wohl auf dem Weg zu meiner Bekehrung das wichtigste Buch. Mein Herz war ruhelos, und ich trieb haltlos umher. Jetzt bin ich nicht mehr haltlos. In mancher Hinsicht bin ich immer noch am Kämpfen. Nicht immer spüre ich Gottes Nähe. Aber grundsätzlich fühle ich mich sehr viel mehr verwurzelt, als ich es je vorher war."

„Ich glaube nicht, daß ich jemals wieder auf das Marihuana zurückfalle", sagte er mir unlängst. „Ich verspüre nicht mehr den Wunsch danach. Nach Jahren der Sucht ist das für mich faszinierend! Es ist wie: ‚Das habe ich vor Jahren getan, aber mir ist überhaupt nicht mehr danach.' Ich spüre, falls ich darauf zurückfallen würde, würde Gott mir auch das verzeihen. Es ist nicht etwa so, als sagte Gott: ‚Wage ja nicht, das noch einmal zu tun!' Im Gegenteil! Es ist so, daß ich weiß, Gott hat mir vergeben, und das hilft mir zu meiner freien Entscheidung, darauf zu verzichten."

Toms Erfahrung Gottes ist von stiller und gewöhnlicher Art und dennoch von revolutionärer Wirkung. „Einfach das mit der Gnade, das ist für mich das eigentliche", sagte er. „Nicht irgendein großer Lichtblitz. Es ist ganz einfach. Und in aller Stille stimmt alles."

Genesung dank spiritueller Gemeinschaft

Viele Süchtige bedürfen zur Überwindung ihrer Sucht sehr starker Unterstützung und fester Strukturen. Die Zwölf-Schritte-Programme der Anonymen Alkoholiker und anderer bieten für die Genesung eine therapeutische Gemeinschaft. Im Rahmen der Zwölf-Schritte-Programme gelingt es vielen Menschen, die sich der Religion ihrer Kindheit entfremdet haben, eine neue Spiritualität zu entwickeln. Zudem finden sie ein Netzwerk teilnahmsvoller Menschen, die sich mit ihnen zusammen um Abstinenz bemühen.

In gewisser Hinsicht spielt die A. A.-Gruppe die Rolle einer Kirche, und die Treffen haben Züge von Gottesdienstversammlungen: Es gibt bestimmte Rituale, darunter Gebete; das Treffen dauert eine festgesetzte Zeit; bei den Beziehungen untereinander hält man sich an klare Regeln; und es gibt sogar eine Art gemeinsamer „heiliger Schrift":

das *Big Book* oder die Programmschrift der *Anonymen Alkoholiker.* Die Teilnehmer tauschen untereinander gemeinsame Lebensweisheiten aus, darunter Faustregeln wie „Immer nur einen Tag auf einmal", „Leicht geht es besser", „Loslassen und Gott machen lassen". Außerhalb der Treffen unterstützen sich die Mitglieder der Zwölf-Schritte-Gruppen gegenseitig als Förderer und Freunde. So verwirklichen diese Programme eine Reihe wichtiger spiritueller Grundsätze, die wir im 2. Kapitel als Elemente des Faktors Glaube definiert haben, darunter die gegenseitige Unterstützung, die gemeinsame Glaubensüberzeugung, die Ausrichtung auf eine Transzendenz, das Bekenntnis und die Vergebung sowie einen tieferen Sinn.

Die Forscher R.E. Hopson und B. Beaird-Spiller haben vier vorrangige Wirkungsweisen ermittelt, die den Teilnehmern an A.A.-Gruppen helfen, die Abstinenz zu erreichen und aufrecht zu erhalten.[14]

- Zunächst, so sagen sie, *wird zum Ausdrücken der eigenen Gefühle ermutigt*, was es den Alkoholikern ermöglicht, ihre verwirrenden Emotionen abzuklären, die zum Trinken führen können.
- Zweitens *wird das Eingeständnis der Teilnehmer erleichtert, die Kontrolle über ihre Lebensumstände verloren zu haben*, was zur Haltung des „Loslassen und Gott machen lassen" führen kann, die innerlich ausgeglichener macht.
- Damit verbunden ist die Wirkung, daß sich *der Teilnehmer von dem Druck entlastet fühlt, alles selbst schaffen zu müssen*, was ihm ebenfalls zu mehr Frieden und Gelassenheit verhilft, weil er nicht mehr verzweifelt gegen etwas ankämpft, von dem er inzwischen weiß, daß er es grundsätzlich gar nicht unter Kontrolle hat, nämlich sein Bedürfnis nach Alkohol.
- Und viertens, so sagen sie, verschafft die A.A.-Gruppe ihren Teilnehmern *Struktur und Verläßlichkeit*, und darauf können sie ein neues Leben bauen, das nicht um das Trinken kreist.

Aus ihrer persönlichen Erfahrung sagen mir meine Patienten, die Mitglieder von Zwölf-Schritte-Gruppen sind, das Wertvollste an dieser Mitgliedschaft sei das Gefühl, mit Leuten verbunden zu sein, die die eigene Erfahrung voll verstehen können, und sich von ihnen angenommen zu fühlen.

◆   Die 46-jährige Wirtschaftsberaterin Louisa hat dank ihrer Mitgliedschaft bei den Anonymen Alkoholikern Frieden und Genesung von ihrem Alkoholismus gefunden. Ihre Beziehung zum Alkohol geht sehr weit zurück: „Es gibt ein Familienfoto, auf dem ich als Kleinkind mit einer Flasche Miller-Bier in der Hand zu sehen bin", erzählte sie mir. „Damals trug ich noch Windeln." Louisas Vaters trank ständig Bier. Damit sie abends bei ihm sitzen blieb, ließ er sie immer wieder daran nippen.

Louisa wurde als Kind von einem anderen männlichen Verwandten wiederholt sexuell mißbraucht. Wie so häufig, führte der Mißbrauch zu niedrigem Selbstwertgefühl und selbstzerstörerischem Verhalten, darunter sexueller Promiskuität. Zur Linderung der emotionalen Schmerzen, die sie empfand, und weil in ihrer Kleinstadt das Trinken zum üblichen Verhalten von umschwärmten Teenagern gehörte, begann Louisa, sich ab ihrem dreizehnten Lebensjahr regelmäßig aus dem heimischen Alkoholvorrat zu bedienen.

„Ich hatte nie irgendwelche Selbstwertgefühle", erzählte sie mir. „Ich war immer bereit, die Beine zu spreizen, meinen Rock aufzuknöpfen, mich flachlegen zu lassen, unbezahlt Überstunden zu machen – ich ließ mich immer nur benützen, benützen, benützen und dachte, daß ich dafür Liebe bekommen würde."

Louisa lernte ihren ersten Mann „in einer Bar kennen – wo auch sonst?" Sie heirateten, als sie gerade einundzwanzig war. Beide tranken während aller ihrer gemeinsamen Jahre stark und nahmen Drogen. Eine Zeitlang bauten sie in den Everglades von Florida Cannabis an und verkauften es, um ihren Drogenkonsum zu finanzieren.

Louisa schilderte mir die dramatischen Verhältnisse ihrer Ehe: „Wir schlugen immer wieder mit den Fäusten aufeinander ein, anschließend ließen wir uns erschöpft in die Sessel sinken und zeigten einander unsere Wunden. Wir verglichen sie miteinander, sagten, es tue uns leid und brachten den Tag vollends mit Trinken, Drogen und Ausschweifung über die Runden."

Schließlich trennte sich Louisa von ihrem Mann. Bald hatte sie wieder eine Beziehung mit dem Mann, der ihr zweiter Ehemann werden sollte, Richard. Auch er war starker Trinker, und sie zogen bald zusammen. Als Louisa mit ihrer Tochter Emma schwanger wurde, heirateten sie.

„Während der Schwangerschaft trank ich keinen Alkohol", erinnerte sie sich. „Aber nach Emmas Geburt sagten mir viele, Bier wirke entspannend, so daß ich wieder mit Trinken begann."

Louisa und Richard machten gemeinsam ein Unternehmen auf. Sie beschrieb ihren typischen Tagesverlauf so: „Gegen Mittag standen wir auf, und ich rollte mir einen Joint, den ich rauchte, während ich mir mein Makeup auflegte. Dann gingen wir essen, anschließend ins Büro, wo wir einige geschäftliche Dinge erledigten. Anschließend suchten wir ein Lokal auf und tranken den ganzen Abend. Hierauf gingen wir noch einmal ins Büro, arbeiteten noch einige Stunden, gingen dann heim und tranken bis spät in die Nacht. Emma hatte diese ganze Zeit eine Babysitterin."

Louisa war zunächst nur widerstrebend bereit, ihren Mann zu „Swingertreffs" zu begleiten, Treffen mit anderen Paaren, bei denen man Partnertausch und Gruppensex praktizierte. „Ich war darauf nicht besonders scharf; aber wenn ich genügend Marihuana, Coke und Alkohol intus hatte, konnte ich gut mitmachen", erinnerte sie sich. „Ich tat schrecklich viel, was ich nicht besonders mochte, und ich verabscheute mich regelrecht selbst."

Richard kombinierte schließlich Kokain und Alkohol und „war schließlich so daneben, daß er in der Reha landete". Louisa freute sich darüber: „Von jetzt an kommt unser Leben in Ordnung!" Nach einer dreißigtägigen Rehabilitationskur schloß sich Richard einer A.A.-Gruppe an, und Louisa ging zu den Al-Anon, einem Zwölf-Schritte-Programm für Partner von Alkoholikern. Louisa meinte, das Problem sei Richards Trinkerei, nicht die ihre, aber bei den A.-A.-Treffen, zu denen sie Richard begleitete, kam schließlich der tatsächliche Sachverhalt ans Licht.

„Ich staunte, wie gut ich mich bei denen einfühlen konnte und wie sehr ich wußte, was diese Leute hinter sich hatten", erzählte sie. „Bei Richard war das anders. Nach drei Jahren trank er wieder. Ich hatte ‚um Richards willen' mit dem Trinken aufgehört; aber als er wieder anfing, kaufte ich mir eine große Flasche Wein und trank sie auf der Fahrt zu einem Bekannten, der auch in der Gruppe war, völlig leer."

Ihr Freund Steve sah Louisa an und sagte zu ihr: „Irgendwann wird dir aufgehen, daß du dieses Programm für dich selbst brauchst." Louisa wußte, daß Steve Recht hatte. Sie fing an, um ihrer selbst willen bei den A.A. und auch weiterhin bei den Al-Anon mitzumachen und begann „working the program", das heißt, sich „systematisch ans Programm zu halten", statt nur wie bisher gelegentlich zu Treffen zu gehen. „Working the program" ist eine oft verwendete Formulierung in der Zwölf-Schritte-Bewegung. Dazu gehörte, daß man während der ersten Monate an täglichen Treffen teilnahm, dann mehrmals in der Woche; daß man jeden der Zwölf Schritte genau studierte und auf sein Leben anwandte, und daß man einen Paten fand, ein Mitglied der A.A., das schon lange abstinent war und den Genesungsprozeß seines Schützlings begleiten konnte.

„Working the program" wirkte bei Louisa. Aber nach fünf Jahren der Abstinenz begehrte sie auf. „Ich sagte zu meinem Paten: ‚Ich bin nicht abstinent geworden, um den Rest meines Lebens bei den A.A. zu verbringen.' Ich wollte abstinent werden, um wieder voll ins normale Leben einsteigen zu können." So ging Louisa nicht mehr zu den Treffen. Weder sie noch Richard tranken, und so schien ihr Leben vorerst auf die Reihe gebracht zu sein.

Da brach die finanzielle Katastrophe über sie herein. „Wir mußten unser Geschäft umstellen und Bankrott anmelden", sagte Louisa. „Wir hatten nichts mehr. Wir hatten jeden Penny für Alkohol und Drogen ausgegeben. Außerdem hatten wir noch eine Menge Steuerschulden, und der Bankrott löste das nicht. Mein Mann sagte, er werde das in den Griff kriegen, und ich glaubte es ihm."

Bald danach ging es bei Louisa damit los, daß sie nachts entsetzliche Alpträume bekam. Sie wurden so schlimm, daß sie lieber wach blieb, um sie zu vermeiden. Eine riesige schwarze Wolke schien sie jeden Augenblick zu umhüllen und zu ersticken. Um nachts wach zu bleiben und so den Alpträumen zu entkommen, fing sie an, dauernd etwas zu essen. Sie nahm so zu, daß sie schließlich 110 Kilo wog. Auf der Suche nach einer Abhilfe gegen ihr zwanghaftes Essen ging Louisa zu einem Therapeuten für Eßstörungen. Als sie ihm von ihren Schlafproblemen erzählte, überwies dieser sie unverzüglich an mich.

Nach einer ausführlichen Aussprache und körperlichen Untersuchung kam ich zu dem Schluß, Louisa leide unter schweren Depressionen und sei selbstmordgefährdet. Ich empfahl eine sofortige Einweisung ins Krankenhaus.

„Sie müssen eine Zeit lang aus dem Verkehr gezogen und einen Monat oder so ins Krankenhaus gehen", erklärte ich Louisa.

„Das ist eine grandiose Idee", entgegnete sie sarkastisch. „Ich muß ein Geschäft führen und mich um ein kleines Mädchen kümmern. Haben Sie eine Alternative vorzuschlagen?"

Ich versuchte noch einmal, Louisa die Notwendigkeit ihrer Einweisung ins Krankenhaus zu erklären; aber sie weigerte sich, diese Möglichkeit ernsthaft in Betracht zu ziehen. Zögerlich erläuterte ich ihr schließlich die Alternative: „Wenn Sie tatsächlich nicht ins Krankenhaus gehen wollen, möchte ich Ihnen einen Mittel gegen Depressionen verschreiben und Sie regelmäßig sehen. Außerdem möchte ich Sie an einen Therapeuten überweisen."

Ich fragte Louisa auch nach ihrem Glaubensleben. Sie erzählte mir, die A.A. hätten sie zum katholischen Glauben ihrer Kindheit zurückgebracht. Sie sei in der Kirchengemeinde aktiv, aber das alles helfe ihr offensichtlich nicht gegen ihre Alpträume und Ängste. Ich legte ihr dringend nahe, schon bald zu einer nächsten Konsultation zu kommen und mich unverzüglich anzurufen, wenn sie weiterhin nicht schlafen könne.

„In dieser Nacht schlief ich zum ersten Mal seit Monaten wieder richtig", erzählte sie mir später. „Nach einigen Nächten, in denen ich gut geschlafen hatte, kam ich zu dem Schluß, meine ganzen Probleme seien eine Folge notorischer Übermüdung gewesen, und daß es im Grunde an nichts anderem gelegen habe. Ich ging wieder zu den Treffen der A. A. Man teilte mir eine neue Patin zu, eine Frau, die es fertigbrachte, mich so viel Liebe spüren zu lassen, bis ich mich auch selbst zu lieben vermochte. Diese Frau nahm mich immer fest in den Arm und sagte: ‚Mir tut es so leid, daß es dir so schlecht geht.' Sie war dahinter her, daß ich an den täglichen Treffen teilnahm und mit den anderen über alle meine Probleme sprach, einschließlich der dauernden Drohbriefe vom Finanzamt."

Wie kaum anders zu erwarten, tat Richard überhaupt nichts, um die gewaltige Steuerschuld des Ehepaars abzutragen. Er hatte eine Stellung in einem Geschäft in einer ungefähr vier Autostunden entfernten Stadt angenommen. Bei einem Besuch dort kam Louisa dahinter, daß er ein Verhältnis mit einer anderen Frau hatte. Zur gleichen Zeit starb Louisas Mutter, an der sie sehr hing. Es war ein unvorstellbar schwieriges Jahr für sie.

„Ich flehte zu Gott, er möge mir jemanden schicken, der mir aus dem ganzen Schlamassel heraushelfen konnte", erinnerte sie sich. „Ich wandte mich an einen Bekannten aus dem Kreis der A.A., einen Buchhalter, und bat ihn, sich unsere Verhältnisse einmal genau anzusehen. Ich war mir sicher, daß er ein Schlupfloch finden würde; aber er gab mir schließlich die ganzen Papierstöße zurück und sagte: „Louisa, du sitzt eindeutig in der Patsche. Ihr schuldet dem Staat über zweihunderttausend Dollar. Daran führt kein Weg vorbei. Euch bleibt nichts anderes übrig, als zu zahlen."

Louisa erinnert sich noch genau an diesen Augenblick: „Ich sagte zu ihm: ‚Entschuldige mich für einen Moment.' Ich ging in meine Auto hinaus und weinte vor mich hin, putzte mir die Nase, ging wieder ins Haus und sagte: ‚So, und was soll ich in dieser Lage tun?' Es war an der Zeit, nicht alle Schuld Richard zuzuschieben, sondern mein Leben selbst in die Hand zu nehmen."

Louisa begann damit, die Schulden abzubezahlen, aber jetzt mußte sie auch nüchtern die Situation ihrer Ehe ins Auge fassen. „Eines Sonntags saß ich nach der Messe in der Kirche und betete zu Gott:

‚Was soll ich bloß tun?' Ich hörte Gott sagen: ‚Warum glaubst du eigentlich, du hättest überhaupt diesen Mann heiraten sollen?' Damit wurde mir endlich klar, daß ich mich aus dieser Ehe lösen mußte. Wenn ich mich weiterhin an sie klammerte, waren meine Hände nicht offen, und Gott konnte mir nichts Hilfreiches hineinlegen."

Louisa leitete die Scheidungsformalitäten ein. Von da an ging es ihr besser. Dann traf sie der nächste Schlag.

„Meine Gesundheit verbesserte sich. Die Folge war, daß unsere Tochter Emma, die damals zwölf war, nun ihre Nöte besser herauslassen konnte. Sie machte einen Selbstmordversuch. Ich hatte gemeint, sie habe das mit mir und ihrem Vater gerade einigermaßen gepackt."

Emma ging in Therapie und machte bei „Alateen" mit, einem Programm für die Angehörigen von Alkoholikern im Teenageralter. „Sie ist ein großartiges Mädchen", sagt ihre Mutter stolz. Sie leidet immer noch unter ihrer Vergangenheit; ihr Vater meldet sich bei ihr kaum. Aber sie ist bei „Alateen" führend beteiligt, und jetzt, mit sechzehn, geht es ihr gut.

„Emma und ihr Vater haben keinen Kontakt mehr miteinander, und sie meinte immer, sie sei daran schuld, weil sie etwas falsch gemacht habe oder eine schlechte Tochter gewesen sei", sagte Louisa. „Ihr beizubringen, daß das nicht ihre Schuld sei, war eine mühsame Arbeit. Letzte Weihnachten schickte ihr ihr Vater in letzter Minute mit der Eilpost ein Päckchen mit einer Halskette und einem Zwanzig-Dollar-Schein. Sie schaute mich an und sagte: ‚Ich glaube, ich hätte ihm etwas zu Weihnachten schicken müssen.' Ich sagte: ‚Hättest du das gern getan?' ‚Eigentlich nicht.' Ich erklärte ihr, sie sei nicht verpflichtet, ihm etwas zu schenken. Das sah sie schließlich ein und akzeptierte es."

Als Geschiedene mußte Louisa mit dem Problem Sexualität klarkommen. „Ich hatte immer gemeint, Gott wolle, daß ich den richtigen Mann finde und heirate", erzählte sie mir. „Jetzt denke ich mir, vielleicht will er, daß ich ehelos bleibe. Aber zuerst konnte ich mir das überhaupt nicht vorstellen! Ich wünschte mir so verzweifelt, daß mich ein Mann berühre und in den Arme nehme. Eines Tages betete ich nach der Messe in der Kirche und weinte dabei leise vor mich hin. Ich sagte zu Gott: ‚Wenn doch nur du mich in den Arm nehmen und festhalten könntest! Ich halte das nicht länger aus.' Wenige Minuten danach kam von hinten eine Frau zu mir und legte mir den Arm um die Schultern. Sie sagte: ‚Ich weiß nicht, was Ihnen fehlt, aber ich bete für Sie.' Woher kam diese Frau? Da saß ich, hatte gerade um eine Umarmung gebetet, und da kommt jemand und umarmt mich! Ich suchte nach einer vernünftigen Erklärung dafür, konnte aber keine finden."

Louisa begann immer häufiger Gottes Gegenwart zu suchen, in der festen Überzeugung, daß ihre Beziehung zu ihm die Grundlage ihrer Abstinenz und einer soliden, gesunden Lebensart sei. „Mir wurde klar, daß ich Gott in mein Leben bringen mußte; denn auch noch nach zehn oder elf Jahren Abstinenz lief ich Gefahr, wieder ins Trinken zu verfallen", sagte sie.

Heute arbeitet sie als Beraterin; ihr Geschäft läuft erfolgreich, und im Lauf der Jahre hat sie es geschafft, den Großteil ihrer Steuerschulden abzutragen. Wenn sie diese Last dann ganz los ist, möchte sich Louisa stärker auf Tätigkeiten verlegen, die ihrer Seele etwas geben. So würde sie zum Beispiel gern jährlich eine Einkehrzeit für Frauen in einem Exerzitienhaus in ihrer Nähe organisieren. Louisa betet täglich den Rosenkranz, liest in der Bibel und in der Literatur der A.A.; außerdem hört sie sich im Auto Kassetten mit religiösen Vorträgen und Texten an. Sie verbringt viel Zeit mit Emma und leitet nebenher noch einen Tanzkurs. Weil sie weiß, daß die A.A. ihr Rettungsanker dafür sind, abstinent und gesund zu bleiben, nimmt sie mehrmals wöchentlich an deren Treffen teil und spricht täglich mit ihren Paten, sucht sich aber auch gern etwas stille Zeit für sich selbst.

„Gott ruhte am siebten Tag. Warum? Weil wir das brauchen! Wenn mir destruktive Gedanken in den Sinn kommen, liegt es bestimmt immer daran, daß ich mir nicht genügend stille Zeit genommen habe. So ist es besser, wenn ich mir diese Zeit regelmäßig nehme und mir klar machen kann, was sich derzeit in meinem Leben abspielt."

Sie erzählte weiter: „In all diesen Jahren mit Trinken und Drogen und Parties suchte ich nach Liebe von außen. In der Bibel heißt es: ‚Liebe deinen Nächsten wie dich selbst', aber ich liebte mich selbst nicht. Ich meine immer, wenn ich den anderen Menschen zu Gefallen sei, könne ich die Liebe bekommen, die ich brauche. Aber die Liebe muß von innen kommen. Elija erfuhr Gott als die leise Stimme, das Flüstern. Auf diese Weise spricht Gott auch zu mir. Er neigt sich mir zu und flüstert mir etwas ins Ohr. Wenn ich zu sehr in meinem Alltagsgeschäft aufgehe, höre ich ihn nicht. Und dann gerate ich wieder in Schwierigkeiten."

Louisa kann bald den zwölften Jahrestag ihrer Abstinenz feiern. Wie schon in den vergangenen Jahren wird sie diesen Jahrestag in der Runde ihrer A.A.-Gefährten begehen und ihrer „Mutter" den „chip" verleihen, das Erinnerungszeichen, das bei den A.A. für solche Etappensiege verliehen wird.

◆ 1986 erschien in der britischen medizinischen Fachzeitschrift *The Lancet* eine Studie über eine neue epidemisch um sich greifende Droge auf den Bahamas[15]: das sogenannte „Crack"-Kokain. Wenig später traf ich einen der Autoren der Untersuchung, Dr. David Allen, der nach der Entdeckung der Epidemie ein Behandlungsprogramm dafür entwickelt hatte. Er lud mich ein, dieses genauer in Augenschein zu nehmen, und so stimmte ich zu, mit ihm in einem neuen Forschungsprojekt darüber zusammenzuarbeiten. Wir reisten auf die Bahamas und interviewten eine Reihe von Crack-Kokainsüchtigen, die mit Erfolg an einem Rehabilitationsprogramm an einer christlichen psychiatrischen Klinik namens „The Haven" teilgenommen hatten. Wir wollten die psychischen und religiösen Entwicklungsgeschichten dieser Menschen etwas genauer kennenlernen und herausbringen, welche gemeinsamen Faktoren eventuell bei ihnen auftraten, die sie für die Sucht nach Crack disponierten. Außerdem wollten wir erfahren, auf welche Weise diese früher Süchtigen mit Erfolg vom Crack losgekommen waren, einer der stärksten bekannten Süchte und einer der am schwersten zu überwindenden.

Nachdem Dr. Allen und ich ein Dutzend Crack-Kokainsüchtige interviewt hatten, wußten wir, daß diese Menschen nicht immer *nur einen Tag auf einmal* über die Runden zu kommen versuchten, wie sich es Alkoholiker vornehmen, sondern immer nur eine *Minute* auf einmal. Zudem fanden wir, daß die Bewohner von „The Haven" in Verbindung mit ihrer Genesung auch eine tiefe Bekehrung zum christlichen Glauben erfahren hatten. Immer wieder hörten wir von ihnen, ihr Verlangen nach Crack könnten sie nur dadurch überwinden, daß sie zum Geist Jesu Christi Zuflucht nähmen.

Bevor sie Crack-süchtig wurden, hatten die meisten dieser Menschen emotionale Schwierigkeiten und Brüche in ihrem Leben erfahren, darunter:

• gestörte Beziehungen zu ihrem Vater; in den meisten Fällen war der Vater Alkoholiker und/oder hatte die Familie sitzengelassen;
• enge Beziehungen zu ihrer Mutter, oft ungesund enge; die Mutter wirkte auf den Sohn überbehütend oder förderte sogar sein selbstdestruktives Verhalten;
• Vertrautheit mit Drogenmißbrauch über andere Familienmitglieder, oft Bruder oder Schwester;
• schlechte schulische Leistungen, geringes Selbstwertgefühl und erhöhte Anfälligkeit für Gruppenzwänge.

Die meisten hatten ihren Drogenkonsum mit Marihuana begonnen; das hatte ihnen ein „heiteres, entspanntes, glückliches Gefühl" verschafft. Aber das Crack-Kokain übertraf bei weitem die relativ milden Wirkungen des Marihuana. Es gab ihnen einen „rush" oder „lift", der sich in Gefühlen des Allwissens und der Allmacht äußerte. Wenn sie vom Crack high waren, hatten diese Männer das Gefühl, ihr Leben voll im Griff zu haben, in tiefem Frieden zu sein, ja in einem ekstatischen Glück zu schweben. Waren sie einmal in den Bann dieses außerordentlichen Gefühls geraten, wurden sie ständig vom Wunsch umgetrieben, es durch weiteren Crack-Konsum wieder zu erfahren. Es wundert kaum, daß diese Menschen, von denen viele arbeitslos und deren Beziehungen zu Ehepartnerin und Familienmitgliedern gestört waren, das Highsein mittels Crack möglichst oft erleben wollten. Daher ist es auch kein Wunder, daß es zum Durchbrechen dieser verführerischen Abhängigkeit einer starken spirituellen Erfahrung im Rahmen eines sorgfältig angelegten Programms wie demjenigen in „The Haven" bedurfte. Hier waren die Männer in einen genau geplanten Tageslauf eingebunden, zu dem Haushaltsarbeiten, Bibelstudium, Gruppengespräche, Gottesdienst, berufliche Ausbildung oder Gesundheitserziehung gehörten.

Ein interessanter Aspekt, den uns die Teilnehmer an dieser Untersuchung schilderten, ist der, daß ihnen nicht die Bekehrungserfahrung *an sich* half, ihre Sucht zu überwinden. Ihr täglicher Widerstand gegen die Versuchungen des Crack stand und fiel nicht mit dem emotionalen „high" einer „Blitzbekehrung", vielmehr waren es die klare Struktur und Disziplin ihrer Spiritualität: das tägliche Bibellesen, das Gebet, die Gemeinschaftsübungen. Das gab ihnen die Kraft, die sie brauchten. Es entspricht dem, was viele auch aus dem Zwölf-Schritte-Programmen gelernt haben: Was den Unterschied ausmacht, ist nicht der *Inhalt* des religiösen Glaubens, sondern das *praktische Leben*, zu dem dieser Glaube führt, die ständige und regelmäßige Anwendung seiner Grundsätze auf das Alltagsleben. Diese stark durchstrukturierte Form des Glaubens könnte geradezu als eine neue Form der Abhängigkeit erscheinen, die nur an die Stelle der Abhängigkeit von Crack tritt; aber angesichts der Tatsache, daß die Kokainabhängigkeit sich verheerend auf Körper, Geist und Seele auswirkt, scheint jedenfalls ein diszipliniertes, wenn auch strenges Glaubensleben die bessere Alternative dazu zu sein.

◆ Die hier beschriebenen Suchterfahrungen decken beinah das ganze Spektrum ab: von Alkohol über Marihuana bis zu Tabak, von Eßstörungen bis zur Einnahme von Crack-Kokain. Die geschilderten

Personen kommen aus ganz unterschiedlichen religiösen und ethnischen Hintergründen und gehören unterschiedlichen Gesellschaftsschichten an. Manche bedurften zur Unterstützung ihres Genesungsprozesses ärztlicher Maßnahmen (einschließlich einer dreißigtägigen Krankenhauskur im Fall von Julia) und gründlicher beratender Begleitung, manche auch nicht. Eines aber ist allen gemeinsam: In sehr mühseliger Erfahrung haben sie gelernt, daß für sie ein hochentwickeltes spirituelles Leben der *einzige* Weg ist, von den Fesseln der Sucht freizukommen. Das heißt nicht, daß sie nie mehr starke Bedürfnisse nach der Droge verspüren würden oder schwache Momente hätten oder daß alle ihre Lebensprobleme damit gelöst wären. Für viele ist das Gesundwerden in Wirklichkeit ein sehr anfälliger Prozeß, weshalb für sie der häufige Kontakt mit Quellen der spirituellen Anregung, wie etwa den Zwölf-Schritte-Gruppen, so wichtig ist. Nur wenn sie darin ständig bestärkt und unterstützt werden, können sie weiterhin abstinent bleiben.

Im Johannesevangelium sagt Jesus zu seinen Jüngern: „Ihr werdet die Wahrheit erkennen, und die Wahrheit wird euch befreien" (Johannes 8,32). Im Leben der Menschen, deren Geschichten hier erzählt wurden, half die lebendige Beziehung zu einem Höheren Sein, jene Freiheit zu finden, die man selten auf andere Weise erlangt: die Freiheit, in Fülle zu leben, ohne von den destruktiven Auswirkungen einer Sucht belastet zu werden.

Von der Versklavung an eine Substanz oder ein Verhalten befreit, können Julia, Becky und George, Celeste, Tom und Louisa daran arbeiten, ein gesundes, positives Leben zu gestalten. Nach den derzeitigen Forschungserkenntnissen besteht die große Wahrscheinlichkeit, daß sie in diesem neuen, auf einen festen Glauben gegründeten Leben besser imstande sind, sich allen Schwierigkeiten zu stellen und mehr Zufriedenheit und Sinn als je zuvor in ihrem Leben zu erfahren. Mit anderen Worten, sie erfahren eine beträchtlich bessere *Lebensqualität*. Diese Lebensqualität ist ein weiterer Vorzug, den diejenigen genießen, die bereit sind, auf die Quellen des Faktors Glaube zurückzugreifen.

6. KAPITEL

Lebensqualität – In Fülle leben

Gibt es eine Möglichkeit, Menschen garantiert gegen die übermäßig strapazierenden Ereignisse im Leben zu immunisieren oder ein unglückliches Dasein in ein sinnvolles, von Freude erfülltes Leben umzuwandeln? So gern ich diese Frage positiv beantworten würde – ich kann es nicht. Wir mögen im Leben noch so sehr mit Positivem gesegnet sein, Verlusterfahrungen bleiben dennoch niemandem erspart. Jedem Menschen blühen Fehlschläge bei der Arbeit oder in seinen Finanzen, Krisen in wichtigen Beziehungen, Trauer beim Tod eines lieben Menschen und in vielen Fällen die Minderung seiner eigenen Fähigkeiten, wenn er älter wird. Seit Jahrtausenden suchen die Weisen der Menschheit auf allen Gebieten, in der Medizin und den anderen Wissenschaften, in der Religion, Politik und Kunst, nach einem Allheilmittel gegen Schmerz und die Behebung allen Elends. Ja, die Suche nach Erlösung vom Leiden ist ein Grundzug der Daseinserfahrung des Menschen.

Die moderne medizinische Forschung läßt vermuten, daß wir auf einem anderen wichtigen Gebiet des menschlichen Suchens zwar kein Allheilmittel, aber doch eine entscheidende Hilfe finden könnten: bei der Suche nach einem letzten Sinn, die sehr oft zum Glauben an ein göttliches Wesen führt. Wenn wir uns auf die Beziehung „zu Gott, wie wir ihn verstehen" (um eine Formulierung aus der Zwölf-Schritte-Bewegung zu verwenden) einlassen und spirituell als einzelne und als Mitglieder einer Glaubensgemeinschaft wachsen, fangen wir an, uns eines nie dagewesenen Spektrums von Vorzügen zu erfreuen: Wir werden dafür gerüstet, die Schwierigkeiten und dunklen Seiten des Lebens zu meistern, erfahren Sinn und Zweck unseres Daseins und werden fähig, positive, befriedigende Beziehungen mit anderen aufzubauen und zu pflegen.

Die zeitgenössische Kultur hat religiös geprägte Menschen oft als verklemmte, säuerlich dreinschauende Prüde oder mit flammendem Blick durch die Welt schweifende Fanatiker dargestellt. In Wirklichkeit dürfte und müßte eher das Gegenteil wahr sein: Gläubige Menschen sind glücklicher als andere, sie sind mehr vom Leben fasziniert und erfahren ein erfüllteres Menschsein. 1998 wurde das Ergebnis einer Langzeitstudie veröffentlicht[1], bei der man das Leben von 1650 Personen begleitet und die Auswirkungen der Religiosität auf ihr Wohlbefinden untersucht hatte. Diese Studie ist wegen ihres langen Zeitraums bemerkenswert: Die Personen waren *vierzig Jahre* lang begleitet worden, ein Zeitmaß, wie es sonst kaum eine Studie umfaßt. Die Teilnehmer wurden nach ihren religiösen Überzeugungen und Praktiken befragt, und sie sollten den Grad ihrer allgemeinen Zufriedenheit mit dem Leben einschätzen, sowie denjenigen ihrer Zufriedenheit mit Ehe, Arbeit und Gemeinschaft.

Diejenigen unter den Befragten, die regelmäßig zur Kirche gingen, bekundeten ein deutlich höheres Maß an allgemeiner Zufriedenheit mit dem Leben, und diejenigen, die sich als religiös tief gläubig bezeichneten, hatten mit größerer Wahrscheinlichkeit glückliche Ehen. Auch als die Forscher die Angaben daraufhin überprüften, welchen Einfluß Geschlecht und Einkommen auf die Antworten haben konnten, erwiesen sich Gottesdienstteilnahme und starke religiöse Überzeugung als stabile Faktoren für die grundsätzliche Zufriedenheit dieser Personen mit dem Leben.

Auch eine Studie von 1984 über 1500 Personen untersuchte den inneren Zusammenhang zwischen religiös aktivem Leben und allgemeinem Wohlbefinden.[2] Die Teilnehmer wurden gebeten, ihr Glück, ihre Faszination vom Leben und ihre Zufriedenheit mit verschiedenen Aspekten ihres Lebens (Familie, Freundschaften, Gemeinschaft, Hobbys) und ihre körperliche Gesundheit mit Noten zu bewerten. Dabei ergab sich, daß Glück, Faszination und Zufriedenheit proportional sowohl zur Häufigkeit des Gottesdienstbesuchs wie auch zur Stärke der religiösen Überzeugung erschienen, also zu jenen beiden Kriterien für Religiosität, die man bei dieser Studie verwendete. Bei den von dieser Studie erfaßten Afro-Amerikanern war der Zusammenhang zwischen Wohlbefinden und religiös aktivem Leben sogar noch stärker als bei den Weißen.

Die Forscher Jeffrey Levin und K. S. Markides untersuchten den Zusammenhang zwischen Gottesdienstbesuch und Wohlbefinden bei anderen ethnischen Gruppe in Amerika, nämlich bei 750 mexikanischen Amerikanern in San Antonio.[3] Die Teilnehmer füllten Fragebogen aus, in denen es um die Häufigkeit ihres Gottesdienstbesuchs und um Gesundheit, Alter, Erziehung, eheliche Verhältnisse und Zufriedenheit mit dem Leben ging. Häufige Kirchenbesucher, vor allem Frauen, bezeugten eine größere Zufriedenheit mit dem

Leben als diejenigen, die weniger oft oder überhaupt nicht in die Kirche gingen. Dieses Ergebnis, daß Frauen sogar noch stärker durch den Faktor Glaube Zufriedenheit im Leben und allgemeines Wohlbefinden gewinnen, wurde durch eine Reihe weiterer Untersuchungen bestätigt. Eine dieser Studien konzentrierte sich auf jüngere verheiratete Frauen mit wenigstens einem weniger als fünf Jahre alten Kind. Die religiös aktivsten unter den insgesamt 188 befragten Frauen bekundeten das höchste Maß an Zufriedenheit mit dem Leben und Wohlbefinden.[4]

Die Auswirkungen des Faktors Glaube auf Wohlbefinden und Zufriedenheit mit dem Leben werden bei älteren Menschen sogar noch augenfälliger. Bei einer kanadischen Studie über 85 Personen zwischen 65 und 80 Jahren ergab sich, daß die Teilnehmer mit zunehmendem Alter religiös stärker praktizierten und diese Religiosität stark zu ihrem Glück und ihrer inneren Einstellung beitrug.[5] In einer Studie von 1982 über 719 verheiratete oder verwitwete Frauen zwischen 60 und 75 Jahren wurden demographische Eigenarten, Religiosität, Gesundheit und Fruchtbarkeit erfaßt, um die Auswirkung des Umstands, keine Kinder gehabt zu haben, auf ältere Frauen zu erfassen.[6] Die Forscher fanden heraus, daß ein religiös aktives Leben am verläßlichsten eine Zufriedenheit solcher Frauen erwarten läßt. Bei Witwen war unabhängig davon, ob sie Kinder hatten oder nicht, Religion entscheidend für ihr allgemeines Wohlbefinden. Schon früher hatte eine große landesweite Untersuchung von 1493 Personen im Alter von 65 Jahren und darüber durch den Forscher L.Y. Steinitz[7] gezeigt, daß sich bei Frauen und Weißen der Kirchenbesuch positiv auf Glück, Gesundheit und Freude am Leben auswirkte. Unter den von dieser Studie erfaßten Afro-Amerikanern berichteten diejenigen, die sich einer organisierten Religion zuzählten, in höherem Maße als die anderen, sie fänden Erfüllung in ihrem Familienleben, und die Befragten, die an ein Leben nach dem Tod glaubten, äußerten zugleich eine stärkere Zufriedenheit mit dem jetzigen Leben.

Auch bei jüngeren Menschen scheint ein Zusammenhang zwischen religiös aktivem Leben, Lebensqualität und besserer Gesundheit zu bestehen. Forscher untersuchten diesen Zusammenhang bei 299 Studenten an der *University of Western Ontario*. Sie zogen dabei nicht nur die Gefühle des Wohlbefindens in Betracht, sondern auch die Klagen der Studenten über gesundheitliche Beschwerden.[8] Die Studenten, die einer Glaubensgruppe des Campus angehörten, berichteten in höherem Maß von besserer Grundstimmung, größerer Zufriedenheit und weniger Streß als ihre Vergleichspersonen ohne eine solche Zugehörigkeit. Mitglieder von Glaubensgruppen erfreuten sich auch besserer Gesundheit und mußten seltener ärztliche Hilfe oder gar ein Krankenhaus in Anspruch nehmen als die anderen.

Der Zusammenhang zwischen Glaube und Wohlbefinden unterhalb der Oberfläche

Viele der oben zitierten Studien bemessen die Religiosität nach der Häufigkeit des Gottesdienstbesuchs, aber auch nach der persönlichen religiösen Praxis: Privates Gebet, Meditation und das Gefühl einer innigen Beziehung zu Gott sind wichtige Indikatoren dafür. Genau wie Menschen mit einer innerlichen bzw. innerlich authentischen Religiosität stärker in den Genuß der positiven Auswirkungen des Faktors Glaube kommen als solche, die nur äußerlich religiös sind, könnte es auch sein, daß bestimmte Formen der persönlichen Frömmigkeit in höherem Maß zu Glück und Zufriedenheit führen als andere. Bei ihrer Untersuchung des Wohlbefindens von religiös aktiven Menschen hat die Soziologin Margaret Poloma vier Gebetstypen definiert[9]:

1. *Gespräch*: Man spricht formlos mit Gott wie mit seinem besten Freund. Die Beziehung zu Gott zeichnet sich durch ein Gefühl zwangloser Intimität aus.
2. *Bitte*: Man bittet Gott um bestimmte Dinge für sich selbst und andere. Das Gebet ist darauf konzentriert, was Gott einem geben kann.
3. *Ritual*: Man verwendet formelle Gebete oder Riten, wie etwa den Rosenkranz oder Gebete aus einem Gebetbuch. Die Beziehung zu Gott ist formeller.
4. *Meditation*: Man konzentriert seinen Geist längere Zeit auf einen bestimmten Aspekt Gottes, läßt die Gedanken zur Ruhe kommen und weist zerstreuende Gedanken ab. Diese Form des Gebets, auch als *kontemplatives Gebet* bekannt, ähnelt der meditativen Verhaltensweise, die zur „Relaxation Response" führt, wie sie im 2. Kapitel ausführlicher beschrieben wurde.

Dr. Poloma analysierte das Wohlbefinden von 560 Teilnehmern in dieser Studie im County Summit in Ohio, und dabei erfaßte sie auch jeweils den Typus und die Typen des Gebets, die die einzelnen Teilnehmer vorzugsweise praktizierten. Zudem befragte sie die Teilnehmer nach der Häufigkeit ihres Gottesdienstbesuchs, nach ihrer Zugehörigkeit zu einer Kirche und nach ihrer Einschätzung, wie eng sie sich mit Gott verbunden fühlten. Die Teilnehmer, die am häufigsten die Gesprächsform des Gebets bzw. das informelle Gebet verwendeten, äußerten in höherem Maß, sich glücklich zu fühlen; diejenigen, die das meditative Gebet bevorzugten, sprachen mit größerer Wahrscheinlichkeit davon, daß Religion sie erfülle und sie sich grundsätzlich wohlfühlten, oder daß sie einen Sinn in ihrem Leben sähen und zufrieden seien. Diejenigen, die nur Bittgebete oder formelle, rituelle Gebete sprachen, äußerten in geringerem Maße, sie seien glücklich und fühlten sich in ihrem Leben zufrieden.

Diese Ergebnisse deuten darauf hin, daß für das Wohlbefinden die Wahrnehmung der *Beziehung zu Gott* bedeutsam ist, wie sie sich im Gebet ausdrückt. Wenn man sich Gott nur als große göttliche Appellationsinstanz vorstellt, von der man auf seine Bitten positive oder abschlägige Bescheide erhält, oder wenn man das Gefühl hat, man könne mit Gott nur über Gebetsformeln in Verbindung treten, die von anderen verfaßt worden sind, ist die Wahrscheinlichkeit geringer, daß man aus seinem Glauben tiefe Glücksgefühle bezieht. Wenn man andererseits in Gott einen Freund sieht, mit dem man jederzeit über alles reden kann, oder wenn man über die Eigenart Gottes und seine Güte meditiert, findet man bei seinem Gebet und in seinem Leben eher zu einem tiefen Gefühl der Zufriedenheit und sogar Freude.

Zu ähnlichen Ergebnissen kommt eine Studie des Forschers C. G. Ellison, der aus einer landesweiten Auswahl von Teilnehmern bei 1481 Personen den Zusammenhang von Glaube und Wohlbefinden untersuchte.[10] Wie die meisten der Untersuchungen über das Wohlbefinden der Menschen ergab auch Ellisons Studie, daß Glück und Zufriedenheit im Leben mit dem Gottesdienstbesuch zusammenhingen, und er entdeckte zudem eine starke Verbindung zwischen Zufriedenheit und dem Gefühl der Intimität mit Gott. Wenn man nur aus dem Grund zur Kirche oder Synagoge geht, „um eben seine Pflicht zu erfüllen" oder sich an die sozialen Gepflogenheiten zu halten, wirkt sich das weniger positiv aus, als wenn man am Gottesdienst teilnimmt und dabei eine intensive persönliche Beziehung zu Gott pflegt.

Da die Natur unserer Gottesbeziehung von unserem Gottesbild abhängt, neigen Menschen, die sich Gott vor allem als liebendes Wesen vorstellen, stärker dazu, eine enge innere Beziehung zu ihm zu haben und daher auch mehr innere Zufriedenheit zu empfinden. 1990 erschien eine Untersuchung über 115 Frauen und 91 Männer in Deutschland, bei der die Forscher das Gottesbild der Teilnehmer in Betracht zogen, sowie ihre allgemeine Zufriedenheit mit dem Leben, ihr Gefühl

der Einsamkeit und eventuelle neurotische Züge.[11] Entgegen der weit-
verbreiteten Auffassung, daß religiöse Menschen neurotischer sind als
nichtreligiöse, ergab diese Studie, daß, je religiös engagierter die Teilnehmer waren, um so geringer ihre neurotischen Züge waren. Menschen, die Gott in erster Linie als liebevoll und hilfreich betrachteten,
berichteten weniger von Gefühlen der Einsamkeit und äußerten häufiger, mit ihrem Leben zufrieden zu sein. Umgekehrt sprachen die Menschen, die Gott eher als strafenden Richter sahen, öfter von Gefühlen
der Einsamkeit und Unzufriedenheit.

Ein Grund zum Leben

Im 2. Kapitel haben wir gesagt, daß eine der Komponenten des Faktors
Glaube darin bestehe, *Sinn* zu eröffnen. Ohne das Gefühl, ihr Leben
habe einen Sinn, leiden Menschen psychisch und spirituell. Wenn wir
erfüllt leben wollen, müssen wir wissen, daß wir für jemanden oder
etwas wichtig sind. Vielen gläubigen Menschen verschafft Religion das
Gefühl, ein sinnvolles Leben zu führen, einen Lebenszweck zu erfüllen und für schwierige Erlebnisse eine sinnvolle Deutung zu finden.
Oft finden Menschen ihren Daseinszweck darin, anderen zu helfen,
vor allem solchen, die ähnliche Schicksalsschläge wie sie selbst erlitten haben. Wir sehen das im Fall des genesenden Alkoholikers, der
sich gemäß dem Zwölften Schritt des Zwölf-Schritte-Programms eines
anderen Alkoholikers annimmt. Für die Gründer der Anonymen Alkoholiker machte der Dienst an anderen einen wesentlichen Bestandteil
ihres Heilungskonzepts aus. Meine Patienten berichten mir immer
wieder, wie viel Zufriedenheit es ihnen schenkt, wenn sie sich um andere kümmern, sei es, daß sie sich anderer Entzugspatienten annehmen oder Obdachlose, neu angekommene Einwanderer, Asylanten,
Kranke oder irgend sonst notleidende Menschen betreuen.

◆ Wenn sie Möglichkeiten finden, anderen zu helfen, können selbst
kranke und behinderte Menschen das Gefühl gewinnen, daß ihr Leben einen Sinn hat. Meine 39-jährige Patientin Melanie leidet unter
dem chronischen Ermüdungssyndrom. Früher besaß sie ein blühendes
Einzelhandelsgeschäft, heute kann Melanie nicht mehr arbeiten. Wenn
sie einen guten Tag hat, schafft sie es gerade, bis zum Lebensmittelgeschäft zu fahren oder mit ihrem Hund einen halben Kilometer spa-
zierenzugehen. Die Symptome dieser rätselhaften Krankheit: Außerge-

wöhnliche Erschöpfung, Muskelschmerzen, Fieber- und Schüttelfrost-anfälle, Depressionen, Konzentrationsschwierigkeiten, haben diese früher dynamische junge Frau gezwungen, sich jetzt im Schneckentempo zu bewegen.

„Manchmal ist das einzige, was ich tun kann, mich aus dem Bett zu hieven", erzählte sie mir bei einem Routinebesuch in der Sprechstunde. „Gestern habe ich es fertiggebracht, morgens nach dem Aufstehen die Haare zu waschen – aber dann mußte ich mich gleich wieder längere Zeit hinlegen."

Melanie sagte mir, daß sie sehr ihrem früheren Leben nachtrauere, nicht nur ihrem sehr engagierten Berufsleben, sondern auch ihren vielseitigen Tätigkeiten in der Kirchengemeinde, was jetzt alles wegen der Krankheit nicht mehr möglich sei.

„Früher hatte ich in der Gemeinde die Obdachlosenbetreuung in der Hand", erzählte sie mir. „Ich gab in der Sonntagsschule Unterricht und sang auch im Chor mit, und das alles zusätzlich zu einer 70-Stunden-Arbeitswoche. Aber jetzt bin ich zu überhaupt nichts mehr fähig. Ich kann mich derart schlecht konzentrieren, daß ich nicht einmal mehr so viel in der Bibel lesen kann, wie ich das gern möchte."

„Melanie, ich weiß, daß Sie gern aktiver sein möchten", sagte ich zu ihr. „Und ich hoffe, daß die medikamentöse Behandlung Ihnen hilft, sich wieder besser zu fühlen. Aber bis es so weit ist, schlage ich Ihnen etwas vor. Ich denke, auch solange Sie im Bett liegen müssen, könnten Sie einen ungemein wichtigen Dienst versehen."

„Was soll das sein?" fragte sie mich. „Ich hoffe, sie meinen damit nicht irgendeinen Telefondienst, denn auch das kostet mich zu viel Kraft."

„Nein, ich meine keinen Telefondienst", entgegnete ich. „Aber Sie könnten beten, und zwar für sich selbst und für andere Menschen, selbst wenn es Ihnen gerade körperlich besonders schlecht geht." Ich erzählte Melanie von wissenschaftlichen Beobachtungen, daß das Beten sich positiv auf Gesundheit und Wohlbefinden auswirken kann. „Sie könnten für Menschen beten, die krank und einsam sind oder unter starken Belastungen leiden. Das könnte auch Ihnen helfen, selbst wenn Sie gezwungen sind, den ganzen Tag im Bett zu bleiben."

„Ja, natürlich könnte ich das tun", meinte Melanie. „Ich könnte mir eine Liste mit Gebetsanliegen machen und sie mir ans Bett legen. Wenn ich dann zu gar nichts anderem fähig bin, kann ich für diese Menschen beten."

Bei ihrem nächsten Besuch erzählte mir Melanie, ihr Dienst des Betens für andere vermittle ihr sogar an ihren schlimmsten Tagen das

Gefühl, für etwas gut zu sein. Ganz besonders wurde sie dadurch ermutigt, daß sie einige der Menschen, für die sie gebetet hatte, angerufen und ihr berichtet hatten, ihre Gebete für sie seien erhört worden. Wir können natürlich nicht wissen, ob es tatsächlich Melanies Gebete waren, die die Ergebnisse zustande brachten. Jedenfalls ist klar, daß sie aus dieser Aufgabe, für andere zu beten, das befriedigende Gefühl bezieht, eine wichtige Aufgabe zu erfüllen, was ihr bislang mit dieser behindernden Krankheit gefehlt hatte.

Natürlich widmen sich nicht nur religiös motivierte Menschen wie Melanie dem Dienst anderer, wohl aber fördert aktives Glaubensleben eine altruistische Grundhaltung, die Menschen das Gefühl gibt, etwas Sinnvolles und Hilfreiches zu tun. Eine Untersuchung bei Studenten an der *Wilfred Laurier-University* in Ontario[12] hat ergeben, daß Studenten mit einer tief innerlichen religiösen Einstellung mit größerer Wahrscheinlichkeit zu Einsätzen sowohl in kirchlichen wie zivilen Wohltätigkeitseinrichtungen bereit waren als Studenten mit einer eher äußerlichen Religiosität.

In einer besonders eindrucksvollen Studie über 663 männliche Teilnehmer aus einer von einem Tornado heimgesuchten Stadt stellten Forscher fest, daß das aktive religiöse Leben in proportionalem Verhältnis zur Hilfsbereitschaft für andere stand.[13] Die Teilnehmer wurden unter anderem darüber befragt, wie oft sie schon anderen bei Autopannen geholfen, Geld für Wohlfahrtseinrichtungen gespendet und notleidenden Familien mit Lebensmittelgaben geholfen hatten; ferner, wie und in welchem Ausmaß sie sich in der akuten Notlage nach dem Tornado bei Hilfsaktivitäten beteiligt und bei Notdiensten mitgemacht hatten, die nicht direkt mit ihrer persönlichen beruflichen Tätigkeit zusammenhingen. Es zeigte sich, daß die Häufigkeit der Teilnahme am Gottesdienst und die persönliche Frömmigkeit in engem innerem Zusammenhang mit dem Maß zu helfen standen, sowohl unter normalen Verhältnissen wie in der Notstandssituation nach dem Tornado.

Obwohl in unserer Gesellschaft die Mentalität vorherrscht, immer nur auf Rekorde zu schauen, sind die zufriedensten Menschen doch diejenigen, die in alltäglichen Dingen das Gefühl finden, ihr Leben habe einen Zweck und Sinn, wozu fast immer auch gehört, daß sie anderen Menschen helfen, ganz gleich, ob es sich bei diesen „anderen" um Angehörige, Bekannte oder Fremde handelt. Alle großen religiösen Traditionen betonen, wie wichtig es sei, sich um andere zu kümmern; die meisten religiösen Gemeinschaften haben Wohlfahrtseinrichtungen aufgebaut, etwa um Hungernde zu versorgen oder sich um Kranke zu kümmern. So überrascht es nicht, daß der Faktor Glaube unser eigenes Gefühl des Wohlbefindens und der Zufriedenheit mit dem Leben verstärkt. Lebendiges Glaubensleben führt uns immer wieder unvermeidlich dazu, anderen Gutes zu tun, und das tut auch uns selbst sehr gut.

◆ Wenn jemand überhaupt nicht das Gefühl hat, sein Leben erfülle einen Zweck, kann das dazu führen, daß er sein Dasein als überflüssig und sinnlos empfindet. Das kann emotional verheerende Folgen haben, vor allem, wenn das Lebensende näher rückt. Unlängst hatte ich mit einer neuen Patientin zu tun, bei der es sich um einen der traurigsten Menschen handelte, den ich je kennengelernt habe. Ellen, eine Frau Mitte sechzig, hatte Lungenkrebs. Ihr Onkologe behandelte sie mit Chemotherapie und Bestrahlung; aber sie bedurfte einer zusätzlichen Behandlung, weil sie über starke Unterleibsbeschwerden und ständiges Erbrechen klagte. Wie bei einer solchen Patientin fast nicht anders zu erwarten, war Ellens Grundgefühl von Lustlosigkeit und Traurigkeit geprägt.

„Wie gehen Sie mit Ihrer Krankheit um?" fragte ich sie.

„Mein Arzt hat mir gesagt, sie sei tödlich", sagte sie mir ganz nüchtern. „So habe ich mein Leben überdacht, und ich muß Ihnen sagen, die Gesamtsumme ist gleich Null. Ich finde darin überhaupt nichts Konstruktives."

„Erzählen Sie mir doch ein bißchen mehr über Ihr Leben", bat ich sie.

Ellen fing einigermaßen lustlos an, mir ihren Lebenslauf zu schildern. Sie habe nie geheiratet und auch keine Kinder gehabt, und jetzt bedauere sie das. „Ja, ich hatte nicht einmal richtige Freunde", erzählte sie weiter. „Beruflich hatte ich immer nur Jobs zum Geldverdienen, mehr war das nie. Einen rechten Inhalt, einen wirklichen Sinn hatte mein Leben eigentlich nie."

Weil Ellens Krebs als tödlich diagnostiziert war, dachte ich, es sei wichtig, sie auch auf ihr spirituelles Leben anzusprechen. „Ellen, glauben Sie an Gott?" fragte ich sie.

„Eigentlich nicht so richtig", sagte sie. „Ich bin römisch-katholisch aufgewachsen, und als ich älter wurde, wechselte ich zur Lutherischen Kirche, aber im Grunde war der Unterschied für mich nicht groß. Ich gehe in überhaupt keine Kirche mehr, und das schon sei vielen Jahren."

Ich fragte Ellen, wie sie über ein Weiterleben nach dem Tod denke.

„Ich glaube, das besteht einfach darin, daß man ausruht", gab sie zur

Antwort. „Ich glaube nicht an ein besonderes Glück danach oder einen regelrechten Himmel. Man ruht einfach aus."

Was mich besonders schmerzlich beim Anhören ihrer Aussagen berührte, war dieser „so ist es nun einmal"-Ton in ihrer Stimme, dieses Gefühl absoluter Banalität und Sinnlosigkeit ihres Lebens. Nachdem ich mich ausführlich mit ihr unterhalten und sie untersucht hatte, überlegte ich mir, ob es richtig wäre, ihr ein Antidepressivum zu verschreiben, kam jedoch zu dem Schluß, daß sie nicht die Kriterien für depressives Verhalten erfülle. Sie hatte schlicht keinen Sinn in ihrem Leben entdeckt und sah dem Ende eines inhaltsleeren Daseins entgegen, ohne sich aus einem Leben danach einen Trost dafür zu erhoffen.

Ellen hatte es zwar mit Religion versucht. Aus Gründen, die sie nicht erklären konnte, entsprach sie jedoch nicht ihren Bedürfnissen. Den Halt durch die Gemeinschaft und einen Lebenszweck kann man natürlich auch außerhalb von Religion finden, aber Ellen war auch das nicht gelungen. Ich muß schlicht sagen, daß ich nicht weiß, warum sie für ihr Leben keinen Sinn fand oder warum ihr religiöses Leben nie über einen gelegentlichen Kirchenbesuch hinauskam; aber ich hoffe, daß ich sie im Lauf unserer Beziehung noch gründlicher verstehen lerne und ihr vielleicht doch helfen kann, selbst noch im Sterbeprozeß einen Funken Hoffnung zu finden.

Natürlich müssen wir alle sterben, und jeder Tag bringt uns unaufhaltsam unserem eigenen Tod einen Schritt näher. Doch bei Menschen mit einer tief religiösen Überzeugung ist die Wahrscheinlichkeit wesentlich höher, daß sie, mit Jesu Worten gesprochen, „das Leben haben, und es in Fülle haben" (Johannes 10,10). Wenn man für sein Leben einen Sinn erkennt, wird man zufriedener und ist auch, wie viele Untersuchungsergebnisse zeigen, körperlich und psychisch gesünder.

Mit dem Leben zurechtkommen

Wie wir in den bisherigen Kapiteln gesehen haben, gibt es sehr viele wissenschaftliche Studien, die belegen, daß es eindeutig meßbare positive Auswirkungen des Faktors Glaube auf die körperliche und seelische Gesundheit gibt. Betrachten wir jetzt genauer, wie der Faktor Glaube Menschen dabei stärkt, einige der größten Krisen im Leben besser zu meistern: schwere Erkrankung, Behinderung, Sorge um einen kranken oder behinderten Angehörigen sowie Trauer.

Schwere Erkrankung und Behinderung

Wenn ich einem Patienten an den Ellbogen oder das Knie klopfe, erwarte ich bei einem neurologisch gesunden Menschen einen unwillkürlichen Reflex des Armes oder Beines auf diesen Reiz. Als meine Kinder noch klein waren, machte ihnen dieser Reflex so große Freude, daß sie immer wieder wollten, ich solle sie am Knie oder Ellbogen antippen, „nur so zum Spaß". Laut einer Lebensweisheit sowie auch etlicher klinischer Studien gibt es bei Menschen, die vom Hammer der Krankheit angeschlagen werden, einen entsprechenden „religiösen Reflex". Viele Menschen richten sich instinktiv nach Gott aus, wenn sie von einer Krankheit befallen werden. Nach einer Untersuchung an 114 Jugendlichen im *Children's Hospital National Medical Center* in Washington beten sogar Teenager, wenn sie krank werden, und je stärker ihre Erkrankung ist, desto mehr Wert legen sie auf religiöse Erfahrungen.[14] Bei einer anderen Studie, die ein Forschungsteam unter Theresia Saudia, einer Krankenpflegerin bei der Air Force, unternahm, ergab sich, daß 97% der Patienten, die vor einer Bypass-Operation der Herzkranzarterien standen, das Gebet als „sehr hilfreich" dafür empfanden, mit ihrer Krankheit und der bevorstehenden Operation zurechtzukommen.[15]

Die Neigung zum Gebet im Falle der Konfrontation mit einer schwereren Erkrankung ist bei Älteren sogar noch ausgeprägter. Bei einer Untersuchung von 80 Frauen im Alter von über 65 Jahren fanden die Forscher heraus, daß bei ihnen die am häufigsten geäußerte Einzelreaktion, um sich mit ihrer physischen Erkrankung auseinanderzusetzen, das Gebet war.[16] Den Teilnehmerinnen wurde die Frage gestellt: „Was hat Ihnen geholfen, als Sie sich vor dieses schwere gesundheitliche Problem gestellt sahen?" Die häufigste Antwort, die 85% der Teilnehmerinnen gaben, lautete: „Gott". Im Vergleich dazu äußerten nur 60%: „eine Freundin/ein Freund", 57% nannten einen Familienangehörigen, 28% einen Seelsorger.

Eine Untersuchung von 1990 durch L. B. Bearon und Harold Koenig bestätigte diese Erkenntnisse.[17] Diese Forscher befragten vierzig Männer und Frauen zwischen 65 und 74 Jahren in Durham (North Carolina). Sie befragten sie über ihre körperlichen Symptome und darüber, ob sie wegen ihrer Krankheitssymptome gebetet hätten. 53% der Teilnehmer sagten, sie hätten über ihre Krankheitssymptome gebetet; von denen, die wegen dieser Erkrankung einen Arzt konsultiert hatten, hatten 63% darüber gebetet. Zudem gaben 78% an, sie glaubten, die Gesundheit sei ein Segen Gottes.

Wir wissen, daß junge wie alte Menschen auf religiöse Kraftquellen zurückgreifen, wenn sie sich vor die Aufgabe gestellt sehen, mit ihrem Kranksein zurechtzukommen. Aber welcher spezifische Aspekt von Religion hilft ihnen dabei? Nach einer Untersuchung mit 586 Patienten aus Kirchen des mittleren Westens der USA durch Kenneth Pargament und seine Kollegen[18] sind die folgenden Elemente von Religion für das Zurechtkommen mit dem Kranksein die hilfreichsten:

- *Der Glaube an einen gerechten, liebevollen Gott.* Wir sehen hier wieder, wie wichtig das Gottesbild ist: Menschen, die Gott eher als ein richtendes, strafendes Wesen sehen, finden in Zeiten erhöhter Belastung in der Religion weniger Trost.
- *Die Erfahrung, im Prozeß des Zurechtkommens mit Krankheit Gott als hilfreichen Partner zu haben.* Wenn Gott liebevoll und fürsorglich ist, folgt daraus, daß wir ihn als echten Helfer erfahren können, als jemanden, der uns in Zeiten der Not helfend beisteht. Im Vergleich dazu ist ein Gottesbild, das Gott als den „Erfinder der Weltmaschine" betrachtet, der sich nach der Erschaffung des Universums zurückgezogen und dieses sich selbst überlassen hat, ohne daß er sich noch weiter um seinen Lauf kümmert, wesentlich weniger trost- und hilfreich.
- *Die Pflege von Ritualen.* Wie im 2. Kapitel dargestellt, haben Rituale als Bestandteil des Faktors Glaube deutlich besänftigende und beruhigende Wirkungen. Die Untersuchung von Pargament zeigt, daß Personen, die an Gottesdiensten und besonderen Ritualen wie etwa Heilungsgottesdiensten teilnehmen, offensichtlich stark von ihrem Glauben profitieren, wenn sie in Situationen starker Belastungen geraten.
- *Die Tatsache, daß die Religion dem Suchenden spirituellen und persönlichen Halt bietet.* Diese Untersuchung scheint darauf hinzuweisen, daß unsere Suche nach religiösem Halt und unsere Hoffnung, diesen in einer Religion zu finden, tatsächlich mit besonders großer Wahrscheinlichkeit von ihr erfüllt wird.

Menschen, die beten, und vor allem solche, die in ihren Kirchen und Synagogen beten, aktivieren diese Mechanismen der religiösen Bewältigung. Dadurch stellen sie sich ihrer Krankheit mit größerer Belastbarkeit und verfallen weniger häufig Gefühlen der Hilflosigkeit, Depression und Verzweiflung, die häufig das Krankwerden begleiten. Selbst unter Umständen, die nach hochtechnischen medizinischen Eingriffen wie Herztransplantation und Hämodialyse verlangen, kann der Glaube eine maßgebliche Rolle spielen. In einer im 1. Kapitel bereits erwähnten Studie[19] untersuchte der Forscher M.E. O'Brien die Rolle des religiösen Glaubens im Leben von Patienten, die eine langzeitliche Hämodialyse mitmachen mußten, eine zeitraubende Prozedur, die bei Patienten mit Nierenversagen mehrmals wöchentlich nötig ist. Die Studie dokumentierte Gefühle der Ohnmacht bei den Patienten: einen der häufigsten Gefühlszustände bei Menschen, die auf die Dialyse angewiesen sind, weil sie schließlich mit dem Eindruck leben, die Dialyseapparate bestimmten ihr Leben. Alles, was sie vorhaben, wird einschneidend von der Notwendigkeit eingeschränkt, regelmäßig zur Dialyse zu gehen, die oft bis zu einem halben Tag lang dauern kann. Die Folgen sind oft soziale Isolation und Rückzug aus dem Leben mit anderen. Infolge der Ohnmacht, die Dialysepatienten empfinden, lassen sie oft auch auf den Gebieten ihres Lebens, die sie noch unter Kontrolle haben, die Zügel schleifen. Das führt häufig zu Depressionen; bei manchen führt es auch zur Minderung ihrer Bereitschaft, sich an die von der Medizin her notwendige und lebensrettende Ordnung zu halten.

Allerdings zeigte sich in der Studie deutlich, daß ausgesprochen religiös orientierte Menschen mit den Einschränkungen ihres Leben bedeutend besser zurechtkamen. Patienten, die mehrmals wöchentlich zum Gottesdienst gingen, behielten den höchsten Grad an sozialer Interaktion bei und arrangierten sich auch am besten mit den Notwendigkeiten ihrer aufwendigen medizinischen Behandlung. Diejenigen, die angaben, ihr Glaube sei ihnen „immer wichtig", berichteten im geringsten Maß von Gefühlen der Ohnmacht, von sozialer Isolierung und Entfremdung. Bei 27% der Patienten nahm Religion im weiteren Verlauf ihres Krankheitszustandes an Bedeutung zu; sie „verzweifelten nicht an Gott", wenn sie krank wurden, sondern es war eher so, daß sie in ihrem spirituellen Leben mehr Sinn und Halt als in ihrem bisherigen Leben fanden.

Forscher, die die Rolle von Religion hinsichtlich eines langfristigen Gesundbleibens und Wohlbefindens von vierzig Herztransplantations-Patienten untersuchten, kamen zu ganz ähnlichen Ergebnissen.[20] Die Patienten wurden dreimal befragt: zwei Monate, sieben Monate und zwölf Monate nach ihrer Herztransplantation. Bei denjenigen, die bei ihrer ersten Befragung starke religiöse Überzeugungen zum Ausdruck gebracht hatten, war die Wahrscheinlichkeit größer, daß sie sich in besserem körperlichem Allgemeinzustand befanden sowie weniger gesundheitliche Probleme und weniger Schwierigkeiten damit hatten, sich an ihre von der Medizin her notwendige anspruchsvolle Lebensweise zu halten, als bei denjenigen, die weniger stark religiös ausgerichtet waren. Patienten, die häufig an Gottesdiensten teilnahmen, hatten weniger Ängste als andere.

Wie im 1. Kapitel bereits erwähnt, fanden Forscher ähnliche positive Auswirkungen des Glaubens in einer Studie über Patienten mit Schädigungen der Wirbelsäule.[21] Von den untersuchten hundert Querschnittsgelähmten und Quadriplegikern äußerten die stärker religiös Orientierten in weit höherem Maß, sie fühlten sich wohl. Auch andere Faktoren spielten mit, darunter höheres Einkommen und ein höheres Maß an sozialen Beziehungen. Viele der Befragten sagten den Forschern, sie hätten in ihrer Krankheit und Behinderung auch einen positiven Sinn erkannt – ein gutes Beispiel dafür, wie man auch aus schlimmen Situationen etwas Gutes gewinnen kann.

Bei älteren Frauen mit Hüftoperationen beschleunigte der Faktor Glaube den Genesungsprozeß.[22] Die Forscher verwendeten bei dieser Umfrage zur Messung des Grades der religiösen Überzeugung der Patientinnen eine dreistufige Skala, den sie als „Index of Religiousness" bezeichneten. Gefragt wurde unter anderem nach der Häufigkeit der Teilnahme an Gottesdiensten, nach der Selbsteinschätzung der Patientinnen, wie stark religiös orientiert sie seien, und in welchem Maß sie Stärke und Trost von Gott bzw. aus ihrem Glauben bezogen. Diejenigen Frauen, die nach dieser Skala ziemlich hoch abschnitten, konnten zum Zeitpunkt ihrer Entlassung schon deutlich weiter gehen als diejenigen, die sich wesentlich niedriger eingestuft hatten, und diejenigen, die häufiger zur Kirche gingen, neigten deutlich weniger zu Depressionen, ganz unabhängig davon, wie krank sie waren.

Das hohe Maß, in dem der Faktor Glaube Menschen hilft, sich mit ihrer Krankheit auseinanderzusetzen, überrascht nicht, wenn man bedenkt, daß eine schwere Krankheit spirituell einen Krisenzustand bedeutet, eine Sinnkrise. Solange es uns gut geht, können wir relativ unabhängig bleiben und unsere Selbstwertgefühle und unseren Lebenssinn aus unserem Wirken in der Welt beziehen, aus unserer Rolle in der Familie, unseren Hobbys und ehrenamtlichen Tätigkeiten. Werden wir jedoch von einer schweren Krankheit geschlagen, so fallen etliche oder sogar alle diese Quellen der Zufriedenheit weg. Wir können dann unser Selbstwertgefühl nicht mehr von unseren Leistungen her beziehen; ja, vielleicht können wir sogar nicht einmal mehr selbst für unseren eigenen Körper sorgen. Daher führt eine schwere Erkrankung die meisten Menschen in die große Not, ganz neu einen Sinn und Zweck ihres Lebens zu finden. Viele sehen sich gezwungen, ihre Lebensgewohnheiten radikal umzustellen.

◆ Meine Patientin Loreta und ihr Mann Clarence mußten eine solche Umstellung vornehmen, als Loretta zum ersten Mal in ihrem Leben schwer erkrankte. Clarence rief den Notarzt, und dann begann ihr Weg durch eine lebensbedrohliche Krankheit.

Loretta und Clarence, beide zur Zeit, als die Krankheit ausbrach, Ende fünfzig, sind Afro-Amerikaner, die im Stadtteil Anacostia von Washington wohnen. Sie sind stolze Eltern von fünf Kindern und Großeltern von zehn Enkelkindern und haben während ihrer dreißigjährigen Ehe hart gearbeitet, um ihr bescheidenes Heim finanzieren, ihre Kinder gut erziehen und ihrem Gott dienen zu können. Bevor sie heirateten, bat Loretta Clarence, mit ihr zum Gottesdienst zu gehen. Von da an pflegte das Paar gemeinsam ein tiefes Glaubensleben und beteiligte sich rege am Leben seiner Pfingstgemeinde. Clarence war Sicherheitsmann im Hauptquartier einer großen landesweit verbreiteten Firma; 1975 verspürte er den Ruf, Pfarrer zu werden. Er behielt seinen regulären Beruf bei, aber abends und an den Wochenenden predigte er, besuchte die Kranken, hielt an einer kleinen Kirche Gottesdienste und versah die vielen anderen Pflichten eines Hirten seiner Herde, und das bei geringer Bezahlung, ja weithin umsonst. Loretta kümmerte sich um den Haushalt und die Kinder und engagierte sich sehr stark ehrenamtlich in deren Schulen. Um nebenher selbst etwas zu verdienen, betrieb sie auch noch einen Babysitter-Dienst.

„Ich bezog meine Befriedigung daraus, anderen zu helfen", erzählte mir Loretta. „Ich sagte mir immer: ‚Wenn ich jemand auf seinem Weg helfen kann, hat auch mein Leben einen Sinn.'"

Als ich unlängst ihr Arzt wurde, erzählten mir Clarence und Loretta die Geschichte ihrer Krankheit, die vor vier Jahren plötzlich ausgebrochen war. „Loretta hatte an dem Tag schreckliche Kopfschmerzen und war ziemlich verwirrt. Dann wurde sie plötzlich ohnmächtig. Ich rief einen Krankenwagen. Sie brachten sie ins *D. C. General Hospital*", sagte Clarence. Später erfuhr er, daß Lorettas Herz während ihres Aufenthalts im Notaufnahmeraum zweimal ausgesetzt hatte. „Sie untersuchten sie und stellten fest, daß sie in einer sehr kritischen Verfassung war. Sie hatte einen Gehirntumor von der Größe eines Hühnereis. Der Arzt sagte mir, sie könnten sie hier nicht operieren, und so verlegten sie sie ans *Howard University Hospital*."

Als Loretta mir aus ihrer Erinnerung an diese ersten Stunden nach dem Ausbruch ihrer Krankheit erzählte, sprach sie mit sehr rauher Stimme, weil ihr durch einen Luftröhrenschnitt ein Atemschlauch eingeführt worden war: „Ich hörte meinen Mann und die Kinder im Warteraum des Hospitals schluchzen und dachte bei mir: ‚O Gott, was kann ich ihnen sagen? Wie kann ich ihnen nur zureden?' Mir war gar nicht klar, wie schlimm es um mich stand. Als sie hereinkamen, um mich zu sehen, sagte ich zu ihnen: ‚Macht euch um mich keine Sorgen. Ich bin in Gottes Hand.' Das war das einzige, was mir einfiel."

Clarence bat die Mitglieder seiner Kirche, für Loretta zu beten. „Die ‚Heiligen' beteten; sie hielten auch ein Fasten und beteten dabei um ihre Genesung." Jedes Gemeindemitglied hielt für Loretta ein zwei- oder dreitägiges Ganzfasten. Clarence erklärte dazu: „Die Kirche setzt ein Fasten an, wenn sie Gott inständig um eine Heilung bitten will. Nach Aussage der Bibel erhört Gott die Gebete der Gerechten. Das Fasten rührt Gott, wenn ein Kind Gottes in schlimmer Verfassung ist. Er kennt das Herz seiner Kinder, und die Gebete der Gerechten veranlassen ihn zum Eingreifen."

Clarence und Loretta glauben, daß die Gebete der Gemeindemitglieder erhört wurden und zu der Genesung Lorettas führten, von der alle ihre Ärzte überrascht waren.

„Der Arzt kam aus dem Operationssaal und sagte, alles sei gut gegangen", erzählte mir Clarence. „Er war ganz erstaunt darüber, wie gut sie die Operation überstanden hatte. Es hätte auch leicht ganz anders gehen können, meinte er. Er sagte mir, sie hätten so viel wie möglich von dem Tumor herausgeschnitten."

Aber Lorettas schwere Prüfung war damit noch lange nicht zu Ende. Sie wurde zur Langzeit-Physiotherapie in ein anderes Krankenhaus überwiesen. Clarence kamen die Tränen, als er mit ansah, wie Schwestern und Pfleger Loretta umbetteten.

„Zunächst mußten sie sie in Gurte hängen, um sie überhaupt ins Bett und aus dem Bett bringen zu können. Sie war nur mehr ein lebloser Körper, der in der Luft hing. Als ich sie so anschauen mußte, konnte ich meine Tränen nicht zurückhalten. Sie war im Zustand eines gerade neugeborenen Kindes."

Nach der Gehirnoperation konnte Loretta eine Zeit lang nicht sprechen oder lesen; aber zur Überraschung der Ärzte kam ihr Sprechvermögen schnell wieder, obwohl ihre Aussprache undeutlich war. Sie erinnerte sich an die Namen ihres Mannes und ihrer Kinder und sprach sie laut aus.

„Dann erinnerte ich mich wieder an meine Telefonnummer", sagte sie lächelnd, „und ich rief meinen Mann an einem Samstag daheim an. Das ist der Tag, an dem wir Gottesdienst halten. Ich sagte: ‚High, Dad!' Aber er dachte gar nicht, daß ich es sein könnte. Er konnte es gar nicht glauben! Ich fragte ihn: ‚Gehst du heute in die Kirche?' Er sagte: ‚Ja', und ich bat ihn, für mich beim Gebet ein Wörtlein einzulegen."

Heute ist sie an einen Rollstuhl gefesselt und auf der linken Seite leicht gelähmt. Der Luftröhrenschnitt erschwert ihr das Sprechen, aber trotz dieses Hindernisses ist sie eine lebhafte, offene Frau mit einem bewundernswerten Schuß Humor. Als sie unlängst einmal bei mir in der Sprechstunde war, fragte ich sie, ob sie während ihrer Genesungszeit gegen Depressionen anzukämpfen hatte.

„Ja, das hatte ich", erzählte sie, „aber wenn man diese Last eine Zeit lang getragen hat, geht einem auf, daß man nichts dagegen tun kann. Entweder bleibt man dann dabei, oder man reißt sich zusammen. Ich habe mich zusammengerissen. Jetzt habe ich meine guten und auch meine schlechten Tage. Ich bin fest entschlossen, mich auf alles Gute zu konzentrieren und das Schlechte zu vergessen. Gegen die negativen Dinge in meinem Leben kann ich sowieso nichts tun."

„An was denken Sie, wenn Sie sich auf das Gute in ihrem Leben konzentrieren?" fragte ich weiter, weil ich mehr darüber wissen wollte, wie diese Frau mit ihrer starken Ausstrahlung ihr Leben meisterte.

„Ich denke an die Güte Jesu und an alles, was er für mich getan hat", sagte sie. „Ich denke daran, was sie Jesus angetan haben, wie sie ihn ans Kreuz genagelt haben. Ich denke an die Mühsale, die er erlitten hat. Dann sage ich mir selbst: ‚Wenn er das alles überstanden hat, dann kann ich das mit seiner Hilfe auch.'"

„Amen", pflichtete ihr Mann bei. „Gott war mit uns immer gut. Er ist treu! Die Ärzte können gar nicht glauben, wie gut sie sich wieder gemacht hat. Sie schauen sie an und sagen: ‚Loretta, Sie sind ein Wunder!'"

Aber weder Loretta noch Clarence stellen in Abrede, daß sie gewaltig gelitten haben. Loretta sehnt sich so danach, wieder gehen zu können. Auch ist es für sie ein schwerer Verzicht, daß sie nicht mehr in ihren von Freude erfüllten, feierlichen Gottesdiensten mitsingen kann: „Ich habe doch so gern gesungen", sagte sie mir mit einem Beiklang von Traurigkeit. „Aber jetzt klinge ich wie ein Frosch! Wegen des Luftröhrenschnitts."

„Ja, das ist leider so", pflichtete ich ihr bei, „aber wenn man den Schlauch eines Tages wieder entfernen kann, können Sie vielleicht auch wieder singen."

„Meinen Sie, mein Gehirn lernt es wieder, richtig mit meinem Körper zusammenzuarbeiten?" fragte sie mich. „Wissen Sie, manchmal weiß ich genau, was ich sagen will, aber es kommen die falschen Worte heraus. Ich möchte vielleicht sagen: ‚Bitte, gib mir das Handtuch von da drüben', und in Wirklichkeit sage ich dann: ‚Bitte, hol' mir von oben meinen Kamm.' Das ist frustrierend."

„Die Antwort auf diese Frage kennt nur Gott, Loretta", sagte ich. Das Ausmaß des Schadens, den ihr Gehirn durch den Tumor und die nachfolgende Operation erlitten hat, macht es unmöglich, den Grad ihrer Genesung vorauszusagen, aber für gläubige Menschen wie sie gibt es immer ein Stück Hoffnung.

Nachdem ich Lorettas Medikamente gegen Bluthochdruck und postoperative Epilepsie genau eingestellt habe, bete ich jetzt regelmäßig mit Loretta und Clarence, wenn sie zu mir in die Sprechstunde kommen. Ihre Begeisterung für Gott rührt und inspiriert mich tief. Unsere Aussprachen helfen mir, wie ich ihnen helfe.

„Doktor, Sie sind unser Gebetspartner!" sagte Clarence erst neulich. Ich kann mir nichts Schöneres vorstellen, als am spirituellen Weg dieser beiden mutigen Menschen des Glaubens teilnehmen zu dürfen.

In den Monaten nach Lorettas Operation mußte Clarence mit neuen Pflichten und Belastungen zurechtkommen, auf die er gar nicht gefaßt war. Zur Sorge um Loretta und das Gebet für sie kam hinzu, daß er keine Zuflucht mehr in dem von ihr sehr gepflegtes Zuhause finden konnte. Auch fiel für ihn weg, daß sie alle seine Sorgen daheim und in der Kirchengemeinde mit ihm geteilt und getragen hatte. Er war der vielen Gaben beraubt, die Loretta ihm geschenkt hatte, und dazu mußte er noch neue Verantwortung auf sich nehmen, weil er von jetzt an für sie sorgen mußte.

„Während all dieser Monate ging ich immer zur Arbeit und von dort aus dann direkt ins Krankenhaus", erzählte er mir. „Dann saß ich den ganzen Abend an ihrem Bett und versuchte mich schließlich davonzuschleichen, wenn sie eingeschlafen war. Aber sie wachte immer wieder auf und flehte mich an, doch zu bleiben. Außerdem mußte ich immer wieder mit den Ärzten sprechen, Urkunden unterschreiben und mit der Krankenkasse verhandeln. Das macht alles sehr viel Arbeit. Als es schneite und das Autofahren zu gefährlich war, mußte ich Busse und U-Bahnen benutzen und nachts lange Strecken zu Fuß gehen, um noch rechtzeitig heimzukommen und mich ins Bett fallen lassen zu können."

Wie viele andere auch, die sich um Kranke kümmern müssen, fand Clarence seine neue Aufgabe erdrückend. Unter dem Streß seiner Dauerbelastung hatte er keinen Appetit mehr und nahm stark ab, was er durchaus nicht nötig gehabt hätte. Als sich Lorettas Zustand zu bessern begann, fühlte sich auch Clarence wieder besser. Als er schließlich nach 32 Dienstjahren als Sicherheitsmann beschloß, in den Ruhestand zu gehen, gab auch dies seiner Gesundheit und seinen Lebensgeistern einen kräftigen Auftrieb. Jetzt hatte Clarence mehr Zeit für die unbezahlte Erfüllung seiner Pflichten als Seelsorger und für die Betreuung Lorettas, die bei vielen der einfachsten Verrichtungen auf Hilfe angewiesen ist, selbst beim Zubettgehen und Aufstehen.

Obwohl Clarence sich nie beschwerte, machte ich mir Sorgen wegen des ständigen Stresses, den die Betreuung seiner Frau für seinen Körper, seinen Geist und seine Seele bedeutete. Als er mich einmal allein aufsuchte, fragte ich ihn: „Wie kommen Sie mit all dem zurecht?"

„Ohne Gottes Hilfe würde ich das nicht durchhalten", gab er mir zur Antwort. „Ich bin so froh, daß sie über den Berg gekommen ist. Ich will jetzt nicht behaupten, daß alles so geworden ist, wie wir es uns ausgemalt haben. Aber Gott hat andere Pläne mit uns, Er schenkt mir immer noch viel Freude."

Wenn ich mir Clarence vor Augen halte, der sich bester Gesundheit erfreut und für seine 63 Jahre viel jünger aussieht, kommt mir unwillkürlich der Gedanke, daß es sein tiefer Glaube und auch seine große Liebe zu Loretta sind, die ihn dazu befähigen, sich den Belastungen durch ihre Krankheit mit unerwarteter Ausdauer zu stellen.

Wissenschaftliche Untersuchungen über Menschen, die wie Clarence kranke Angehörige betreuen, zeigen, daß dies kein außergewöhnliches Phänomen ist. 1994 wurde in einer Studie untersucht, welche Rolle die Religion dabei spielt, wenn Eltern Kinder mit chronischen Krankheiten betreuen müssen: Kinder mit Diabetes, chronischer Polyarthritis, Mukoviszidose, Epilepsie und Spina bifida.[23] Die Forscher fanden heraus, daß Alter, Ehestand, Bildungsniveau, Alter des Kindes und Krankheitsdauer des Kindes keine signifikanten Auswirkungen darauf hatten, wie die Eltern mit der Betreuung zurecht kamen. Was den entscheidenden Unterschied ausmachte, war die Fähigkeit der Eltern, aus ihrem Glauben Trost und Kraft zu schöpfen. Diejenigen Eltern, die ständig aus ihrem Glauben Kraft zur Bewältigung der Situation bezogen, griffen auch auf nichtreligiöse Bewältigungsmechanismen zurück, um ihre finanziellen, familiären und sozialen Probleme gut in den Griff zu bekommen. Diese Ergebnisse weisen darauf hin, daß die Gläubigkeit in Krisenzeiten auch die Fähigkeit der Menschen steigert, Probleme jedweder Art zu meistern, zu einem Zeitpunkt, in dem sie diese Fähigkeit in erhöhtem Maß brauchen.

Menschen, die Patienten mit der Alzheimer-Krankheit betreuen, stehen vor einer besonders schwierigen Aufgabe. Diese Patienten verlieren weithin, wenn nicht ganz die Fähigkeit, für sich selbst zu sorgen, und ihr Geist zerfällt derart, daß sie die Erinnerung und sogar ihre Persönlichkeit verlieren. Bei einer Untersuchung über die Betreuer von

Alzheimer- und Krebspatienten[24] zeigte sich, daß diejenigen mit einem starken religiösen Glauben mit ihrer Betreuerrolle besser zurechtkamen, unabhängig davon, ob sie regelmäßig am Gottesdienst teilnahmen. Da viele Betreuer die ihnen Anvertrauten nicht lange genug allein lassen können, um zum Gottesdienst zu gehen, passen sie sich vielleicht an ihre neuen Umstände dadurch an, daß sie mitten im gewaltigen Beanspruchtwerden ihrer Alltagsroutine neue Formen spiritueller Erfüllung finden.

♦ Meine Patientin Priscilla war ein gläubiger Mensch, als die Betreuung eines kranken Angehörigen zum Bestandteil ihres Lebens wurde. Sie stellte jedoch fest, daß sie eine tiefere und echtere Beziehung zu Gott aufbauen mußte, um die Herausforderungen ihrer Situation bewältigen zu können. Priscillas 17-jähriger Sohn Phil kam bei einem Autounfall fast ums Leben. Die Ärzte hatten ihr gesagt, seine Kopfverletzungen seien so schlimm, daß sie nicht mit seinem Überleben rechnen könne. Aber Phil überlebte, allerdings in einem Zustand des Koma. Nachdem einige Wochen verstrichen waren, fragte Priscilla die Ärzte, ob er wohl eines Tages wieder aufwachen werde.

Die Ärzte sagten zu ihr: „Wir wollen Ihnen keine falschen Hoffnungen machen. Er wird wahrscheinlich für immer in einem vegetativen Zustand bleiben. Am besten bemühen Sie sich für Phil um eine Langzeitpflege."

„Wie geht das dann mit ihm weiter?"

„Irgendwann wird er an einer Lungenentzündung sterben", sagten sie ihr.

Priscilla gab die Hoffnung jedoch nie auf und suchte in ihrem Glauben Hilfe. „Ich hielt die Ohren zu und machte weiter. Ich las die Bibel und betete ständig", erzählte sie mir. „Ich nutzte meine Bibel regelrecht ab! Ich setzte mich immer zu Phil ins Zimmer, las ihm aus der Bibel vor, ließ geistliche Musik spielen oder hielt einfach seine Hand und betete. Ich hoffte unerschütterlich fest, eines Tages werde er aus dem Koma erwachen."

Eines Tages geschah es tatsächlich. Als Priscilla zu ihrem regelmäßigen Besuch ins Krankenhaus kam, besprachen sich Phils Arzt und ein Sprechtherapeut intensiv vor Phils Zimmer.

„Bitte sagen Sie mir, was los ist", verlangte sie.

„Er ist aufgewacht", sagte der Arzt.

Der Sprechtherapeut setzte hinzu: „Er konnte nichts sagen, aber sein Mund formte ein Wort. Das Wort war ‚Alleluja'."

Priscilla betrat Phils Zimmer, ohne zu wissen, was sie erwarten sollte. „Er schaute mich an und formte die Worte: ‚Mom, ich liebe dich'; dann schlief er wieder ein", erzählte sie mir. „Das ist eines der Wunder in meinem Leben."

Aber der lange Kampf der Familie fing erst an. Phil brauchte im Lauf der nächsten Jahre insgesamt 26 verschiedene Operationen sowie eine intensive Rehabilitierungstherapie. Priscilla stellte sich auf den Zustand ihres Sohnes damit ein, daß sie alles nur Verfügbare über Gehirnverletzungen und die Genesung davon studierte. Bald war sie stark engagiert, anderen Familien mit gehirngeschädigten Angehörigen zu helfen.

„Nachdem Phil dieses schweren Unfall hatte, übernahm ich bald die Rolle der Beraterin für Gehirnverletzte. Mein Mann und ich richteten hier in unserem Haus ein Rechtsberatungsbüro ein, hielten Vorträge, organisierten Konferenzen und halfen anderen Familien. Wir bildeten andere aus und brachten eine Menge Dinge zustande", erzählte sie mir. „Zugleich waren wir hundertprozentig auf Phils laufende Betreuung konzentriert und besuchten ihn täglich. Mein Herz und Sinn waren ständig bei Phil. Als ich an den Examensfeiern und Hochzeiten meiner Töchter teilnahm, kamen mir immer die Tränen, weil ich wußte, daß meinem Sohn dies alles wohl nie beschieden sein werde."

Obwohl Priscilla willens war, mit voller Kraft an allen Fronten zu kämpfen, war ihr Körper damit nicht einverstanden. Als sie mich zum ersten Mal aufsuchte, wies sie eine Reihe von besorgniserregenden Symptomen auf.

„Vor einigen Wochen reisten mein Mann und ich in unser Haus an der Küste. Wir mußten unbedingt einmal aus allem raus", erzählte sie und schilderte mir kurz die Lage mit Phil. „Aber als wir dort waren, bekam ich Zitteranfälle. Ich hatte schreckliche Schmerzen in Magen und Kopf, und mein ganzer Körper tat mir weh. Ich konnte gar nicht mehr richtig denken. Ich versuchte, das Mittagessen zuzubereiten, brachte es aber nicht fertig. Ich hatte keine Kraft mehr. Das geht jetzt schon seit Wochen so und wird gar nicht besser. Ich war schon bei fünf Ärzten, und alle haben gesagt, organisch fehle mir nichts; aber ich weiß, etwas stimmt nicht."

Ich befragte Priscilla ausführlich und versuchte von ihr möglichst viel über ihre emotionale, spirituelle und körperliche Verfassung zu erkunden, und schließlich untersuchte ich sie auch noch körperlich. Als sie mir dann wieder im Sprechzimmer gegenübersaß, sagte ich: „Sie sind völlig ausgelaugt, ja ausgebrannt; aber ich glaube, ich kann

Ihnen helfen." Da ich wußte, daß Priscilla praktizierende Christin war, machte ich sie auf Jesu Gleichnis vom Weinstock und den Reben aufmerksam: „Ich bin der Weinstock, ihr seid die Reben. Wer in mir bleibt und in wem ich bleibe, der bringt reiche Frucht; denn getrennt von mir könnt ihr nichts vollbringen. Wer nicht in mir bleibt, wird wie die Rebe weggeworfen, und er verdorrt. Man sammelt die Reben, wirft sie ins Feuer, und sie verbrennen. Wenn ihr in mir bleibt und wenn meine Worte in euch bleiben, dann bittet um alles, was ihr wollt: Ihr werdet es erhalten" (Johannes 15,5–7).

„Priscilla, Sie sind wie die Rebe, die verdorrt und dann verbrannt wird", sagte ich freundlich. „Sie müssen wieder Anschluß an den Weinstock finden, um die spirituelle Nahrung zu bekommen, die Sie zusätzlich zu Ihren Medikamenten und Beratungsgesprächen brauchen, damit Sie die Verluste und Anspannungen bewältigen können, denen Sie ausgesetzt sind." Ich besprach mit Priscilla das depressionsmindernde Medikament, das ich ihr verschreiben wollte, überwies sie an einen christlichen Lebensberater und schlug ihr vor, sich wenn möglich einer Gebetsgruppe in ihrer Kirche anzuschließen. Außerdem gab ich ihr die Anregung, das folgende Bibelwort in ihr persönliches Gebet aufzunehmen: „Beugt euch in Demut unter die mächtige Hand Gottes, damit er euch erhöht, wenn die Zeit gekommen ist. Werft all eure Sorge auf ihn, denn er kümmert sich um euch" (1. Petrusbrief 5,6–7).

Bei ihrem nächsten Besuch ungefähr einen Monat danach sagte mir Priscilla, sie fühle sich besser, und im Lauf des darauf folgenden Jahres bekam sie einen ganz neuen Blick für ihr eigenes Leben. Obwohl sie bereits zwanzig Jahre als überzeugte Christin gelebt hatte, hatte etwas in ihrem Glaubensleben gefehlt. Dieses „Etwas" kam durch die extreme Anspannung ans Licht, die sich aus ihrer Sorge um Phil nach seinem Unfall ergab.

„Den Großteil meines Lebens war ich jemand, der möglichst alles selbst im Griff haben wollte", sagte sie. „Ich bin Perfektionistin und möchte, daß immer alles auf der Stelle so wird, wie ich es haben will. Die Sorge um meinen Sohn versetzte mich in eine ungeheure Anspannung. Ich wurde auf alle wütend und konnte es nicht mehr ausstehen, immer nur wieder zu hören und mit ansehen zu müssen, daß für Gehirnverletzte überhaupt nichts Konstruktives passierte. Im Rückblick auf diese Zeit wird mir deutlich, daß ich mich tatsächlich nur auf meine eigene Kraft verließ, statt der Kraft Gottes zu vertrauen."

Priscilla hatte ihre Depressionen und chronischen Erschöpfungszustände nicht nur infolge von Phils Zustand entwickelt, sondern auch wegen ihrer Lebenseinstellung, alles selbst im Griff haben zu

müssen. Jetzt war es an der Zeit, „loszulassen und Gott machen zu
lassen". Aber das fiel ihr nicht leicht. „Das Steuer aus der Hand zu geben und Gott mein Leben anheim zu stellen, fällt mir sehr schwer",
gab sie zu. Aber Priscilla sah schließlich ein, daß sie sich als Betreue-
rin, Mutter und Ehefrau sowie als Aktivistin für die Belange der Ge-
hirnverletzten übernommen hatte. Sie fing an, das Neinsagen zu lernen, wenn man sie in weitere neue Projekte und Tätigkeiten hineinzie-
hen wollte, schränkte ihre Rechtsberatung stark ein und konzentrierte
sich statt dessen auf die Sorge um sich selbst und um Phil.

„Ich brauchte Freiräume, Zeit für das Beten und Stillsein", sagte sie.
„Ich mußte mich auch um meinen eigenen Körper kümmern: ihn besser ernähren und ertüchtigen, mehr schlafen. Jetzt gehe ich wieder
regelmäßig in meine Aerobicstunde. Jahrelang hatte ich diese ein- oder
zweimal pro Woche besucht; aber dann waren immer öfter irgendwelche Termine dazwischengekommen, und dann machte ich schließlich
monatelang nicht mehr mit. Jetzt versuche ich wieder, mich körperlich
in Form zu halten."

Heute lebt Phil in einer Wohngemeinschaft mit anderen behinderten jungen Männern zusammen und übt einen Beruf aus. Seine Mutter
sagt: „Er hat schon einen weiten Weg geschafft, aber immer noch fällt
ihm alles sehr schwer. Doch seine Einstellung und sein Glaube sind
bewundernswert. Immer wieder schreibt ihm jemand, wie sehr er von
seinem tiefen Glauben und seiner positiven Lebenseinstellung beeindruckt sei."

Seitdem Priscilla von ihren schwersten Pflichten bei der Betreuung
Phils entlastet ist, Medikamente eingenommen und ihren Lebensstil
geändert hat, sind auch ihre Depressionen und chronischen Erschöpfungszustände stark zurückgegangen; allerdings braucht sie immer
noch Medikamente wegen anderer gesundheitlicher Probleme, darunter Asthma und Bluthochdruck. Sie sagt mir, ihr Glaube sei tiefer als
je zuvor, und sie sei Gott so dankbar dafür, daß er sie und ihre Familie durch diese lange Zeit der Prüfung hindurch gestärkt habe.

Trauer

Als Anne zum ersten Mal zu mir überwiesen wurde, wies sie wie Priscilla eine ganze Reihe beängstigender Symptome auf, darunter Erschöpfung, Fieber, verschiedene Schmerzen sowie Übelkeit. Weder ihr
Hausarzt noch ein Psychiater hatten bei ihr eine bestimmte Krankheit
ausmachen können.

„Ich habe das Gefühl, als säße ich in einem schwarzen Loch und käme nie mehr heraus", sagte sie unter Tränen. „Ich kann das Fahren nicht mehr vertragen, so daß ich nirgends mehr mit dem Auto oder Flugzeug hinreisen kann. Wenn das so weitergeht, verliere ich meine Stelle." Die 42-jährige Anne arbeitete bei einer Fernsehanstalt, ihr Tagespensum war hektisch und anstrengend.

Weil Annes Symptome mich eine Diagnose auf Depression und panische Störungen in Betracht ziehen ließ, erkundigte ich mich nach ihrer emotionalen und spirituellen Gesundheit. „Haben Sie im Lauf des letzten Jahres oder jedenfalls in jüngerer Zeit irgend etwas besonders Schlimmes erlebt?" fragte ich sie.

„Ja, das mit meiner Schwiegertochter Gloria", sagte sie und begann zu schluchzen. Nach einer kurzen Unterbrechung fuhr sie fort: „Sie starb vor sechs Monaten."

„Sie war erst einundzwanzig und außerdem schwanger", erzählte Anne weiter. „Sie war schlimm erkrankt; man stellte bei ihr Leberkrebs fest." Glorias Kind kam verfrüht zur Welt und bekam während des Geburtsvorgangs einen Anfall, der eine leichte geistige Behinderung zur Folge hatte. Gloria starb kurz nach der Entbindung von ihrem Sohn. Ich kann mich einfach nicht der Gedanken erwehren: ‚Mein Gott, warum hast das zugelassen? Was kommt als nächstes? Wie stellst du dir denn vor, daß es mit uns weitergehen soll?' Drauf weiß ich einfach keine Antwort." Anne erklärte mir, in die Kirche gehe sie nicht, allerdings glaube sie trotzdem an Gott. Als Kind habe sie den Gottesdienst besucht; aber als sie Walter geheiratet habe, der Jude sei, hätten sie sich beide von der organisierten Religion gelöst. „Ich denke, ich bin eher spirituell als religiös eingestellt", erklärte sie mir.

Ich untersuchte Anne weiter und machte mit ihr einige Tests. Schließlich empfahl ich ihr eine Trauertherapie; das ist eine Form der Psychotherapie, die sich darauf konzentriert, Trauernden zu helfen und sie durch die einzelnen Trauerphasen hindurch zu begleiten. Außerdem verschrieb ich ihr ein Mittel gegen Depressionen. Ferner schlug ich vor, sie und ihr Mann sollten sich die Bibel vornehmen, vor allem die Psalmen, um für ihre Trauer Trost zu finden.

„Vielleicht führt das Bibellesen Sie und Ihren Mann auch spirituell zusammen", sagte ich.

„Einen Versuch ist es wert", meinte Anne.

„Außerdem hoffe ich, daß Sie weiterhin beten", fuhr ich fort. „Selbst wenn Sie Gott voller Wut Fragen stellen, ist das eine Form des ehrlichen Betens. Wenn Sie irgend können, brechen Sie auf keinen Fall diesen Kontakt zu Gott ab."

Anne befolgte meine Ratschläge, und im Lauf des folgenden Jahres ging es ihr allmählich besser. Die Depressionen und Erschöpfungszustände legten sich, und ihre emotionale Anspannung ging zurück, auch wenn sie nicht ganz aufhörte. „Mein Mann und ich lernen es, uns mit Glorias Tod abzufinden", erklärte sie mir. „Wir sagen allmählich Ja dazu, auch wenn wir nie wirklich begreifen werden, warum das passieren mußte. Aber seit ich so viel bete, denke ich allmählich, daß ich es eines Tages vielleicht doch verstehen werde."

Anne hat aus erster Hand die Erfahrung gemacht, wie medizinische und spirituelle Mittel Hand in Hand dabei helfen können, die Last der Trauer zu ertragen. Ihre Geschichte wird durch eine Reihe von wissenschaftlichen Untersuchungen bestätigt, die zeigen, welch große Hilfe der Faktor Glaube auch für die Bewältigung von Trauer darstellen kann. Eine dieser Untersuchungen hat ergeben, wie wichtig eine spirituelle Einstellung sein kann, wenn Eltern die Trauer um ein Kind bewältigen müssen.[25] Die dabei untersuchten 81 Personen gehörten der Organisation „Compassionate Friends" an, die Selbsthilfegruppen für trauernde Eltern organisiert. Der Psychologe Kenneth Maton von der *University of Maryland* fand heraus, daß Menschen, die von sich sagten, ihr religiöser Glaube sei ein wesentlicher Bestandteil ihres Umgangs mit der Trauer, deutlich weniger depressive Symptome aufwiesen als die anderen Mitglieder dieser Gruppe. Die Studie bestätigte auch den Wert solcher Selbsthilfegruppen, ergab jedoch, daß Eltern, die sowohl im spirituellen Leben als auch in solchen Gruppen Unterstützung suchten, die niedrigste Rate an Depressionen aufwiesen.

Wenn man einen Ehepartner verliert, ist das eine weitere einschneidende Lebenskrise, bei der der Glaube maßgeblich helfen kann. Eine Untersuchung über hundert erst kürzlich verwitwete Frauen zwischen 65 und 85 erbrachte das Ergebnis, daß diejenigen mit stärkeren religiösen Überzeugungen besser mit dem Verlust ihres Mannes fertig wurden. Sie bekamen weniger emotionale und körperliche Probleme als Witwen mit wesentlich geringerer religiöser Praxis.[26] Ferner ergab eine Auswertung von Krankheitsgeschichten aus den Jahren 1963 bis 1975 im County Washington in Maryland[27], daß Witwen und Witwer eine höhere Sterberate als nicht Verwitwete aufwiesen, jedoch bei Witwen und Witwern, die häufig zur Kirche gingen, die Sterberate niedriger war als bei den nicht praktizierenden Vergleichspersonen. Diese Erkenntnisse deuten darauf hin, daß sich der regelmäßige Kirchenbesuch auf die Gesundheit von Menschen in Risikogruppen stark positiv auswirken kann. Forschungen haben zudem ergeben, daß der Verlust eines Ehepartners das Immunsystem deutlich beeinträchtigen kann; die religiöse Praxis könnte helfen, dieser Wirkung entgegenzusteuern.[28] Leider ist die Wahrscheinlichkeit bei verwitweten Personen geringer als bei denen, deren Ehepartner noch leben, daß sie regelmäßig an Gottesdiensten teilnehmen.

Der Gottesdienstbesuch allein ist für Verwitwete allerdings nicht unbedingt das beste gesundheitsfördernde Mittel. Bei einer Untersuchung von 139 Witwen und Witwern wurde ihr Grad an Depression gemessen und ihre Religiosität als entweder äußerlich oder verinnerlicht eingestuft. Es zeigte sich wiederum, daß es entscheidend auf den bereits beschriebenen Unterschied zwischen äußerlicher oder verinnerlichter Glaubenspraxis ankam: Personen mit äußerlicher Religiosität wiesen ein höheres Maß an Trauer und Depression auf als Personen mit einem verinnerlichten Glauben. Angesichts dieser Daten gebe ich meinen Patienten, die in Trauer sind, den Rat, auf ihre körperliche Gesundheit zu achten, wenn notwendig Medikamente gegen Depressionen oder Ängste einzunehmen, den Gottesdienst zu besuchen sowie ihr spirituelles Leben auf persönlich authentische Weise zu vertiefen.

◆ Wenden wir uns jetzt der letzten Herausforderung zu, die jedem von uns widerfährt: dem Verlust unseres eigenen Lebens, und sehen wir näher zu, wie uns der Faktor Glaube dabei helfen kann, diesen wichtigsten aller Übergänge zu meistern.

7. KAPITEL

Glaube und Sterben –
Verwandlung im Tod

Weil meine Frau Demetra Buchhalterin ist, weiß ich besonders gut, wie unumgänglich immer wieder Steuern fällig werden. Mag der Arm des Finanzamts auch besonders lang sein, so ist doch der Tod unser gefürchtetster und unerbittlichster Verfolger. Medizin und religiöser Glaube können oft helfen, den Tod etwas hinauszuschieben, doch unser letztendliches Schicksal als Menschenwesen können sie nicht aufheben: die Gewißheit, daß unser physischer Körper sterben wird. Auch heute noch gilt die Wahrheit, die der Psalmist vor vielen Jahrhunderten so formuliert hat: „Des Menschen Tage sind wie Gras, er blüht wie die Blume des Feldes. Fährt der Wind darüber, ist sie dahin; der Ort, wo sie stand, weiß von ihr nichts mehr" (Psalm 103,15–16).

Auch wenn die meisten religiösen Traditionen die Hoffnung auf ein Leben nach dem Tod kennen, müssen wir uns der Tatsache stellen, daß das Leben, das wir jetzt haben, nicht für immer dauern wird. Angesichts dieser Tatsache hoffen die Menschen auf zwei Dinge: den unvermeidlichen Tod so lange wie möglich hinausschieben zu können und, wenn er nicht mehr hinauszuschieben ist, das Maß der emotionalen und physischen Schmerzen des Sterbeprozesses so niedrig wie möglich zu halten.

Es ist aus der Erfahrung sterbender Menschen und auch der wissenschaftlichen Literatur ausführlich belegt, daß der Faktor Glaube für beide Bemühungen Hilfe und Hoffnung zu bieten vermag.

Das Aufschieben des Sterbens

Ist es möglich, dem Tod ein Schnippchen zu schlagen? Letztlich lautet die Antwort natürlich „Nein". Es gibt jedoch stichhaltige und zunehmend mehr wissenschaftliche Beweise dafür, daß sich ein allzu früher Tod durch ein echtes Glaubensleben in vielen Fällen hinauszögern läßt. In einer sorgfältig angelegten und durchgeführten Untersuchung, die 1997 veröffentlicht wurde[1], beobachtete der Forscher W.J. Strawbridge zusammen mit anderen Kollegen über den Zeitraum von 28 Jahren 6928 Personen im County Alameda in Kalifornien unter den Gesichtspunkten ihrer Sterberate und der Häufigkeit ihres Gottesdienstbesuchs. Während dieser ungewöhnlich langen Forschungszeit wurden die Teilnehmer in regelmäßigen Abständen auf ihre körperliche Gesundheit untersucht. Diese Studie war auch insofern ungewöhnlich, als dabei sorgfältig eine große Anzahl von Faktoren berücksichtigt und verglichen wurde, die sich ebenfalls auf die Lebenserwartung auswirken könnten, so demographische Faktoren (Alter, Geschlecht, Bildungsstand), Gesundheitszustand und soziale Einbindung. Die Studie ergab, daß Menschen, die häufig (einmal wöchentlich oder öfter) an Gottesdiensten teilnehmen, eine um 36% niedrigere Sterberate aufwiesen als die anderen, die nicht so häufig zur Kirche gingen. Selbst als die Forscher Faktoren wie Alter, Geschlecht, ethnische Zugehörigkeit, Bildungsstand, Gesundheitszustand und Grad der sozialen Einbindungen mit „einrechneten", blieb dieses Ergebnis bestehen. Bei Frauen wirkte sich die häufige Teilnahme am Gottesdienst sogar stärker positiv aus als bei Männern.

Die Studie von Strawbridge bestätigt die Erkenntnisse einer Umfrage von 1979 unter Einwohnern des gleichen Bezirks, Alameda in Kalifornien.[2] In dieser früheren Untersuchung stellten die Forscher L.F. Berkman und S.L. Syme bei verheirateten Männern zwischen 30 und 69 Jahren eine niedrigere Sterberate fest, wenn sie häufige Kontakte mit Freunden und Verwandten hatten, Kirchenmitglieder waren und einer oder mehreren Gruppen wie Clubs oder Vereinen angehörten. Diese Studie ergab, daß soziale Isolation und das Fehlen der Zugehörigkeit zu einer Kirche die Sterberate bedeutend erhöhten, selbst wenn dabei andere Faktoren wie wenig körperliche Betätigung, Rauchen, Alkoholkonsum, Fettleibigkeit und mangelhafte Gesundheitsvorsorge mit in Betracht gezogen wurden.

In einer weiteren bemerkenswerten Studie[3] untersuchten die Forscher U. Goldbourt, S. Yaari und J.H. Medalie Faktoren, die bei 10 059 Männern jüdischer Abstammung zum Sterben infolge der Erkrankung der Herzkrankgefäße geführt hatten. Wie die Studie von Strawbridge bietet auch diese den Vorzug, eine große Menschengruppe über einen langen Zeitraum hinweg, in diesem Fall dreißig Jahre lang, beobachtet zu haben. Die folgende Tabelle zeigt das Endresultat, das besagt, daß die Sterberate infolge Erkrankung der Herzkranzgefäße und anderer Ursachen bei orthodoxesten Juden am niedrigsten und bei denjenigen am höchsten war, die sich als „verweltlicht" bezeichneten.

190

Tote pro 10 000 Personen in diesen Jahren

	Orthodoxeste Personen	„Verweltlichte" Personen
Tote infolge Erkrankung der Herzkranzgefäße	38	61
Tote infolge aller anderen Ursachen	135	168

Die orthodoxesten bzw. religiös observantesten Juden unter den beobachteten Personen wiesen im Vergleich mit den religiös nicht praktizierenden Personen ein eindrucksvoll geringeres Risiko auf, an Erkrankung der Herzkranzgefäße zu sterben. Um herauszufinden, ob diese Wirkung durch Altersunterschiede der beiden verschiedenen Gruppen bedingt war, überprüften die Forscher auch genau das Alter der Beteiligten, was eine übliche statistische Praxis bei Studien über die Sterberate ist. Die Ergebnisse, die auf die Bedeutung des religiös aktiven Lebens für die höhere Lebenserwartung hinwiesen, blieben die gleichen.

Eine weitere Untersuchung über Juden[4] zeigt, daß Mitglieder religiöser Kibbuzim länger leben als Mitglieder nichtreligiöser Kibbuzim. In einem Zeitraum von 15 Jahren starben in einem zivilen Kibbuz 192 Menschen (8% der gesamten Einwohnerzahl), dagegen nur 69 (4%) der Bewohner eines religiösen Kibbuz, was also eine verblüffende, um 50% niedrigere Sterberate ergibt. Bei dieser Untersuchung wurden tatsächlich „Äpfel mit Äpfeln verglichen" und nicht etwa „Äpfel mit Orangen"; denn die Bewohner von Kibbuzim, ob religiös geprägt oder zivil ausgerichtet, gleichen sich, abgesehen von ihren religiösen Überzeugungen und Praktiken, in demographischer Hinsicht besonders stark. Beide Gruppen haben den Vorzug, von einem engen sozialen Netz getragen zu sein; aber ganz eindeutig kamen diejenigen, die zudem häufig an religiösen Übungen als Teil ihres Gemeinschaftslebens teilnahmen, in den Genuß erhöhter Vorteile für ihre Gesundheit.

Es ist erwiesen, daß der soziale Zusammenhalt in religiösen Gemeinschaften stärker ist. So ergab zum Beispiel 1994 eine Studie über 2956 Personen in North Carolina[5], daß häufige Kirchgänger sowohl im Zusammensein wie telefonisch mehr Beziehungen über ihre Verwandtschaft hinaus und mehr soziale Kontakte als andere unterhielten.

Forscher haben eine ähnliche Auswirkung des Faktors Glaube bei Afro-Amerikanern gefunden, einer der am stärksten religiös geprägten Gruppen Amerikas. Eine Studie von 1992 über 473 Afro-Amerikaner mit 70 Jahren und darüber ergab, daß in dem untersuchten Zeitraum von vier Jahren bei den Personen, die nicht regelmäßig dem Gottesdienst beiwohnten, die Sterberate doppelt so hoch lag wie bei denjenigen, die regelmäßig zur Kirche gingen.[6] Ferner stellte man fest, daß ein aktiv religiöses Leben auch zur Senkung der Sterberate älterer Menschen beitrug, die ein anderes belastendes Ereignis zu bestehen hatten: ihre zwangsweise Umquartierung aus der eigenen Wohnung in ein Heim. Unter 225 solchen Senioren in New Haven und West Haven in Connecticut war die Wahrscheinlichkeit bei den religiös aktiven Personen doppelt so hoch, daß sie einen nachfolgenden Zeitraum von zwei Jahren überlebten, wie bei den nicht religiös Praktizierenden, obwohl die religiöse Praxis keinen erkennbaren Unterschied auf dem Gebiet der sonstigen Lebensgewohnheiten aufwies, der sich eventuell in Form besserer Gesundheit hätte auswirken können.[7] Die religiös geprägten Senioren erwiesen sich zudem als psychisch gesünder als ihre nichtreligiösen Vergleichspersonen. Auch in einer Untersuchung von 1981[8] stellte man fest, daß die religiös Aktiven unter den Senioren in den Pflegeheimen der Veterans Administration länger lebten als die nichtreligiösen Bewohner.

Doch läßt sich nicht zwangsläufig aus dem Grad der religiösen Praxis in einer Gemeinde auf eine höhere Lebenserwartung schließen. Wenn die religiöse Lehre bespielsweise das Meiden der üblichen medizinischen Versorgung verlangt, kann die Sterberate höher statt niedriger sein als beim allgemeinen Durchschnitt der Bevölkerung. Laut einer bereits im 2. Kapitel zitierten Studie[9] über schwangere Frauen in den Gemeinden der *Faith Assembly* in Indiana (die die Hinzuziehung von Geburtshelfern ablehnen) war die Sterberate bei den Müttern fast hundertmal höher als in der allgemeinen Bevölkerung und die Rate der Kindersterblichkeit fast dreimal so hoch. Bei religiösen Gruppen, die das Impfen ablehnen, treten Kinderkrankheiten wie Polio weit häufiger auf.

Warum leben religiös aktive Menschen länger? Wir wissen, daß dazu unter anderem eine gesündere Lebensweise beiträgt. Bei Siebenten-Tag-Adventisten, den Mormonen und anderen Gruppen, deren Glaube den strikten Verzicht auf Substanzen wie Tabak und Alkohol verlangt, läßt sich leicht verstehen, ja erwarten, daß, wie im 1. Kapitel erwähnt, in ihren Reihen weniger Krebserkrankungen und Erkrankungen der Herzkranzgefäße auftreten.[10] Aber auch in einem breiteren

Segment der Bevölkerung, zu dem die Mitglieder weniger strenger Religionsgemeinschaften gehören, hat sich gezeigt, daß die Gesundheitspraktiken religiös aktiver Menschen besser sind als diejenigen der religiös nicht Praktizierenden.[11] So stellte sich zum Beispiel bei der oben zitierten Untersuchung von Strawbridge heraus, daß häufige Kirchgänger mit größerer Wahrscheinlichkeit mit dem Rauchen aufhörten und mehr für ihre Gesundheit taten. Aber eine maßvollere und gesündere Lebensweise ist nicht die einzige Komponente des Faktors Glaube, die bei religiös aktiven Menschen zu einem längeren Leben führt; er hat auch noch andere Komponenten, die lebensverlängernd wirken.

Die heutige Wissenschaft sagt uns jedenfalls, daß, wer länger leben will, dies mit ziemlicher Wahrscheinlichkeit erreichen kann, wenn er häufig, d.h. einmal wöchentlich oder öfter Gottesdienste besucht. Ja sogar bei Gottesdienstbesuchern, die weniger häufig zur Kirche gehen – nur einmal im Monat oder noch seltener –, liegt die Sterberate niedriger als bei Menschen, die selten oder gar nicht zur Kirche gehen. Wie bereits früher gesagt, wird die Teilnahme am Gottesdienst bei den meisten der zitierten Untersuchungen über die Sterberate als Kriterium für den Grad der religiösen Praxis verwendet und in Zusammenhang mit einer höheren Lebenserwartung gebracht.

Aus wissenschaftlicher Sicht fühle ich mich also auf festem Boden, wenn ich meinen Patienten ans Herz lege, um ihrer Gesundheit willen mindestens einmal pro Woche an einem Gottesdienst ihrer Wahl teilzunehmen. Weil so viele Untersuchungen erwiesen haben, daß im Unterschied zu einer *äußerlichen* Glaubenspraxis ein verinnerlichter Glaube von viel größerem Wert für die Gesundheit ist (vgl. die ausführliche Darstellung im 2. Kapitel), ermutige ich meine Patienten, eine authentische *persönliche* Spiritualität zu entwickeln, zu der auch gehören kann, daß man wöchentlich einen Gottesdienst besucht, die aber weit darüber hinausgeht und sich auf eine Weise um die Nähe zu Gott bemüht, die ihr persönliches Suchen mit der Erfahrung von Sinn, Zweck, Zugehörigkeit und Wahrheit belohnt.

Gelassenheit gegenüber dem Tod

Wie wir im 6. Kapitel sahen, sprachen gläubige Menschen davon, eine höhere Lebensqualität und mehr Sinn zu erfahren, als es bei Nichtgläubigen festgestellt werden konnte; außerdem beziehen sie aus den Quellen ihres Glaubens beträchtlich mehr Hilfe zur Bewältigung schwieriger Situationen wie Krankheit und Trauer. Falls uns der Tod nicht jäh überkommt, steht uns auch der schmerzliche Sterbeprozeß bevor, vielleicht die bedeutendste Krise, der sich jeder von uns stellen muß. Die wissenschaftliche Forschung hat ergeben, daß zwar religiöse und nichtreligiöse Menschen gleichermaßen in der Erfahrung der Todeskrankheit nach Sinn und Trost suchen, gläubige Menschen sie jedoch eher als andere finden.

Nach einer Reihe von Untersuchungen leiden Menschen, die bewußt religiös leben, weniger unter Angst vor dem Tod oder Todesängsten als nichtreligiöse Menschen. Eine Studie von 1983 über 1428 Amerikaner[12] kam zu dem Ergebnis, daß 13% der Beteiligten, die sagten, religiös indifferent zu sein, von sich angaben, Angst vor dem Tod zu haben, dagegen nur 5% derer dies von sich sagten, die sich als Gläubige bekannten, seien es Protestanten, Katholiken, Juden oder Angehörige anderer Konfessionen. Bei dieser Studie zeigte sich, daß vor allem bei jüngeren Menschen ein enger Zusammenhang zwischen Religionszugehörigkeit und weniger Angst vor dem Tod besteht. Aber auch die Älteren, die wahrscheinlich deutlicher als die Jüngeren mit dem Gefühl leben, der Tod sei für sie nicht mehr in allzu weiter Ferne, bezogen aus ihrem Glauben starke Hilfe für den Umgang mit ihrer Angst vor dem Sterben. Eine Untersuchung über die Angst vor dem Tod bei 260 Senioren zeigte, daß stark religiös orientierte Menschen am wenigsten Angst vor dem Sterben und am ausgeprägtesten den Glauben an ein Weiterleben nach dem Tod haben.[13]

Menschen in der Lebensmitte, die sich 1984 an einer Umfrage des Forschers A. M. Downey beteiligten, erbrachten ein interessantes Ergebnis.[14] Die mäßig religiös Interessierten wiesen eine größere Angst vor dem Sterben auf als die stark religiös Engagierten und die religiös nicht Interessierten. Dieses nicht geradlinige Verhältnis von religiöser Praxis und geringerer Angst vor dem Sterben weist darauf hin, wie wichtig eine verinnerlichte Religiosität ist, wenn man in den Genuß der Vorzüge des Faktors Glaube kommen will: Eine laue, oberflächliche, äußerliche Religiosität führt nicht zu den gleichen Ergebnissen.

Das Verhältnis zwischen religiöser Praxis und Angst vor dem Sterben tritt noch klarer in Untersuchungen von Patienten mit tödlichen Krankheiten zutage, also bei Menschen, die sich mit der Tatsache auseinandersetzen müssen, daß ihr Sterben unmittelbar bevorsteht und dazu wahrscheinlich auch noch starke körperliche Schmerzen haben. Überraschenderweise hat sich gezeigt, daß Patienten mit tödlichen Krankheiten ein hohes Maß an spirituellem Wohlbefinden aufweisen. Mit anderen Worten, selbst lebensgefährlich kranke Menschen können sich spirituell gesund fühlen und in ihrer Situation akuter Erkrankung auf trostvolle Weise die Wirklichkeit Gottes spüren.

In einer Untersuchung von 1992[15] über die spirituelle Gesundheit von Patienten mit Lungenkrebs schnitten diese Patienten mit ihren Antworten auf einen Raster mit 31 Fragen über ihr spirituelles Befinden sehr gut ab. Es waren Fragen wie „Glaube ich, daß Gott mir helfen kann?", die sie mit Ja oder Nein beantworten sollten. Dabei stellte sich heraus, daß alle Patienten ein hohes Maß an spiritueller Gesundheit aufwiesen. Am positivsten jedoch äußerten sich ältere Patienten sowie diejenigen, denen es körperlich besser ging. Man darf mit Sicherheit unterstellen, daß alle an dieser Untersuchung beteiligten Patienten ein bestimmtes Maß an Schmerzen oder Beschwerden hatten; denn Lungenkrebs wird gewöhnlich erst diagnostiziert, wenn Symptome wie Husten, Kurzatmigkeit und Schwächezustände auftreten. Wir könnten aufgrund dieser Untersuchung vermuten, daß die Patienten, die stärker unter Schmerzen litten, sich schwerer taten, Erleichterung in ihrer Spiritualität zu finden, jedoch wurde bei der Untersuchung diese Frage nicht direkt angesprochen.

Heute sind moderne Methoden der Schmerztherapie ein wesentlicher Bestandteil der Betreuung Sterbenskranker. Wird diese Schmerztherapie in angemessenem Umfang gewährleistet, so könnte sie es dem Patienten ermöglichen, besser und wirksamer auf seine spirituellen Quellen zurückgreifen zu können.

Bei einer Untersuchung von zwanzig todkranken Patienten[16] kamen die Forscher D. K. Smith, A. M. Nehmkis und R. A. Charter zu dem Ergebnis, daß diejenigen, die regelmäßig den Gottesdienst besucht hatten, deutlich weniger Angst vor dem Sterben empfanden, und je höher der Patient selbst seine Gläubigkeit einschätzte, mit um so größerem Mut und stärkerer Hoffnung rechnete er mit einem Leben nach dem Tod. Die stärker religiös orientierten Patienten zeigten auch mit höherer Wahrscheinlichkeit mehr Gelassenheit dem Tod gegenüber; vermutlich glaubten sie auch fester, daß er ein Übergang von diesem Leben in ein nächstes sei, und arbeiteten gewissenhafter daran, ihr derzeitiges Leben versöhnt abzuschließen, um dem Tod als dem wichtigen Ereignis, das er für gläubige Menschen ist, mit Zuversicht entgegengehen zu können.

Bei einer Studie von 1978 über sterbenskranke Menschen, deren Lebenserwartung auf Wochen abgeschätzt werden konnte[17], stellten die Forscher fest, daß Patienten, die ihren Glauben selbst als stark einschätzten, den niedrigsten Grad an bewußter Angst vor dem Tod aufwiesen. Zu den weiteren Faktoren, die bei diesen Patienten zu einem geringeren Maß an Angst vor dem Tod beitrugen, gehörten das Fehlen von Schmerzen und bei manchen von ihnen die kurz zuvor vorausgegangene Erfahrung, einen nahen Angehörigen verloren zu haben. Interessanterweise hatten diese Patienten weniger Angst vor dem Sterben als Patienten in relativ gutem Gesundheitszustand, mit denen sie verglichen wurden.

◆ Manche religiös orientierte Menschen scheinen nicht nur keine Angst vor dem Tod zu haben, sondern sich auf ihn zu freuen. Ich werde nie eine meiner Patientinnen vergessen, eine 79-jährige Frau namens Miriam, eine praktizierende orthodoxe Jüdin mit starker chronischer Polyarthritis. Die Verformung ihrer Wirbelsäule an den Nackenwirbeln führte dazu, daß ihr Genick haltlos schwankte. Die Durchblutung ihrer Füße war so schlecht, daß sie in unmittelbarer Gefahr schwebte, in einem Fuß Zehenbrand zu entwickeln. Ich sagte zu Miriam, ohne eine Amputation bestehe die Gefahr, daß der Brand auf ihren ganzen Körper übergreife und sie sterben müsse. Aber sie hatte entschieden, die Amputation nicht vornehmen zu lassen.

Eines Tages kam Miriam zu mir. Sie saß im Rollstuhl und wurde von ihrer Krankenschwester und Gefährtin Dora begleitet. Als Dora Miriam in ihrem Rollstuhl in mein Sprechzimmer hereinmanövrierte, stieß sie versehentlich mit Miriams Fuß gegen die Tür, und Miriam winselte vor Schmerz. Sie sah noch zerbrechlicher und schmerzgeprüfter aus als beim letzten Mal, als ich sie gesehen hatte.

„Wie ist es Ihnen gegangen, Miriam?" fragte ich sie und faßte sie an der Hand.

„Na ja, Herr Doktor, ich habe immer noch schlimme Schmerzen", sagte sie. „Sie wissen ja, wie das mit meinem Fuß ist – der Brand."

„Ja, das weiß ich, Miriam. Ich habe Ihnen ja beim letzten Mal gesagt, ich würde dringend raten, gleich die Amputation vorzunehmen, damit sich dieser Brand nicht ausbreitet."

„Ich möchte aber bis Frühjahr warten", sagte Miriam sanft. Ich hörte in ihrer Stimme einen leisen Unterton, als sie das „bis Frühjahr" aussprach.

Sooft ich ihr auch meine Gründe für die Amputation dargelegt hatte, Miriam war immer fest geblieben, und als ihr Arzt mußte ich ihre Entscheidung respektieren. „Sagen Sie mir, was im Frühjahr los ist", bat ich sie und beugte mich gespannt vor.

Sie hielt kurz inne, und dann erzählte sie mir, daß sie eine Vision gehabt habe. Sie habe sich vor einem Tempel stehen sehen. Eine Zere-

monie habe stattgefunden, und alle ihre Bekannten und Angehörigen
seien dabeigewesen. Ihr Rabbi habe feierlich gesagt: „Miriam, du wirst
nicht länger unter diesem Namen bekannt sein." Sie habe ein wunder-
schönes weißes Gewand getragen, sei aus dem Tempel getreten und
einige Stufen hinuntergegangen. Dort sei sie auf einen schönen jungen
Mann getroffen, der sie herzlich begrüßt habe. Er habe sie bei der
Hand genommen und in einen üppigen Garten voller Frühlingsblumen
geführt. Dort habe sie die Sonne sanft bestrahlt, und sie sei voller
Freude gewesen.

„Im Frühjahr wird sich die ganze Welt verändern", sagte Miriam zu
mir und hielt wieder inne. Dann füllten sich ihre Augen mit Tränen.
„Vielen Dank, Herr Doktor! Vielen Dank! Sie waren immer mein Lieb-
lingsarzt. Sie können zuhören."

Unsere Blicke trafen sich, als wir einander umarmten. „Danke,
Miriam! Sie haben mir von Gott erzählt!"

Kardinal Joseph Bernardins „Geschenk des Friedens"

Im Unterschied zur jüdischen Laiin Miriam war Joseph Bernardin Kardinal der römisch-katholischen Kirche, aber beide hatten etwas gemeinsam: Sie fanden im Prozeß ihres Sterbens einen tiefen Sinn. Als
Kardinal Bernardin, Erzbischof von Chicago, erfuhr, er habe Bauch-
speicheldrüsenkrebs, beschloß er, der Öffentlichkeit gegenüber bezüglich seiner Krankheit vollkommen ehrlich zu sein. So wies er seinen
Arzt und seinen Sekretär an, auf der Stelle eine Pressekonferenz einzu-
berufen. Nach Operation, Strahlenbehandlung und Chemotherapie er-
freute sich der Kardinal fünfzehn Monate lang relativ guter Gesundheit, bis ihm eröffnet wurde, der Krebs habe auf seine Leber über-
gegriffen. An diesem Punkt informierte ihn sein Onkologe darüber,
daß dieser Krebs nicht zu operieren sei und er bestenfalls noch ein
Jahr zu leben habe. Daraufhin berief Kardinal Bernardin innerhalb
weniger Tage wieder eine Pressekonferenz ein.

In seinem Buch *The Gift of Peace* berichtet er, was er damals zu
den Vertretern der Medien sagte: „Der Raum war derart mit Reportern
und Fernseh-Kamerateams überfüllt, daß kaum ein Durchkommen
war. Ich gab die Neuigkeit über die jüngste Diagnose bekannt und
sagte, meine Lebenserwartung betrage noch ein Jahr oder weniger.
‚Man hat mir versichert, daß mir immer noch einige gute Zeit bleibt',
sagte ich. ‚Jetzt bete ich darum, daß ich die mir noch verbleibende
Zeit, so lange oder kurz sie auch sein mag, so nutzen kann, daß sie

den Priestern und Menschen, in deren Dienst ich berufen wurde, sowie auch meiner eigenen spirituellen Verfassung zum Wohl gereicht.'"[18]

Kardinal Bernardin begann, sich auf sein Sterben mutig vor aller Öffentlichkeit vorzubereiten, damit andere etwas daraus lernen könnten. Wohin er ging, kümmerte er sich vor allem um die Menschen, die das gleiche Leiden wie er hatten. Als die Krankenhausverwaltung vorschlug, er solle die Krebsklinik durch eine Hintertür betreten, um nicht am Eingang von Scharen anderer Krebspatienten erdrückt zu werden, die ihn um sein Gebet und seinen Trost bitten wollten, entgegnete der Kardinal: „Ich bin zuerst Priester, und erst dann Patient." Bis zum Ende seines Lebens kümmerte er sich weiterhin um seine Mitkranken in der Krebsklinik und fand in der Seelsorge unter vier Augen, für die er als geistlicher Leiter und Verwalter der ungeheuer großen Erzdiözese Chicago kaum mehr Zeit gefunden hatte, viel Sinn und Befriedigung.

Der Kardinal schrieb, er spüre, wie sich sein eigener Glaube aus reiner Not vertiefe, je näher der Tod rücke. Wenn er allein war, dachte er an Jesus in der Nacht vor seiner Kreuzigung im Garten Getsemani und teilte mit seinem Herrn die Erfahrung der Verlassenheit. Er hatte jahrelang jeden Tag mit einer einstündigen Zeit des Gebets begonnen; jetzt wurde ihm das Gebet noch wichtiger. Sein Beten wurde von Schmerzen und Unpäßlichkeiten beeinträchtigt, weshalb es ihm ein Anliegen war, seinen Freunden und allen Gläubigen den dringenden Rat zu geben: „Betet, solange es euch noch gut geht, denn wenn ihr krank seid, könnt ihr vielleicht gar nicht mehr beten!" Als sich seine Krankheit verschlimmerte, lernte es der Kardinal, auch auf die ihm so wichtigen Seelsorgerdienste zu verzichten. Da er wußte, daß der Tod vor der Tür stand, brachte er sein Haus in Ordnung, traf alle Anordnungen, um in der Erzdiözese einen reibungslosen Übergang in die Wege zu leiten, verfaßte sein Testament und verabschiedete sich von Freunden, Angehörigen und Bekannten.

Dreizehn Tage vor seinem Tod im November 1996 vollendete Kardinal Bernardin das Manuskript seines Buches. Darin schrieb er unter anderem: „Während ich diese letzten Worte schreibe, ist mein Herz von Freude erfüllt. Ich bin im Frieden... Ich werde bald das Leben auf ganz andere Weise erfahren. Obwohl ich nicht weiß, was mich im Leben nach dem Tod erwartet, weiß ich, daß Gott mich genauso, wie er mich berufen hat, ihm während meines Erdenlebens nach bestem Können zu dienen, jetzt heimruft."

Kardinal Bernardin hatte das kostbare Geschenk des Friedens Gottes empfangen, ein Geschenk, das er mit anderen teilen wollte, weshalb er sich in aller Öffentlichkeit auf das Sterben vorbereitete und darüber ein Buch hinterließ. Er gab uns ein Beispiel dafür, wie man im Sterben Sinn finden kann. Indem er das tat, führte er auf lebendige, eindrucksvolle Weise vor Augen, weshalb die römisch-katholische Kirche so energisch gegen Selbstmord und Euthanasie ist: Wir sollen jeden Tag leben, den Gott uns schenkt, Gott dienen und seinen Willen für uns annehmen und dabei lernen, immer vollkommener auf ihn zu vertrauen, statt uns zu Herren unseres eigenen Schicksals aufzuschwingen.

Als Arzt bin ich diesem großen Mann des Glaubens für sein mutiges Beispiel dankbar. Kardinal Bernardin hat uns gezeigt, wie uns der Akt des Sterbens Gnade, spirituelles Wachstum und eine vollkommene Umwandlung bescheren kann. Das ist eine Lektion, die wir in einer Zeit wie der unsrigen dringend lernen sollten, wo in der Gesellschaft leidenschaftlich darüber diskutiert wird, wie man den Tod einschätzen und mit ihm umgehen solle.

Sterbehilfe – Die Klage eines Arztes

Wie haben wir es so weit gebracht, daß Ärzte, die Hüter über Gesundheit und Leben, dazu aufgefordert werden, Patienten zu unterstützen, die ihrem Leben selbst ein Ende machen wollen? In gewisser Hinsicht hat uns der wissenschaftliche Fortschritt neue schlimme Probleme gebracht. Während früher die meisten Patienten rasch an Infektionen wie der Lungenentzündung starben, können wir jetzt den Tod oft mit Hilfe starker Antibiotika hinausschieben. Die Wahrscheinlichkeit, daß Kranke an akuten Infektionen sterben, ist drastisch geringer geworden, wodurch sie stärker dem Siechtumsprozeß und langsamen Verfall infolge chronischer Krankheiten wie Prostatakrebs, Alzheimer und Parkinson ausgeliefert sind. Die zunehmende Wahrscheinlichkeit, daß den Menschen ein stark verlängerter Sterbeprozeß droht, hat den Ruf nach einer „medizinischen" Beendigung des Leidens mittels Sterbehilfe aufkommen lassen.

Aber für Ärzte bedeutet schon der Gedanke an Euthanasie oder Sterbehilfe eine ungeheure Umkehrung und Tragödie der Medizin als Heilberuf und somit ein seltsames Nebenprodukt unseres Fortschritts. Dem wachsenden Verlangen nach einem kontrolliert herbeigeführten Tod nachzugeben, läuft der innersten Natur unseres Berufs zuwider und verstößt gegen den ausdrücklichen Sinn des Hippokratischen Eids und die jahrtausendelange Geschichte der Medizin. Statt Sterbehilfe zu leisten, können Ärzte heute den leidenden Menschen zahlreiche Möglichkeiten der Schmerztherapie anbieten, darunter auch die Möglichkeiten von Religion und Spiritualität.

Ich selber bin überzeugt: Es wäre viel dringender notwendig, daß der Arzt jemandem den Trost und die Weisheit der Heiligen Schrift einimpfte, statt ihm Kaliumchlorid in die Venen zu injizieren. Und ich halte es bei weitem für sinnvoller, daß der Arzt den schmerzgeplagten Patienten ermutigt, das Leben und den Frieden des Heiligen Geistes einzuatmen, statt das Kohlenmonoxyd, das der Befürworter der Euthanasie Dr. Jack Kevorkian in seiner Todesmaschine verwendet.

Wenn heute der Ruf nach dem vom Arzt unterstützten Selbstmord ertönt, können wir sehen, in welchem Maß unsere Kultur vom Erfolg der Medizintechnik abhängig ist – und wie sehr wir als Volk verarmt sind. Wenn uns die Krankheit vor Aufgaben stellt, die die zeitgenössische Wissenschaft nicht so leicht erfüllen kann, suchen nicht wenige Menschen nach einem raschen Ausweg. Haben sich im Lauf der Geschichte zahlreiche Männer und Frauen mutig dem Leiden gestellt und abgewartet, bis man ein erlösendes Mittel für ihre Qual findet, so stehen heute viele Menschen auf dem Standpunkt, sie hätten ein Recht darauf, sich selbst auf schmerzfreie, medizinisch saubere und vom Staat gebilligte Weise zu töten. Es ist bemerkenswert, daß religiös orientierte Patienten und Ärzte weniger als religiös desinteressierte dazu neigen, diese Vorstellung zu vertreten oder nach einer ärztlich begleiteten Sterbehilfe zu verlangen.[19]

In meinen Augen weist schon das reine Vorhandensein der Vorstellung der Sterbehilfe auf das Versagen unserer Kultur hin: Mehr und mehr schwindet der Sinn dafür, welche Möglichkeiten für eine tiefe Spiritualität die Krankheit bietet. Aber es zeigt auch, daß viele Menschen ihren Ärzten nicht zutrauen, ihnen helfen zu können, mit ihren anhaltenden physischen, psychischen und spirituellen Schmerzen fertig zu werden. Wenn heute nach Ärzten gerufen wird, die zu einem leichten Ausweg verhelfen, ist das indirekt ein Appell an Medizin und Ärzte, mehr Herz und Seele zu zeigen.

Kardinal Joseph Bernardin konnte sich dem Tod dank seiner bemerkenswerten Persönlichkeit und seiner großen spirituellen Tiefe mutig stellen; aber er verfügte auch über den Vorzug, von einfühlsamen Ärzten medizinisch hervorragend betreut zu werden und den Trost einer sich um ihn sorgenden und ihn mit Anteilnahme und Gebet begleitenden Gemeinschaft zu erfahren. Vielleicht würden sich auch die Sterbenskranken, die nach einer Sterbehilfe verlangen, anders fühlen, wenn ihnen ähnliche Quellen zur Verfügung stünden.

Die Gnade und die Umwandlung, die im Sterbeprozeß eines Menschen wie Kardinal Bernardin ans Licht kommen können, sind uns in letzter Zeit auch von vielen der Menschen vor Augen geführt worden, die von der schrecklichsten in unserer Zeit wütenden Krankheit heimgesucht wurden, von AIDS.

Obwohl weiterhin die ersten Todesursachen die Erkrankung der Herzkranzgefäße und der Krebs sind, hat die AIDS-Seuche die ganz besondere Aufmerksamkeit der Medien und der allgemeinen Öffentlichkeit erregt. Das liegt zum Teil an der Tragödie, daß so viele junge Menschen infolge dieser schlimmen Krankheit dem Tode geweiht sind. Bei Patienten mit AIDS werden die Krankheit und der Sterbeprozeß oft noch durch ein besonderes Stigma kompliziert, ein Stigma, das zum Teil deshalb entstanden ist, weil diese Seuche (in Amerika) erstmals bei Homosexuellen aufgetreten ist. Im orthodoxen Judentum und im Christentum verbieten Schrift und Tradition die aktive Praxis der Homosexualität. Das könnte der Grund dafür sein, daß manche religiöse Gruppen mit AIDS-kranken Menschen nichts zu tun haben wollen, ganz gleich, wie sie sexuell gepolt sind. Glücklicherweise bieten viele andere Gemeinden und religiöse Organisationen allen, die auf dem Weg durch diese schwierige Krankheit sind, zuverlässige Hilfe, wodurch dieser Prozeß für Patienten wie Angehörige leichter zu tragen ist. Um zu veranschaulichen, wie sie der Faktor Glaube im Leben von Menschen mit AIDS auswirkt, möchte ich zwei Geschichten erzählen.

◆   Martin ist ein 43-jähriger Musiker, der früher als Therapeut in einem Pflegeheim gearbeitet und dann AIDS bekommen hat. Glücklicherweise hat er weder seine Frau Alice noch seinen 14-jährigen Sohn Joshua mit dem Virus angesteckt. Bei Martin ergab 1989 ein Test den Befund HIV-positiv, nachdem er sich sechs Monate lang mit einer Bronchitis herumgeschlagen hatte, die er nicht mehr loswurde. Er bekam die Diagnose AIDS, als die Zahl seiner T-Zellen nahezu auf Null gesunken war und ihn eine Bronchialentzündung fast das Leben gekostet hätte. Mit Hilfe einer Therapie mittels aggressiver Antibiotika schaffte es Martin jedoch und nahm kräftemäßig langsam wieder zu. Heute, etliche Jahre danach, ist die Zahl seiner T-Zellen wieder höher als zu dem Zeitpunkt, als man ihn als HIV-positiv erkannte, und er hat gesundheitlich keine größeren Probleme, außer einem allgemeinen Erschöpfungszustand, um dessentwillen er aus dem Berufsleben ausscheiden mußte. Wie viele andere AIDS-Infizierte nimmt Martin drei Medikamente gegen Viren ein, um einer tödlichen Infektion vorzubeugen.

Derzeit besteht Martins schlimmstes körperliches Problem darin, mit seiner extremen, aber nie vorhersagbaren Erschöpfung zurechtzukommen. „Es gibt Tage, da kann ich alles tun, wozu ich Lust habe, und andere Tage, da bin ich schon um zwei Uhr mittags für den Rest des Tages erledigt", erzählte er. Martin hat die Rolle des Hausmanns übernommen, so daß Alice neben ihrer Ganztagsarbeit noch eine Fortbildung machen kann.

Ihr gemeinsames Leben verläuft derzeit bemerkenswert friedlich und glücklich, aber das war nicht immer so. Jahrelang hatte Martin mit den emotionalen Nachwirkungen des Umstands zu kämpfen, daß er als Kind sexuell mißbraucht worden war. Er war wiederholt von einem Stief-Großvater belästigt worden. Daran konnte er sich bewußt erst wieder kurz nach der Diagnose auf HIV-positiv erinnern; aber schon vorher hatte diese Kindheitserfahrung in ihm tiefe und schmerzliche Wunden hinterlassen und die psychische Grundlage für das zwanghafte sexuelle Verhalten in seinem weiteren Leben gelegt. Martin zog sich das AIDS-Virus bei einer seiner außerehelichen sexuellen Beziehungen zu. Jahrelang war sein Glaubensleben nicht tief genug, um seine schmerzlichen Erinnerungen, Erfahrungen und Verhaltensmuster heilen zu können.

„Ich bin mein Leben lang ein Kirchgänger gewesen, und da ich zudem Kirchenmusiker war, hat mir das immer Freude gemacht, und ich hatte zudem das Gefühl dabei, auf meine Art Gott zu dienen", sagte er. „Aber in vieler anderer Hinsicht war mein spirituelles Leben jämmerlich. Nach sechs Jahren angestrengter Therapie, der Teilnahme an Zwölf-Schritte-Gruppen verschiedener Richtungen und seelsorglichen Beratungsgesprächen kam ich schließlich dahinter, daß diese Geschichte mit meinem sexuellen Mißbrauchtwerden als Kind ein Hauptfaktor dafür war, daß bei mir alles so verkorkst ist."

Bevor Martin sich auf seinen Weg in Richtung Heilung machen konnte, hatte er ständig das starke Gefühl, entfremdet zu sein von sich selbst, von anderen und von Gott. „Ich hatte überhaupt nicht das Gefühl, spirituell Boden unter den Füßen zu haben", erklärte er. „Zum Glück geriet ich an einen Therapeuten, der sich auch auf das Gespräch über spirituelle Themen verstand, und das war eine wunderbare Sache."

Da Martin infolge seines sexuellen Mißbrauchtwerdens als Kind unter dem Gefühl gelitten hatte, von seinem physischen Selbst abgespalten zu sein, brauchte er heilsame Erfahrungen, die die offensichtliche Kluft zwischen Geist und Körper überbrückten, von der die abendländische Kultur ein gutes Stück weit geprägt ist. „Als ich zuerst in die Therapie ging und meine T-Zellen gut waren, trat das HIV wieder in den Hintergrund und das Problem des sexuellen Mißbrauchs in den Vordergrund", erinnerte er sich. „Es gab Zeiten, da fühlte ich mich von meinem Körper wie abgetrennt. Manchmal hatte ich geradezu Schwierigkeiten, mich physisch zu bewegen, oder ich verlor eine Stunde lang das Sprechvermögen, weil sich meine Zunge nicht mehr bewegen ließ. Ein Teil der Heilungsarbeit bestand darin, mich mit dem Gedanken zu versöhnen, ein Körperwesen zu sein. Zum Teil schaffte ich das dadurch, daß ich es besser lernte, mich mehr um meinen Körper zu kümmern, indem ich meine Eß- und Schlafgewohnheiten vernünftig ordnete."

Aber als Martin die Erinnerungen an die Qual seiner Kindheitserfahrungen wieder kamen, brauchte er auch eine spirituelle Beratung. Er begann, regelmäßig mit einem Seelsorger seiner Kirche zu sprechen. „Wir diskutierten viel über das Böse in der Welt und darüber, wie Gott es zulassen kann, daß mit kleinen Kindern all das geschieht. Ich weiß keine Antworten auf diese Fragen, und ich weiß, daß ich sie nie erfahren werde; aber es gab eine Zeit, da mußte ich sie einfach stellen. Der Seelsorger sagte zu mir: ‚Seien Sie ruhig auf Gott wütend. Brüllen Sie ihn an, schreien Sie zu ihm. Er ist zäh und hält das alles aus!' So tat ich das auch, allerdings langsam und mit Maß, denn Wut ist etwas, was mir immer Angst gemacht hat."

Martins emotionale Heilung von seinem Kindheitstrauma schritt fort, als er sich entschloß, seine Geschichte sowie auch die Tatsache seiner HIV-Infektion in seiner Kirchengemeinde offen darzulegen. Er war der Ansicht, es sei an der Zeit, diese dunklen Flecken ans Licht zu bringen: „Ich schleppte diese ganzen Geheimnisse mit mir herum. Da kam ich an einen Punkt, wo ich das Gefühl hatte, ich müsse sie auch jemand anderem als nur Alice und meinem Therapeuten erzählen. Ich wählte mir jemanden aus der Gemeinde aus, der mir wirklich vertrauenswürdig erschien. Diesem erzählte ich meine Geschichte, schilderte ihm mein sexuelles Mißbrauchtwerden, sagte ihm, daß ich HIV-positiv sei usw. Tatsächlich verurteilte er mich nicht, sondern war einfach da, nahm mich an und unterstützte mich."

Die Erfahrung, von diesem Freund angenommen zu werden, gab Martin den Mut, sich auch an seine Pastorin zu wenden und sie um seelsorgliche Begleitung und spirituelle Führung zu bitten. „Auch sie nahm mich an. Sie sagte zu mir: ‚Meine Aufgabe ist es, Sie so lange mit der Liebe Gottes zu beknien, bis bei Ihnen der Groschen fällt', und das hat sie auch getan."

Martin und Alice beschlossen hierauf, auch noch weiteren guten

Bekannten aus der Kirchengemeinde von seiner HIV-Infektion zu erzählen. Die Reaktionen darauf überraschten sie, und zwar äußerst angenehm.

Martin erinnerte sich: „Mit wem wir auch sprachen, alle sagten: ‚Das tut uns sehr leid. Wie können wir dir helfen? Wir beten für dich. Komm doch zum Essen zu uns!'" Die Liebe und Annahme, die er seitens seiner Kirchengemeinde erfuhr, gab seiner ganzen Familie ein Gefühl des Friedens und der Zuversicht für die Zukunft: „Wir haben noch nicht viel Hilfe von anderen Leuten gebraucht, in dem Sinn, daß eine helfende Hand nötig gewesen wäre, obwohl das noch kommt", sagte Martin, „und es ist ein wunderbares Gefühl zu wissen, wenn es soweit ist, genügen zwei Telefonate, und alles läuft. Wir hätten nicht diese Gewißheit, wenn wir nicht zum Risiko bereit gewesen wären, den anderen gegenüber ganz offen zu sein. Auch unser Sohn Joshua hat das alles mitbekommen. Er ist in dieser Kirchengemeinde mit aufgewachsen und weiß, wie sehr wir von allen diesen Menschen akzeptiert sind und geliebt werden."

Martin hat zwar mit seiner Krankheit zu kämpfen, jedoch für sich selbst echten Frieden gefunden. „Jahrelang habe ich mir immer gesagt: ‚Wenn die Leute *das* von mir wüßten, würden sie mich ablehnen.' Aber jetzt wissen die Leute alles und mögen mich trotzdem noch. Die Liebe Gottes ist schwer zu begreifen; aber ich habe gelernt, was es heißt, von Gott geliebt zu werden, seit mich alle diese Menschen in meiner Umgebung lieben. Das ist auch der Grund dafür, daß ich jetzt das Gefühl habe, ich werde schon alles meistern, was noch auf mich zukommt."

Angesichts der Hoffnung, die neue Medikamente wie die Proteasenhemmer-Tabletten versprechen, stellt sich Martin genau wie viele andere Menschen mit AIDS die Frage: „Und jetzt?" Vor einigen Jahren schien er nur noch kurze Zeit zum Leben zu haben; es konnte schon in einer Woche oder einem Monat zu Ende sein. Heute ist ihm klar, daß er vielleicht noch viele Jahre vor sich hat, und er sucht jetzt nach der sinnvollsten Art, wie er die ihm noch verbleibende Zeit gestalten kann.

An vielen Sonntagen macht Martin in zahlreichen Kirchen die Vertretung als Organist und Chorleiter. Wenn er nicht spielt, freut er sich am Gottesdienst „als einfacher Gläubiger in der Bank" seiner eigenen Kirche, wo er auch regelmäßig an Heilungsgottesdiensten teilnimmt. Er erwartet nicht, von AIDS geheilt zu werden; aber er ist sich sicher, daß er auf spirituellem Weg bereits andere Arten der Heilung erfahren hat. In einer Reihe von Gebetsveranstaltungen mit geführten Imaginationsübungen hat er ein bestimmtes Bild für seinen spirituellen Weg gefunden.

„Ein Bild, das immer wieder auftauchte, war das eines Edelsteins. Er hatte viele Facetten, war rot, leicht magentafarben, etwas kleiner als ein Golfball. Er glühte, als komme Licht aus seinem Inneren. Während der Meditationen erlebte ich mich immer wieder, wie ich durch tiefe Wälder ging und nach diesem kostbaren Edelstein suchte. Schließlich fand ich ihn und nahm ihn mit. Dieser Edelstein verkörpert die Kostbarkeit, etwas, an das ich nie glauben konnte: daß ich kostbar sei – für Gott oder für sonst jemanden. Und jetzt weiß ich, daß ich das tatsächlich bin, für Gott und auch für andere Menschen. Das Bild vom Edelstein ist auch ein Bild davon, wie ich mein eigenes Herz wiedergefunden habe, das in einer Festung tief in den Wäldern eingesperrt war und das ich jetzt als mein Eigentum in Besitz genommen habe."

Martin erinnerte sich an ein weiteres wichtiges Bild aus diesen Gebetsstunden: „Bei einer der Imaginationsübungen erschien Jesus, und wir standen miteinander an einem Brunnen. Der Brunnen war voller Tränen, und ich sollte eine Kelle nehmen und aus ihm trinken. Ich wollte das ganz und gar nicht! Aber da sagte Jesus: ‚Nur Mut. Ich bin ja da.' So schöpfte ich aus dem Brunnen. Sobald die Kelle meine Lippen berührte, begann ich bitterlich zu weinen und fing alle meine Tränen mit der Hand auf. Jesus stand immer noch bei mir, und meine Tränen verwandelten sich in Diamanten, als Zeichen dafür, wie kostbar auch sie sind."

Obwohl ihm sein Glaube dank des Rückhalts in seiner Gemeinde großen Trost gebracht und ihm ein tiefes Gespür für die Liebe Gottes geschenkt hat, denkt Martin kaum an ein Leben nach dem Tod. „Die Zukunft hat mich noch nie besonders interessiert, außer daß ich gelegentlich etwas Schlimmes vorausbefürchtet habe", sagte er. „Die Zukunft ist etwas, was ich mir nicht vorstellen kann. Am ehesten ist sie für mich eine Art nebulöses Verhängnis oder das Warten, daß auch der andere Schuh abfällt, obwohl meine Angst vor ihr jetzt unendlich kleiner ist als zu der Zeit, als sie mein Leben völlig beherrscht hat. Mein Weg als gläubiger Christ bestand nicht darin, mich auf ein nächstes Leben vorzubereiten. Wenn es eine solche herrliche Zukunft gibt, dann ist mir das schon recht. Aber ich versuche, dieses *gegenwärtige* Leben zu meistern, und für mich besteht der Glaube mehr darin, das fertig zu bringen, als ein künftiges Leben vorauszuplanen. Wenn die Gegenwart in ein ewiges Glück mündet, dann ist das natürlich toll", meinte Martin lachend. „Für noch mehr Glück bin ich immer zu haben!"

◆ Anders als Martin zählte meine Patientin Serena sehr auf die „Versicherungen" des Himmels, die ihr ihr starker christlicher Glaube bescherte. Serena, eine junge Afro-Amerikanerin, war von ihrem Mann mit HIV angesteckt worden, der sich intravenös Drogen spritzte. Als ich sie in ihrem Zimmer im *Georgetown Hospital* besuchte, war sie im Spätstadium von AIDS, schwer an Tuberkulose erkrankt und von ständigem Husten geplagt. Sie hatte nun vier Jahre lang ohne alle T-Zellen gelebt und schon eine ganze Reihe schwerer Infektionen durchgemacht; aber ihr Glaube erfüllte den speziellen Isolierraum, in den sie gesperrt war, mit einem Leuchten.

„Hallelujah!" sagte sie immer wieder. „Praise the Lord!" Ihre musikalische Stimme tönte klar durch die Maske, die sie zur Verhütung der Verbreitung von Tuberkulosebazillen trug. Sie ließ sich von ihr nicht daran hindern, ihre Liebe zu Gott zu bezeugen, und die Maske konnte auch nicht ihr beharrliches Lächeln verbergen. Es schien, als beziehe Serena aus ihrem Glauben mehr als nur die Befreiung von aller Angst. Sie sah ihrem Tod mit einer unerschütterlichen Freude entgegen.

Eines Tages besuchte ich Serena und traf dabei an ihrem Bett ihren Vater (der Geistlicher ist) und einen Freund der Familie. Serenas Vater begann das gemeinsame Gebet und betete um Serenas Befreiung vom „AIDS-Dämon". Wir bekannten unsere Sünden und richteten gemeinsam unsere Dank- und Fürbittgebete an Gott. Serena starb wenige Tage danach. Sie hatte viel länger gelebt, als man aufgrund ihrer verheerenden Krankheit gedacht hatte.

Ich nahm zusammen mit einem anderen Arzt an Serenas Beisetzung teil. Wir sollten beide bei dieser wunderbaren „Siegesfeier" über Serenas Leben ein kurzes Wort sprechen, und obwohl wir die beiden einzigen Weißen in der überfüllten Kirche waren, fühlte ich mich sofort unter diesen Mitchristen und in ihrem Gottesdienst daheim. Angesichts der Endgültigkeit des Todes sangen wir gemeinsam ein wunderbares Lied, in dem es hieß: „I've got a feeling, things are gonna be all right" („Ich habe das Gefühl, alles wird wieder gut"), und trotz der Trauer, die Serenas Angehörige und Freunde empfanden, war ein echtes Gefühl der Freude darüber im Raum, daß diese tiefgläubige Frau endgültig daheim angekommen war. Der Bischof des Kirchendistrikts stand dem Gottesdienst vor und gab so Serenas Vater die Möglichkeit, für sich zu trauern, statt den Begräbnisgottesdienst seiner eigenen Tochter leiten zu müssen. Aber der konnte sich nicht zurückhalten. Nach einem weiteren bewegenden Lied stand er auf und sagte zu der lautlosen Menge: „Viele von euch haben meiner Frau und mir ihr Beileid ausgesprochen, weil wir unsere Tochter verloren haben. Meine Frau und ich danken euch dafür aus tiefstem Herzen. Mein Wörterbuch sagt, wenn man etwas verloren hat, weiß man nicht, wo es ist. Unsere Tochter haben wir *nicht* verloren. Ich weiß *genau*, wo meine Tochter ist. Sie liegt auf den Knien und betet den König der Könige und Herrn der Herren an, preist ihn und verherrlicht ihn. Ehre sei Ihm!"

Kurz danach lud die Familie mich ein, auch ein Wort zu sagen. Ich knüpfte an das an, was Serenas Vater offengelassen hatte und forderte die versammelte Gemeinde auf, sich für einen Augenblick lebhaft vorzustellen, wo Serena in diesem Augenblick sei, im Thronsaal des Himmels. Ich zitierte Stellen aus dem 4. und 5. Kapitel des Buchs der Offenbarung und beschrieb die Himmelsvision des Johannes mit dem großen Thron und den vierundzwanzig ihn umgebenden Thronsitzen und einem Regenbogen darüber und einem gläsernen Meer davor, mit Abertausenden von Engeln, die in festlich-freudigem Chor „Heilig, heilig, heilig ist der Herr und Gott, der Allmächtige" sangen und Schalen mit Weihrauch in den Händen hielten, das sind die Gebete der Heiligen. Ja, auch wir sandten an diesem Tag eine Schale voll duftenden Weihrauchs zum Himmel.

Ich sagte weiter, wohl fehle uns jetzt Serenas irdische Gegenwart, aber gemeinsam mit ihr könnten wir voller Freude unseren Glauben feiern, in der Gewißheit, daß sie tatsächlich den Sieg des ewigen Lebens errungen habe.

◆ Im Buch Kohelet sagt Salomo: „Für jedes Geschehen unter dem Himmel gibt es eine bestimmte Zeit" (3,1). Es gibt eine Zeit, gegen den Tod anzukämpfen, eine Zeit, sich an die Weisung des Dichters Dylan Thomas zu halten: „Do not go gentle into that good night" („Geh nicht sachte in diese gute Nacht"). Es gibt auch eine Zeit zum Loslassen, zum Trauern. Für jeden ist der Tod ein Verlust. Selbst Menschen wie Serena, die klar und sicher das künftige Leben vor Augen haben, müssen sich mit der Tatsache auseinandersetzen, daß *dieses* Leben und alles, was uns darin kostbar ist, eines Tages aufhört. Angesichts der Aufgabe, diesen unvermeidlichen Verlust unseres irdischen Lebens zu bewältigen und den letzten Übergang zu schaffen, ist bei gläubigen Menschen die Wahrscheinlichkeit größer, daß sie dies mit weniger Schmerz und Leid fertigbringen.

Mein Großvater war Baptistengeistlicher und Missionar. In seiner letzten Predigt wenige Wochen vor seinem schmerzvollen Tod infolge

Leukämie sprach er über das Sterben und das Leben nach dem Tod. Dabei schilderte er, daß er sich als Krankenpfleger während des Ersten Weltkriegs in Frankreich oft in Zeiten großer Verzweiflung über die brutalen Grausamkeiten des Krieges lebhaft die frohe Szene nach Ende des Krieges vorgestellt habe, wenn er schließlich an Washingtons Bahnhof, der *Union Station*, ankommen und seinen Zug bereitstehen sehen würde, den Dixie Flyer, der ihn in seine Heimat in den roten Hügeln von Georgia zurücktragen würde. Er habe sich deutlich ausgemalt, wie er voller Sehnsucht diesen Zug besteigen und sich schon auf die Endstation freuen würde, und dann auf den Augenblick, wo er wieder seinen Vater sehen und wie ein kleiner Junge in dessen ausgebreitete Arme laufen werde.

Er schloß diese Predigt mit den Worten: „Wenn ich daran denke, was mir bald bevorsteht, stelle ich mir wieder den Dixie Flyer vor; denn ich glaube, das ist wieder die gleiche Reise. Die Zugfahrt wird ziemlich lang dauern. An manchen Stellen wird es vielleicht etwas stark rumpeln und ungemütlich werden; so ist der Prozeß des Sterbens nun einmal. Aber dann, ja, dann werde ich schließlich an der Endstation ankommen. Dort auf dem Bahnsteig wird mein Vater stehen, mein Himmlischer Vater. Er wird mir entgegenlaufen, wird die Arme ausbreiten, um mich zu empfangen und mir eine Krone aufs Haupt setzen. Und er wird zu mir die Worte sagen, die zu hören ich mein ganzes Leben lang verlangt habe: ‚Willkommen daheim, mein geliebter Sohn.' Und dann werde ich endlich daheim sein. Daheim bei meinem Vater, für immer und ewig."

Ich bete, daß auch ich, wenn meine Zeit kommt, dem Tod mit der gleichen Glaubensgewißheit wie mein Großvater entgegensehen kann.

◆ In den folgenden Kapiteln will ich einige Grundsätze vorstellen, die zu einem spirituell fruchtbaren Leben beitragen. Dabei kommt es nicht darauf an, welcher Glaubensrichtung Sie angehören oder ob Sie womöglich sagen, daß Sie sich derzeit keiner Glaubenstradition verbunden fühlen. Ich glaube trotzdem, daß Ihnen diese Grundsätze für ein spirituelles Leben auf Ihrem eigenen Weg helfen können. Es geht darum, die Quelle der Gesundheit und Freude zu suchen und zu finden und sich dadurch das gesundheitsfördernde und frohmachende Potential des Faktors Glaube zu erschließen.

Teil II

Spirituelle Lebenskräfte

8. KAPITEL

Die Entwicklung eines spirituellen Programms – Gott im eigenen Leben suchen

Wenn man gesehen hat, was der Faktor Glaube alles bewirken kann: eine bessere körperliche und geistige Gesundheit, ein längeres und befriedigenderes Leben, ein stärkeres Gefühl, einen bestimmten Zweck zu erfüllen, eine glücklichere Ehe, mehr Mut und Stärke in Krisenzeiten, dann wird kaum jemand umhin können, in den Genuß dieser Vorzüge kommen zu wollen. Ich hoffe, die bisherigen Kapitel haben Sie davon überzeugt, welch großer Gewinn darin liegt, und Sie überlegen sich, wie auch Sie sich den inneren Zusammenhang zwischen Glaube und Gesundheit zunutze machen können, der mit einer Fülle von wissenschaftlich beobachteten und analysierten Erfahrungen belegt ist. Wie Sie darauf reagieren, hängt weithin davon ab, an welchem Punkt Sie derzeit in Ihrem persönlichen spirituellen Leben stehen. Wenn Sie bereits Ihr Leben aus religiöser Überzeugung gestalten, werden Sie vielleicht überlegen, wie Sie Ihren Glauben vertiefen können. Wenn Sie sich als spirituellen Menschen betrachten, jedoch keiner religiösen Gemeinschaft mehr verbunden sind, fühlen Sie sich vielleicht veranlaßt, Ihre Einstellung zur Bindung an eine Religionsgemeinschaft zu überdenken und sich zu überlegen, ob Sie sich nicht doch einer bestimmten Glaubensgemeinschaft oder Gemeinde anschließen sollten. Wenn Sie sich für einen nicht religiösen und auch nicht spirituellen Menschen halten, jedoch beeindruckt davon sind, was der Faktor Glaube alles zu bewirken vermag, hoffe ich, daß Sie sich Gedanken darüber machen, wie auch Sie ein spirituelles Leben entwickeln können, das für Sie persönlich authentisch, sinnvoll und gesund ist. Der entscheidende Punkt, auf den es bei dieser Suche ankommt, ist der Wunsch, das Göttliche kennenzulernen, also die Sehnsucht nach einer Beziehung zu Gott, selbst wenn Sie derzeit noch nicht wissen, wer er ist.

Wenn Sie einen solchen Wunsch verspüren, empfehle ich Ihnen, sich daran zu machen, ein bestimmtes *spirituelles Programm* zu entwickeln, also eine Lebensweise, die dem Zweck dienen soll, Ihren Glauben zu ergründen und Ihre Spiritualität zu pflegen. Ihr spirituelles Programm wird auf Sie ganz persönlich zugeschnitten sein müssen, weil jeder Mensch seinen ureigenen Hintergrund hat, seine ganz persönlichen Erfahrungen und individuellen Bedürfnisse und Fragen; dabei wird es durchaus Gemeinsamkeiten mit den Erfahrungen anderer spirituell Suchender aufweisen. In den folgenden vier Kapiteln will ich ausführlich darlegen, was ich für die Grundpfeiler jeder spirituellen Lebensausrichtung und Glaubenspraxis halte: das Beten, das Bibelstudium und die Teilnahme an einer spirituellen Gemeinschaft. Aber zunächst müssen wir genauer betrachten, was wir uns eigentlich unter Glaube, Religion und Spiritualität vorstellen.

Es gibt unzählige Ansätze, um sich mit diesem Thema zu befassen. Jahrtausendelang haben große Denker und spirituelle Führer ganze Theologien auf scheinbar so einfachen Fragen aufgebaut wie: „Was ist der Glaube?" Ich erhebe nicht den Anspruch, es ihnen gleichzutun und eine eigene Theologie zu entwickeln. Was ich als Arzt und Forschungswissenschaftler tun kann, ist, vielmehr zu erklären, wie die religiöse Überzeugung auf die mir anvertrauten Patienten gewirkt hat und wie dies von klinischen Forschern gemessen wird. Anhand der daraus sich ergebenden Definitionen und Rückschlüssen kann ich dann zeigen, wie wir uns mit einiger Aussicht auf Erfolg bemühen können, es gläubigen Menschen gleichzutun, die in den Genuß der Vorzüge eines lebendigen Glaubenslebens gekommen sind.

Wissenschaftler, die statistische Daten über den Faktor Glaube erbracht und ausgewertet haben, sind keine Theologen und können nicht die Rolle von spirituellen Lehrmeistern übernehmen. Aber damit Sie besser verstehen, wie Sie Ihr spirituelles Programm näher an die Quellen des Faktors Glaube heranführen können, wollen wir zusehen, wie Forscher Glauben definiert haben. Außerdem wollen wir ihre Erkenntnisse genauer betrachten, auf welche Weise sich verschiedene Aspekte der religiösen Praxis auf Gesundheit und Wohlbefinden auswirken.

Was ist der Glaube?

Betrachten wir zunächst, was der Glaube aus medizinischer, nichtreligiöser Sicht ist. Im 2. Kapitel habe ich schon ausführlich Dr. Herbert Bensons Aussagen über die medizinische Bedeutung unserer persönlichen Überzeugungen vorgestellt. In seinem Buch *Timeless Healing* sagt er: „Unser Gehirn ist auf Überzeugungen und Erwartungen angelegt. Wenn solche aktiviert werden, kann der Körper darauf so reagieren, als handle es sich beim Geglaubten um etwas Wirkliches, und er erzeugt je nachdem Taubheit oder Durst, Gesundheit oder Krankheit."[1] Sie haben dieses Phänomen wahrscheinlich schon an sich selbst beobachtet, wenn Sie einen Film angeschaut haben. Obwohl wir zum Beispiel wissen, daß ein Thriller von Alfred Hitchcock „nur ein Film" ist, reagieren wir auf Ereignisse darin, wie etwa auf das Erstechen unter der Dusche, als passierten sie uns selbst. Unsere Augen und Ohren werden von Sinnesdaten überflutet, die unseren Nervensystemen unwillkürlich den Befehl geben, mit Angst zu reagieren. Entsprechend reagiert dann auch unser Körper mit schnellerem Herzschlag, rascherem und flacherem Atem und Schwitzen.

Dr. Benson und andere Forscher haben überwältigende Beweise dafür angesammelt, daß sich unsere Überzeugungen auf unsere Gesundheit auswirken können. Wenn wir fest glauben, daß uns eine bestimmte Tablette helfen kann, ist die Chance groß, daß sie uns tatsächlich hilft, und zwar unabhängig von dem, was sie enthält. Das ist der berühmte „Plazebo-Effekt", der ein gutes Stück weit die Grundlage für die medizinische Praxis bis ins 20. Jahrhundert abgab. Zu Zeiten, in denen Ärzte noch nichts von Bakterien und Viren wußten und sich ihre pharmazeutische Kunst auf die Kenntnis weniger Heilkräuter beschränkte und das Operieren noch eher mit dem Tod endete, als zu einer Genesung führte, hing die Wirkung vieler medizinischer Behandlungen von den Erwartungen des Patienten ab, es würden sich positive Auswirkungen einstellen.

Wir wissen zum Beispiel, daß die bis ins 18. Jahrhundert übliche Praxis des Aderlassens (der Blutabnahme in Zeiten der Krankheit) den Menschen nicht wegen ihrer ihr innewohnenden physiologischen Wirkung zur Besserung verhalf. Aus heutiger wissenschaftlicher Sicht müßte der Aderlaß die meisten Menschen noch kranker gemacht haben, genau wie jemand, bei dem eine starke Blutung einsetzt, einen Schock bekommen und schließlich sterben kann, wenn die Blutung nicht gestoppt wird. Aber in Wirklichkeit ging es vielen Menschen nach dem Aderlaß tatsächlich *besser*, weil sie an dessen heilende Wirkung *glaubten*. Heute wie damals gab den entscheidenden Ausschlag die vorherrschende Meinung der Mediziner. Berühmte Ärzte wie Benjamin Rush, einer der Unterzeichner der amerikanischen Unabhängigkeitserklärung, befürworteten den Aderlaß. Rushs Autorität als führender Mediziner bestärkte die Erwartungen, daß der Aderlaß sich positiv auswirke und hatte zur Folge, daß er häufig als wirksame Behandlung angewandt wurde.

Die Geschichte der Medizin ist voller Beispiele von Behandlungsweisen, die wie der Aderlaß einst als wirksam galten und von denen sich später herausstellte, daß in ihnen tatsächlich keine größere Heilkraft steckte als in sonst verfügbaren, völlig neutralen Plazebos. Manche dieser Behandlungsformen kommen uns heute geradezu barbarisch vor. Noch bis in die Zeit, als mein Vater als Arzt praktizierte, setzten zum Beispiel Ärzte Patienten mit der Krankheit Polyzythämie (Rotblütigkeit), bei der der Körper im Übermaß rote Blutkörperchen produziert, Hakenwürmer an. (In Wirklichkeit ist Polyzythämie eine der wenigen Krankheiten, bei denen tatsächlich der Aderlaß hilft!)

Ein interessantes Beispiel für die Macht des Glaubens an die Medizin wurde dokumentiert, als Forscher einer Schwangeren das Medikament Ipecacuanha gaben, das gewöhnlich dazu verwendet wird, bei Menschen, die etwas Giftiges geschluckt haben, den Brechreiz auszulösen. Bei dieser Studie[2] wurde der Frau gesagt, Ipecacuanha diene der *Unterdrückung* ihres Brechreizes, also das gerade Gegenteil der tatsächlichen pharmakologischen Eigenschaft dieses Medikaments. Der Brechreiz der Patientin ging tatsächlich deutlich zurück, womit die Behauptung der Forscher bestätigt wurde. Was die Frau von dem Medikament glaubte, erwies sich also als stärker als dessen allseits bekannte pharmakologische Wirkung.

Ärzte wissen, daß ebenso, wie der Glaube dieser Patientin die übliche Wirkung von Ipecacuanha auf ihren Körper umkehrte, auch Größe, Form, Farbe und Namen von Tabletten deren Wirkung deutlich beeinflussen können. Schon dem oberflächlichsten Betrachter der Medikamentenwerbung in Amerika muß zum Beispiel in die Augen springen, daß die Tabletten in ihrem Namen ein „z" oder „x" aufweisen müssen, um erfolgreich verkauft zu werden. In den letzten Jahren ist eine Fülle entsprechender Namen für neue Medikamente entstanden, wie etwa Prozac, Paxil, Xanax, Zantac, Zestril und Zoloft.

Der Plazebo-Effekt wirkt sich auch auf das Ergebnis von Operationen aus. In den fünfziger Jahren war eine bestimmte Form der Bypass-Operation eine übliche Maßnahme bei Herzerkrankung. Damals wandten Forscher eine Überprüfungstechnik an, die heutige Ethikkommissionen nicht mehr erlauben würden: Sie führten Experimente mit „Scheinoperationen" durch, um die tatsächliche Wirkung dieser Maßnahme zu überprüfen.[3] Dabei wurde an einer Gruppe von Patienten diese Bypass-Operation durchgeführt. Doch Patienten einer weiteren Gruppe wurden nur aufgeschnitten und dann wieder zugenäht, ohne daß die weiteren Operationsschritte erfolgten. Unmittelbar nach der Operation wiesen beide Gruppen das gleiche Maß an Erleichterung der Symptome auf, und tatsächlich war ein Jahr danach sogar die Wahrscheinlichkeit bei den Patienten mit der Scheinoperation größer, daß ihre Angina pectoris um mindestens 50% geringer war als bei den Patienten mit der wirklichen Operation. Die Ergebnisse dieses Experiments verbannten schon bald diese Form der Bypass-Operation auf den Friedhof ausgedienter Techniken.

Wir wissen gar nicht, wie viele unserer heutigen chirurgischen Eingriffe vielleicht ebenfalls auf dem Plazebo-Effekt beruhen. Da wir heute Scheinoperationen für ethisch nicht vertretbar halten, werden wir das wahrscheinlich nie erfahren. Was wir jedoch wissen, ist, daß die Wirksamkeit jeder Operation in bestimmtem Maß von den Erwartungen des Patienten beeinflußt wird. Das ist deshalb der Fall, weil es sich bei einer Operation um einen radikalen Eingriff und zugleich um einen höchst symbolischen Akt handelt. Eine Operation weckt in gewisser Weise spirituelle Bilder, wie etwa die Anwendung der Narkose („jemanden einschläfern", die kulturelle und biblische Metapher für töten) und das „Aufwachenlassen" der Patienten im Erholungsraum (das an eine Auferweckung von den Toten erinnert). Dem Chirurgen wird mythische Macht zugesprochen; denn er erhält das einzigartige, atemberaubende Privileg, in die Körper anderer Menschen hineinzugehen und sie wieder zu verlassen. Besonders viele solcher tiefgreifenden Bilder kommen in der Herzchirurgie ins Spiel. So wird zum Beispiel bei der Bypass-Operation der Herzkranzarterie das Herz des Patienten buchstäblich zum Stillstand gebracht, was jahrhundertelang das medizinische Kriterium für Totsein war, und der Kreislauf des Patienten wird während der Dauer der Operation mit mechanischen Mitteln aufrechterhalten, wonach dann das Herz neu gestartet und der Kreislauf wieder in Funktion gesetzt wird.

Was wir unseren Ärzten und unseren medizinischen Behandlungen zutrauen, wirkt sich nachhaltig auf unsere Krankheit und unseren Genesungsprozeß aus. Diese Art Zutrauen ist eine wichtige Form des Glaubens, die allerdings nicht unsere tiefgründigeren Fragen anspricht: die Fragen nach dem Sinn des Lebens, dem Zweck des Daseins, dem Wesen einer möglichen Beziehung zu dem Einen, der uns erschaffen hat. Die Menschen befassen sich mit derlei Fragen weithin im Rahmen von Spiritualität und Religion, die sich ebenfalls nachhaltig auf unsere physische und mentale Gesundheit auswirken können, wie uns die Forschungsergebnisse über den Faktor Glaube zeigen.

Der religiöse Glaube –
„Feststehen in dem, was man erhofft"

Der „weltliche Glaube", etwa unser Glaube an die Medizin und an medizinische Maßnahmen, wirkt sich auch auf andere Bereiche unseres Lebens aus. Ohne Glauben hätten Forscher und Immigranten die Neue Welt Amerika nie erreicht, sondern die Sicherheit in der alten Heimat der Verheißung eines besseren Lebens vorgezogen. Ohne Glauben wären die frühen amerikanischen Pioniere nie über die „Blue Ridge Mountains" hinausgekommen, weil sie das unwirtliche Gelände abgeschreckt hätte; nur weil sie glaubten, hinter diesen Bergen müsse ein schöneres Land liegen, zogen sie unbeirrt weiter. Auch in unserer Zeit bedurften die Weltraumforschungen der fünfziger und sechziger Jahre des Glaubens; denn auch wenn die Wissenschaftler bestimmte Gesetzmäßigkeiten der Raumfahrt beschreiben konnten, wußten sie andererseits nicht mit Sicherheit vorauszusagen, was die Astronauten im Weltall draußen erwartete. Man braucht sich nur vorzustellen, welchen Glaubens es bedurfte, als Neil Armstrong seinen „kleinen Schritt eines Menschen" tat, der einen „Riesensprung für die Menschheit" bedeutete.

Diese Art von Glauben hat zwar der Menschheit viel Positives erbracht und legt auch den Grund für vieles, was man im Leben zustande bringt, aber darüber wölbt sich der transzendente Bereich des religiösen Glaubens. Selbst die Begeisterung darüber, eine neue Welt entdeckt zu haben, kann nicht gewährleisten, daß das Leben des Menschen einen letzten Sinn hat. Und selbst die größten Errungenschaften des Menschen ändern nichts an der Tatsache, daß er auf das Grab zusteuert, und sie können dies auch nur um weniges hinausschieben. So vermag den meisten von uns der religiöse Glaube am ehesten den Zugang zu jenem höchsten Sinn zu erschließen, der unserem Leben auf Erden einen gültigen Inhalt gibt und uns die Hoffnung auf das Leben in einer künftigen Welt schenkt.

Im Neuen Testament wird dieser Glaube definiert als „Feststehen in dem, was man erhofft, Überzeugtsein von Dingen, die man nicht sieht" (Hebräerbrief 11,1). Seiner Definition nach gründet religiöser

Glaube also nicht auf greifbaren Beweisen, sondern auf dem festen Vertrauen auf das, was man nicht sieht. Dieses Vertrauen bekunden wir, indem wir uns auf etwas Bestimmtes einlassen und in eine bestimmte Richtung gehen, was Blaise Pascal als „Wette" bezeichnete und Sören Kierkegaard einen „Sprung" nannte. Filmisch wurde es eindrucksvoll in *Indiana Jones and the Last Crusade* dargestellt: Indiana Jones steht vor einem Abgrund, der ihn vom Heiligen Gral trennt. Er tut in nacktem Glauben einen Schritt vorwärts, und plötzlich taucht unter seinen Füßen eine Brücke auf.

Unsere spirituelle Suche wird uns letztlich an einen ähnlichen Punkt führen, von dem aus wir springen müssen. Worin dann dieser Sprung bei jedem von uns besteht und an welchem Punkt er fällig wird, unter welchen Umständen und mit welchem Glaubenssystem als Sicherheitsnetz wir ihn tun müssen, wird von vielen einmaligen Faktoren im Leben jedes einzelnen Menschen bestimmt, darunter seinem Charakter, seinen Erfahrungen und seiner religiösen Herkunft. Die Entscheidungen, die wir treffen, können sich darauf auswirken, in welchem Maß der Faktor Glaube in unserem Leben zum Zug kommen kann. Es hat sich gezeigt, daß Glaube für unsere Gesundheit und unser Wohlbefinden förderlich ist. Seine diesbezügliche Wirksamkeit hängt zu einem guten Teil davon ab, wie lebendig wir unseren Glauben leben.

Spiritualität oder Religion?

Wenn es Ihnen darum geht, Ihre Gesundheit und Ihr Wohlbefinden zu steigern, indem Sie in Ihrem Leben den Faktor Glaube aktivieren, ist es wichtig, daß Sie genau die Ähnlichkeiten und Unterschiede zwischen Spiritualität und Religion kennen. In unserer heutigen Zeit ist dies eine wichtige Unterscheidung; denn unzählige Menschen sind von religiösen Institutionen oder Dogmen enttäuscht und haben sich dafür entschieden, sich eine ganz persönliche Form des Glaubens zu schaffen. Oft handelt es sich dabei um eine Kombination religiöser Elemente aus verschiedenen Traditionen, die sie dann als ihre persönliche Spiritualität verstehen. Unter den Gläubigen bezeichnen sich manche als spirituell, andere als religiös interessiert bzw. aktiv; viele sind beides. Weil diese Unterscheidung Einfluß auf die Forschung über die medizinischen Auswirkungen des Faktors Glaube hat, haben sich die Fachleute darum bemüht, genauer die Unterschiede und Ähnlichkeiten zwischen Religion und Spiritualität zu definieren. Die Art, wie ich sie hier vorstelle, ist mein Versuch, den Ertrag dieser Bemühungen kurz zusammenzufassen.[4]

Religion ließe sich definieren als ein organisiertes System von Überzeugungen, Praktiken und Symbolen, das dem Zweck dient, Gott näherzukommen; Spiritualität als die Suche nach Antworten auf letzte Fragen über das Leben und den Sinn des Daseins, die nicht unbedingt zur Entwicklung von spezifischen Ritualen und Praktiken oder zur Bildung von Gemeinschaften oder religiösen Lehrgebäuden führen muß. Kurz: Spiritualität stellt Fragen, Religion formuliert Antworten.

Die Begriffe Spiritualität und Religion haben vieles gemeinsam. Beiden geht es um eine „Suche nach dem Heiligen" und um grundsätzliche, ewige Fragen, um Fragen nach dem Sinn, nach dem Gebrauch unserer Zeit, nach der Natur unserer Beziehungen und unserer Gemeinschaften zueinander. Beide anerkennen das Transzendente, das uns Übersteigende, das außerhalb unserer selbst ist, und beide bieten Praktiken dafür an, mit Leiden, Sinnlosigkeit, Schuld und Scham umzugehen. Obwohl sich Religion und Spiritualität oft überschneiden, weisen sie auch bedeutende Unterschiede auf. Beachten wir aber, daß diese Unterschiede fließend und nicht absolut sind.

Religion	Spiritualität
Mehr darauf konzentriert, Gemeinschaften einzurichten.	Mehr darauf konzentriert, das Reifen des Individuums zu fördern.
Für den Beobachter von außen objektiver und überschaubarer.	Für den Beobachter von außen weniger objektiv und überschaubar.
Formalisiertere Weisen von Gebet und Gottesdienst.	Weniger formalisierte Weisen von Gebet und Gottesdienst.
Mehr auf das praktische Verhalten und äußere Übungen konzentriert.	Mehr auf Emotionen und persönliche innere Erfahrungen konzentriert.
Autoritärer, mit mehr praktischen Vorschriften und Verboten.	Weniger autoritär, mit weniger praktischen Vorschriften und Verboten.

Sich eher abgrenzend; Tendenz, Unterschiede zwischen einzelnen Gruppen zu machen.	Universaler ausgerichtet, gegen Trennung von anderen.
In der Lehre eher orthodox und systematisch.	In der Lehre weniger orthodox und weniger systematisch.

Für Juden und Christen besteht ein Unterschied darin, ob man sich an bestimmte grundlegende Glaubenswahrheiten über Gott und das Wesen des Menschen hält, oder ob man eine individualistische, traditionslose Einstellung pflegt, die manche als „spirituell, aber nicht religiös" bezeichnen. So gehört zum Beispiel aus jüdisch-christlicher Sicht zur Religion der Glaube an ein höheres Wesen, als wir selbst es sind; das unterscheidet diese Sichtweise eindeutig von der Vorstellung eines göttlichen Potentials in jedem Menschen, von dem manche behaupten, es lasse sich mittels spiritueller Praktiken „aktualisieren". Auch ist das Gottesbild der jüdisch-christlichen Tradition nicht das eines Gottes, der lediglich die Quelle aller kosmischen Energie wäre, die aus allen Dingen und Wesen wirke und sie umgebe. Die meisten Untersuchungen, die wir zu Rate gezogen haben, nennen als Merkmale einer traditionell monotheistischen (und weithin jüdisch-christlichen) Religiosität die folgenden:

• Gott wird als persönliches Wesen gesehen, zu dem wir als Personen in Beziehung treten können. Wir können auf verschiedene Weisen auf diesen Gott hören und mit ihm sprechen. Er wird im Judentum und Christentum als „Vater", „Herr" und „König" vorgestellt.
• Wir sind zwar als Gottes Ebenbild erschaffen, aber Gott ist transzendent, also in jeder Hinsicht weit größer, als wir ihn uns je vorstellen können, sowie allwissend und allmächtig. Daher gebührt Gott unser Lobpreis, unsere Anbetung und unser Gehorsam. C. S. Lewis hat darüber in *Mere Christianity* geschrieben: „Bei Gott hat man es mit etwas zu tun, das unermeßlich größer ist als man selbst. Solange man Gott nicht als solchen erkennt und folglich nicht sich selbst als ein Nichts im Vergleich mit ihm, kennt man Gott noch überhaupt nicht."[5]
• Gott ist allgegenwärtig, immer bei uns und aktiv an unserem Leben beteiligt, genau wie ein liebender Vater oder eine Mutter sich um ihr Kind sorgen. Wir sollen Gott darum bitten, uns alles zu ge-

ben, was wir für ein gläubiges Leben brauchen, ihm danken und auf ihn vertrauen, weil er in allem unser Beschützer und Fürsorger ist.

- Es gibt einen Moralkodex, an den man sich halten muß. Das Fundament dieses Kodex stellen die Zehn Gebote der hebräischen Bibel dar. Gott hat Regeln erlassen und Grenzen gesetzt, um uns sicher alle Wege durch das Leben zu weisen. Viele Weisungen für unseren Weg bleiben zwar für unterschiedliche Auslegungen offen; aber in den großen Traditionen haben die Menschen immer versucht, den Willen Gottes herauszufinden und im Maß des ihnen Möglichen nach ihm zu leben.

- Zwar sucht Gott unablässig nach uns und sehnt sich danach, daß wir uns ihm aus liebevollem Gehorsam zuwenden; aber dennoch hat er uns einen freien Willen gegeben und damit die Fähigkeit, entweder im Gehorsam seine Wege zu wählen oder uns im Ungehorsam von ihm abzuwenden. Wir sind keine Roboter oder Marionetten, die ein himmlischer Puppenspieler manipulieren würde. Gott ist in unserem Leben am Werk; aber wir haben die freie Wahl, ihm zu folgen oder ihn abzulehnen.

Dieser jüdisch-christliche Glaube führt zu einer bestimmten religiösen Struktur, die sich deutlich von einer organischeren, offeneren und individualistischen Spiritualität unterscheidet. Es ist wichtig, diesen Unterschied zu beachten; denn in fast allen Untersuchungen über den Faktor Glaube sind die Forscher vom Grad der religiösen Aktivität oder Religiosität der Beteiligten ausgegangen und nicht von ihrer Spiritualität. Wie bereits erwähnt, läßt sich die religiöse Praxis leichter messen als die Spiritualität. So ist zum Beispiel vom Gesichtspunkt des Forschers aus die Häufigkeit des Gottesdienstbesuchs von Befragten eine einfache, gültige und leicht zu messende Variable, die man benutzen kann, um die Religiosität einer Anzahl von Personen miteinander zu vergleichen. Eine solche meßbare Variable gibt es bei Menschen nicht, die sich als spirituell verstehen, aber nicht religiös gebunden sind. Ihre Überzeugungen und Praktiken neigen zu sehr individuellen Ausdrucksformen und entziehen sich standardisierten Maßeinheiten.

So kann zum Beispiel eine Frau, die sich selbst als spirituell wachen Menschen bezeichnet, am Sonntagvormittag statt in die Messe zu einem Spaziergang an den Strand gehen und dabei meditieren. Dieses Spazierengehen am Strand läßt sich sowohl als spirituelles, als auch als unspirituelles Tun deuten. Nur die Spaziergängerin selbst weiß, was in ihrem eigenen Herzen dabei vorgeht; der bloße Umstand, daß sie am Strand spazierengeht, sagt noch nichts darüber aus. Ein Beobachter von außen könnte nicht sagen, ob es sich bei diesem Spaziergang am Sonntagvormittag um eine geistliche Übung handelt. Im Gegensatz dazu könnte der gleiche Beobachter, der feststellt, daß eine Frau treu jeden Freitagabend den Gottesdienst in der Kirche besucht, mit einiger Wahrscheinlichkeit daraus schließen, daß sie damit religiöse Absichten verfolgt. Zwar kann die Frau, die die Kirche besucht, mehr oder weniger tief religiös sein, und zwar könnten beide Frauen sehr ähnliche spirituelle Ansichten und Erfahrungen haben, aber nur eine von ihnen bietet einen leicht beobachtbaren und meßbaren Anhaltspunkt dafür, daß sie aus religiöser Absicht handelt.

Wie wir im Verlauf dieses Buches immer wieder festgestellt haben, erweist eine Durchsicht aller Forschungsarbeiten über den Faktor Glaube, daß ein religiös aktives Leben gut für die eigene Gesundheit ist.[6] Dagegen hat sich nicht gezeigt, daß Spiritualität ohne ein religiös aktives Leben dieselben positiven Wirkungen zeitigt. Es kann an der Schwierigkeit liegen, daß sich Spiritualität so schwer messen läßt, daß die Forscher vorwiegend die sichtbaren, religiösen Aktivitäten in Betracht gezogen haben und nicht persönliche spirituelle Praktiken. Ließe sich Spiritualität genauer messen, würden Wissenschaftler vielleicht zu dem Ergebnis kommen, daß sie ähnliche positive Auswirkungen auf die Gesundheit hat wie ein religiös aktives Leben. Ob das zutrifft, können wir erst wissen, wenn die entsprechenden Untersuchungen entworfen und durchgeführt wurden.

Wie kann man am besten die Vermischung von Religion und Spiritualität auseinanderhalten? Manche wissenschaftliche Untersuchungen weisen darauf hin, daß Menschen, die innerhalb des Rahmens der Religiosität spirituell sind, also deren religiöse Aktivitäten von einem innerlich erfahrenen und höchst persönlichen Bewußtsein der Gegenwart Gottes begleitet sind, am stärksten in den Genuß der Vorzüge des Faktors Glaube kommen. Bei der bereits ausführlich im 1. Kapitel beschriebenen Untersuchung von Thomas Oxman[7] über Patienten, die sich einer Herzoperation unterziehen mußten, stellte sich zum Beispiel heraus, daß regelmäßige Kirchgänger mit dreimal höherer Wahrscheinlichkeit die Operation überlebten als solche, die nicht zur Kirche gingen. Aber aus der Gruppe der Kirchgänger sagten 37 der Patienten von sich selbst, sie bezögen aus ihren religiösen Übungen ein bedeutendes Maß an „Kraft und Trost", und alle diese Patienten überlebten den nachfolgenden Zeitraum von sechs Monaten. Das weist darauf hin, daß die innere Erfahrung eines Menschen, eine lebendige

Beziehung zu Gott zu haben, ein wertvoller Aktivposten für seine Gesundheit ist, und zwar über die positiven Wirkungen hinaus, die der Gottesdienstbesuch allein für sich hat.

Dieses Ergebnis steht in vollem Einklang mit dem, was die Bibel über einen lebendigen Glauben sagt. Gott fordert uns auf, uns an bestimmte Weisungen zu halten, wenn wir ihm nahekommen wollen, aber er erwartet von uns noch viel mehr: Er möchte unser ganzes Herz, unser gesamtes Wesen. Als Antwort auf die Frage „Welches Gebot ist das erste von allen?" faßte Jesus die jüdische Lehre mit den Worten zusammen: „Das erste ist: Höre, Israel, der Herr, unser Gott, ist der einzige Herr. Darum sollst du den Herrn, deinen Gott, lieben mit ganzem Herzen und ganzer Seele, mit all deinen Gedanken und all deiner Kraft" (Markus 12,28–30).

Gemäß der jüdisch-christlichen Tradition können wir dieser Antwort am besten entsprechen, wenn wir versuchen, *sowohl* religiöse als auch spirituelle Menschen zu sein.

Die maßgeblichste Variable – Teilnahme am Gottesdienst

Wie der Krankheitsforscher Jeffrey Levin vermerkt hat[8], spielt die Häufigkeit der Teilnahme am Gottesdienst die führende Rolle unter den religiösen Aktivitäten; in Untersuchungen hat sich, wie gezeigt, immer wieder erwiesen, daß vor allem sie sich besonders deutlich positiv auf die Gesundheit der Patienten auswirkt. Warum ist das so? Warum stellen sich nicht genau die gleichen positiven Wirkungen ein, wenn man daheim betet oder Gott allein draußen in der Schönheit der Natur verehrt, in der „Kirche unter freiem Himmel"? Warum sollte es etwas ausmachen, ob wir zum Gottesdienst in einer Kirchenbank sitzen oder auf einer grünen Wiese? Ich glaube, der häufige Gottesdienstbesuch ist aus dem Grund für die Gesundheit besonders förderlich, weil die Menschen, die am Gottesdienst teilnehmen, in den Genuß aller Komponenten des Faktors Glaube kommen, die im 2. Kapitel genannt worden sind. Das sei im Folgenden noch einmal genauer aufgezeigt.

Medikament Nr. 1: Gleichmut

Sich von den Höhen und Tiefen des Lebens
nicht aus der Bahn werfen lassen

Die meisten Gottesdienste fördern die streßdämpfende Wirkung des Faktors Glaube, indem sie Zeit für das stille Gebet oder die Meditation vorsehen, was wiederum die gesundheitsfördernde „Relaxation Response" auslösen kann. Aber auch wenn während des Gottesdienstes keine Gelegenheit zu schweigender Meditation gegeben ist, wird physischer wie psychischer Streß dadurch gelindert, daß die Menschen für diese Zeit aus ihrem üblichen überlasteten Tagesplan mit seiner Geschäftigkeit heraustreten und im Rahmen einer Gemeinschaft wieder in Kontakt mit dem letzten Sinn ihres Lebens kommen (s. unten die *Medikamente Nr.* 6 und 9).

In der griechisch-orthodoxen Tradition meiner Frau wird die „Göttliche Liturgie" buchstäblich als ein Stück „Himmel auf Erden" betrachtet: Man nimmt an den heiligen Mysterien teil und ist, während man Gott huldigt, von unsichtbaren Engeln und der „Gemeinschaft der Heiligen" umgeben, zu denen auch die Geister der verstorbenen Angehörigen gehören. Eine solche Erholungsphase von unserem täglichen Streß weitet den Horizont des Lebens und hilft, für die eigenen Probleme und Sorgen wieder das richtige Augenmaß zu finden.

Medikament Nr. 2: Mäßigkeit

Ehrung des Körpers als Tempel des Heiligen Geistes

Im Gottesdienst können Bibeltexte vorkommen, die darauf hinweisen, wie wichtig es ist, für seinen Körper zu sorgen; sie stärken unsere Entschlossenheit, ungesunde Gewohnheiten zu meiden und uns gesundes Verhalten wie etwa regelmäßige körperliche Ertüchtigung anzugewöhnen. Wenn wir in der Kirche sind, reagieren wir auf eine positive Form des Gruppenphänomens und enthalten uns mancher Gewohnheiten, wie etwa der des Rauchens. Zudem weist der Gottesdienst als solcher deutlich darauf hin, daß auch unser Körper ein Tempel des Heiligen Geistes ist. So tragen viele Gottesdienstbesucher in der Kirche ihren „Sonntagsstaat".

Früher, als man noch nicht täglich, sondern nur einmal in der Woche badete, fand dieses Bad aller Familienmitglieder am Samstagnachmittag statt, um für den Kirchgang am Sonntagvormittag sauber zu sein. Indem wir unseren Körper auf diese Weise vorbereiten, ehren

221

wir Gott und werden darauf aufmerksam, daß wir als Körperwesen nicht *nur* während der Zeit des Gottesdienstes ganz tief mit dem Heiligen verbunden sind. So stärkt uns der Gottesdienst im Bewußtsein, daß wir in Liebe und Verantwortung auch für uns selbst sorgen müssen.

Medikament Nr. 3: Schönheit
Wertschätzung von Kunst und Natur

Wenn man eine Kirche betritt, begegnet man oft der Schönheit in vielfältigster Form. In den großen europäischen Kathedralen wie etwa denjenigen von Chartres oder Notre Dame zu Paris wird man überwältigt von den majestätischen Pfeilern und Bögen, den funkelnden Glasfenstern und erhebenden Gottesdiensträumen. Genauso ergreifend kann die Schönheit einer Dorfkapelle oder eines Gottesdienstbereichs im Freien in einem Meditationszentrum sein.

Wenn zum Gottesdienst Musik gehört, wie es oft der Fall ist, erleben wir die Schönheit auch akustisch. Die Sakralmusik setzt die Schönheit in hörbarer Form ein, um uns eine Ahnung von der Herrlichkeit Gottes zu geben. Dazu können der Duft des Weihrauchs oder des Blumenschmucks kommen, die Poesie der Liturgie, der Anblick von Wandteppichen, Statuen und Gemälden: Alles regt unsere Sinnesorgane positiv an. Wenn man auf diese Weise kontemplativ mit allen Sinnen Schönheit wahrnimmt, kann das auch zu einem tiefen Empfinden des Friedens und der Sinnfülle führen.

Medikament Nr. 4: Anbetung
Gottesverehrung mit unserem gesamten Wesen

Wenn wir laut beten und singen, Kniebeugen machen oder knien, aufrecht stehen, unsere Arme zum Lobpreis heben oder im Rahmen des Gottesdienstes tanzen, vereinen sich in der Anbetung Gottes bei uns harmonisch Seele und Körper. Diese Einheitserfahrung fühlt sich wohltuend an und hat auch diese Wirkung. Das gleiche gilt für leisere Gesten. Viele, die das kontemplative Gebet üben, verwenden einen Gebetshocker, um eine Stunde oder länger in einer halb knienden Haltung zu verweilen. Schon das schlichte Öffnen beider Handflächen nach oben während des Gebets ist ein wirksames Symbol für unsere Bereitschaft, alles anzunehmen, was Gott uns sagen oder schenken will, wenn wir mit ihm in Kontakt treten.

Medikament Nr. 5: Erneuerung
Sündenbekenntnis und Neuanfang

In den großen religiösen Traditionen des Westens ist es ein fester Bestandteil der Liturgie, Gott seine Sünden zu bekennen, sie zu bereuen, um Vergebung zu bitten und diese Vergebung zugesprochen zu bekommen. Wenn man sich von der Last seiner Schuld gegenüber Gott und den anderen befreit, führt dies zu engerer Vertrautheit mit ihm und stärkt die Verbundenheit untereinander. Haben wir unsere Sünden bekannt, dürfen wir wieder als „unbeschriebenes Blatt" neu anfangen, können den Gottesdienst ohne die Lasten verlassen, mit denen wir gekommen sind: eine Wohltat für die Seele und auch für den Leib.

Medikament Nr. 6: Gemeinschaft
Einander gegenseitig die Last tragen helfen

Gemeinschaft wächst dort, wo sich Menschen regelmäßig zum Gottesdienst treffen. Eine Gottesdienstgemeinschaft ist eine solide Grundlage, auf der sich soziale Netzwerke aufbauen lassen. Die Beziehung der Gläubigen untereinander wird in manchen christlichen Kirchen durch den Austausch des „Friedensgrußes" vor der Kommunion bekundet. Dabei wendet sich der Geistliche oder Priester der Gemeinde zu und spricht: „Der Friede des Herrn sei allezeit mit euch" oder einen ähnlichen Wunsch, und die Gemeinde antwortet: „Und auch mit dir." Hierauf wenden sich die Gläubigen einander zu, geben sich die Hand oder umarmen sich und wünschen sich Frieden. Diese alte Übung wurde in den letzten Jahrzehnten in der eucharistischen Liturgie wiederbelebt. Sie führt lebendig die Verbundenheit aller Gemeindemitglieder vor Augen.

Wenn wir miteinander verbunden sind, helfen wir einander auch eher, wenn der eine oder andere in Nöten ist. Ein einfaches und vertrautes Beispiel des einander Helfens ist die gemeinschaftliche Reaktion darauf, wenn eine Familie einen Angehörigen verliert. In manchen Gemeinden ist es üblich, daß Gemeindemitglieder dann ins Haus der trauernden Familie Nahrungsmittel bringen und ihr praktischen und geistlichen Beistand anbieten. Das Wissen, daß wir nicht allein sind, wenn wir vom Leben hart geprüft werden, verschafft emotional eine gewaltige Erleichterung, was wiederum unserer Gesundheit guttut.

Medikament Nr. 7: Einssein

Stark werden, weil man einen gemeinsamen Glauben hat

Im Gottesdienst bringt eine Gemeinschaft die Glaubensüberzeugungen zum Ausdruck, die ihr wichtig sind. Während der Woche können wir uns eventuell mit unseren religiösen Ansichten weithin isoliert und alleingelassen vorkommen. Wenn wir zum Gottesdienst zusammenkommen, erleben wir, daß wir nicht allein sind, und diese Erfahrung des mit vielen geteilten Glaubens bestärkt uns wieder darin. Das ist in unserer Zeit besonders wichtig, wo Isolierung und Vereinsamung immer mehr zunehmen. Unsere Kultur hat den hemmungslosen Individualismus betont. Unsere Fähigkeit, auf eigenen Füßen zu stehen und unseren ganz persönlichen Weg zu finden, bleibt zwar immer wichtig und uns vom Leben aufgegeben, aber wir brauchen auch auf dem Gebiet unserer tiefsten Überzeugungen die Verbundenheit mit anderen, ja wir sehnen uns nach ihr.

Eine solche Verbundenheit ist nicht immer leicht zu finden; vor allem Männer tun sich dabei schwer. Vielleicht ist das der Grund, weshalb in den USA Bewegungen wie diejenige der „Promise Keepers" unglaublich rasch Zuspruch gefunden haben. Bei den „Promise Keepers" handelt es sich um ein christlich ökumenisches Programm, bei dem Männer aller Konfessionen eingeladen werden, sich einige Tage lang in Fußballstadien oder Arenen zu versammeln, um gemeinsam zu beten, Gottesdienst zu feiern und sich in Kleingruppen auszutauschen. Seit der Gründung dieser Bewegung im Jahre 1991 haben schon über zwei Millionen Männer an Wochenenden der „Promise Keepers" teilgenommen.[9]

Programme wie das der „Promise Keepers" können eine außergewöhnlich intensive Erfahrung des Einsseins mit vielen anderen vermitteln; viele Gläubige finden dieses erfrischende Erlebnis regelmäßig im sonntäglichen Gottesdienst, wo ihnen die gemeinsame Ausrichtung auf das Transzendente hilft, sich auf eine Ebene zu begeben, auf der die Unterschiede zwischen den einzelnen zurücktreten.

Medikament Nr. 8: Rituale

Trost in vertrautem Tun finden

Rituale finden in Gottesdiensten ihren idealen Rahmen. Darin werden die Formen der Kommunikation mit Gott in verschiedenen Handlungen, Haltungen, Gesten, Worten und Gesängen zum Ausdruck gebracht. Bei den Ritualen schaffen wir Muster, die sich tief unserem Geist einprägen. Es ist trostvoll, die vertrauten, Sicherheit vermittelnden Bekundungen unseres Glaubens immer aufs Neue zu wiederholen. Wenn ein Synagogengottesdienst mit dem „Shema" („Höre, Israel, der Herr unser Gott ist ein einiger Herr") beginnt, empfinden Juden, die dieses Gebet ihr Leben lang jede Woche gehört haben, diese Wiederholung als etwas, was ihnen für ihren Gottesdienst Wurzel und Mittelpunkt schenkt. Wenn ein katholischer Priester die Gemeinde segnet und die Gläubigen das Kreuzzeichen machen, wie sie das schon tausende Male getan haben, verkörpern sie buchstäblich diesen Segen und erfahren den Frieden, den er vermittelt. Der Umstand, daß dieser Segen immer wieder in der gleichen Form gespendet wird, erfüllt ihn mit mehr und nicht etwa mit weniger Sinn und Kraft. Das gemeinsame Sprechen von Gebeten oder Glaubensbekenntnissen schafft Einssein mitten im Ritual und verbindet so die positiven Wirkungen der *Medikamente Nr. 7* und *Nr. 8* miteinander.

Medikament Nr. 9: Sinn
Sinn und Zweck fürs Leben finden

Die Teilnahme am Gottesdienst, wo uns regelmäßig die Geschichte unseres Glaubens vor Augen geführt wird, stützt unser spirituelles Gefühl für Sinn und Zweck. Die Geschichten der Heldinnen und Helden des Glaubens werden zu unseren eigenen Geschichten. Umgekehrt wird unser Leben mit dem Sinn und den tiefsten Geheimnissen unseres Glaubens verknüpft. Wenn wir immer wieder mittels der Liturgie den Sinn unseres Daseins feiern, bestärken wir uns in der Überzeugung, daß unser persönliches Dasein sinnvoll ist. Im Gottesdienst werden uns unsere höchsten Ideale vor Augen geführt, etwa die Liebe zu Gott und zu den Menschen. Wir lernen uns dabei selbst als Wesen verstehen, die etwas viel größeres als nur sie selbst sind, und daher wissen wir, daß unser persönliches Leben und Handeln von großem Wert sind.

Medikament Nr. 10: Vertrauen
„Loslassen und Gott machen lassen"

Indem uns der Gottesdienst daran erinnert, daß Gott der Allmächtige und Liebende ist, stärkt er unsere Fähigkeit, auf Gott zu vertrauen und die Zügel unseres eigenen Lebens weniger krampfhaft zu umklammern. Er bietet uns die Gelegenheit, für uns selbst zu beten sowie unsere Sorgen um andere vor Gott zu tragen und ihn zu bitten, alle zu segnen, denen wir in Liebe verbunden sind, sowie auch allen Notleidenden zu Hilfe zu kommen. Wenn mir etwas Bestimmtes besonders große Sorgen macht, warte ich schon auf den Sonntagsgottesdienst; denn dort habe ich in aller Form die Gelegenheit, in Gegenwart anderer, die meinen Glauben teilen und mit mir Gott die Ehre geben, dieses Anliegen Gott vorzutragen. Bei manchen Anlässen können wir sogar anderen Gottesdienstteilnehmern unsere Anliegen erzählen und sie bitten, mit uns darum zu beten. So können wir vom Gottesdienst mit dem tiefen Gefühl heimkommen, daß wir unsere Last abgelegt haben und Gott positiv eingreifen wird, damit wir die Probleme, die wir haben, lösen oder jedenfalls besser mit ihnen leben können.

Medikament Nr. 11: Transzendenz
Anschluß an die Letzte Hoffnung

Durch unsere Gottesdienste werden wir auch an die Natur Gottes erinnert und in unserer Hoffnung auf ihn bestärkt. Wenn wir am Gottesdienst teilnehmen, kann uns bereits der Akt des Lobpreisens Gottes selbst helfen, uns über unsere zermürbenden Alltagssorgen zu erheben, die uns in ständigen Streß versetzen; denn er richtet uns auf die unfaßbar herrliche Natur Gottes aus. Wenn man an einen wunderschönen heiligen Ort kommt und vom Klang der Lieder und Gebete umhüllt wird, wenn laut aus der Heiligen Schrift vorgelesen und eine ermutigende Botschaft verkündet wird, kann einen das über sich selbst hinausheben. Man wird übermächtig daran erinnert, daß Gott tatsächlich unendlich herrlich ist und jeden von uns grenzenlos liebt. Wir finden den Anschluß an eine lange Geschichte und treten in die „Gemeinschaft der Heiligen" ein, der Martyrer, die ihr Leben für den Glauben hingegeben haben, sowie unserer Vorfahren und Angehörigen, die uns über viele Generationen hinweg den Glauben weitergegeben haben. Wir finden auch den Anschluß an die Zukunft und erwarten voller Vertrauen den Tag, „wo es keine Trauer, keine Klage, keine Mühsal" mehr geben wird (vgl. Offenbarung 21,1–4).

Medikament Nr. 12: Liebe

Für andere dasein und andere haben, die für einen da sind

Die Liebe zu Gott, die Liebe zu unseren Mitmenschen und die Liebe zu uns selbst sind in der jüdisch-christlichen Tradition die zentralen Fixpunkte des Gottesdienstes. Wenn im Gottesdienst aus der Bibel vorgelesen wird, handelt dieser Text mit ziemlicher Wahrscheinlichkeit von einem Aspekt der Liebe. Viele großartige Bibelstellen bieten eindrucksvolle Bilder für die Liebe. Wenn wir beten, bringen wir unsere Liebe zu Gott zum Ausdruck, danken ihm für seine Liebe und besinnen uns darauf, daß er uns aufgetragen hat, andere zu lieben. Und wenn wir unsere Mit-Gottesdienstbesucher grüßen, erfahren wir die Liebe im Rahmen unserer religiösen Gemeinschaft.

◆ Jedes einzelne Medikament des Faktors Glaube läßt sich auch außerhalb des Gottesdienstes erfahren; aber höchst selten wird man sie alle auf einmal und in einem relativ kurzen Zeitraum zusammen finden. Die häufige Teilnahme am Gottesdienst liefert uns also eine konzentrierte, regelmäßige Dosis dieser Heilmittel. Ja, ich kann mir kein anderes Ereignis, keine andere Übung und keinen anderen Umstand vorstellen, die es in ihrer Wirksamkeit als „Anwendungsmethode" des Faktors Glaube mit dem Gottesdienstbesuch aufnehmen könnten. So ist es also kein Wunder, daß sich immer wieder die Teilnahme am Gottesdienst als so wichtiger Faktor für die Vorsorge gegen das Krankwerden, für die Genesung von Krankheiten, für das Erlangen von Wohlbefinden, die Bewältigung von Streß und die Erhöhung der Lebenserwartung erwiesen hat.

Innerlichkeit gegen Äußerlichkeit – das innere Dabeisein

Eine Reihe von Untersuchungen haben gezeigt, daß jene Wirkungen durch einen verinnerlichten Glauben noch verstärkt werden können. Wie kann man herausbekommen, ob man eher äußerlich oder innerlich ausgerichtet ist? Sie kennen höchstwahrscheinlich schon Ihre eigentlichen Gründe, weshalb Sie an religiösen Aktivitäten teilnehmen. Wenn Sie das Gefühl haben, daß Sie „eben einfach alles mitmachen", haben Sie einen wahrscheinlich eher äußerlichen Glauben. (Es sei denn, Sie machen gerade eine Phase dessen durch, was Heilige und

Mystiker als „Dürrezeit" im spirituellen Leben bezeichnen, während der die Zeichen der Gegenwart Gottes selten sind oder ganz fehlen.) Eine äußerliche Religiosität kann daher stammen, daß man sich nicht auf eine authentischere Form der Religiosität eingelassen hat, oder sie kann Ausdruck der (bewußten oder unbewußten) mangelnden Bereitschaft sein, zu Gott in ein tieferes Verhältnis zu kommen. Gewöhnlich führt den Suchenden der Wunsch, seinen spirituellen Tätigkeiten mehr Erfüllung und Sinn abzugewinnen, über seine zunächst äußerliche Ausrichtung hinaus und in ein engeres Verhältnis zu Gott. Sowohl die hebräische Bibel wie das christliche Neue Testament versichern uns, daß sich Gott nach einer innigeren Beziehung mit uns sehnt und er auf uns zukommen wird, wenn wir ihn aufrichtig suchen. Gottes Versprechen an uns lautet ganz einfach: Wenn du mich suchst, lasse ich mich von dir finden. So besteht denn aller Grund zur Annahme, daß eine äußerlich religiöse Ausrichtung in eine innerliche umgewandelt werden kann. Das hier vorgelegte spirituelle Programm kann äußerlich ausgerichteten Menschen helfen, eine innerlichere Spiritualität zu entwickeln.

Was ist, wenn Ihre Spiritualität zwar ihrer Natur nach innerlich ist, Sie aber das Gefühl haben, es fehle immer noch etwas? Betrachten wir dazu zwei verschiedene Weisen, in denen sich dieses Dilemma äußern könnte.

(1) *„Ich bin durchaus ein spiritueller Mensch, aber mit der Kirche kann ich nichts anfangen."*

Ich habe schon mit vielen Patienten gesprochen, und vor allem recht idealistisch eingestellte und sensible Menschen unter ihnen haben mir gesagt: „Ich bin durchaus ein spiritueller Mensch, aber die organisierte Religion finde ich schrecklich. Die Kirchen (oder Tempel oder Moscheen) sind voller Heuchler; diese Leute interessieren sich nicht wirklich für Gott, sondern es geht ihnen um ihre eigenen selbstverliebten Anliegen. Bei denen würde ich mich nie und nimmer daheim fühlen."

Das zu hören, macht mich immer traurig, vor allem, weil ich weiß, daß in dieser Aussage ein Körnchen Wahrheit steckt. Ja, es stimmt: Unter den Mitgliedern der religiösen Gemeinschaften gibt es etliche Heuchler. Ja, es stimmt: Religiöse Menschen haben im Namen ihres Glaubens schreckliche Grausamkeiten begangen. Ja, es stimmt: Manche Kleriker und andere Kirchenführer haben ihr Amt schnöde mißbraucht. Für tief gläubige Menschen sind das alles tragische Tatsachen. Was könnte schlimmer sein, als anderen Menschen im Namen unseres Gottes, der die Liebe ist, Schaden zuzufügen?

Aber genau wie es falsch wäre, das viele Schlechte zu leugnen, das schon von Vertretern und Anhängern der Religionen begangen worden ist, ist es auch falsch, wenn man sagt, wegen dieses Schlechten sei jegliche organisierte Religion wertlos. Selbst wenn man von einer organisierten Religion persönlich tief verletzt worden ist – und ich kenne viele Menschen, bei denen dies der Fall ist –, hat die Kirche, von der einem Schlimmes zugefügt worden ist, nicht nur diese dunkle Seite; es gibt auch die Kirche, die uns ganz positive Erfahrungen vermitteln kann. Jedem, der das Gefühl hat, von Vertretern einer religiösen Gemeinschaft tief verletzt worden zu sein, möchte ich raten, sich um Heilung zu bemühen. Ein Stück weit, so glaube ich, kann diese Heilung von der betreffenden Kirche selbst ausgehen, also vielleicht von einer anderen ihrer Gemeinden, einer anderen Konfession oder einem anderen Zweig, in jedem Fall aber vom Innenraum derjenigen organisierten Religion aus, in deren Rahmen man verletzt worden ist.

Wenn Ihre Abneigung gegen Gottesdienste mehr durch ein Gefühl der Langeweile oder Apathie bewirkt wird und nicht durch Schmerz über frühere Verletzungen verursacht ist, möchte ich Sie ermutigen, es in anderen Kirchen oder Synagogen zu versuchen, bis Sie für sich den Ort finden, an dem Sie wirklich spirituell genährt werden. Grundsätzlich steht Ihnen eine große Bandbreite an liturgischen Stilen, Gemeindeformen und Geistlichen mit ihrem je eigenen Charakter und Talent sowie theologischen Schwerpunkten zur Verfügung. Geben Sie bei Ihrer Suche nach dem für Sie richtigen Ort nicht zu schnell auf und denken Sie daran, daß Sie das, was an Wertvollem in einer Gemeinde steckt, immer erst entdecken, wenn Sie es wagen, wirklich einige Monate lang ihr Leben zu teilen.

Falls Sie sich selbst bereits für einen spirituell wachen Menschen halten, warten auf Sie für den Fall, daß Sie sich der für Sie richtigen Gottesdienstgemeinde anschließen, große Schätze, darunter eine beträchtliche Verstärkung der positiven Wirkungen des Faktors Glaube.

(2) *„Ich bin mit meiner Kirche unzufrieden. Ich möchte mehr als das, was sie bietet.“*
Aller Wahrscheinlichkeit nach steht jemand, der diese Aussage macht, auf der Schwelle zu weiterem spirituellem Wachstum. Die Sehnsucht nach *mehr* im spirituellen Leben verrät gewöhnlich einen stärkeren Wunsch, Gott näherzukommen. Das ist natürlich ein positives Anliegen, aber die Art, wie wir auf dieses Bedürfnis eingehen, kann unterschiedlich sein und unterschiedliche Ergebnisse zeitigen.

Manchmal haben Menschen das Gefühl, daß sie spirituell „abge-standen", leblos werden, und sie ziehen daraus den Schluß, daß sie ihre Kirche oder Synagoge wechseln sollten. Dieser Schluß kann rich-tig sein, aber man sollte ihn nicht zu überstürzt ziehen. Vielmehr sollte man zunächst einmal darüber beten, mit einem Geistlichen oder Seelsorger darüber sprechen und abwarten, um genauer zu erkennen, ob nicht die Dürre, die man in sicher selber empfindet, in Wirklich-keit ihre Ursache im eigenen Inneren hat und nicht im Leben der Ge-meinde, der man angehört. Der Beschluß, die Gemeinde oder Konfes-sion zu wechseln, erfordert spirituelle Reife, Unterscheidungsgabe und Hilfe von spirituell Gleichgesinnten.

◆ An welchem Punkt Ihrer Suche Sie heute auch immer stehen mö-gen, ich bin davon überzeugt, daß Sie dadurch neue spirituelle Kost-barkeiten entdecken, daß Sie ernsthaft und ehrlich nach Gottes Ge-genwart und Wirken in Ihrem Leben suchen, sich um Anleitung durch die Vertreter Ihrer religiösen Tradition bemühen und auf die „leise, zarte Stimme in Ihrem Inneren" hören, die Sie auf den richtigen Weg führen wird.

Einige Grundlinien spirituellen Wachstums

In den Geschichten meiner Patienten, die ich in diesem Buch erzählt habe, war zu sehen, wie eine ganze Reihe von Menschen spirituell rei-fer wurden, als sie sich durch Krankheit, Sucht oder Verlust vor die Notwendigkeit gestellt sahen, in ihrem spirituellen Leben größere Tiefe zu finden. In den meisten Fällen machten sie sich nicht in Form eines vorsätzlichen spirituellen Programms auf die Suche; aber wir können aus dem, was sie erlebten, einige Schritte ablesen, die es bei der Vertiefung unserer eigenen Beziehung zu Gott zu vollziehen gilt.
Wie die Geschichten zeigen, hat jeder seinen ganz eigenen Weg zu einer intensiveren Gottesbeziehung. Auch ist es wichtig zu beachten, daß diese Geschichten am beschriebenen Punkt nicht aufhören. Die spirituelle Entwicklung aller Patienten, von denen wir gehört haben, wird ihr Leben lang weitergehen. Sie und auch wir können diese Ent-wicklung bewußt begünstigen, indem wir zum jeweiligen Zeitpunkt immer die richtige Entscheidung über den nächsten anstehenden Schritt treffen. Möglichkeiten zu solchen Schritten gibt es sehr viele; ich ermutige meine Patienten immer, sich auf die drei Gebiete zu kon-

zentrieren, die ich in den folgenden drei Kapiteln genauer beschreiben werde: das Gebet, die Schriftlesung und das Mitmachen in einer religiösen Gemeinde.

Ich hatte das Privileg, bei etlichen meiner Patienten Zeuge tatsächlicher Bekehrungen wie etwa derjenigen von Tom (s. 5. Kapitel) sein zu dürfen. Bekehrungen können genau wie andere Entwicklungsschritte im spirituellen Leben sehr viele Formen annehmen. Manche Menschen fühlen sich jahrelang von Gott bedrängt, ja gejagt, bis sie es zulassen, daß er in ihrem Leben eine Rolle spielt. Es scheint, Gott sucht nach uns und sehnt sich danach, daß wir mit der Liebe unseres ganzen Herzens auf ihn eingehen. Mit der Bekehrung zu ihm fängt diese innige Beziehung zu Gott an, und sie kann viele Formen annehmen. Sie kann sich Schritt für Schritt ergeben, wie das bei Tom der Fall war, der Jahre des emotionalen und spirituellen Wachstums brauchte, bis der Glaube in ihm wirklich Wurzel fassen konnte. Manchmal bedeutet die religiöse Bekehrung, daß man sich von einer bisherigen Lebensweise radikal abkehrt und sein Leben so gestaltet, daß Gott im Mittelpunkt steht. Bekehrungsgeschichten sind so individuell wie Fingerabdrücke. Allen diesen Geschichten aber ist gemeinsam, daß die Menschen, die eine einschneidende Bekehrung erlebten, nach Gott Ausschau hielten oder zumindest nach einem letzten Sinn suchten.

Ein bemerkenswerter Christ im 4. Jahrhundert erfuhr eine solche jähe Bekehrung. Der junge Mann, aus dem später der heilige Antonius von Ägypten, der Gründer eines großen Wüstenklosters und der Vater der Mönchstradition werden sollte, war Kirchgänger, aber offenbar eher mit einem „äußerlichen" als einem „verinnerlichten" Glauben.[10] Jedoch hörte Antonius eines Tages in der Kirche die Geschichte vom reichen jungen Mann, der Jesus fragte, wie er das ewige Leben erlangen könne. Jesus sagte ihm zunächst, er solle die Gebote halten; als er entgegnete, das tue er bereits, erklärte ihm Jesus: „Eines fehlt dir noch: Geh, verkaufe, was du hast, gib das Geld den Armen, und du wirst einen bleibenden Schatz im Himmel haben; dann komm und folge mir nach!" (Markus 10,21).

Unzählige Menschen haben im Gottesdienst schon diese Evangelienlesung gehört, aber wenige wurden dadurch so wie Antonius dazu bewegt, tatsächlich genau dieser Anweisung Jesu zu folgen. Antonius verkaufte alles, was er hatte, mit Ausnahme einer bestimmten Summe für den Lebensunterhalt seiner Schwester, und gab das Geld den Armen. Er begann ein Leben der Askese und vollkommenen Hingabe an Gott und erfuhr, daß Gott ihn schließlich ganz allein tief in die Wüste hinausführte. Nach einiger Zeit schlossen sich ihm immer mehr Gefährten an, denen er als spiritueller Führer diente. Antonius hatte nie im Sinn gehabt, irgendeine Bewegung ins Leben zu rufen, aber mit seinem Leben legte er die Grundlage für das Mönchtum, das in den nachfolgenden Jahrhunderten die Christenheit bereichern sollte.

Heute, sechzehnhundert Jahre danach, geschehen immer noch ganz ähnliche Bekehrungen. Mein Patient George, von dem ich im 5. Kapitel erzählt habe, wurde Christ, nachdem seine Frau Becky zum Glauben ihrer Kindheit zurückgefunden hatte. George war zögerlicher als Becky gewesen, der organisierten Religion für sich noch einmal eine Chance zu geben, und er hatte einen Großteil der Spiritualität so eingeschätzt, daß sie „ganz nett, aber für mein Leben unerheblich" sei. Aber angesichts von Beckys entschiedener Rückkehr zum Glauben sah er sich gezwungen, seine Beziehung zu Gott noch einmal von Grund auf zu überdenken – „falls es überhaupt einen Gott gibt", wie er damals sagte.

Becky und George diskutierten endlose Stunden über Gott, und George versuchte zu verstehen, was in seiner Frau vorgegangen war, als sie sich nach zwanzig Jahren plötzlich wieder entschieden Gott zuwandte.

„Was ist mit dir passiert? Du bist wie umgedreht", fragte er sie verwundert. „Ich kann mir gar nicht vorstellen, wie einen Menschen wie dich ein einziger Wochenendkurs derart verändern kann!"

Obwohl Becky ihr Bestes versuchte, ihm das Geschehene zu erklären, konnte George es nicht nachvollziehen. Eine Zeitlang blieb er skeptisch und sogar eher ablehnend.

„Mir kam es fast so vor, als sei Gott mein Rivale im Bemühen um die Zuneigung meiner Frau geworden", sagte er. „Die Vorstellung macht mir Angst, ich könne sie an ihn verlieren. Sie sagte mir, daß sie mich immer noch liebe. Ich wußte aber, daß sich etwas geändert hatte. Sie strahlte so, und ich wußte, daß das nicht meinetwegen war."

Eines Nachts, als er in der Schicht von vier bis zwölf Uhr im Laboratorium arbeitete, plagten diese Fragen George besonders stark. Während einer Zigarettenpause ging er auf den Hof des Krankenhauses hinaus. Es war schon spät, und dieses ländlich gelegene Krankenhaus war von tiefer Stille umgeben. Es kamen und gingen keine Patienten und Besucher mehr, und George war der einzige Mensch weit und breit. In Gedanken versunken, starrte er geistesabwesend auf den Haupteingang des Krankenhauses, dessen Türen sich automatisch öffneten und wieder schlossen, wenn jemand auf sie zuging und den

Kontakt auslöste. Da sprach er ein merkwürdiges, aber ehrliches Gebet: „Also gut, Gott, *falls* es dich gibt: Wenn es dich wirklich gibt, dann mußt du mir ein Zeichen geben."

Wie George so dastand und seine Zigarette paffte, kam das Zeichen: Die Krankenhaustüren gingen auf, obwohl weit und breit niemand war, der das elektronische Auge hätte auslösen können. Sogar heute noch, drei Jahre danach, kommen George die Tränen, wenn er diese Erfahrung beschreibt. Er sagt: „Es ist ganz ausgeschlossen, daß sich diese Türen von allein hätten öffnen können. Das habe ich noch nie passieren sehen, und es ist auch danach nie mehr passiert. Ich *wußte* einfach, daß Gott meine Bitte um ein Zeichen erhört hatte. Von diesem Augenblick an begann ich regelmäßig zu beten."

Weil es für dieses Vorkommnis keine anderen Augenzeugen gab, können wir nicht sagen, ob nicht doch irgend etwas anderes das geheimnisvolle Sich-Öffnen der Türen erklären könnte. Aber was immer die Ursache dafür gewesen sein mag, kann jedenfalls niemand, der George kennt, leugnen, daß dieses „Zeichen" für ihn ungemein wichtig war. Von da an ging er regelmäßig mit Becky und den Kindern in die Kirche. Auch suchte er beim Geistlichen seiner Gemeinde Rat und nahm schließlich an der gleichen Art von Wochenend-Einkehrzeit teil, die sich auf Beckys Glaubensleben so nachhaltig ausgewirkt hatte. Heute ist George mit Becky zusammen im Dienst der Gemeinde tätig. Sie leiten gemeinsam die Jugendgruppe ihrer Kirchengemeinde. Er hilft auch Einkehrzeiten organisieren und transportiert Kisten voller Gesang- und Gebetbücher und anderes Material in Einkehrhäuser durch den ganzen Bundesstaat.

„Seit sich damals diese Türen geöffnet haben, hat sich mein ganzes Leben um hundert Prozent geändert", sagte George. „Ich *weiß* jetzt, daß es Gott wirklich gibt, und daß er mich liebt. Ich empfinde eine Freude und einen Frieden, wie ich das nie zuvor erfahren habe. Die einzige Weise, wie ich dafür ‚Danke' sagen kann, besteht darin, alles nur Erdenkliche zu tun, um ihm zu dienen."

Ganz gleich, ob die Bekehrung sich stufenweise wie bei Tom vollzieht, oder schlagartig wie bei George, sie bleibt jedenfalls ein Prozeß, der das ganze Leben lang weitergeht. Ich weiß aus eigener Erfahrung, daß unsere Beziehung zu Gott sich ständig verändert. Wie jede andere tiefe Beziehung ist sie dem Wandel und Wachstum unterworfen. An welchem Punkt Sie auch immer heute spirituell stehen, hoffe ich, daß dieses Buch zum Fortschritt Ihres ständigen spirituellen Wachstumsprozesses beiträgt.

In den folgenden drei Kapiteln will ich drei wesentliche Bestandteile eines spirituellen Programms vorstellen, das der Weiterentwicklung Ihres Glaubens dienen und Ihnen helfen mag, noch stärker in den Genuß der positiven Auswirkungen des Faktors Glaube zu kommen. Wir werden mit dem Gebet beginnen, jener weltlichen und doch zugleich auch mystischen Tätigkeit, mittels derer wir mit Gott in Verbindung treten.

9. Kapitel

Gebet – Das Gespräch mit Gott

In Tibet flattern leuchtende buddhistische Gebetsfahnen im Wind. In einer alten griechisch-orthodoxen Kathedrale flackern auf Eisenständern unzählige Votivkerzen. An der Klagemauer in Jerusalem sind chassidische Juden tief ins Gebet versunken und wippen dabei vor und zurück. Rund um die Welt folgen Muslime fünfmal am Tag dem Ruf zum Gebet und wenden sich ihrer spirituellen Heimat Mekka zu. Und in zahllosen Häusern beten gläubige Menschen miteinander vor den Mahlzeiten, gemäß einem alten Brauch, den wir als das „Tischgebet" bezeichnen.

Das Gebet in seinen vielfältigen Formen ist eine Möglichkeit, in unserem Leben immer wieder Dank zu sagen, Dank für die Gnade Gottes, die tatsächlich Anerkenntnis und Danksagung verdient. Aber am einfachsten definiert man das Gebet als unser Medium, mit Gott in Verbindung zu treten. Der Theologe Peter Kreeft hat das Gebet als „the great conversation", als „die große, grundsätzliche Aussprache" bezeichnet[1], und tatsächlich stellt es für uns Menschen die transzendente Form der Kommunikation dar.

Bei den meisten Menschen scheint sich das Gebet ganz natürlich zu ergeben. Eine 1996 von der Zeitschrift *Newsweek* in Auftrag gegebene Umfrage[2] ergab, daß 54% der US-Amerikaner täglich beten; 29% davon gaben sogar an, mehrmals täglich zu beten. Selbst Menschen, die sich nicht sicher sind, ob sie an Gott glauben, stellen bei sich fest, daß sie „für alle Fälle" gelegentlich beten oder daß ihnen in akuten Konfliktsituationen spontan der Ruf „O Gott!" über die Lippen kommt. Menschen beten im Auto und unter der Dusche, im Wartezimmer des Arztes und in der Stille der Nacht, wenn sie nicht schlafen können. Viele kleine Kinder beten, unbeeinträchtigt von intellektuellen Zweifeln Erwachsener, ganz spontan und brauchen fast keine Anleitung dazu, wie sie mit Gott sprechen sollen.

Wie wir in den vorigen Kapiteln gesehen haben, kann sich das Beten nachhaltig auf die Gesundheit auswirken. Grundsätzlich hat man diese Auswirkungen auf zwei Weisen genauer untersucht:

1. *Man hat die Wirkung des Fürbittgebets beobachtet, also des Gebets, das man für andere verrichtet.*

2. *Man hat die körperliche und mentale Gesundheit, das Wohlbefinden und die Konfliktfähigkeit der Menschen analysiert, die regelmäßig beten.*
Bevor wir die Rolle des Betens in unserem spirituellen Programm behandeln, wollen wir uns zunächst näher ansehen, was Wissenschaftler über das Fürbittgebet herausgefunden haben.

Das Gebet um Heilung – eine gesundheitsfördernde Gabe

Die bislang berühmteste und herausforderndste wissenschaftliche Untersuchung über das Gebet wurde 1988 von Randolph Byrd durchgeführt und veröffentlicht.[3] Zur klinischen Messung der Auswirkungen des Fürbittgebets legte Dr. Byrd seine Studie sorgfältig an. In der Abteilung für Herzkrankheiten des General Hospital von San Francisco wurden 393 Patienten nach dem Zufallsprinzip in zwei Gruppen eingeteilt. Für die eine Gruppe mit 192 Patienten wurde von Menschen außerhalb des Krankenhauses („wiedergeborenen" Christen in der ganzen Umgebung) gebetet, die die Namen und den Gesundheitszustand der Patienten mitgeteilt erhielten und sich verpflichteten, regelmäßig für jeden Patienten bis zu seiner Entlassung zu beten. Für die zweite Gruppe von 201 Patienten, die Kontrollgruppe, wurden keine Fürbittgebete organisiert, um eine Grundlage für den Vergleich mit den anderen zu haben, für die gebetet wurde. Alle Patienten wußten, daß sie an einer Untersuchung über das Gebet teilnahmen; aber kein Patient wußte, welcher Gruppe er zugeteilt war. Nur die Schwester, die das Forschungsprojekt leitete, war darüber informiert; die Ärzte und anderen Schwestern waren es ebenfalls nicht, so daß die Studie die strikten Kriterien doppelt blinder, gegen Plazebo-Effekte abgesicherter klinischer Versuche erfüllte, was die übliche Norm beim Test von Medikamenten und Behandlungsweisen ist. Beide Patienten-Gruppen erhielten die gleiche konventionelle Behandlung.

Während des Krankenhausaufenthalts der Patienten maß Dr. Byrd zahlreiche klinische Variablen und Komplikationen des Krankheitszustands, darunter die Zahl der Patienten, bei denen es zu einer Stauungsinsuffizienz des Herzens, Herzstillstand und Lungenentzündung kam; die Zufuhr von harntreibenden und antibiotischen Medikamenten sowie die Verwendung von Intubation und mechanischer Beatmung zur Unterstützung von Patienten mit Atemversagen. Das Auftreten einer höheren Anzahl von Variablen zeigte eine ernstere Erkrankung und/oder Komplikationen an; das Fehlen solcher Variablen signalisierte, daß der Patient sich in einem erfolgreichen Genesungsprozeß ohne Zwischenfälle befand. Die Ergebnisse sind statistisch bedeutend: Die Patienten in der Kontrollgruppe wiesen eine doppelt so hohe Rate an Komplikationen auf wie die Patienten in der Gruppe, für die gebetet wurde (27% zu 15%).

Die Untersuchung von R. Byrd über das Fürbittgebet

	Patienten, für die gebetet wurde (Zahl: 192)	Patienten der Kontrollgruppe (Zahl: 201)
Anfälle von Stauungsinsuffizienz des Herzens	8 (4%)	20 (10%)
Verwendung von harntreibenden Mitteln	5 (3%)	15 (7%)
Anfälle von Herzstillstand	3 (2%)	14 (7%)
Anfälle von Lungenentzündung	3 (2%)	13 (7%)
Verwendung von Antibiotika	3 (2%)	17 (9%)
Intubation erforderlich	0 (0%)	12 (6%)

Ist diese Untersuchung vollkommen schlüssig? Nein – aber dann muß man wieder sagen, daß das keine Untersuchung ist. Wo ließe sich mit Kritik an Byrds Studie ansetzen? Wir wissen nichts über die psychische Verfassung und die spirituellen Überzeugungen und Praktiken der beiden Gruppen vor Beginn der Studie. Da die Patienten den beiden Gruppen nach dem Zufallsprinzip zugeteilt wurden, könnte man mit gutem Grund annehmen, daß sich die Gruppen nach dieser zufälligen Aufteilung auch hinsichtlich dieser Eigenschaften glichen. Allerdings wäre eine Bestätigung ihrer Ähnlichkeit in diesen Punkten für die Gewähr hilfreich gewesen, daß die Ergebnisse nicht einfach die Tatsache spiegeln, daß die Mitglieder der Gruppe, für die gebetet wurde, stärker an die Macht des Gebets glaubten oder mit größerer Intensität selbst um ihre Genesung beteten. Außerdem fehlen uns Informationen über das Maß, die Dauer oder den Stil des Gebets der Fürbittbeter von außerhalb.

Bis heute gibt es wenige vergleichbare Studien über die Auswirkungen des Fürbittgebets. Die Studie von Byrd zeichnet sich besonders durch ihre wissenschaftlich stichhaltige Anlage und ihre bemerkenswerten Erkenntnisse aus. 1969 wurde bei einer Studie über das Fürbittgebet die Lebenserwartung von achtzehn Kindern mit Leukämie beobachtet.[4] Achtzehn ist eine zu geringe Zahl von Teilnehmern, um daraus verläßliche, statistisch gültige und verallgemeinerbare Schlüsse ziehen zu können; außerdem lieferten die Autoren ungenügend Daten über den klinischen Zustand der Patienten vor und nach der Gebetsaktion. Dennoch bot auch diese Studie einen eindrucksvollen Hinweis darauf, wie wirksam wahrscheinlich das Gebet sein kann. Für zehn der Kinder wurde fünfzehn Monate lang täglich von Gebetsgruppen in einer protestantischen Kirche in Washington gebetet; für die acht anderen Kinder der Kontrollgruppe wurde kein solcher Gebetsdienst organisiert. Am Ende der Studie waren noch sieben von den zehn Kindern, für die gebetet worden war, am Leben, während von der Kontrollgruppe nur noch zwei lebten. Das bedeutet eine Überlebensrate von 70% bei denen, für die gebetet wurde, gegenüber 25% bei denen, für die nicht gebetet wurde. Hätte eine umfassendere, sorgfältiger dokumentierte Studie ähnliche Ergebnisse erbracht, wären diese Erkenntnisse von größerem wissenschaftlichem Wert.

Zusätzlich zum Gebet „von weitem", durch anderswo sich aufhaltende Betende, haben Untersuchungen auch den positiven Wert des Fürbittgebets in Anwesenheit dessen, für den gebetet wird, erwiesen. So hat sich zum Beispiel die Praxis der Handauflegung, die Christen vertraut sein dürfte, als hilfreich dafür erwiesen, daß Menschen mit dem Rauchen aufhören können, wie im 1. Kapitel dargestellt wurde. Aber ist das Handauflegen wirksamer oder weniger wirksam als das Fürbittgebet „von weitem"? In einer holländischen Studie über Menschen mit Bluthochdruck wurden diese beiden Arten des Fürbittgebets genauer untersucht.[5] Dafür wurden Personen mit einem systolischen Blutdruck von 140mm Hg und höher oder einem diastolischen Blutdruck von 90mm Hg und höher oder solche mit beidem ausgewählt. Sie nahmen während der Studie weiterhin die von ihren Ärzten verschriebenen Medikamente ein und hielten sich an die ärztlich empfohlenen Diätvorschriften. Zwei Gruppen dieser Patienten erhielte eine je eigene „Gebetstherapie":

1. Fünfzehn Wochen lang legten einmal wöchentlich Heiler, die in dieser Tätigkeit geübt waren, den Patienten die Hände auf. (Die Studie gibt nicht genauer an, welcher Glaubensrichtung die Heiler angehörten.)

2. Aus einem abgesonderten Raum wurden von geübten Heilern „positive Wünsche" – also intensive Gedanken in der Absicht, Heilung herbeizuführen – auf die in der Nähe befindlichen Versuchspersonen gerichtet.

3. Eine dritte Gruppe von vierzig Patienten stellte die Kontrollgruppe dar; sie erhielt keine „Gebetstherapie".

Bei allen drei Gruppen war eine Senkung des Blutdrucks in ähnlichem Maß zu beobachten; aber die Mitglieder der Gruppe, die die Handauflegung empfingen, meldeten ein bedeutend höheres Gefühl des Wohlbefindens als die Patienten in den anderen beiden Gruppen. Ein größeres Gefühl des Wohlbefindens ist gewiß ein Ergebnis, das der Mühe wert ist. Der Zusammenhang zwischen Handauflegung und Wohlbefinden, den diese Studie ergab, weist darauf hin, wie wichtig für Menschen die körperliche Berührung ist. Vielleicht werden Forscher eines Tages schlüssig beweisen, daß Erwachsene regelmäßig der liebevollen Berührung bedürfen, damit es ihnen gut geht und sie gesund bleiben, genau wie Säuglinge sich nicht gesund entfalten können, wenn sie nicht in den Arm genommen und liebkost werden.

Niemand weiß, wie das Fürbittgebet „funktioniert". Ist es eine Form unsichtbarer Energie wie Elektrizität oder Radiowellen, die nur noch nicht genau ausgemacht ist? Sind manche Menschen besonders gute „Sender" oder „Empfänger" von heilenden Botschaften? Sind manche Gebetsarten wirksamer als andere? Dr. Larry Dossey hat in seinem Buch *Healing Words*[6] ausführlich die möglichen Mechanismen des Gebets erörtert. Er hat dabei neue Erkenntnismodelle aus der Quantenphysik mit einbezogen und den Gedanken geäußert, das Fürbittgebet sei „nonlocal" („ortlos"), das heißt, eine Manifestation der wesentlichen Einheit von menschlichem und göttlichem Bewußtsein, die nicht durch Raum und Zeit begrenzt sei. Ausgehend von Forschungsversuchen mit Pflanzen und Tieren kommt er zu dem Ergebnis, bestimmte Formen des Gebets (zum Beispiel „nicht zielgerichtete" Gebete wie „Möge sich das bestmögliche Ergebnis durchsetzen") könnten wirksamer als andere sein. Unabhängig davon, *wie* es funktioniert und wie man das am besten erforschen kann, stimmen Dr. Dossey und ich mit vollem Herzen darin überein, daß die Auswirkungen des Fürbittgebets beträchtlich und es daher wert sind, noch genauer untersucht zu werden.

Ich habe die Untersuchung von Clearwater über die Auswirkungen des Fürbittgebets auf Patienten mit chronischer Polyarthritis entworfen, um unser Verständnis dessen zu vertiefen, was ich mir als einen wirksamen Weg zur Heilung kranker Menschen erhoffe. Andere Forscher führen ähnliche Untersuchungen durch. Vielleicht werden wir bis zum Anbruch des neuen Jahrtausends bereits mehr Antworten auf die Fragen haben, wie die Mechanismen des Gebets wirken, um die Menschen in bessere Verfassung zu bringen.

Wie man in den Genuß der Wirkungen des Heilungsgebets kommt

Ihre Art, wie Sie mit dem Fürbittgebet umgehen, wird natürlich von Ihren eigenen Überzeugungen und Erfahrungen und Ihrer Glaubenstradition geprägt sein. Ich empfehle Ihnen, den Rat eines Geistlichen oder einer anderen spirituellen Autorität dafür einzuholen. Doch kann ich Ihnen für Ihre Überlegungen einige grundsätzliche Richtlinien dafür an die Hand geben, wie Sie die offensichtlich positiven Auswirkungen des Fürbittgebets für Ihr Leben nutzbar machen können.

1. *Wenn Sie krank sind, bitten Sie andere Menschen darum,*
   ausdrücklich um Ihre Genesung zu beten.
Sind Sie krank oder leiden Sie in irgendeiner Weise, so empfehle ich Ihnen, andere um ihr Gebet für Sie zu bitten. Viele Menschen finden es besonders tröstlich, wenn ihr Geistlicher sie besucht und mit ihnen betet. Eine Studie an Frauen mit Brustkrebs führt das deutlich vor Augen[7]: Von 103 Mitgliedern von Brustkrebs-Therapiegruppen, die verschiedenen Glaubensrichtungen angehörten, waren 93 bis 98% der Frauen sehr dankbar dafür, daß sie von ihren Geistlichen daheim oder im Krankenhaus besucht wurden. Die Patientinnen schätzten es vor allem, wenn ihre Seelsorger mit ihnen beteten und aus der Bibel lasen, sie berieten sowie mit ihnen über ihre Familien sprachen.

Wenn Sie Mitglied einer Kirche sind, können Sie sich vielleicht in eine Gebetsliste oder „Gebetskette" eintragen, die andere Mitglieder verwenden, um für andere in Not zu beten. Aber auch wenn Sie nirgendwo Mitglied sind, ja wenn Sie überhaupt nicht religiös orientiert sind, werden Sie die meisten Gemeinden gern in ihre Gebetsliste aufnehmen, wenn Sie sie um ihre Hilfe bitten. Gewöhnlich wird dann die Sekretärin einer Kirche Ihren Namen auf die Gebetsliste setzen oder ihn an einen Geistlichen oder sonstigen Mitbeter weitergeben, so daß ein einfacher telefonischer Anruf genügt. Es scheint nicht notwendig zu sei, daß die Menschen, die für Sie beten, Sie persönlich kennen müssen, um wirksam für Sie beten zu können. Die Patienten in der Studie von Byrd lernten die Fürbittbeter, die für sie beteten, nie kennen.

Bitten Sie auch Ihre Angehörigen und Freunde, für Sie zu beten. Selbst diejenigen, die nicht sichtbar religiös praktizierend sind, können durchaus bereit sein, regelmäßig für Sie ein Gebet zu verrichten.

2. Beten Sie selbst um Ihre Heilung.

Manchmal sagen Menschen, daß es ihnen nicht liegt, Gott darum zu bitten, sie wieder gesund zu machen. Meine Patientin Monica, eine fromme ältere Frau mit Fibromyalgie, einer stark behindernden rheumatischen Störung, gehörte zu dieser Art Menschen. Sie war früher Sekretärin eines Arztes gewesen und lebte jetzt im Ruhestand. Mindestens eine Stunde lang täglich betete sie für die Menschen aus ihrer Gemeinde, die auf der Gebetsliste standen, und sie ist fest davon überzeugt, daß bestimmte Arten von Gebeten sehr wirksam sind.

„Dr. Matthews, mir kommt es irgendwie sehr unpassend vor, Gott darum zu bitten, mich wieder gesund werden zu lassen", sagte sie anfangs zu mir. „Wenn Sie für mich zu ihm beten, ist das in Ordnung, aber ich kann das nicht. Wissen Sie, ich glaube, daß Gott selbst weiß, was ich brauche, und wenn er glaubt, daß ich diese Krankheit brauche, dann sollte ich eben nur um die Kraft bitten, sie auszuhalten."

Ich kannte Monicas große Liebe zu ihren Kindern und wußte auch, daß wir die gleichen christlichen Überzeugungen teilten, und so verwendete ich eines der Gleichnisse Jesu, um ihr etwas Hilfreiches zu diesem Thema zu sagen.

„Monica, denken Sie an die Zeit zurück, als Ihre Kinder noch klein waren. Stellen Sie sich vor, sie hätten Sie um ein Bonbon gebeten; hätten Sie ihnen dann ein Stück Broccoli gereicht?"

„Natürlich nicht!" erwiderte Monica.

„Und wenn sie Sie um ein Spielzeug gebeten hätten, hätten Sie ihnen einen Vortrag gehalten?" fuhr ich fort.

„Worauf wollen Sie hinaus, Herr Doktor?" fragte sie mich erstaunt.

„Monica, darf ich Ihnen eine Stelle aus der Bibel vorlesen, um Ihnen klar zu machen, was ich sagen will?" fragte ich zurück. Sie nickte, und ich las ihr aus dem Lukasevangelium: „Ist unter euch ein Vater, der seinem Sohn eine Schlange gibt, wenn er um einen Fisch bittet, oder einen Skorpion, wenn er um ein Ei bittet? Wenn nun schon ihr, die ihr böse seid, euren Kindern gebt, was gut ist, wieviel mehr wird der Vater im Himmel den Heiligen Geist denen geben, die ihn bitten" (Lukas 11,11–13).

„Monica, ich glaube, Gott möchte uns gute Gaben geben", fuhr ich fort, „genau wie Sie Ihren Kindern, als sie noch klein waren, Dinge geben wollten, die ihnen Freude machten, um ihre Schmerzen zu lindern oder sie zu trösten. Und ich glaube, die Bibel weist uns an, unseren Vater im Himmel um das zu bitten, was wir brauchen. Möchten Sie sich zu diesem Thema mit einigen Bibelstellen genauer befassen?"

„Ja", sagte sie. „Ich vermute, ich wollte nicht recht zugeben, daß ich Gottes Hilfe nötig hatte. Ich wollte mich aus eigener Kraft ,durchbeißen'. Mir fällt es schwer, um Hilfe zu bitten, sei es bei Menschen oder bei Gott. Vielleicht ist das eine Art Stolz, ein spiritueller Stolz."

„Ich verstehe das recht gut", erwiderte ich, „aber Gott lädt uns ein, uns mit allen unseren Nöten an ihn zu wenden. Er möchte, daß wir uns in allem auf ihn verlassen. Außerdem haben die Wissenschaftler nachgewiesen, daß Menschen, die, wenn sie krank sind, für sich selbst beten, besser mit ihrer Krankheit zurecht kommen als solche, die das nicht tun. So legen also sowohl Bibel wie Medizin nahe, daß man um die eigene Gesundheit beten soll, und ich hoffe, das hilft Ihnen, auch um Ihre eigene Genesung zu beten."

„Das nehme ich mir zu Herzen, Doktor", sagte Monica. Sie verließ mein Sprechzimmer mit einem Rezept für Medikamente und einer Liste von Bibelstellen. Bei ihrem nächsten Besuch erzählte sie mir, beide Verordnungen seien hilfreich. Die entzündungshemmenden Medikamente hatten ihre Schmerzen und ihre Versteifung gemildert, die Bibelverse ihr neue Möglichkeiten des Gebets eröffnet.

„Mir war gar nicht klar gewesen, wie oft uns die Bibel anweist, um alles zu beten, was wir brauchen", sagte sie staunend. „Ich bin so erzogen worden, daß man auf die Zähne beißen und durchhalten soll, ganz gleich, wie schwer etwas ist. Darum meinte ich, daß Gott das auch so von mir wollte: daß ich ein tapferes Mädchen sei und nicht den Mund verziehe. Jetzt stellt sich heraus, daß ich ja schon immer hätte sagen können: ,Also Gott, du weißt ja, dafür brauche ich deine Hilfe!'"

An diesem Tag lachten wir miteinander, und wir beschlossen unsere Aussprache mit einem Dankgebet. Wie die meisten Fibromyalgie-Patienten hat Monica schon viele Höhen und Tiefen mit ihrer Krankheit durchgemacht, darunter wochen- oder monatelange Erschöpfungszustände und extreme Muskelschmerzen gleichzeitig, und dann wieder kurze Phasen der Besserung. Obwohl es noch kein bekanntes Heilverfahren für Fibromyalgie gibt, hat sie entdeckt, daß das Beten um ihre Genesung ihr eine zuversichtlichere innere Einstellung und ein stärkeres Gefühl der Gottverbundenheit schenkt.

„Jetzt, wo ich weiß, daß Gott will, daß ich ihn um alles bitte, was ich brauche, finde ich, daß ich ihn noch viel mehr liebe! Na ja, das mag keine ganz passende Art sein, vom allmächtigen Gott zu sprechen", sagte sie und fiel schnell wieder in ihre übliche formelle, auf Angemessenheit bedachte Art zurück. „Natürlich *liebe* ich Gott, aber jetzt habe ich mehr das Gefühl, er ist mein Freund."

3. Nehmen Sie an Heilungsgottesdiensten teil.

Viele christliche Kirchen bieten die Möglichkeit, um seine Heilung beten zu lassen; Natur und Form dieser Möglichkeiten sind allerdings sehr vielfältig. Manche haben mit ihren Praktiken als Heiler viel Skepsis erzeugt, namentlich weil ihre theatralischen und gelegentlich geradezu angsterregend wirkenden Heilungsgottesdienste oft mit Aufrufen zu Geldspenden verbunden sind. In Amerika läßt schon der Ausdruck „healing service" viele spontan an den Film *Leap of Faith* denken, in dem Steve Martin einen Erweckungsprediger spielt, der regelrechte Schwindelheilungen inszeniert, um von nichtsahnenden Kranken „abzusahnen". Außerdem haben viele Glaubensheiler ihre eigene Glaubwürdigkeit unterhöhlt, weil sie behaupteten, schon aufsehenerregende Heilungserfolge erzielt zu haben, die sich jedoch durch sichtbare und bleibende Ergebnisse überhaupt nicht belegen ließen.

Manche selbsternannten Prediger und Heiler beuten tatsächlich den Wunsch von Leichtgläubigen nach Heilung aus, aber die Heilungsgottesdienste haben absolut nichts mit diesem landläufigen, durch die Medien entstandenen Bild zu tun. So halten sich zum Beispiel die Heilungsgottesdienste in der National Cathedral von Washington an die klar gegliederte Liturgie der Episkopalkirche einschließlich der Feier der Kommunion. Teilnehmer, die ein besonderes Gebet um ihre Heilung erbitten, knien sich an die Altarschranke. Der Priester oder Laiengeistliche legt jedem die Hand auf und betet still um seine Heilung. Der Gottesdienst ist still und klar, und es werden keine besonderen Spenden erbeten. In anderen kirchlichen Heilungsgottesdiensten kann es sein, daß sich zwei oder mehr Gebetsdiener jedem Bittenden widmen. Sie beten dann in Gesprächsform laut, und dieses Gebet enthält spezielle Bitten um Gottes heilende Berührung im Leben des betreffenden Menschen. Solche Gottesdienste sind von einer Atmosphäre der Liebe und des Friedens getragen und haben überhaupt nichts Melodramatisches an sich.

Wenn Sie Mitglied einer Kirche sind, erkundigen Sie sich bei Ihrem Geistlichen nach der Möglichkeit, an einem Heilungsgottesdienst teilzunehmen. Gibt es eine solche Möglichkeit in Ihrer Gemeinde nicht, können Ihnen Ihr Geistlicher oder Gemeindemitglieder sicher sagen, in welchen Gemeinden Heilungsgottesdienste stattfinden. Die Handauflegung ist eine Geste, die dem Vorbild des Heilungsdienstes Jesu und seiner Jünger entspricht, und wie uns die wissenschaftliche Literatur belegt, erweist sie sich immer wieder als wirksam. Daher empfehle ich, an einem Heilungsgottesdienst teilzunehmen oder sich einer Heilungsgebetsgruppe anzuschließen, in der diese uralte Übung gepflegt wird.

4. Beten Sie beharrlich.

Judith und Francis MacNutt von den Christian Healing Ministries vertreten eine Form des Heilungsgebets, das als „soaking prayer" (wörtlich: „Einweichungsgebet") bezeichnet wird. Sie sind der Überzeugung, es sei wichtig, nicht nur kurz ein- oder zweimal zu beten und die Hände aufzulegen. Die Mitglieder der Gebetsgruppen, die bei der Studie von Clearwater mitmachten, wandten bei den beteiligten Patienten das „hands-on prayer" immer jeweils für die Dauer einer ganzen Stunde oder noch länger an, und das in zwei oder mehr Gebetssitzungen pro Tag. Auch wenn Sie nicht lange Zeiträume dem Gebet für sich selbst widmen, *beten Sie immer wieder und so lange weiter*, bis es Ihnen besser geht. Die meisten Leiter der Heilungsgebets-Bewegung sagen gleich, daß Gott nicht immer auf der Stelle heile; es kann sein, daß sich die Heilung erst infolge beharrlichen Gebets nach Tagen, Wochen, Monaten oder gar Jahren einstellt.

Wenn wir auch noch dann weiter beten, wenn sich keine offensichtlichen Resultate einstellen, bringen wir dadurch unseren Glauben an Gottes Güte zum Ausdruck. Ich glaube, das ist sowohl in theologischer wie psychologischer Hinsicht wichtig. Die Bibel schildert uns viele Beispiele des beharrlichen Gebets, darunter das des Mose, der ständig für das Volk Israel betete, als er es auf der 40-jährigen Wüstenwanderung aus der Sklaverei in Ägypten heraus ins Gelobte Land führte; oder das der Prophetin Anna, die sich viele Jahre „ständig im Tempel aufhielt und Gott Tag und Nacht mit Fasten und Beten diente" (Lukas 2,37) und dann endlich Gott preisen konnte, als schließlich das Jesuskind zur Darstellung in den Tempel gebracht wurde. Paulus legt den Thessalonichern in seinem 1. Brief an sie nahe: „Betet ohne Unterlaß" (5,17).

Viele Jahrhunderte danach wollte ein russischer Bauer erfahren, was damit eigentlich gemeint sei. Er begab sich deshalb zu Fuß ohne eigene Habe auf einen Pilgerweg des Gebets und versuchte dabei, ohne Unterlaß zu beten. Sein Buch *Aufrichtige Erzählungen eines Russischen Pilgers*[8] stellt eine Form des Betens vor, die als das „Herzensgebet" bezeichnet wird und der Tradition des Hesychasmus vom Berg Athos entstammt. Der Pilger verwendete für sein Beten eine ständig wiederholte Gebetsformel, das sogenannte „Jesusgebet": „Herr Jesus Christus, erbarme dich meiner." Nach Aussage des anonymen Pilgers verschmilzt dieses Gebet, wenn man es lange Zeit bewußt so oft wie möglich wiederholt, mit dem Rhythmus des eigenen Körpers und des Herzschlags. Damit wird es buchstäblich zum „Herzensgebet", zur mystischen Antwort auf den rätselhaften, scheinbar unmöglich zu erfüllenden Auftrag „Betet ohne Unterlaß".

Unabhängig davon, welche Form unser beharrliches Gebet annimmt, gereicht es uns, wenn wir unablässig beten, emotional zum Vorteil, wenn wir uns dadurch immer wieder vor Augen halten, daß wir auf Gott zählen können. Schon dieses Vertrauen, daß er uns hilft und uns heilt, tut uns gut. Unser beständiges Gebet ist Ausdruck unseres Glaubens und unserer Hoffnung, was sich sowohl auf unsere Beziehung zu Gott wie auch auf unsere Lebensweise günstig auswirkt.

5. Beten Sie für andere, die leiden.

Ich nehme das Fürbittgebet sehr ernst, weil ich persönlich die wissenschaftlich belegte Macht des Gebets, Menschen gesund zu machen, erforscht und auch selbst erfahren habe. Wenn ich darum gebeten werde, bete ich für meine Patienten, entweder zusammen mit ihnen oder auch allein, je nachdem, was ihnen lieber ist. Ich bete auch für alle speziellen Anliegen meiner eigenen Familienangehörigen, Freunde und Kollegen, die es gerade dringend brauchen. Anders als meine Patientin Monica verbringe ich allerdings nicht täglich eine Stunde oder mehr mit Fürbittgebet. Ich verwende eine Form des Gebets, die als „Stoßgebet" bekannt ist: Ich spreche kurze „Gebetsstöße" zu Gott für andere, sooft Gelegenheit dazu ist. Solche Gebete für meine Patienten kann ich im Untersuchungsraum sprechen oder zwischen Terminen oder Visiten im Krankenhaus. Für meine Familie und Freunde bete ich häufig auf der Fahrt zum und vom Krankenhaus, oder während ich irgendwelche Haushaltsarbeiten verrichte, etwa Gras mähe.

Wenn Sie das in dieser Form noch nicht getan haben, finden Sie sicher sogar im vollgepacktesten Tageslauf Ihre eigenen Gelegenheiten, kurze, aber aus tiefstem Herzen kommende Gebete für andere zu sprechen. Eine Bekannte erzählte mir unlängst, sie spreche ihr Fürbittgebet in einer abgewandelten Fassung des Jesusgebets: „Herr Jesus Christus, erbarme dich Freds und nimm ihm sein Leiden."

Falls es Ihr Tageslauf erlaubt, können Sie jedoch auch den Versuch machen, längere Fürbittgebete zu sprechen und ausführlich in allen Ihren Anliegen für jeden einzelnen auf Ihrer Gebetsliste zu beten. Sie können auch dem Wohl eines bestimmten Menschen in Not Zeiten

des meditativen Gebets widmen und vielleicht noch mit Fasten begleiten. Manche Christen mit sakramentalen Traditionen opfern schwei-
gend ihren Kommunionempfang für einen anderen Menschen auf, der
an diesem Sakrament nicht teilnehmen kann.

Recht viele Anleitungen für das Gebet um Heilung finden Sie in der
Bibel (s. das 10. Kapitel, wo ausführlich biblische Heilungsberichte
vorgestellt werden). Ich bin fest davon überzeugt, daß Sie Erhörung
Ihrer Gebete erleben werden. Damit werden Sie guten Grund zur
Danksagung haben, und zudem wird Ihr Glaube an Gott zunehmen.
Wenn Sie für Menschen beten, die Sie persönlich kennen, stellen Sie
vielleicht fest, daß auch Ihre tätige Sorge um sie zunimmt. Der angli-
kanische Mystiker William Law aus dem 18. Jahrhundert hat gesagt:
„Nichts läßt uns einen anderen Menschen mehr lieben als das Beten
für ihn."[9]

Gebetsstile

Wie und in welchem Maß genau sich unsere Gebete auf die Heilung
auswirken, können wir nicht wissen oder messen, genausowenig wie
wir im voraus sagen können, wie unsere medizinischen, chirurgischen
oder psychiatrischen Therapien wirken werden; aber was wir aus den
wissenschaftlichen Daten wissen, ist, daß solche Gebete sich im Leben
von Patienten oft deutlich positiv auswirken.

Doch noch auf eine andere Weise wirkt sich das Gebet auf unsere
Gesundheit aus, nämlich insofern es unsere Beziehung zu Gott vertieft. Um seinem Glauben mehr Tiefe zu geben oder um weiterhin auf
dem Weg in Richtung einer verinnerlichten Religiosität voranzukom-
men, muß man die Gewohnheit entwickeln, regelmäßig zu beten. Genausowenig, wie man sich eine geglückte Ehe, eine enge Freundschaft
oder eine liebevolle Beziehung ohne regelmäßigen und offenen Austausch miteinander erhoffen kann, kann man auch nicht in der Kenntnis und Liebe Gottes wachsen, ohne sich immer wieder Zeit für das
Sprechen mit ihm und das Hören auf ihn zu nehmen.

Im 6. Kapitel habe ich die Forschung der Soziologin Margaret
Poloma über die Auswirkung verschiedener Gebetsstile auf das Wohlbefinden erwähnt. Ich stütze mich auf Dr. Polomas Ergebnisse und
konzentriere mich hier auf die zwei Gebetsstile, die sie als die wirksamsten für das Erlangen von mehr Zufriedenheit und Wohlbefinden
ermittelt hat: das Gebet im Gesprächsstil und das meditative Gebet.

(1) Das Gebet im Gesprächsstil

Margaret Poloma berichtet, daß Menschen, die in Gesprächsform beten, mehr Zufriedenheit äußern als Menschen, die formell oder meditativ beten. Mit „Gesprächsstil" ist eine informelle, ehrliche, sich selbst offen einbringende Form des Gebets gemeint, bei der wir einfach so reden, „wie uns der Schnabel gewachsen ist", also genau so, wie wir uns mit guten Bekannten unterhalten. Unsere Art, wie wir Gott ansprechen, zeigt, was wir ihm gegenüber empfinden. Folglich setzt das Gebet im Gesprächsstil eine enge Vertrautheit mit Gott voraus, die wahrscheinlich den Menschen abgeht, die für ihr Gebet immer eine schriftliche Vorlage oder ein rituelles Muster brauchen.

Beim Gebet in Gesprächsform können wir mit Gott über alle Ereignisse unseres Lebens, unsere Gefühle und Wünsche offen sprechen, so wie mit einem Ehepartner oder einem Freund, der unser volles Vertrauen hat. Ist man in einer formelleren liturgischen Tradition aufgewachsen, tut man sich anfangs damit vielleicht schwer. Ich bete gern im Gesprächsstil. Wenn ich mit Gott auf diese Weise rede, empfinde ich tiefere Vertrautheit und Freundschaft mit ihm. Ich muß nichts für ihn „schön herrichten"; er kennt mich schon durch und durch.

Wenn Ihnen das Beten im Gesprächsstil zunächst schwerfällt, möchte ich Sie ermutigen, es zunächst ein wenig anders zu versuchen. Schreiben Sie Gott einen Brief, einen spontanen, ehrlichen Brief in Ihrem üblichen Stil, und erzählen Sie ihm darin einfach, wie Sie sich derzeit mit all dem, was sich in Ihrem Leben abspielt, fühlen. Danken Sie ihm für alles Gute und bitten Sie ihn um seine Hilfe für alles Schwierige. Sagen Sie ihm ehrlich, was Sie von ihm halten, und das auch dann, wenn Sie gerade auf ihn wütend oder ihm entfremdet sind. Das ist wie bei Martin, meinem Patienten mit AIDS, von dem ich im 7. Kapitel erzählt habe und der von Gott gesagt hat: „Er ist zäh und hält das alles aus!"

Manchmal kann uns das Schreiben helfen, die Hemmung zu überwinden, die wir empfinden, formlos mit Gott im Stillen oder auch laut zu sprechen. Wenn man regelmäßig Gott einen Brief schreibt, kann das zu einer Art Gebets-Tagebuch werden, und damit zu einer sehr hilfreichen Quelle; zudem kann man daraus nach einiger Zeit ablesen, wie sich die eigene Beziehung zu Gott gewandelt hat.

Viele Menschen empfinden es als große Hilfe für die Entwicklung ihres Gebetslebens, wenn sie sich einer Gebetsgruppe anschließen. Das gilt bestimmt für Menschen, die laut in Gesprächsform miteinander beten. Meiner Erfahrung nach sind die effektivsten Gebetsgruppen klein; sie umfassen fünf bis sieben Mitglieder, die sich über

Zweck, Zeiten und Gebetsstil einig sind. Ferner empfehle ich, sich eine Gruppe zu suchen, in der die Verschwiegenheit oberstes Gebot ist, so daß sich die Teilnehmer wirklich absolut frei fühlen können, sich zu offenbaren. Wenn man sich allwöchentlich in einer Gebetsgruppe trifft, kann dies das spirituelle Wachstum gewaltig fördern. Man hört dabei, wie andere beten und erfährt dadurch, wie ihre Beziehung zu Gott beschaffen ist. Zudem ist es sehr heilsam, wenn andere für einen beten, und zwischen den Mitgliedern einer Gebetsgruppe entwickelt sich oft auch ein sehr enger Zusammenhalt in praktischen Dingen. Zunächst ist man als Neuling in einer solchen Gruppe vielleicht etwas schüchtern; ich empfehle Ihnen, Ihr Zögern zu überwinden und es mit dieser wunderbaren Hilfe für den Glauben zu versuchen.

Das Gebet in Gesprächsform bringt eine enge Vertrautheit mit Gott zum Ausdruck, und man bekennt dabei immer wieder, daß man Gott und seine Liebe braucht. Doch es gibt auch noch einen anderen Aspekt unserer Beziehung zu Gott. Gott ist zwar der zärtliche Hirte, der sich um die Menschen sorgt: aber er ist auch ein transzendentes Geheimnis, das wir Sterbliche nie ganz erfassen können. Diese Realität macht eine weitere Form des Gebets notwendig.

(2) Das meditative Gebet

Margaret Polomas Forschung über das Wohlbefinden und die Gebetsstile ergab, daß Menschen, die meditativ beten, sich in gesteigertem Maß eines positiven Lebensgefühls erfreuen.[10] Sie sind sich sicherer, daß ihr Dasein sinnvoll ist. Sie verstehen mit größerer Wahrscheinlichkeit, wo ihr Platz in der Welt ist und wie sie ihn ausfüllen können und worauf sie in einer künftigen Welt hoffen dürfen. Es ist in unserer Zeit, deren Kultur vom Gefühl der Sinnlosigkeit und Zufälligkeit durchzogen ist, ein besonderer Vorteil für die mentale und körperliche Gesundheit, wenn man sich in hohem Maße des Sinnes seines eigenen Daseins gewiß ist.

Im meditativen Gebet konzentrieren wir uns darauf, auf Gott zu hören, indem wir wahrzunehmen versuchen, was er in uns und unserem Leben bewegt und anregt. Wir erwarten die von den kontemplativen Traditionen so hoch geachtete „leise innere Stimme". Wer Gottes Stimme vernehmen will, muß ins Schweigen gehen. Besteht das Gebet in Gesprächsform vor allem darin, zu Gott zu sprechen, so zeichnet sich das meditative Gebet in erster Linie durchs Horchen auf Gott aus. Das meditative Gebet kann auch die Anbetung einschließen oder aus dieser erwachsen, indem man Gottes Eigenschaften betrachtet, wie sie in der Heiligen Schrift beschrieben werden.

Das meditative oder kontemplative Gebet gibt es in allen großen religiösen Traditionen der Welt; es ist von allen Mystikern praktiziert worden. Aber es ist nicht leicht, in den Bänken unserer Kirchen Menschen zu finden, die darin erfahren sind. Man darf vermuten, daß das meditative Gebet eine nur von einer Minderheit geübte Gebetsweise ist. Nur wenige Menschen scheinen die Geduld aufzubringen, jeden Tag zwanzig bis dreißig Minuten der Stille und dem Schweigen zu widmen. Aber diejenigen, die es lernen, „still zu werden und zu erkennen, daß ich Gott bin" (Psalm 46,11), erlangen sowohl spirituell wie gesundheitlich großen Gewinn. Wenn man das meditative Gebet nach bestimmten Richtlinien übt, bewirkt es die im 2. Kapitel geschilderte „Relaxation Response", die den Betenden in einen Zustand tiefer Entspannung versetzt. Ich zitiere hier aus Dr. Herbert Bensons Buch *Timeless Healing* die Schritte, die er zum Herbeiführen der „Relaxation Response" empfiehlt:

1. Schritt: Wählen Sie sich ein Wort oder einen Satz, der etwas Wesentliches aus Ihrem Glauben zum Ausdruck bringt.
2. Schritt: Setzen Sie sich ruhig in einer bequemen Haltung hin.
3. Schritt: Schließen Sie die Augen.
4. Schritt: Entspannen Sie Ihre Muskeln.
5. Schritt: Atmen Sie langsam und natürlich, und indem Sie das tun, wiederholen Sie still für sich jedesmal beim Ausatmen Ihr Konzentrationswort oder den Satz oder das Gebet.
6. Schritt: Nehmen Sie eine gelassene innere Haltung ein. Lassen Sie alle Sorgen um Ihr Wohlbefinden los. Wenn Ihnen andere Gedanken in den Sinn kommen, sagen Sie sich einfach: „Ist ja recht" und kehren Sie sanft zu Ihrer Wiederholung zurück.
7. Schritt: Machen Sie so zehn bis zwanzig Minuten weiter.
8. Schritt: Stehen Sie nicht unvermittelt auf. Bleiben Sie noch ungefähr eine Minute still sitzen, und lassen Sie allmählich wieder andere Gedanken kommen. Dann schlagen Sie die Augen auf und bleiben eine weitere Minute bis zum Aufstehen sitzen.
9. Schritt: Führen Sie diese Übung täglich ein- bis zweimal durch.[11]

Diese Technik läßt sich leicht ins meditative Gebet umwandeln, wenn man als Wort, auf das man sich konzentriert, ein religiös bedeutsames Wort oder ein Gebet wählt. Christen zum Beispiel könnten „Jesus" oder „Gegrüßet seist du, Maria" wählen, oder Juden „Shalom" oder die Shema (s. o.). Ihr Gebetswort oder -satz kann Ihr ganz persönliches

Wort sein, das aus nur Ihnen bekannten Gründen für Sie wichtig ist; es kann sich auch von Zeit zu Zeit ändern, genau wie sich Ihre Beziehung zu Gott wandeln kann.

Die hauptsächliche Schwierigkeit ergibt sich beim meditativen Gebet in Form von Zerstreuungen. Wenn Dr. Benson die Anweisung gibt, sich Zerstreuungen gegenüber passiv zu verhalten, hält er sich an den Rat vieler großer spiritueller Lehrmeister; wenn man auf Zerstreuungen mit Ärger über sich selbst reagiert, macht man alles nur schlimmer. Man muß die Zerstreuungen als Teil der Wirklichkeit des meditativen Gebets einfach auf sich beruhen lassen. Dabei sind Sie nicht allein: Auch Menschen, die sich schon jahrelang dem täglichen meditativen Gebet widmen, erfahren immer noch Zerstreuungen. Sogar ein spirituell hervorragender Mensch wie der anglikanische Priester und Dichter John Donne aus dem 17. Jahrhundert hatte mit ihnen zu kämpfen: „Ich werfe mich in meiner Kammer nieder und rufe Gott herbei und lade ihn und auch seine Engel ein. Kaum sind sie da, vergesse ich Gott und seine Engel wegen einer summenden Fliege, eines rasselnden Wagens oder einer knarrenden Tür."[12]

Weil man leicht dazu neigt, angesichts der vielfältigen Zerstreuungen aufzugeben, versuchen Sie, Ihre Übung des täglichen meditativen Betens beizubehalten, *ganz gleich*, welche Ergebnisse es bringt oder nicht bringt. Gewöhnlich braucht man etliche Wochen – und etlichen Glauben! –, um allmählich seine positiven Auswirkungen zu verspüren. Zu diesen Auswirkungen gehören vielleicht ein ruhigeres und konzentrierteres Reagieren auf alle Umstände des Lebens, eine Minderung der eigenen Ängste, besseres Schlafenkönnen, mehr Energie – ganz zu schweigen von der wichtigsten Wirkung, nämlich dem verstärkten Empfinden, Gott nahe zu sein.

Über das kontemplative Gebet gibt es viele ausgezeichnete Bücher; außerdem kann es hilfreich sein, wenn man sich einer von einem erfahrenen Leiter geführten Gebetsgruppe anschließt. Heute bieten immer mehr Kirchen und religiöse Organisationen die Teilnahme an solche Gruppen an; fragen Sie Ihren Seelsorger, ob es in Ihrer oder in benachbarten Kirchen eine solche Gruppe gibt oder wo entsprechende Wochenendkurse oder Meditationstage angeboten werden. Manche bieten auch *geführte Meditationen* an, bei denen der Leiter die Teilnehmer dazu anregt, ihre eigenen inneren Bilder hochkommen und auf sich wirken zu lassen. An dieser Art von Gebet nahm Martin (wie im 7. Kapitel beschrieben) teil, als er Jesus in einer Gebetserfahrung am Brunnen seiner eigenen Tränen begegnete.

Wenn Sie sich zum kontemplativen Gebet hingezogen fühlen, möchten Sie vielleicht gelegentlich „mit Gott zusammen Ferien machen", indem Sie an *Einkehrtagen* teilnehmen. Es gibt landesweit viele Häuser, in denen Exerzitien, Meditationskurse, „Tage der Stille" und Besinnung, „Tage im Kloster"/„Kloster auf Zeit" usw. angeboten werden. Dort können Sie auch äußerlich intensive Stille erfahren und eine Atmosphäre auf sich wirken lassen, die das Gebet und die Meditation fördert. Die meisten derartigen Häuser bieten solche Möglichkeiten für Einzelteilnehmer; manche bieten auch Programme für Gruppen oder Familien an. Oft sind solche Zentren landschaftlich besonders schön gelegen, etwa in den Bergen, am Strand oder an einem Fluß, und viele bieten um überraschend niedrige Kosten Einzelzimmer, drei Mahlzeiten täglich, den Gebrauch einer Bibliothek und den Zugang zu einer Kirche oder Kapelle. Solche Einkehrzeiten sind eine wunderbare Möglichkeit, eine Aus-Zeit vom sonstigen geschäftigen Leben zu nehmen, eine Zeit, in der man ohne große Ablenkungen auf Gottes Stimme aus seinem eigenen Inneren horchen kann. Wenn man eine solche Besinnungszeit hält, folgt man dem Beispiel von Mose, Elija, Jesus und Paulus, die sich an entscheidenden Wendepunkten ihres Lebens oder zur Vorbereitung auf einen besonderen Dienst an stille Orte zurückgezogen haben, um dort beten und fasten und klar erkennen zu können, was Gott von ihnen wollte.

Auch wenn man sich auf die alte Praxis der *geistlichen Leitung* einläßt, kann das zu einer Vertiefung des eigenen Gebetslebens führen. In jeder spirituellen Tradition haben weise Meister weniger erfahrene Schüler im Glauben unterwiesen. Die geistliche Leitung oder Freundschaft gibt einer solchen Beziehung formal ihren Rahmen. Ursprünglich bei den christlichen Wüstenvätern des 3. und 4. Jahrhunderts entstanden, war die geistliche Leitung jahrhundertelang ein Wesenselement des spirituellen Lebens der Christen, kam aber allmählich außer Gebrauch. Nur noch die römisch-katholischen Priester, Mönche und Nonnen wahrten diese Tradition, bis diese sehr hilfreiche Praxis vor ungefähr dreißig Jahren auch in anderen Kirchen wieder Wurzel zu fassen begann.

Heutige spirituelle Leiter leiten oder lenken streng genommen nicht den Menschen, der sich ihnen anvertraut, sondern sie *hören mit dem Betreffenden darauf, wie sich Gott in seinem Leben bemerkbar macht und versuchen, zusammen mit ihm herauszufinden, was Gott ihm damit sagen will.* Der Leiter kann seinen Rat oder auch Hilfsmittel anbieten, etwa ein hilfreiches Buch; er kann eine bestimmte geeignete Einkehrzeit vorschlagen oder er kann anregen, es mit einer bestimmten Gebetsweise zu versuchen. Grundsätzlich hat also heute die spirituelle Leitung mehr den Charakter einer spirituellen Gefährtenschaft oder regelmäßigen Aussprache und Beratung und nicht den eines autoritären Verhältnisses zwischen Leiter und Geleitetem. Im Durchschnitt trifft man sich mit seinem spirituellen Begleiter ungefähr einmal monatlich ungefähr eine Stunde lang. Wichtig ist es, sich für die spirituelle Begleitung den geeigneten Menschen zu suchen. Zu diesem Thema gibt es eine ganze Reihe hilfreicher Bücher, die Kriterien und praktische Ratschläge für die Suche nach einem solchen geben.

Unabhängig davon, ob man sich nun entscheidet, in Gesprächsform oder meditativ zu beten – und ich hoffe, Sie treffen diese Wahl –, ist das Allerwichtigste, daß man *regelmäßig* betet, sowohl bei Gottesdiensten wie privat, und zwar so, wie es einem gerade kommt, ohne sich den Kopf darüber zu zerbrechen, ob man „es richtig macht" oder nicht.

Fünf Zwecke des Betens

Theologen und Heilige haben zur Beschreibung von bestimmten Arten des Betens Hunderte von Begriffen verwendet. Unsere geläufigsten Gründe dafür, daß wir beten, lassen sich jedoch mit fünf Hauptzwecken des Betens beschreiben, die für alle drei großen religiösen Traditionen des Abendlands gelten. Ein ausgewogenes, vollständiges Gebetsleben umfaßt Gebete für jeden dieser fünf Zwecke.

(1) *Lobpreis und Anbetung –*
  Antwort auf die Herrlichkeit und Größe Gottes

„Nur eines erbitte ich vom Herrn,
danach verlangt mich:
im Haus des Herrn zu wohnen
alle Tage meines Lebens,
die Freundlichkeit des Herrn zu schauen
alle Tage meines Lebens
und nachzusinnen in seinem Tempel."
PSALM 27,4

Angesichts der von den Kulturen des Altertums erhaltenen Belege sehen wir, daß die Menschen schon immer das (oder die) Wesen gepriesen und verherrlicht haben, das (oder die) sie als göttlich betrachteten. Auf den Menschen, der Gott liebt, wirkt der Lobpreis erhebend und stimmt ihn froh, bringt ihn in ein engeres Verhältnis zu seinem göttlichen Liebhaber und verleiht seiner Beziehung zu ihm Gestalt. Weil die Anbetung für unser Wohlbefinden so wichtig ist, habe ich sie als Nr. 4 in der Liste der zwölf Medikamente genannt, die der Gesundheitsfaktor Glaube enthält. Für den Menschen ist der Lobpreis Gottes dann besonders heilsam, wenn sich daran sein ganzes Wesen beteiligt, also Körper, Geist und Seele, etwa indem er dabei nicht nur Worte, sondern auch Musik und Bewegung und alle fünf Sinne einsetzt.

In der jüdisch-christlichen Tradition sind vor allem viele der biblischen Psalmen Ausdruck des Lobpreises Gottes mittels Worten und Musik. Das oft als das „Gebetbuch der Bibel" bezeichnete Buch der Psalmen enthält eigens für den Gottesdienst verfaßte Lieder, und bei etlichen stehen ausdrücklich Anweisungen für die musikalische Begleitung. Heutige Gottesverehrer können unter Tausenden von Hymnen, Gesängen und Liedern auswählen; sie haben auch die Wahl zwischen den verschiedensten Stilen des Gottesdienstes, von stark formalisierten Liturgien bis zu Feiern, bei denen Jazz, Rockn'Roll oder Gospelsongs verwendet werden. In manchen Gemeinden ist auch der liturgische Tanz beliebt, der den Teilnehmern die Möglichkeit bietet, ihren Körper beim Gottesdienst froh zum Einsatz zu bringen, wie das schon David getan hat, als er „mit ganzer Hingabe vor dem Herrn tanzte" (2 Samuel 6,14).

Auch die religiöse Kunst ist oft von der Anbetung inspiriert. In den orthodoxen Ostkirchen der Christenheit machen sich die Maler von Ikonen und Gemälden mit religiösen Gestalten oder Szenen oft erst ans Werk, nachdem sie einige Tage mit Gebet und Fasten verbracht haben. Der Künstler versenkt sich dabei zuerst ganz in die Kontemplation Gottes, um dann im Vollzug des Malens, das gelegentlich auch als „Ikonenschreiben" bezeichnet wird, zum Medium der Herrlichkeit Gottes zu werden.

Meine Patientin Susan, eine Frau mittleren Alters, die unter Depressionen und chronischen Erschöpfungszuständen leidet, bezieht die Anbetung als festen Bestandteil in ihr tägliches Gebetsleben ein. Sie hilft ihr, einen meditativen Zustand zu erlangen, in dem sie Gottes Gegenwart zu verspüren vermag. Sie glaubt, daß sich diese Übung bei ihr dank ihrer religiösen Erziehung ganz von allein ergab. „Ich wurde in einer Quäkerfamilie groß, und so steckt mir die Anweisung ‚Sei still und merke, daß ich Gott bin' in den Knochen", erzählte sie mir, als ich sie nach ihren Gebetsgewohnheiten fragte. „Sogar in einem Lobpreis- und Anbetungsgottesdienst werde ich nach den ersten Liedern innerlich ganz ruhig und fühle mich in Gottes Gegenwart versetzt. Dann kann ich nicht mehr klatschen oder tanzen oder sprechen oder singen. Das ist immer etwas ganz Persönliches und Besonderes, einfach dieses Schweigen und dieses Gefühl der Überwältigung und Ehrfurcht."

Susan fängt mit dem aktiven Lobpreis in Form von Liedern an und verspürt danach „den Frieden, der alles Begreifen übersteigt"; sie wird dann in der Kontemplation der Größe und Herrlichkeit Gottes ganz still und konzentriert.

Als befriedigende Art, Gott anzubeten und zu verherrlichen, empfehle ich, einen der Lobpreis-Psalmen (zum Beispiel Psalm 100 oder 150) zu sprechen oder ein Lied zu singen, das einem besonders viel bedeutet. Das empfehle ich nicht nur deshalb, weil es hilft, sich besser zu fühlen, sondern auch aus der Überzeugung, daß Gott unsere Anbetung gebührt. Wenn wir uns auf die Größe Gottes konzentrieren, geht uns zudem auf, daß wir auf diesen barmherzigen, großmütigen Gott vertrauen können. Glücklicherweise wirkt sich diese konzentrierte Ausrichtung unseres Geistes auch auf unsere Gesundheit positiv aus.

(2) *Danksagung –*
   Anerkennung Gottes als des Gebers alles Guten

„Danket dem Herrn, denn er ist gütig,
denn seine Huld währt ewig!
Danket dem Gott aller Götter,
denn seine Huld währt ewig.
Danket dem Herrn aller Herren,
denn seine Huld währt ewig!"
PSALM 136,1–3

Anbetung und Danksagung kann man leicht miteinander verwechseln, aber es sind zwei unterschiedliche, wenn auch zusammenhängende Aspekte. Die Anbetung könnte man mit dem Gefühl vergleichen, das Liebende füreinander empfinden, wenn sie einander in die Augen schauen oder eine Mutter oder ein Vater, wenn sie zum ersten Mal ein Neugeborenes in ihren Armen halten. Bei der Danksagung geht es um das bewußte Vergegenwärtigen alles Guten, das Gott uns schon geschenkt sowie um einen bewußten Akt der Anerkenntnis dessen, was er in unserem Leben bereits gewirkt hat. Die Danksagung halte ich für etwas, was man Gott gibt, weil man es ihm schuldet;

denn ihm verdanken wir unser Leben und jeden Atemzug. In der Danksagung führen wir uns vor Augen, daß Gott zuverlässig ist und sich um uns sorgt und wir uns nicht ganz allein durchs Leben schlagen müssen. Dabei aktivieren wir die Medikamente Nr. 10 und 11 des Gesundheitsfaktors Glaube: „Vertrauen: ‚Loslassen und Gott machen lassen'" und „Transzendenz: Anschluß an die letzte Hoffnung".

Um Dank sagen zu können, brauchen wir keine eigenen Methoden zu entwickeln. Die einfachste Art des Danksagens besteht wohl darin, einfach alles Gute aufzuzählen, das Gott uns im Lauf unseres Lebens schon geschenkt hat und ihm dafür zu danken. Wenn wir alle seine Segnungen aufzählen und wieder einmal deutlich sehen, wie gesegnet wir sind, erhebt das oft unseren Geist und macht uns froh. Sofern wir dadurch im Glauben erstarken, können wir schließlich vielleicht die Aufforderung des Apostels Paulus erfüllen, die er an die Kirche von Thessalonike geschrieben hat: „Freut euch zu jeder Zeit! Betet ohne Unterlaß! Dankt für alles; denn das will Gott von euch, die ihr Christus Jesus gehört" (1. Thessalonicher 5,16–18).

Daß wir Gott auch für das Schwere danken, das er uns zugemutet hat, kommt uns nicht spontan; aber wenn wir es fertigbringen, stärkt es unseren Glauben, daß Gott mit allem unser Bestes will, auch wenn wir derzeit nicht sehen können, woran wir dies erkennen können. Wenn wir aufrichtig versuchen, Gott sowohl für unsere Prüfungen wie für unsere Freuden zu danken, kann es sein, daß unsere innere Einstellung und unsere Erwartungen sich spürbar zum Positiven verändern, wodurch es uns leichter fällt, unsere Lasten zu tragen.

(3) *Schuldbekenntnis –*
   Versagen zugeben und um Verzeihung bitten

„Unsere Schuld ist zu groß für uns,
du wirst sie vergeben."
PSALM 65,3

Weil wir nicht gern unsere Fehler zugeben, vernachlässigen wir auch oft das Gebet in Form des Schuldbekenntnisses. Damit berauben wir uns der freudvollen Erfahrung, losgesprochen zu werden von dem, was uns belastet. Dieses Geschehen stellt das 5. Medikament des Gesundheitsfaktors Glaube dar: „Erneuerung: Sündenbekenntnis und Neuanfang". Wenn wir die Last unserer Verfehlungen mit uns herumschleppen, kann uns das buchstäblich krank machen. Darum ist es wichtig, daß wir bei unserem Beten auch Zeit dafür finden, Gott all die Gelegenheiten zu bekennen, bei denen wir darin versagt haben, in seinem Sinn zu leben. Wenn wir das tun, können wir aus Worten der Heiligen Schrift die Zusicherung erhalten, daß Gott uns unsere Fehler vergibt. So etwa die Psalmverse:

> „Er handelt an uns nicht nach unsern Sünden
> und vergilt uns nicht nach unsrer Schuld.
> Denn so hoch der Himmel über der Erde ist,
> so hoch ist seine Huld über denen, die ihn fürchten.
> So weit der Aufgang entfernt ist vom Untergang,
> so weit entfernt er die Schuld von uns.
> Wie ein Vater sich seiner Kinder erbarmt,
> so erbarmt sich der Herr über alle, die ihn fürchten."
> PSALM 103,10–13

Gebete zum Schuldbekenntnis findet man in vielen Gebetbüchern, aber das intensivste Bekenntnisgebet dürfte darin bestehen, Gott mit eigenen Worten um Verzeihung zu bitten, wenn man merkt, daß man in irgendeinem Punkt versagt hat. Wenn Sie es zunächst schwierig finden, ein Gebet als Schuldbekenntnis zu sprechen, kann es vielleicht für Sie hilfreich sein, über die folgenden Worte aus den *Bekenntnissen* des Augustinus nachzudenken:

„Eng ist das Haus meiner Seele, in das Du kommen sollst zu ihr: weit soll es werden, weit durch Dich! Baufällig ist es: setz es in Stand! Ist manches darin, woran Dein Auge sich stoßen mag, ich gestehe es, ich weiß es. Aber wer soll es reinigen? Oder zu wem außer Dir kann ich rufen: ‚Vom versteckten Bösen in mir, Herr, läutere mich, vor Fremdem bewahre deinen Knecht' (Psalm 31,5)?"[13]

(4) *Bittgebet – Die Bitte an Gott, für uns zu sorgen*

> „Wende dein Ohr mir zu, erhöre mich, Herr!
> Denn ich bin arm und gebeugt.
> Beschütze mich, denn ich bin dir ergeben!
> Hilf deinem Knecht, der dir vertraut!"
> PSALM 86,1–2

Dürfen wir so kühn sein, Gott um alles zu bitten, was wir brauchen und wollen? Die großen Menschen der Bibel taten es jedenfalls. Um nur ein einziges Beispiel aus der hebräischen Bibel anzuführen, sei Daniel genannt, den der Tod in der Löwengrube erwartete. Er betete inständig um seine Befreiung, und sie wurde ihm geschenkt (Daniel 6,17–24). Im Neuen Testament lehrt Jesus, wir sollten Gott um alles bitten, was wir brauchen, und er führt Gottes Bereitschaft, uns zu helfen, dadurch vor Augen, daß er zahlreiche Menschen heilt, die sich um Hilfe an ihn wenden. Im Markusevangelium fragt Jesus den blinden Bartimäus: „Was soll ich dir tun?" (10,51). Bartimäus sagt: „Rabbuni, ich möchte wieder sehen können", und sein Wunsch wird ihm erfüllt. Jesus gibt ihm das Augenlicht zurück.

Das Gebet, mit dem man um solche Dinge bittet, wird als *Bittgebet* bezeichnet. Zwar meinen viele gläubige Menschen genau wie meine Patientin Monica, sie sollten Gott für sich persönlich um nichts bitten; aber die Bibel sagt uns, daß Gott will, daß wir ihn ausdrücklich um alles bitten, was wir wollen, solange wir nur die richtigen Absichten damit haben (vgl. Jakobusbrief 4,2–3).

Wenn wir Gott um das bitten, was wir brauchen, wenden wir das 10. Medikament des Gesundheitsfaktors Glaube an: *„Vertrauen: ‚Loslassen und Gott machen lassen'"*. Wir geben damit zu, daß wir nicht alles in unserem Leben selbst voll unter Kontrolle haben, und wir bringen unser Vertrauen auf Gott zum Ausdruck, der für uns sorgen kann, wenn wir selbst nicht mehr für uns sorgen können. Wie wir in der wissenschaftlichen Literatur gesehen haben, scheint es sich ganz natürlich zu ergeben, daß Menschen Bittgebete um ihre Genesung sprechen, wenn sie krank sind. Eine Untersuchung über 200 Frauen[14] hat gezeigt, daß ihre häufigste Reaktion, um mit gesundheitlichen Problemen fertig zu werden, das Gebet war; 91% von ihnen sagten, wenn sie krank würden, griffen sie auf das Gebet zurück. Andere Studien zeigen, daß vor allem ältere Menschen beten, um ihr Kranksein zu bewältigen. So ergab eine Untersuchung, daß 72% der befragten Senioren ein- oder mehrmals täglich privat für sich beteten.[15]

Natürlich werden unsere Gebete vielleicht nicht auf die Art erhört, wie wir es uns wünschen. Theologen haben schon zahllose Bücher darüber geschrieben, wie wir das verstehen sollen, und ich will gar nicht erst versuchen, ihre Einsichten hier zusammenzufassen. Mir hilft schon, was C. S. Lewis in einem Brief an einen Freund über ein von Gott nicht erhörtes Gebet geschrieben hat: „Ich frage mich, was aus mir wohl bis heute geworden wäre, wenn Gott alle die unerleuchteten Gebete erhört hätte, die ich im Lauf meines Lebens schon gesprochen habe."[16]

Zur spirituellen Reife gehört das Vertrauen, daß Gott unsere Gebete im Sinn unserer *tatsächlichen* Bedürfnisse, wie er sie sieht, und nicht, wie *wir* sie mit unserem beschränkten Horizont sehen, erhören wird.

Unser Beitrag dazu ist, „loszulassen und Gott machen zu lassen". Wir können die Vorstellung loslassen, daß wir selbst am besten wissen, was wir brauchen und wie alle unsere Bedürfnisse gestillt werden müßten, und wir können es zulassen, daß Gott sich darum kümmert, unsere eigentlichen Bedürfnisse einzuschätzen und ihnen zu entsprechen. Unser Bittgebet soll nicht den Versuch darstellen, Gott zu manipulieren, sondern dazu führen, daß wir nicht auf unsere Probleme fixiert bleiben und statt dessen deutlicher wahrnehmen, daß Gott in unserem Leben anwesend und am Werk ist. Beim Gebet geht es schließlich nicht darum, daß alle unsere Bedürfnisse erfüllt werden und wir alles bekommen, was wir wollen; es geht darum, daß wir Gott immer näherkommen.

So stellt das Bittgebet also einen wichtigen Bestandteil eines ausgewogenen spirituellen Lebens dar, sollte jedoch nicht die *einzige* Gebetsform sein. Margaret Poloma fand bei ihrer Untersuchung über das Beten[17] keinen inneren Zusammenhang zwischen dem ausschließlichen Gebrauch des Bittgebets und dem Wohlbefinden; diese Gebetsform wirkte sich auf die Zufriedenheit der Menschen mit ihrem Leben weder positiv noch negativ aus. Aus medizinischer Sicht würde ich daher raten, Bittgebete *in Verbindung* mit den anderen hier genannten Formen des Gebets und nicht etwa anstatt dieser zu pflegen.

(5) *Fürbitte – Gott bitten, anderen zu helfen*

„Hilf deinem Volk, und segne dein Erbe,
führe und trage es in Ewigkeit!"
Psalm 28,9

Wie oben bereits dargestellt, handelt es sich beim Fürbittgebet um ein Bittgebet für andere. Wenn wir für andere beten, bitten wir, daß Gott das für sie Notwendige tue, statt dem Irrtum zu verfallen, daß wir alle Probleme der uns nahestehenden Menschen schon selbst werden lösen können. Zudem wissen wir aus der wissenschaftlichen Literatur (darunter der Studie von R. Byrd und mehreren anderen), daß sich das Gebet für andere tatsächlich positiv auf die eigene körperliche Gesundheit auswirken kann. Wenn wir das wissen, sind wir vielleicht eher bereit, mehr Zeit und Aufmerksamkeit auf das Fürbittgebet zu verwenden.

Genau wie beim Bittgebet ist auch hier wichtig, sich dessen bewußt zu sein, daß Gott unsere Gebete nicht unbedingt mit genau der Wirkung belohnt, die wir erhofft hatten. An Gott glauben bedeutet auch anzuerkennen, daß nur er über die Allwissenheit über unser Leben verfügt und daher notwendigerweise seine Lösungen für unsere Probleme bei weitem besser als unsere eigenen sind. Zugleich sehen wir, daß die betenden Menschen in der Bibel ganz genau um das beten, was sie sich wünschen. Daniel sagt eindeutig, daß er aus der Löwengrube gerettet werden möchte; der blinde Bartimäus sagt nicht: „Herr, ich möchte ganz gern wieder sehen können; aber schließlich bist du der Herr, und so tu du mir, was du für das beste hältst."

Mir hilft das Vaterunser besonders gut dabei, das Verhältnis zwischen dem Annehmen des Willens Gottes und der Bitte um das, was wir wollen, genauer zu klären, sowohl beim Beten für mich selbst wie bei der Fürbitte für andere: „Unser Vater im Himmel, dein Name werde geheiligt, *dein Reich komme, dein Wille geschehe* wie im Himmel, so auf der Erde. *Gib uns heute das Brot, das wir brauchen...*" (Matthäus 6,9–11).

Als Jesus seine Jünger lehrte, wie sie beten sollten, gab er ihnen dieses Gebet, in dem Gottes Wille *vor* unseren eigenen Bedürfnissen genannt wird, jedoch weist Jesus seine Jünger hier und an anderen Stellen *auch* an, Gott zu bitten, ihre ganz bestimmten Bitten zu erfüllen.

Ich hoffe, Sie fühlen sich angesichts der Wichtigkeit dieser Art von Gebet für Ihre Gesundheit und Ihr Wohlbefinden ermuntert, freimütig für die Bedürfnisse anderer zu beten und dabei auf Gottes Großzügigkeit mit uns allen zu vertrauen, sind zugleich jedoch auch bereit, Erhörungen Ihrer Gebete zu akzeptieren, die nicht unsere ursprünglichen Wünsche erfüllen und womöglich für uns mit unserem beschränkten Horizont zunächst gar keinen Sinn zu ergeben scheinen.

Mit dem Beten „klein anfangen"

Es hat seinen eigenen Wert, mit dem Beten ganz klein anzufangen. Jesus sagt seinen Jüngern, man brauche nur ein kleines bißchen Glauben, um große Dinge zustande zu bringen: „Die Apostel baten den Herrn: Stärke unseren Glauben! Der Herr erwiderte: Wenn euer Glaube auch nur so groß wäre wie ein Senfkorn, würdet ihr zu dem Maulbeerbaum hier sagen: Heb dich samt deinen Wurzeln aus dem Boden, und verpflanz dich ins Meer!, und er würde euch gehorchen" (Lukas 17,5–6).

In unserer ersten Begeisterung fangen wir vielleicht damit an, um die Heilung aller Krebskranken in der Welt zu beten, oder um Frieden auf der ganzen Welt, was ja gewiß wichtige Anliegen sind. Aber ich rate meinen Patienten, sich zunächst auf die kleineren Dinge zu konzentrieren; wenn wir im Gebet treu weitermachen, wächst auch unser Glaube. Ärzte, die zu Chirurgen ausgebildet werden, fangen damit an, kleine gutartige Wucherungen aus der Haut zu schneiden. Erst wenn sie diese einfachen Eingriffe beherrschen, machen sie weiter und operieren kranke Blinddärme heraus und später dann Gallenblasen. Manche machen weiter und führen schließlich komplexe Operationen am Herzen oder Gehirn durch. Wir würden nicht erwarten, daß ein Medizinstudent in den ersten Semestern gleich vitale Entscheidungen über Menschen auf der Intensivstation trifft, oder daß ein Chirurgie-Praktikant alsbald einen Gehirntumor entfernt. Studenten, Praktikanten, Assistenzärzte und Chefärzte durchlaufen einen ganz natürlichen Reifungsprozeß, indem sie immer mehr lernen und immer bessere Fertigkeiten entwickeln.

Genauso ist es im spirituellen Leben. Wir fangen mit ganz einfachen Gebeten und dem regelmäßigen Gottesdienstbesuch an. Nach einiger Zeit möchten wir dann vielleicht andere Gebetsarten kennenlernen. So suchen wir vielleicht einen spirituellen Berater auf oder schließen uns einer Gebetsgruppe an. Hierauf kann man an Einkehrzeiten oder Pilgerfahrten teilnehmen oder sich dem aktiven Dienst an anderen widmen. Jeder aufrichtig suchende gläubige Mensch reift von ganz allein, und das in einer Weise, wie sie für ihn von Gott vorgesehen ist. Ganz gleich jedoch, in welchem Maß wir zu spirituellen Menschen werden und wie kompliziert unsere Methoden und Gedankengänge sein mögen, wir müssen immer daran denken, daß man letztlich nie „falsch" beten kann. Richard Foster hat dazu gesagt: „Gott nimmt uns ganz so, wie wir sind, und nimmt unsere Gebet ganz so an, wie sie sind. Genau wie ein kleines Kind kein schlechtes Bild malen kann, so kann auch ein Kind Gottes kein schlechtes Gebet sprechen."[18]

Das Gebet muß nicht kompliziert oder abschreckend sein. Letztlich ist es ganz einfach: Es ist ein Mittel der Kommunikation zwischen dem „Göttlichen Liebhaber" und seinen geliebten Geschöpfen. An welchem Punkt auch immer Sie auf Ihrem Glaubensweg stehen, ich hoffe, Sie richten sich je nach den Gewohnheiten Ihrer Glaubenstradition eine feste tägliche Gebetszeit ein oder widmen sich einer solchen wieder mit größerer Hingabe und versuchen, sich von Gott bei der Entwicklung Ihrer spirituellen Übungen führen zu lassen.

10. KAPITEL

Die Schätze der Bibel –
ein Handbuch der Heilung

Die Bibel ist das verbreitetste und einflußreichste Buch der Weltgeschichte. Bibeln gibt es *überall*: Missionare verteilen Taschenbuchausgaben an Straßenecken und an Bus- und Bahnhaltestellen; in jeder Buchhandlung sind mindestens eine oder zwei der unzähligen Ausgaben und Übersetzungen auf Lager. 1996 wurden in den USA 29 Millionen Bibeln verkauft, und 1,8 *Milliarden* Bibeln in über zweitausend Sprachen wurden in Übersee verteilt.[1]

Angesichts der fast lückenlosen Verbreitung des „Buchs der Bücher" läßt sich sein Einfluß auf unsere Zivilisation kaum unterschätzen. Biblische Bilder haben unzählige Meisterwerke der Kunst, Architektur, Musik und Literatur beeinflußt. Biblische Begriffe liegen unseren philosophischen, ethischen und juristischen Systemen und Darstellungen zugrunde. Viele Geschichten der Bibel finden überall in unserer Kultur ihren Widerhall; so kennen zum Beispiel auch Menschen, die mit der Religion gar nichts zu tun haben, Noah, den Mann, der die Arche gebaut und darin die Tiere vor der Flut gerettet hat.

Aber obwohl die Bibel unbestritten einen Grundpfeiler der abendländischen Zivilisation darstellt, ist ihr Wert als Handbuch der Heilung und der gesunden Lebensführung weit weniger bekannt. Als Arzt habe ich immer wieder erlebt, wie sich die Bibel heilend auf das Leben meiner Patienten auswirken kann. Viele meiner Patienten haben gelernt, ihre Krankheiten mit neuen Augen zu sehen und ihre Probleme zu bewältigen, indem sie sich mit den Geschichten und der Weisheit der Bibel vertraut machten. Sie haben in der Bibel neue Perspektiven und Lösungen gesucht und gefunden. Manchen ist sogar körperliche Heilung zuteil geworden, nachdem sie über biblischen Geschichten, die von Heilungen berichten, gebetet und sich diese zu eigen gemacht haben.

Nur wenige wissenschaftliche Studien haben das Bibellesen allein als gesundheitsfördernden Faktor ermittelt. Häufiger wird es als eines der Kriterien für den Grad der Aktivität des religiösen Lebens genommen; denn alle großen religiösen Welttraditionen empfehlen das Studium ihrer heiligen Schriften, und die regelmäßige Schriftlesung ist für die meisten gläubigen Menschen ein wesentlicher Bestandteil der persönlichen Frömmigkeit und des gemeinsamen Gottesdienstes.

Ich anerkenne den Wert und habe Achtung vor der Weisheit der heiligen Schriften aller Religionen. Doch bin ich nicht kompetent, über ihre Verwendung als gesundheitsförderndes Medium zu befinden, weil ich sie diesbezüglich nicht genügend kenne. Dagegen kenne ich sehr genau die heilende Wirkung der Bibel, obwohl ich kein Theologe und auch kein ausgebildeter Bibelgelehrter bin; ich kenne sie aus der jahrelangen Beobachtung der Erfahrungen meiner Patienten und von meinem eigenen spirituellen Weg, zu dem während der letzten dreißig Jahre weithin auch das tägliche Bibellesen gehörte.

Viele Ärzte kommen ziemlich in Verlegenheit, wenn man über gesundheitliche Wirkungen der Bibel spricht, während sie über die gesundheitlichen Wirkungen von Medikamenten gegen Bluthochdruck oder des plötzlichen Aufhörens mit dem Rauchen genau Bescheid wissen. Ich empfinde das Sprechen über die medizinische Seite der Bibel dagegen als ganz natürlich, weil mir meine eigene Erfahrung gezeigt hat, daß das Buch der Bücher eines der wertvollsten und wirksamsten Medikamente in meiner Arzttasche ist.

Wie die Heilige Schrift als Medizin „wirkt"

Wenn Ihnen Ihr Arzt ein neues Medikament verschreibt, stellen Sie ihm wahrscheinlich eine Reihe von Fragen: „Welche Dosis muß ich davon nehmen und wie oft?" – „Wie sehen die möglichen Nebenwirkungen aus?" – „Wie lange muß ich es einnehmen?" – „Wie wirkt es?" Da ich die Verwendung der Bibel als gesundheitsförderndes „Medikament" verschreibe, besteht guter Grund, daß auch ich diesbezügliche Fragen beantworte. Dabei ist mir natürlich klar, daß die Bibel weit größer, komplexer, geheimnisvoller und transzendenter ist, als daß sie „nur eine Pille" wäre.

Wieviel soll ich einnehmen? Ich empfehle täglich eine „Dosis" Bibellesen. Viele haben gefunden, daß es am nützlichsten ist, diese Lesung jeden Tag zur gleichen Zeit zu halten. Ich persönlich halte den frühen Morgen für die beste Zeit; denn da kann ich mich auf den Tag vorbereiten, indem ich mich neu auf Gott gründe und mich gegen den Streß des anbrechenden Tages wappne. Was das Maß des Bibellesens angeht, mag das Wissen hilfreich sein, daß die meisten religiös interessierten Menschen fünfzehn bis zwanzig Minuten oder länger pro

Tag in der Bibel lesen. Eine „Überdosis" Bibel kann man zu sich nehmen, wenn man darüber andere Pflichten nicht vernachlässigt. Es ist wichtig, zwischen Bibellesen, Beten, Aktivitäten in Familie und Gemeinde sowie Arbeit ein gesundes Gleichgewicht zu finden.

Was kostet es? Die Verwendung der Bibel kostet außer Zeit fast nichts. Wenn Sie noch keine Bibel besitzen, können Sie sich eine in einer öffentlichen Bibliothek ausleihen oder ziemlich billig kaufen – was man von vielen pharmazeutischen Produkten nicht sagen kann.

Welche Nebenwirkungen können sich einstellen? Eine krankmachende „Nebenwirkung" des Bibellesens ist ziemlich unwahrscheinlich, zu Problemen allerdings kann es führen. Eine Gefahr, die es zu vermeiden gilt, besteht darin, das Bibellesen wieder bleiben zu lassen, wenn man auf schwer verständliche Kapitel oder Verse stößt. Manche Abschnitte der Bibel beschäftigen die Gelehrten schon jahrhundertelang und haben zu einer Flut an Literatur geführt. Den Anfänger können solche Stellen derart entmutigen, daß er womöglich das Bibellesen wieder bleiben läßt. Es kann helfen, diese „Nebenwirkungen" zu vermeiden, wenn man Bibelkommentare zu Hilfe nimmt oder sich einem Bibelkreis der Gemeinde anschließt.

Auf Abwege kann man geraten, wenn man die Bibel mißbraucht, indem man sie so lange zurechtdeutet und falsch auslegt, bis sie einem ins eigene Konzept paßt. Ein sehr problematischer Umgang mit der Bibel besteht darin, aus ihrem Zusammenhang Zitate herauszupflücken, mit denen man alles und jedes „beweisen" kann, oder indem man die Bibel auf überzogene Weise buchstäblich nimmt. Auch hier kann die Teilnahme an einer Bibelgruppe gegen Verzerrungen vorbeugen; oder es ist auch hilfreich, einen Geistlichen oder spirituellen Berater um Rat zu fragen.

Wie lange soll ich das machen? Ich empfehle meinen Patienten, sich bis an ihr Lebensende ausgewogen zu ernähren, sich regelmäßig körperlich zu ertüchtigen und sich immer genügend Schlaf zu gönnen, weil all das für die Gesundheit von entscheidender Bedeutung ist. Genauso sollte man das Bibellesen für immer beibehalten.

Wie wirkt es? Aus wissenschaftlicher Sicht können wir nicht genau sagen, wie die Bibel als Medizin „wirkt", weil es noch zu wenig Untersuchungen über die spezifischen Auswirkungen des Bibellesens auf die Gesundheit gibt. Was wir aus den bisherigen Untersuchungen wissen, ist, daß das regelmäßige Bibellesen oft Hand in Hand mit einem tieferen spirituellen Leben und häufigerem Kirchenbesuch geht, so daß man sagen könnte, das Bibellesen ist ein Schlüsselelement des religiösen Lebensstils, der sich positiv auf die Gesundheit auswirkt.

Aufgrund meiner eigenen Beobachtungen glaube ich, daß die Bibel den Menschen deshalb spürbar hilft, weil sie dank der Bibel ihre Probleme in einem ganz neuen und größeren Zusammenhang sehen können, was für sie hilfreich und auch spirituell heilsam ist. So hielt sich zum Beispiel Barbara (die im 3. Kapitel beschriebene Krebskranke) die biblische Geschichte von der blutflüssigen, von Jesus geheilten Frau lebhaft vor Augen und versetzte sich in sie hinein, und schließlich berührte sie aus dem Wunsch heraus, auch geheilt zu werden, symbolisch die Altarschranke. Das schenkte ihr für die Zeit ihrer Krebsbehandlung ein Gefühl tiefen Friedens, und ihr Schilddrüsenkrebs hat sich seit ihrer Behandlung vor etlichen Jahren nicht wieder gemeldet.

Wie überwand Barbara ihre Angst? Mittels eines psychologischen Vorgangs, der durch eine Veränderung in ihrer Glaubensstruktur bewirkt wurde? Veränderte sich physiologisch etwas, weil sich ihr Spiegel an Endorphinen, Serotonin, Kortisol oder anderen neurochemischen Substanzen veränderte? Oder war das ein übernatürlicher Vorgang, ein Beweis des Einwirkens einer göttlichen Heilungsenergie auf die Gewebe eines Menschenwesens? Aus wissenschaftlicher Sicht kennen wir die Antwort auf diese Frage nicht. Als gläubiger Mensch bin ich davon überzeugt, daß Gott Barbaras Gebetsbitte erhört hat, ganz gleich, welche psychischen, physiologischen oder übernatürlichen Mechanismen dadurch in Gang gesetzt worden sein mögen. Mir als Arzt kommt es vor allem darauf an, daß noch mehr Patienten in den Genuß der heilenden Wirkung des regelmäßigen Bibellesens kommen; denn ich bin überzeugt davon, daß jede eventuelle negative Auswirkung des Bibellesens bei weitem von dessen positiven Wirkungen auf die Gesundheit aufgewogen wird.

Sehen wir jetzt zu, wie wir uns mit der Bibel als Buch über das Heilwerden und als Buch, das uns Heilung bringen kann, befassen können.

Grundlagen des biblischen Heilens

In diesem Buch untersuchen wir die Bibel mit der Brille des Mediziners und konzentrieren uns darauf, was sie uns über das Gesundsein und Wohlbefinden zu sagen hat. Legen wir jedoch kurz diese Brille ab, um den größeren Zusammenhang zu sehen, so wird uns deutlich, daß die Bibel die Geschichte der Beziehung Gottes zu seinem Volk enthält. Wir müssen die Heilungswunder der Bibel und ihre „medizinische" Weisheit in diesem größeren Rahmen sehen. Aufgrund meines Bibelstudiums glaube ich, daß wir das „Warum" der biblischen Heilungsgeschichten am besten verstehen können, wenn wir drei grundlegende Glaubenstatsachen der Bibel in Rechnung stellen:

1. *Gott ist von seinem Wesen her Liebe*: „Gott ist die Liebe, und wer in der Liebe bleibt, bleibt in Gott, und Gott bleibt in ihm" (1. Johannesbrief 4,16).

2. *Gott liebt uns*. Die Bibel sagt, daß Gott uns liebt, wie Eltern ihre Kinder lieben. Er sehnt sich nach uns, beschäftigt sich ständig mit uns, hat an uns seine Freude, und das selbst dann noch, wenn wir ihn vernachlässigen oder ablehnen. Der verstorbene katholische Priester Henri J. M. Nouwen hat geschrieben, es mache geradezu unsere Identität aus, von Gott geliebt zu sein.[2] Wir sind das Ziel von Gottes leidenschaftlicher und unsterblicher Liebe.

3. *Gott möchte uns heilen*. Weil Gott uns so sehr liebt, möchte er uns beschenken, unter anderem mit Gesundheit und Wohlbefinden. Das Heilen ist so sehr Bestandteil des Wesens Gottes, daß das hebräische Wort *rapha* für „gesund machen, heilen, die Gesundheit wiederherstellen" in der Bibel zu den Worten gehört, mit denen Gott beschrieben wird. Yahwe-Rapha ist der Name für Gott als Heiler. Im Neuen Testament wird das griechische Wort *sôzo* sowohl für „heilen" wie für „erlösen" verwendet (beide Bedeutungen enthält auch das deutsche Wort „Heiland" für Jesus Christus, d.Ü.), so daß dabei unser irdisches Gesundwerden und unsere himmlische Bestimmung miteinander verknüpft werden.

Nach der Bibel widmet sich Gott der Wiederherstellung des Heils der Welt, indem er sein Volk heilt und denen, die seinem Namen die Ehre geben, Heilungskräfte verleiht. Wenn wir in der Bibel lesen, werden wir zu Zeugen, wie Gott Menschen von Problemen jeder Art heilt: von Aussatz und Epilepsie, Lähmungen und Blutfluß, Blindheit und tödlichem Schlangenbiß. In manchen Fällen gibt uns die Bibel hervorragende Hinweise zur Gesundheitsvorsorge, wie wir im Abschnitt weiter unten sehen werden. Doch muß man beachten, daß uns die Bibel zwar viel über das Heilen zu sagen hat, sie jedoch kein Handbuch mit fix und fertigen Behandlungsrezepten für verschiedene körperliche und psychische Probleme ist. Die Heilungsgrundsätze der Bibel stecken verschlüsselt in ihren Geschichten und Aussprüchen, und aus diesen müssen wir unsere biblischen Lektionen über Gesundheit und ganzheitliches Wohlbefinden lernen.

Es ist für uns von großem Gewinn, die Bibel als Handbuch der Heilung zu studieren. Aber das Studieren allein genügt nicht. Um die biblischen Botschaften über das Heilen verstehen und sie nutzen zu können, muß man eine lebendige Begegnung mit dem Wort Gottes erfahren.

Die Bibel als Heilmittel gegen Krankheit

Wenn ich die Bibel aus medizinischer Sicht lese, erkenne ich, daß sie zwei Kategorien von Texten über Gesundheit und Heilung enthält:

1. *Weisheiten*: In dieser Kategorie finden wir die Poesie der Psalmen und des Hohenlieds, die leidenschaftlichen Prophezeiungen und Warnungen der hebräischen Propheten, die medizinischen Anweisungen von Büchern der Bibel wie dem alttestamentlichen der Sprichwörter und des Deuteronomium sowie die Anweisungen zum rechten Leben in den Briefen des Neuen Testaments, den Schreiben der Apostel an die neu gegründeten Gemeinden.

2. *Geschichten*: Von Adam und Eva im Garten Eden (im Buch Genesis) bis zur Schilderung der Engel, die Gott im Himmel lobpreisen (im Buch der Offenbarung) enthält die Bibel Hunderte von erzählenden Geschichten. Wir lesen von der Geschichte eines ganzen Volkes, des Volkes Israel, deren Verlauf durch viele Jahrhunderte im Alten Testament erzählt wird. Wir folgen dem Leben Jesu von seiner Empfängnis bis zu seinem Heilungsdienst, seiner Kreuzigung, seiner Auferstehung von den Toten und Heimkehr zu Gott. Zu Haupterzählungen wie diesen kommen noch zahlreiche Geschichten über die ganz Großen des spirituellen Lebens hinzu, wie etwa Abraham, Mose, Elija, Petrus und Paulus; Geschichten über ganz normale Menschen wie Ruth und Boas, Esther und Mordechai, Anna und Simeon; und Geschichten von Personen, deren Namen zwar nicht genannt sind, die aber dennoch einen tiefen Einfluß auf unser Leben haben können, so wie ihn die Geschichte von der blutflüssigen Frau auf Barbara hatte.

Ganz gleich, ob wir biblische Weisheiten oder Geschichten (oder beides) zur Heilung benutzen, es wird sich in jedem Fall positiv auf uns auswirken, wenn wir den Worten der Bibel offenen und erwartungsvollen Herzens begegnen. Sehen wir jetzt etwas gründlicher zu, wie man mit den beiden Hauptkategorien der biblischen Heilungsliteratur umgehen kann.

Weisheiten – Worte der Ermahnung und des Trostes

Weisheitswissen durchzieht die gesamte Bibel. Ich verwende hier den Begriff „Weisheiten" bzw. Weisheitswissen zur Bezeichnung einer der beiden Kategorien von Anweisungen der Bibel über das Heilen und Heilwerden, das gesunde Leben und unsere richtige Beziehung zu Gott. Aus dieser Kategorie verwende ich oft Texte für meine Patienten, um ihnen zu helfen, wieder Mut, Sinn und Geduld für ihre Sorgen und Nöte zu finden.

Unter den Weisheiten der Bibel finden wir eine Anzahl von Gesundheitshinweisen, die zwar schon vor Tausenden von Jahren geschrieben sind, aber sehr wohl der heutigen wissenschaftlichen Prüfung standhalten. Diese Texte könnte man als die „Rezeptverordnungen" der Bibel bezeichnen. Im 7. Kapitel haben wir die Beweise kennengelernt, daß beispielsweise orthodoxe Juden gesünder sind und länger leben als verweltlichte Juden. Zum Teil dürften wohl ihre Gesundheitsvorteile den folgenden biblischen Ermahnungen über Gesundheit und Wohlbefinden zuzuschreiben sein:

(1) Physische Krankheit: Vorbeugung und Genesung

Das Alte Testament bietet allgemeine und auch spezifische Richtlinien dafür, wie man Krankheit vermeiden oder sich von ihr erholen kann. Die wohl umfassendste Aussage in Form eines „Rezepts" steht im Buch Exodus, wo Gott zu seinem Volk sagt: „Wenn du auf die Stimme des Herrn, deines Gottes, hörst und tust, was in seinen Augen gut ist, wenn du seinen Geboten gehorchst und auf alle seine Gesetze achtest, werde ich dir keine der Krankheiten schicken, die ich den Ägyptern geschickt habe. Denn ich bin der Herr, dein Arzt" (15,26).

Dieser heilende Bund Gottes mit seinem Volk stellt einen wesentlichen Zusammenhang zwischen dem Gehorsam eines Volkes und der physischen Gesundheit her, oder umgekehrt zwischen seinem Ungehorsam und Krankwerden. Letzterer zeigt sich vor allem an den Plagen, die über die Ägypter hereinbrachen, weil der Pharao das Volk der Hebräer nicht fortziehen lassen wollte.

Verspricht Gott vollkommene Gesundheit im Tausch für vollkommenes Verhalten? Diese buchstäbliche Auslegung ist unwahrscheinlich. Zunächst einmal wird kein Mensch je fähig sein, sich immer vollkommen zu verhalten. Die rabbinische Tradition kannte 613 einzelne Vorschriften des Gesetzes, die man halten mußte, was eine gigantische, ja unmögliche Aufgabe ist. Der Apostel Paulus berichtete, er sei ein strenger Pharisäer und Befolger des Gesetzes gewesen, aber trotz seines Eifers habe er das Zehnte Gebot nicht halten können: „Du sollst nicht begehren…" Folglich können wir diesen Spruch Gottes über seinen Bund mit dem Volk Israel nicht als Garantieformel zur Vermeidung jeglicher Krankheit durch ein ganz sündenfreies Verhalten betrachten; denn genau wie Paulus „haben alle gesündigt und die Herrlichkeit Gottes verloren" (Römer 3,23); alle haben den heilenden Bund gebrochen, wie er in Exodus 15,26 umschrieben wird. Zweitens wurde dieser Bund mit dem Volk Israel geschlossen, nicht mit einzelnen Menschen. Drittens zeigen sowohl Heilige Schrift wie menschliche Erfahrung, daß tatsächlich auch rechtschaffene Männer und Frauen krank werden können.

Es ist aber auch unwahrscheinlich, daß Gott sagen will, jede Krankheit sei eine Folge der Sünde. Zwar wird an einer Reihe von Stellen in der Bibel genau wie in der vorliegenden gesagt, es bestehe ein Zusammenhang zwischen Ungehorsam gegenüber Gott und Kranksein; aber andere Bibelstellen unterstellen, daß es auch noch andere Gründe für das Krankwerden gibt. Als die Jünger Jesus fragen, aus welchem Grund ein Mensch von Geburt an blind sein könne, heilt er nicht nur diesen Mann, sondern lehnt auch ausdrücklich die damals landläufige Vorstellung ab, diese Krankheit sei durch Sünde verursacht: „Da fragten ihn seine Jünger: Rabbi, wer hat gesündigt? Er selbst? Oder haben seine Eltern gesündigt, so daß er blind geboren wurde? Jesus antwortete: Weder er noch seine Eltern haben gesündigt, sondern das Wirken Gottes soll an ihm offenbar werden" (Johannes 9,2–3).

Die Bibel geht also davon aus, daß es etliche Gründe für das Kranksein gibt, und wir können eine Krankheit nicht immer sündhaftem Verhalten zuschreiben. Allerdings wird dennoch eindeutig gesagt, daß wir gesünder sind, wenn wir uns an Gottes Gebote halten. Wenn wir zum Beispiel Gott mit unserem ganzen Wesen lieben, wie wir in Markus 12,30 angewiesen werden, achten wir auch auf eine verinnerlichte religiöse Einstellung, die die „Medikamente des Gesundheitsfaktors Glaube" in unserem Leben aktiviert und, wie wir gesehen haben, unsere Chancen für bessere Gesundheit und gesteigertes Wohlbefinden beträchtlich steigert.

Gegen manche Arten körperlicher Erkrankung können wir spezifischer vorbeugen, wenn wir uns an Vorschriften der Bibel halten. Sie haben zweifellos schon gehört, daß eine reduzierte Aufnahme von Fett beim Essen für die Gesundheit gut ist und gegen Arteriosklerose, Gallensteine, Brust- und Darmkrebs vorbeugt. Der Verfasser des Buchs Levitikus wußte das schon einige tausend Jahre vor der modernen Wissenschaft: „Von Rind, Schaf oder Ziege dürft ihr keinerlei Fett essen" (Levitikus 7,23). Wissenschaftliche Studien haben inzwischen erwiesen, wie weise es ist, die Zufuhr von tierischen Fetten zu reduzieren. Wie wir in früheren Kapiteln gesehen haben, hat eine ganze Reihe von Untersuchungen gezeigt, daß die Siebenten-Tags-Adventisten, von denen viele eine fettarme Ernährung befolgen, länger leben, niedrigeren Blutdruck haben und weniger Fälle von Krebs entwickeln als andere Menschen. Zwar legen die meisten Juden und Christen die Bibel nicht dahin aus, daß sie eine strikt vegetarische Ernährungsweise vorschreibe; aber die Wissenschaft hat erwiesen, daß wir gut daran tun würden, die Vorschrift von Levitikus 7,23 zur Vermeidung von unnötiger Fettaufnahme einzuhalten.

Zur Zeit der Bibel, vor der Entdeckung der Antibiotika, war die Vorbeugung gegen die Ausbreitung von ansteckenden Krankheiten buchstäblich eine Frage auf Leben und Tod. Über die Heilige Schrift nannte Gott den Israeliten eine wirksame Methode zur Eindämmung von Infektionskrankheiten: Sie sollten die Kranken in Quarantäne setzen. „Solange das Übel besteht, bleibt er unrein; er ist unrein. Er soll abgesondert wohnen, außerhalb des Lagers soll er sich aufhalten" (Levitikus 13,46). Quarantänen wurden im Laufe der Geschichte immer wieder wirksam zur Bekämpfung von verschiedenen ansteckenden Krankheiten eingesetzt: etwa bei Pocken, Kinderlähmung und Tuberkulose. Wir wenden immer noch Methoden der Infektionskontrolle an, um Gesunde vor Erkrankten zu schützen oder Patienten mit stark geschwächtem Immunsystem gegen die Ansteckung durch andere Patienten abzuschirmen. Dieser biblische Rat, der bereits Jahrtausende vor Louis Pasteur niedergeschrieben wurde, bleibt ein wichtiges und erfolgreiches Mittel zur Vorbeugung gegen Krankheit, einschließlich Infektionen, die auf sexuellem Weg übertragen werden. Die sexuelle Krankheitsübertragung ließe sich allgemein zum Stillstand bringen, wenn sich alle Menschen an eine weitere Anordnung der Bibel halten würden, nämlich an das siebte der Zehn Gebote: „Du sollst nicht die Ehe brechen"; denn solche Krankheiten treten nicht in einem Milieu auf, wo Mann und Frau ihr Leben lang eine monogame Ehe führen.

(2) Sucht vermeiden und ein ausgewogenes Leben führen
Keine heutige Schilderung könnte besser als die folgende, biblische, vor Jahrtausenden formulierte und genau zutreffende Beschreibung das Elend des Alkoholismus beschreiben:

„Wer hat Ach? Wer hat Weh? Wer Gezänk? Wer Klage? Wer hat Wunden wegen nichts? Wer trübe Augen? Jene, die bis in die Nacht beim Wein sitzen, die kommen, um den Mischwein zu probieren. Schau nicht nach dem Wein, wie er rötlich schimmert, wie er funkelt im Becher: Er trinkt sich so leicht! Zuletzt beißt er wie eine Schlange, verspritzt Gift gleich einer Viper. Deine Augen sehen seltsame Dinge, dein Herz redet wirres Zeug. Du bist wie einer, der auf hoher See schläft, der einschläft über dem Steuer des Schiffes. Man hat mich geschlagen, doch es tat mir nicht weh, man hat mich gehauen, aber ich habe nichts gespürt. Wann wache ich auf?" (Sprichwörter 23,29–35)

Der Verfasser dieses Sprichworts rät seinen Lesern, lieber den Wein zu meiden oder jedenfalls nicht „bis in die Nacht beim Wein zu sitzen" und zu viel von ihm zu trinken. Wir sehen allerdings in anderen Büchern der Bibel, daß die Hebräer den Wein schätzten und auch bei der Feier des Pascha verwendeten. Im Neuen Testament verwandelt Jesus bei der Hochzeit von Kana Wasser in Wein. Später, in der Nacht vor seiner Kreuzigung, bezeichnet er den Wein, den er seinen Jüngern reicht, als sein eigenes, für sie hingegebenes Blut, und der Apostel Paulus weist Timotheus an: „Trink nicht nur Wasser, sondern nimm auch etwas Wein, mit Rücksicht auf deinen Magen und deine häufigen Krankheiten" (1. Timotheusbrief 5,23).

Allerdings ist es wichtig, den Wein nur mäßig zu sich zu nehmen. An die Epheser schreibt Paulus: „Berauscht euch nicht mit Wein – das macht zügellos -, sondern laßt euch vom Geist erfüllen!" (Epheser 5,18).

Die Bibel scheint einen ausgewogenen Umgang mit dem Alkohol zu empfehlen, weder Abstinenz noch ein Übermaß. Andere Schriftstellen warnen im gleichen Sinn gegen Übertreibungen beim Arbeiten oder Ausruhen. Die Bibel weist uns an, nicht in Arbeitssucht zu verfallen, die zwar keine klassische Sucht, aber eine ungesunde Lebensart ist. Eine wirksame Vorbeugungsmaßnahme dagegen, zum Workaholiker zu werden, ist die Einrichtung und Befolgung des Sabbats: „Gedenke des Sabbats: Halte ihn heilig! Sechs Tage darfst du schaffen und jede Arbeit tun. Der siebte Tag ist ein Ruhetag, dem Herrn, deinem Gott, geweiht. An ihm darfst du keine Arbeit tun" (Exodus 20,8-10).

Zugleich warnt uns die Bibel vor Müßiggang: „Wer nicht arbeiten will, soll auch nicht essen. Wir hören aber, daß einige von euch ein unordentliches Leben führen und alles mögliche treiben, nur nicht arbeiten. Wir ermahnen sie und gebieten ihnen im Namen Jesu Christi, des Herrn, in Ruhe ihrer Arbeit nachzugehen und ihr selbstverdientes Brot zu essen" (2. Thessalonicher 3,10-12).

Will man das gesunde Gleichgewicht zwischen heilsamer Arbeit und notwendigem Ausruhen finden, so muß man ein weiteres Übel meiden, vor dem die Bibel warnt: den Götzendienst, bei dem man anderen Dingen einen höheren Rang als Gott zuweist. Zu Zeiten des Alten Testaments warnte Gott davor, sich leibhaftige Götzen zu schaffen, „Götter" aus Edelmetall, wie etwa das goldene Kalb, das sich die Israeliten fertigten, während Mose auf dem Berg Sinai weilte und die Zehn Gebote entgegennahm (vgl. Exodus 32): „Ihr sollt euch neben mir keine Götter aus Silber machen, auch Götter aus Gold sollt ihr euch nicht machen" (Exodus 20,23).

Unsere heutigen Götzen sind etwas anders beschaffen und nicht auf den ersten Blick zu erkennen. Wir fertigen nicht mehr Götter aus Silber oder Gold an, sondern unsere Götzen bestehen aus etwas, das an sich lobenswert sein mag, wie etwa beruflicher Erfolg, soziale Akzeptanz oder einfach Geldverdienen; aber manch einer übertreibt maßlos dessen Stellenwert in seinem Leben. Dieser Götzendienst gefährdet die physische und auch spirituelle Gesundheit. Wenn uns zum Beispiel Leistung und Geld wichtiger als alles andere werden, arbeiten wir uns zu Tode; denn wir laufen dann Gefahr, gesunde Gewohnheiten wie körperlichen Ausgleich, sinnvolle Ernährung und angemessenen Schlaf zu vernachlässigen. Zugleich kann auch unsere seelische Gesundheit verfallen, weil wir wichtige Beziehungen mit uns nahestehenden Menschen vernachlässigen und statt dessen nur noch arbeiten. Ist unser falscher Gott das Anerkanntwerden von der Gruppe der Gleichaltrigen, neigen wir vielleicht zu Suchtgewohnheiten wie Zigarettenrauchen, übermäßiges Trinken und Drogenkonsum, nur um dazuzugehören? Immer, wenn man auf einen falschen Gott setzt, gefährdet es das eigene Wohlbefinden, ebenso dann, wenn man sich um Rat und Hilfe obskuren Quellen zuwendet: „Wahrsagerei und Zauberei sollt ihr nicht treiben... Wendet euch nicht an die Totenbeschwörer und sucht nicht die Wahrsager auf; sie verunreinigen euch. Ich bin der Herr, euer Gott" (Levitikus 19,26.31).

Die Bibel sagt, wir sollen uns nur von Gott führen lassen und uns nicht von Menschen abhängig machen, die behaupten, über esoterisches Wissen oder besondere Kräfte zu verfügen oder die Zukunft voraussagen zu können.

Mit diesen Warnungen gegen Arbeitssucht und Götzendienst weist uns die Bibel zu einer ausgewogenen Lebensart an, und dabei steht Gott im Zentrum des Lebens. Wie uns zahlreiche wissenschaftliche Untersuchungen gezeigt haben, wirkt sich eine solche Ausgewogenheit auf die Gesundheit förderlich aus.

(3) Vorbeugung gegen Depressionen und Ängste
Zur Abwehr von Depressionen, Ängsten und Zuständen der Verzweiflung gibt uns die Bibel Verse wie die folgenden zu bedenken: „Der Bedrückte hat lauter böse Tage, der Frohgemute hat ständig Feiertag. Besser wenig in Gottesfurcht als reiche Schätze und keine Ruhe. Besser ein Gericht Gemüse, wo Liebe herrscht, als ein gemästeter Ochse und Haß dabei" (Sprichwörter 15,15–17).

„Sei still vor dem Herrn und harre auf ihn! Erhitze dich nicht über den Mann, dem alles gelingt, den Mann, der auf Ränke sinnt. Steh ab vom Zorn und laß den Grimm; erhitze dich nicht, es führt nur zu Bösem" (Psalm 37,7 f).

In der ganzen Bibel wird uns immer wieder gesagt, wir sollen uns auf Gott konzentrieren, weil dies das beste Mittel sei, nicht in Ängste und Depressionen zu verfallen. Wie wir im 4. Kapitel über psychische Krankheiten gesehen haben, bestätigt die heutige Forschung diese Anweisung der Bibel: Es hat sich schon oft gezeigt, daß ein aktiv religiöses Leben wirksam gegen das Auftreten einer psychischen Erkrankung schützt. Die Bibel hilft uns ferner zur Vorbeugung gegen psychische Erkrankungen, indem sie klare Vorschriften gegen sexuellen Mißbrauch innerhalb von Familien erläßt, von dem viele wissenschaftliche Untersuchungen erwiesen haben, daß er verheerende psychische und physische Langzeitfolgen nach sich zieht. Das Alte Testament verbietet eindeutig den Inzest: „Niemand von euch darf sich einer Blutsverwandten nähern, um ihre Scham zu entblößen. Ich bin der Herr" (Levitikus 18,6).

Ein Verstoß gegen diese Vorschrift hat große emotionale Leiden zur Folge. Man sieht auch einen Zusammenhang zwischen sexuellem Mißbrauch und einer Vielzahl von Krankheiten, wie etwa Reizkolon, Unterleibsbeschwerden, Schlafstörungen und Unfruchtbarkeit. Auch hier wiederum erweist sich die Weisheit eines bereits vor Jahrtausenden geschriebenen Buches als für heute genau so brandaktuell wie schon zur Zeit des Mose.

Diese alten Vorbeugemaßnahmen haben sich als bemerkenswert wirksame Mittel zur Verbesserung der Gesundheit erwiesen. So spiegeln sie die Weisheit des Göttlichen Arztes wider. Zusammen mit den Psalmen, den prophetischen Büchern und Texten, den Lehren Jesu und den Ermahnungen in den Apostelbriefen stellen sie die biblischen Schriften dar, die ich hier als die Kategorie der „Weisheiten" bezeichne, eine Literatursammlung, die allen, die Heilung und ein lebendigeres, erfüllteres Leben suchen, Hilfe, Hoffnung und Wegweisung bieten.

Die Kraft der Geschichten

Alle Texte der Bibel bieten uns wertvolle Anregungen, jedoch sind es vor allem die Geschichten der Bibel, die uns am ehesten vor Augen führen, was Heilung ist. Geschichten – Erzählungen, die uns lebendig „ein Stück Leben" anderer Menschen miterfahren lassen –, haben eine ganz eigene Kraft, und die Geschichten der Bibel scheinen dazu noch mit einem besonders tiefen Sinn erfüllt zu sein. Martin Smith, Priester und Mönch der Episkopalkirche, schreibt in seinem Buch *The Word Is Very Near You*: „Von allen Gott zur Verfügung stehenden Mitteln, um uns mit ihm in Beziehung zu bringen und uns durch die Wahrheit frei zu machen, stellen Geschichten eines der wirksamsten dar ... Die Geschichten (der Bibel) sind unverzichtbare Sakramentalien für die Begegnung mit dem fleischgewordenen Wort ... Geschichten sind die vorzügliche Weise, mit der die Menschen ihren Erfahrungen Sinn verleihen."[3]

Wie wir in einem guten Roman mitverfolgen, wie sich eine Liebesbeziehung zwischen zwei Menschen entwickelt und entfaltet, können wir die Bibel lesen, um die Liebesbeziehung zwischen Gott und seinem Volk genauer kennenzulernen. Wenn wir uns in die Lebensgeschichten von Menschen wie Abraham und Sara, Mose und Miriam, Maria, Martha und Lazarus vertiefen, eignen wir uns ihre Geschichten an. Durch sie erfahren wir genaueres von Gott und lernen es, unsere persönliche Lebensgeschichte im Licht unserer eigenen Beziehungen zu sehen.

Wollen wir in den Genuß dieser innigen spirituellen Kenntnis der Bibelgeschichten kommen, empfiehlt es sich, uns auf diese Geschichten mit großer Offenheit einzulassen und ihnen mit der gleichen bewußten Aufmerksamkeit und Bereitschaft zu folgen, wie wir einen Film genießen, bei dem wir auch nicht ständig denken: „Halt, das stimmt doch gar nicht. Warum rührt mich das so? Das ist doch gar nicht wirklich, das ist doch bloß ein Film!" Wir sollten uns nicht voller Skepsis ans Lesen der Geschichten der Bibel machen, sondern als ehrliche Sucher nach Wahrheit.

Wenn wir anfangen, für das empfänglich zu werden, was Gott in unserem Leben bewegt, vertieft sich auch unser Verhältnis zur Heiligen Schrift, und damit nimmt auch unsere Fähigkeit zu, die Heilkraft der Bibel an uns zu erfahren. Was dazu erforderlich ist, ist ganz einfach: Man sollte regelmäßig im Geist des Glaubens und Gebets die Bibel lesen. Hat man sich erst einmal auf diesen Weg begeben, darf man erwarten, daß sich einem ein ganz persönlicher Sinn der Schrifttexte erschließt.

Betrachten wir dazu noch etwas genauer zwei Geschichten meiner Patienten aus früheren Kapiteln, denen Geschichten der Bibel geholfen haben, wieder gesund zu werden:

- Um seine Diagnose der Depression akzeptieren und einer entsprechenden Therapie zustimmen zu können, ließ sich mein Patient

Ron (vgl. 4. Kapitel) auf die Geschichten von Personen der Bibel ein, die ebenfalls unter Depressionen litten, wie etwa Jona und Elija. Als Ron schließlich seine depressive Erfahrung in diesem neuen Zusammenhang und nicht als Versagen seinerseits sehen konnte, sondern als eine Schwierigkeit, die er mit großen Gestalten des Glaubens teilte, konnte er seine Schamgefühle loslassen und sich auf die Behandlung einlassen.

- Auch die im Alkoholentzug stehende Louisa (vgl. 5. Kapitel) lernte aus der Geschichte von Elija verstehen, daß Gott zu ihr mit ganz leiser Stimme sprach. Sie schloß für sich daraus, daß sie sich jeden Tag eine Zeit für stille Kontemplation nehmen sollte, um Gottes Flüstern hören zu können. Indem Louisa sich mit Elija verglich und aus seiner Erfahrung lernte, änderte sie ihren Lebensstil dergestalt, daß dieser ihre Genesung sowohl vom Alkoholismus wie von der Depression begünstigte.

Das sind nur zwei kleine Beispiele dafür, wie sich meine Patienten Geschichten der Bibel zu eigen machten. Genau wie diesen Menschen werden sich auch Ihnen aus den Seiten der Bibel eigene, persönliche Einsichten erschließen. Manche Lektionen aus diesen Geschichten sind ganz individuell und enthalten den Sinn, den Ihnen persönlich Gottes Geist mittels der Worte der Bibel ins Herz legen will. Doch enthalten diese Geschichten auch andere Lektionen, die die gemeinsame Grundlage für alle aus der jüdisch-christlichen Tradition lebenden Menschen darstellen. Schreiten wir jetzt vom Besonderen zum Allgemeinen fort und entnehmen wir den Heilungsgeschichten der Bibel einige grundsätzliche Anleitungen für eine gesunde Lebensart und das Genesen vom Kranksein.

Lektionen der Bibel über die Heilung für die Gemeinschaft der Gläubigen

Lektionen aus der Hebräischen Bibel

Unseren Überblick über die für uns alle geltenden Lektionen der Bibel über das Heilen beginnen wir mit der hebräischen Bibel bzw. dem Alten Testament. Diese Sammlung von Büchern bietet eine umfassende Chronik über die Beziehung Gottes zu seinem Volk, den Israeliten. Es ist eine Fundgrube spiritueller Weisheit, die von Juden wie Christen als das Wort Gottes betrachtet wird. Viele Heilungsgeschichten in den hebräischen Schriften führen vor Augen, wie Gott sich um sein Volk kümmert, wenn es von Krankheit geschlagen wird und um Genesung ringt. Diese Geschichten haben uns einige wesentliche Dinge zu sagen. Sehen wir uns also einige der wichtigsten Stellen des Alten Testaments an, die in Form von Geschichten von Heilung handeln.

(1) *Gott möchte uns heilen – Unsere Sehnsucht*
nach Heilwerden ist für Gott wichtig.
Im 20. Kapitel des 2. Buchs der Könige lesen wir von König Hiskija, der schwer erkrankt ist und vom Propheten Jesaja gesagt bekommt, er werde sterben. Hiskija bittet darum, wieder gesund zu werden, und er hält dabei Gott seinen langjährigen Glauben und Gehorsam vor Augen: „Ach, Herr, denk daran, daß ich mein Leben lang treu und mit aufrichtigem Herzen meinen Weg vor deinen Augen gegangen bin und daß ich immer getan habe, was dir gefällt. Und Hiskija begann laut zu weinen" (2 Könige 20,3).

Unverzüglich kommt der Prophet Jesaja mit einem neuen Wort Gottes wieder: Hiskija soll geheilt werden; seinem Leben sollen weitere fünfzehn Jahre hinzugefügt werden. Wir können aus dieser Geschichte schließen, daß Gott sich danach sehnt, uns gesund zu machen; aber er möchte auch, daß wir ihn darum bitten. Wenn Gott unser Gebet um seine Hilfe erhört, bedeutet das also gleichzeitig, daß wir beim Genesungsprozeß mitwirken sollen.

Bei Hiskijas Heilung sehen wir zudem das Ineinanderwirken von Glaube und Medizin: Hiskija betet, und Jesaja gibt die Anweisung, zur Heilung einen Feigenbrei zu verwenden: „Holt einen Feigenbrei! Man holte ihn, strich ihn auf das Geschwür, und der König wurde gesund" (2 Könige 20,7). Die Genesung des kranken Königs wird also durch sein Gebet *und* den Feigenbrei bewirkt. Gottes heilende Kraft kann direkt an uns wirken oder durch einen Feigenbrei vermittelt werden, oder beides geht Hand in Hand. Hiskijas Vorgehen ist eines von mehreren Beispielen, wie in der Bibel das Prinzip „Gebet plus Medikament" Anwendung findet.

(2) *Man muß nicht vollkommen sein, um von Gottes*
heilender Hand berührt zu werden.
Die Bibel bezeugt uns mehrere Beispiele der Heilung von Menschen durch Gott, obwohl sie ihn mißachtet oder abgelehnt hatten. Im 1. Buch der Könige (13,4–6) erstarrt die Hand des bösen Königs Jerobeam, als er sie zum Befehl ausstreckt, einen Gottesmann festzunehmen, der ge-

gen ihn prophezeit hatte. Aber Jerobeam läßt daraufhin den gleichen Gottesmann für sich beten: „Besänftige doch den Herrn, deinen Gott, und bete für mich, daß ich meine Hand wieder an mich ziehen kann" (1 Könige 13,6). Der Gottesmann betet für den König, und Gott macht seine Hand wieder gesund. Auf ähnliche Weise wird König Nebukadnezzar, ein Erbauer von Götzenbildern und Unterdrücker des hebräischen Volkes, wieder davon geheilt, seinen Verstand verloren zu haben, als er sich demütig zu Gott bekennt (Daniel 4,33–34).

In diesen und anderen Geschichten finden wir eine ermutigende Botschaft: Zwar gefällt es Gott nie, wenn wir sündigen; aber trotz unserer Sünden ist er bereit, uns zu schützen und zu heilen.

(3) *Krankheit kann dem Zweck der Erlösung dienen.*
Merkwürdigerweise können das Kranksein und die Faktoren, die es bewirken, die Saat der Heilung und Reifung enthalten. Wir sehen das im Buch Numeri (21,4–9), wo alle Israeliten wegen ihrer Widerspenstigkeit bestraft werden: „Das Volk lehnte sich gegen Gott und gegen Mose auf und sagte: Warum habt ihr uns aus Ägypten herausgeführt? Etwa damit wir in der Wüste sterben? Es gibt weder Brot noch Wasser. Dieser elenden Nahrung sind wir überdrüssig. Da schickte der Herr Giftschlangen unter das Volk. Sie bissen die Menschen, und viele Israeliten starben" (Numeri 21,5–6). Mose legt für sein Volk Fürsprache ein, und Gott liefert ein bemerkenswertes Gegenmittel: „Mach dir eine Schlange, und häng sie an einer Fahnenstange auf! Jeder, der gebissen wird, wird am Leben bleiben, wenn er sie ansieht" (Numeri 21,8). Die Schlange – Symbol des Bösen, des Todes und des Ungehorsams, die Verkörperung Satans und die Plage des Menschengeschlechts seit dem Garten Eden – ist damit zum Instrument des Lebens und der Heilung umgewandelt.

Diese Geschichte führt zu einem neuen und hoffnungsträchtigen Thema: Paradoxerweise können Krankheit und ihre Ursachen heilende Kraft enthalten und Menschen helfen, ihre Krankheit zu überwinden und/oder emotional und spirituell daran zu reifen. Viele meiner Patienten bestätigen das. Sie sagen, ihre Krankheit sei ein wichtiger Lehrmeister, und aus ihren Leiden hätten sie mehr gelernt, als sie auf jedem anderen Weg hätten lernen können.

(4) *Um geheilt zu werden, müssen wir uns gehorsam dem*
unterwerfen, was der Heilungsprozeß erfordert.
Ärzten ist es immer eine Sorge, ob ihre Patienten auch wirklich bei der Therapie mitmachen: Nehmen sie ihre Medikamente genau nach Vor-

schrift ein? Hören sie mit Rauchen oder Trinken auf? Oft lautet die Antwort „Nein", und somit verzögert sich der Heilungsprozeß. Wie wichtig es ist, sich genau an die verordnete Heilungsmethode zu halten, wird uns mit der Geschichte vom syrischen Feldherrn Naaman im 2. Buch der Könige (Kap. 5) vor Augen geführt. Dieser große Feldherr war zwar im Gefecht unerschrocken, aber er war vom Aussatz befallen. So fragte er beim hebräischen Propheten Elischa an, ob er ihn heilen wolle, fühlte sich jedoch beleidigt, als ihm der Prophet lediglich durch einen Mittelsmann eine Botschaft zukommen ließ, statt ihn persönlich aufzusuchen. Naaman hatte ziemlich genaue Vorstellungen davon, wie seine Heilung stattfinden sollte: „Naaman wurde zornig. Er ging weg und sagte: Ich dachte, er würde herauskommen, vor mich hintreten, den Namen Jahwes, seines Gottes, anrufen, seine Hand über die kranke Stelle bewegen und so den Aussatz heilen" (2 Könige 5,11). Statt dessen hatte ihm Elischa das Rezept gegeben: „Geh und wasch dich siebenmal im Jordan! Dann wird dein Leib wieder gesund, und du wirst rein" (2 Könige 5,10). Naaman protestierte gegen dieses Rezept: „Sind nicht der Abana und der Parpar, die Flüsse von Damaskus, besser als alle Gewässer Israels? Kann ich nicht dort mich waschen, um rein zu werden? Voll Zorn wandte er sich ab und ging weg. Doch seine Diener traten an ihn heran und redeten ihm zu: Wenn der Prophet etwas Schweres von dir verlangt hätte, würdest du es tun; wieviel mehr jetzt, da er nur zu dir gesagt hat: Wasch dich, und du wirst rein. So ging er also zum Jordan hinab und tauchte siebenmal unter, wie ihm der Gottesmann befohlen hatte. Da wurde sein Leib gesund wie der Leib eines Kindes, und er war rein" (2 Könige 5,12–14).

Als ich unlängst bei einer Pilgerfahrt ins Heilige Land den Fluß Jordan besuchte, verstand ich Naamans Skepsis bezüglich der besonderen Eigenschaften ausgerechnet dieses Gewässers: Er ist nur ein kleines Rinnsal, nicht der gewaltige Fluß, der in Spirituals und Hymnen als „breit und tief" besungen wird. Und doch wissen wir aus den Erzählungen der Bibel und auch von heutigen Erfahrungen, daß der Jordan tatsächlich etwas Besonderes ist. Father Terry Fullam, der meine Pilgergruppe führte, erzählte uns, erst vor wenigen Jahren sei durch die Wasser des Jordan ein Heilungswunder geschehen: Ein ziemlich skeptisch eingestellter Chemiker namens Don hatte an einer der Pilgerfahrten von Father Fullam teilgenommen. Während die Reisegruppe noch auf dem Schiff war, das vor der Küste Israels ankerte, stürzte der Ingenieur und verletzte sich schwer am Arm. Die tiefe Wunde wurde unverzüglich behandelt, und Don konnte mit der Gruppe zum nächsten Reiseziel aufbrechen, den Jordanfluß, der, wie Father Fullam er-

klärte, zwar kein magischer Ort sei, an dem alle Krankheiten geheilt
würden, immerhin jedoch der richtige Platz, um ganz besonders um
Heilung zu beten. Father Fullam betete also für Don, während dieser
seinen Körper ins Wasser tauchte. Don staunte nicht schlecht, als
beim Auftauchen sein Arm vollständig geheilt war. „Sein Fleisch war
wie das eines Jungen, weich und völlig gesund", erzählte mir Father
Fullam.

An Naamans – und auch Dons – Erfahrung können wir etwas
Wichtiges erkennen. Selbst wenn uns vieles, was für unsere Heilung
als erforderlich bezeichnet wird, albern vorkommt, sollten wir uns gehorsam „im Jordan waschen". Unsere Ärzte weisen uns vielleicht an,
ein bestimmtes Medikament zu nehmen oder auf fettreiche Nahrung
zu verzichten oder zur Übung täglich eine gewisse Strecke zu Fuß zu
gehen. Gott fordert uns vielleicht auf, unsere Sünden zu bekennen
und unser Verhalten zu ändern. Wir können unsere Heilung beschleunigen, indem wir uns an die „Anordnungen des Arztes" halten und
uns Gott mit willigem Herzen zuwenden.

Lektionen aus dem Heilungsdienst Jesu

Spielt die Heilung schon im Alten Testament eine große Rolle, so wird
sie im Neuen Testament von ganz besonders großer Bedeutung. Wer
nur gelegentlich in der Bibel liest, merkt vielleicht gar nicht, welchen
zentralen Platz das Heilen im Wirken Jesu einnimmt. Die christlichen
Evangelien (die biblischen Bücher von Matthäus, Markus, Lukas und
Johannes) enthalten 42 Erzählungen über Heilungen durch Jesus, und
fast ein Viertel des Textes der Evangelien ist dem Heilen gewidmet.
Der Übersicht über die Heilungsgeschichten des Neuen Testaments
können wir eine Reihe wichtiger Lektionen entnehmen.

(1) *Alle Krankheiten können geheilt werden; das Kranksein*
   an sich ist nicht mit einem Stigma behaftet.
Jesus lernte die schlimmsten zu seiner Zeit verbreiteten Leiden kennen. Während seines ganzen öffentlichen Wirkens hatte er auch mit
Menschen zu tun, die von Dämonen besessen waren, wobei es sich
wohl um verschiedene Arten physischer oder psychischer Krankheiten
handelte. (Heutige Wissenschaftler und Theologen können nur noch
über die Krankheiten spekulieren, die in der Bibel als Besessensein
von einem Dämon bezeichnet werden. Wurden diese Menschen
tatsächlich von bösen Geistern beherrscht, oder litten sie unter psychischen Krankheiten wie Schizophrenie oder neurologischen Krankhei-

ten wie Epilepsie?) Jesus fühlte sich von den Menschen, die von Dämonen besessen waren, nicht abgeschreckt, noch mied er Menschen mit Aussatz oder anderen Hautkrankheiten, die die daran Leidenden nach dem jüdischen Gesetz rituell unrein machten.

In mehreren Fällen heilte Jesus blinde, taube, stumme und körperlich behinderte Menschen. Auch heute noch bringen alle diese Krankheiten große Beschwerden mit sich; zur Zeit Jesu waren sie für die Betreffenden noch viel schlimmer. Sie waren endgültig mit ihrer Krankheit geschlagen, weil es zu ihrer Zeit noch keine Operation gegen den Grauen Star, keine Brillen, Hörgeräte, Sprech- oder Physiotherapie gab. Hinzu kam, daß man die Behinderung oft als Folge eines vorausgehenden moralischen Fehlverhaltens des Betreffenden betrachtete. Daher wurden die behinderten Menschen von ihren Mitmenschen ausgeschlossen und lebten isoliert in Armut und Angst. Jesus wandte sich gegen die Vorurteile seiner Zeit und zeigte demonstrativ, daß er die Leidenden annahm und sich um sie kümmerte.

(2) *Alle Arten von Menschen können geheilt werden.*
Als Vorbedingung für das Geheiltwerden wird keine Heiligkeit
verlangt; auch Sünder können darum bitten.
Während seines Wirkens heilte Jesus jede Art von Krankheit und jede Art von Menschen, darunter auch solche, die vom damaligen religiösen Establishment als der Hilfe unwürdig erachtet wurden.

(3) *Für das Heilen können alle möglichen Methoden angewandt*
werden; es gibt keine bestimmte feste Formel dafür.
Genau wie ein moderner Arzt aus allen verfügbaren Medikamenten für den betreffenden Patienten das geeignetste auswählt, wandte Jesus unterschiedliche Heilungsmethoden an, wobei er offensichtlich für jeden einzelnen „Patienten", den er vor sich hatte, die für ihn passendste wählte. Seine Heilungsmethoden waren unter anderem:

Befehlsworte: In manchen Fälle befahl Jesus buchstäblich der Krankheit oder dem Tod, den Menschen, um den es ging, aus ihren Fängen zu entlassen. Drei Menschen holte er wieder ins Leben zurück: die Tochter des Jairus und Lazarus sowie den Sohn der Witwe von Nain: „Einige Zeit später ging er in eine Stadt namens Nain; seine Jünger und eine große Menschenmenge folgten ihm. Als er in die Nähe des Stadttors kam, trug man gerade einen Toten heraus. Es war der einzige Sohn seiner Mutter, einer Witwe. Und viele Leute aus der Stadt begleiteten sie. Als der Herr die Frau sah, hatte er Mitleid mit ihr und sagte zu ihr: Weine nicht! Dann ging er zu der Bahre hin und faßte sie an. Die Träger blieben stehen, und er sagte: Ich befehle dir, junger Mann: Steh auf! Da richtete sich der Tote auf und begann zu sprechen, und Jesus gab ihn seiner Mutter zurück" (Lukas 7,11-15).

Berührung: Häufig berührte Jesus den kranken Menschen, wie etwa eine Frau, die schon achtzehn Jahre lang verkrüppelt war: „Am Sabbat lehrte Jesus in einer Synagoge. Dort saß eine Frau, die seit achtzehn Jahren krank war, weil sie von einem Dämon geplagt wurde; ihr Rücken war verkrümmt, und sie konnte nicht mehr aufrecht gehen. Als Jesus sie sah, rief er sie zu sich und sagte: Frau, du bist von deinen Leiden erlöst. Und er legte ihr die Hände auf. Im gleichen Augenblick richtete sie sich auf und pries Gott" (Lukas 13,10-13). Manchmal berührt auch der kranke Mensch Jesus, wie das die blutflüssige Frau tat (Lukas 8,43-48).

Alte Formen der Medizin: Wie bereits früher erwähnt, hielt man zu Zeiten der Bibel den Speichel für medizinisch wirksam. Indem Jesus seinen Speichel dazu verwendete, einen Teig zur Behandlung Blinder und eines Tauben zu machen, bekräftigte er die medizinische Praxis seiner Zeit. Außerdem bekundete er auch ausdrücklich seine positive Einstellung gegenüber den damaligen Ärzten, indem er die zehn Aussätzigen, die er geheilt hatte, zur Bestätigung ihrer Heilung zu den Priestern schickte, den Ärzten der damaligen Zeit (Lukas 17,11-19).

Selbst für Jesus war das Heilen nicht immer leicht oder unverzüglich zu vollziehen. Bei der Heilung des blind geborenen Mannes hatte er einige Mühe: „Man brachte einen Blinden zu Jesus und bat ihn, er möge ihn berühren. Er nahm den Blinden bei der Hand, führte ihn vor das Dorf hinaus, bestrich seine Augen mit Speichel, legte ihm die Hände auf und fragte ihn: Siehst du etwas? Der Mann blickte auf und sagte: Ich sehe Menschen; denn ich sehe etwas, das wie Bäume aussieht und umhergeht. Da legte er ihm nochmals die Hände auf die Augen; nun sah der Mann deutlich. Er war geheilt und konnte alles ganz genau sehen" (Markus 8,22-25).

Wenn wir sehen, daß sogar Jesus hier zweimal ansetzen mußte, um die vollständige Heilung zu bewirken, können wir daraus schließen, daß sich nicht alle Heilungen unverzüglich einstellen; manche geschehen nur schrittweise. Wir stehen auf festem biblischem Boden, wenn wir um sofortige Heilung bitten; aber es kann sein, daß Gott für uns einen längeren Prozeß vorsieht.

Zudem zeigt uns ein Überblick über die Heilmethoden Jesu, daß wir damit rechnen müssen, daß sich die Heilung auf vielfältige Weise einstellen kann.

(4) *Zum Geheiltwerden hilft es, großen Glauben zu haben.*
Ganz gleich, welche Heilmethode Jesus auch anwandte, er ging immer
auf Menschen ein, die mit großem Glauben zu ihm kamen. Manchmal heilte er jemanden deshalb, weil er bei diesem Kranken selbst
einen starken Glauben spürte. Bei anderen Gelegenheiten heilte er
Menschen aufgrund der gläubigen Fürsprache ihrer Angehörigen. Am
bemerkenswertesten kommt das wohl in der folgenden Geschichte
von der Heilung eines Gelähmten zum Ausdruck: „Eines Tages, als Jesus wieder lehrte, saßen unter den Zuhörern auch Pharisäer und Ge-
setzeslehrer... Und die Kraft des Herrn drängte ihn dazu zu heilen. Da
brachten einige Männer einen Gelähmten auf einer Tragbahre. Sie
wollten ihn ins Haus bringen und vor Jesus hinlegen. Weil es ihnen
aber wegen der vielen Leute nicht möglich war, ihn hineinzubringen,
stiegen sie aufs Dach, deckten die Ziegel ab und ließen ihn auf seiner
Tragbahre in die Mitte des Raumes hinunter, genau vor Jesus hin. Als
er ihren Glauben sah, sagte er zu dem Mann: Deine Sünden sind dir
vergeben... Und er sagte zu dem Gelähmten: Ich sage dir: Steh auf,
nimm deine Tragbahre, und geh nach Hause! Im gleichen Augenblick
stand der Mann vor aller Augen auf. Er nahm die Tragbahre, auf der er
gelegen hatte, und ging heim, Gott lobend und preisend" (Lukas
5,17–20.24–25). Jesus reagierte also spontan auf den außerordentlichen Glauben der Freunde des Gelähmten, vergab ihm seine Sünden
und stellte seine Gesundheit wieder her.
Was geschieht, wenn der Glaube fehlt, sieht man bei der Gelegenheit, als Jesus in seine Heimatstadt kommt, wo er von denen, die ihn
von Kindheit an gekannt haben, mit Skepsis und Verachtung aufgenommen wird: „Da sagte Jesus zu ihnen: Nirgends hat ein Prophet so
wenig Ansehen wie in seiner Heimat, bei seinen Verwandten und in
seiner Familie. Und er konnte dort keine Wunder tun; nur einigen
Kranken legte er die Hände auf und heilte sie. Und er wunderte sich
über ihren Unglauben" (Markus 6,4–6). Der Mangel an Glauben dieser Menschen blockierte also Jesu heilende Kraft.
Wenn nun der Glaube so wichtig ist, könnten wir versuchen, ihn
künstlich zu erzeugen, also „so zu tun" und ein Gottvertrauen an den
Tag zu legen, das wir nicht wirklich empfinden. Ich glaube, hilfreicher
ist es, um mehr Glauben zu beten, wie das auch die Jünger getan
haben, als sie Jesus bedrängten: „Stärke unseren Glauben!" (Lukas
17,5). Selbst wenn unsere Glaubensreserven nur gering sind, ist für
uns Heilung möglich, und zwar dank des Gebets anderer Menschen,
sowie durch unser eigenes Gebet zu Gott, er möge uns größeren Glauben schenken.

Wenn wir uns ansehen, auf welche Weise Jesus als Heiler gewirkt hat, finden wir darin eine Botschaft der Hoffnung: Die Heilung durch Gott kann uns auf sehr vielfältige Weise zuteil werden, ganz unabhängig von unserer Rechtschaffenheit oder von der Art unserer Krankheit; und wenn wir (oder unsere Angehörigen und Freunde) Glauben haben, nimmt die Wahrscheinlichkeit des Geheiltwerdens zu.

Jetzt wollen wir genauer eine Frage betrachten, die Jesus einem Heilung suchenden Menschen gestellt hat, und wir können dabei einige Hinweise der Bibel für jeden, der gesund sein/werden möchte, sammeln.

„Möchtest du geheilt werden?"

Wie können wir uns selbst auf das Geheiltwerden vorbereiten? Welche Schritte können wir unternehmen, um alle Blockierungen gegen das Geheiltwerden abzubauen?

(1) *Erstens: Lassen Sie zu, daß Sie krank sind.*
Der Psalmist spricht oft von seinem Kranksein: „Sei mir gnädig, Herr, ich sieche dahin; heile mich, Herr, denn meine Glieder zerfallen!" (Psalm 6,3).

Auch wir haben nur Vorteile daraus, wenn wir der Wahrheit unseres Leidens voll ins Auge schauen. In einer Zeit wie der unseren, welche die Unabhängigkeit von anderen als hohen Wert einstuft, kann es schwerfallen, sein Kranksein und damit Abhängigsein von anderen zuzugeben, sogar sich selbst gegenüber. Aber die Leugnung der Realität hilft uns überhaupt nicht zum Besseren, genausowenig wie ein grimmiges „auf die Zähne beißen". Wenn wir ganz ehrlich sind und zugeben, daß wir Hilfe von Gott, von unseren Ärzten und von unseren Angehörigen brauchen, kann am ehesten der Heilungsprozeß einsetzen.

(2) *Erkennen Sie genau, was Sie wollen,*
   und bitten Sie darum.
Die Bibel zeigt uns, wie wichtig es ist, geheilt werden zu wollen und darum zu bitten sowie an Gottes Heilkraft zu glauben. Es mag zwar scheinen, als wolle jeder kranke Mensch geheilt werden, aber das ist nicht immer der Fall. Manchmal dient die Krankheit unbewußt einem anderen Zweck, den der Kranke verfolgt. Manche von uns wollen auch nicht ihre eingefahrenen Verhaltensmuster aufgeben, um gesund

zu werden. Jesus fragt die Menschen: „Was willst du, daß ich dir tun soll?" und: „Willst du gesund werden?", und damit weist er uns auf die Notwendigkeit hin, von diesen alten Verhaltensmustern loskommen zu *wollen* und tatsächlich den Wunsch zu *haben*, wieder gesund zu werden.

(3) *Bekennen Sie Ihre Sünden, und beten Sie*
    um die Heilung anderer.

Der Apostel Jakobus gab den Mitgliedern der neuen Christengemeinden folgende Anweisung, wie sie ihren Kranken beistehen sollten: „Ist einer von euch krank? Dann rufe er die Ältesten der Gemeinde zu sich; sie sollen Gebete über ihn sprechen und ihn im Namen des Herrn mit Öl salben. Das gläubige Gebet wird den Kranken retten, und der Herr wird ihn aufrichten; wenn er Sünden begangen hat, werden sie ihm vergeben. Darum bekennt einander eure Sünden, und betet füreinander, damit ihr geheilt werdet. Viel vermag das inständige Gebet eines Gerechten" (Jakobus 5,14–16).

Jakobus verknüpft mit der Heilung das Sündenbekenntnis und weist so auf den negativen Einfluß von Schuld und Angst auf unsere physische, emotionale und spirituelle Gesundheit hin. Außerdem verbindet er damit das Gebet *füreinander*, statt nur für sich selbst zu beten, um wieder gesund zu werden.

(4) *Halten Sie sich immer vor Augen,*
    daß Gott der Heiler ist.

Ärzte, Krankenschwestern, Pfleger, Therapeuten, Apotheker – wir alle spielen beim Heilungsprozeß unsere eigene Rolle. Aber aus der Sicht der Bibel handeln wir nur als der verlängerte Arm der heilenden Kraft Gottes. Gott ist der, der heilt; wir Menschen assistieren bei diesem Vorgang nur. Im Buch Exodus sagt Gott deshalb: „Ich bin der Herr, dein Arzt" (Exodus 15,26). Durch Mose spricht Gott: „Jetzt seht: Ich bin es, nur ich, und kein Gott tritt mir entgegen. Ich bin es, der tötet und der lebendig macht. Ich habe verwundet; nur ich werde heilen. Niemand kann retten, wonach meine Hand gegriffen hat" (Deuteronomium 32,39).

So sollen wir zwar vertrauensvoll mit unseren menschlichen Heilern zusammenarbeiten; aber wir müssen uns immer dessen bewußt sein, daß unsere Heilkräfte beschränkt sind, diejenigen Gottes dagegen nicht. Yahwe-Rapha, dem Gott, der heilt, gebühren die Danksagung und Verherrlichung, wenn es uns wieder gut geht.

◆ Wir haben jetzt den kostbaren Schatz an Lektionen über das Heilen erkundet, den die Bibel birgt, sowie die Kraft der biblischen Weisheiten und Geschichten näher betrachtet. Wie können wir uns nun so auf dieses „Buch der Bücher" einlassen, daß wir seine vielfältig wirkende Kraft an uns erfahren? Ich möchte dazu einige einfache Anregungen geben, die mir und meinen Patienten bereits gut geholfen haben.

Die Begegnung mit Gottes Wort –
Ein kurzer Leitfaden für die Begegnung mit der Bibel

Wenn Sie sich noch nicht regelmäßig mit der Bibel beschäftigt haben, nehmen Sie vielleicht etwas ratlos dieses umfangreiche Textwerk in die Hand. Vielleicht haben Sie sich schon in der besten Absicht ans Lesen gemacht, wurden jedoch rasch entmutigt, als Sie auf ziemlich unverständliche Textabschnitte stießen. Versuchen Sie, sich nicht durch solche Schwierigkeiten vom regelmäßigen Bibellesen abbringen zu lassen. Selbst wenn manches, das wir lesen, unklar bleibt, können wir doch vieles aus dem gewinnen, was tatsächlich klar ist. Wie also anfangen?

(1) *Fangen Sie langsam an.* – Die Bibel ist ein gewaltiges Buch, ja genau genommen eine ganze Bibliothek für sich, und man kann sich davon erschlagen fühlen. Normalerweise empfehle ich nicht, mit dem Lesen ganz vorne anzufangen und die Absicht zu haben, alles der Reihe nach bis zur letzten Seite zu lesen. Es ist besser, statt dessen eine Leseanleitung zu verwenden, die einen Kalender mit täglichen Bibellesungen bietet. Ganz gleich, welche Vorgehensweise Sie wählen, stellen Sie sich Ihr Lesen in der Bibel immer als schrittweisen Prozeß vor. Wer ein Übungsprogramm beginnt, erwartet nicht gleich am ersten Tag fix und fertige Resultate, sondern eher im Lauf der Zeit eine langsame, stetige Verbesserung. Ähnlich ist es im spirituellen Leben: Aus der regelmäßigen Übung des Bibellesens ergibt sich der eigentliche Gewinn.

(2) *Wählen Sie eine Bibelübersetzung, die Ihnen zusagt.* – Von der Bibel gibt es viele unterschiedliche Übersetzungen, angefangen von der Lutherbibel und ihren überarbeiteten Fassungen bis zur deutschen Einheitsübersetzung oder Übersetzungen der Bibel in „heutiges Deutsch". Es kann sein, daß Ihnen eine bestimmte Übersetzung überhaupt nicht

zusagt und Sie sie schwer verständlich finden, während Ihnen eine andere Übersetzung wie Poesie eingeht. Fragen Sie Ihren Geistlichen, welche Übersetzung er Ihnen empfiehlt, oder sehen Sie sich einfach selbst in einer Bibliothek oder Buchhandlung um und vergleichen Sie dabei die jeweiligen Fassungen eines Ihnen vertrauten Textes – etwa von Psalm 23 oder vom „Hohenlied der Liebe" des Paulus im 1. Korintherbrief 13 – in den verschiedenen Übersetzungen miteinander.

Es kann auch hilfreich sein, eine Bibel zu verwenden, die eine *Konkordanz* enthält, ein Register, das Ihnen hilft, bestimmte Bibelstellen zu finden, oder eine Bibel mit kurzen Erklärungen. Die Auswahl zwischen den verschiedenen Bibelausgaben ist groß, und jede bietet irgendeinen besonderen Vorzug. Fangen Sie mit derjenigen an, die Ihnen in die Augen fällt (oder verwenden Sie zunächst die Bibel, die Ihnen zur Verfügung steht) und sehen Sie sich dann später nach anderen Übersetzungen und Ausgaben um.

(3) *Lesen Sie mit anderen zusammen.* – Überlegen Sie sich, ob Sie sich nicht einer Bibelgruppe in Ihrer Gemeinde anschließen wollen. Wenn man beim regelmäßigen Bibellesen auf die Unterweisung und Gefährtenschaft anderer zurückgreifen kann, trägt das viel zum besseren Verstehen bei. Außerdem bleibt man eher am Ball, wenn man regelmäßig in einer Gruppe Rechenschaft über das eigene Tun ablegt. Wenn Sie keine angemessene Bibelgruppe in Ihrer Nähe finden, können Sie auch mit Gewinn Bücher zu Rate ziehen: Kommentare, Wörterbücher und Bibelauslegungen.

(4) *Beten Sie um Führung und Inspiration.* – Fangen Sie Ihre Bibellesezeit mit einem einfachen Gebet an, mit dem Sie Gott bitten, Ihnen den Sinn des Textes zu erschließen, den Sie jetzt lesen werden, und Ihren Geist und Ihr Herz für die Heilige Schrift zu öffnen. Halten Sie Stift und Notizbuch bereit, um jede wichtige Botschaft schriftlich festhalten zu können, die Ihnen beim täglichen Lesen aufgeht. Wenn Sie später diese Aufzeichnungen nachlesen, können sich Ihnen daraus wertvolle Einsichten in den Verlauf Ihres spirituellen Weges erschließen.

(5) *Verwenden Sie die Heilige Schrift als Grundlage für andere Formen des Gebets.* – Im 9. Kapitel habe ich das meditative Gebet beschrieben und dabei vorgeschlagen, ein wichtiges Wort oder einen Spruch zum Bestandteil dieser Art von Gebet zu machen. Die Bibel bietet einen unerschöpflichen Vorrat an wunderbaren Sätzen. Sie können Ihre Bibelkenntnis dadurch vertiefen, daß Sie Bibelstellen in Ihr

meditatives Beten einbeziehen, in Gebetsform Tagebuch schreiben oder auf den alten christlichen Brauch der *lectio divina*, der „Geistlichen Lesung", zurückgreifen. Bei der *lectio divina* konzentriert man sich im Gebet auf einen kurzen Bibelabschnitt und wartet auf ein Wort oder einen Satz, der einen ganz besonders anspricht und ins kontemplative Gebet einstimmt.

Wenn Sie Heilungsgeschichten der Bibel lesen, können Sie auch versuchen, sich beim Gebet Ihrer Imaginationskraft zu bedienen, um die Geschichte intensiver mitzuerleben. Beim imaginativen Beten versucht man, sich mit seiner Vorstellungskraft selbst mitten in die Geschichte hineinzuversetzen und sie als Teilnehmer mitzuerleben, entweder als der Mensch, der geheilt wird, oder als einer der anderen, der dabei ist. Versuchen Sie sich lebhaft vorzustellen, wie es sich anfühlt, selbst dabei zu sein.

Das imaginative Beten fällt leichter, wenn man einem Schrifttext zuhört, den jemand anders langsam laut vorliest. Beginnen Sie Ihre Zeit des imaginativen Betens mit einem Gebet um Gottes Führung, entspannen Sie sich dann und sehen Sie zu, wie Sie Teil einer Geschichte werden können, die zwar jahrtausendealt, aber auch heute noch so tiefen Sinn hat wie damals, als sie stattgefunden hat.

(6) *Machen Sie es sich zur regelmäßigen Übung.* – Es leuchtet ein, daß eine tägliche Dosis der Heiligen Schrift unseren Geist nachhaltiger umwandelt und erneuert als die gelegentliche Lust, in der Bibel zu lesen. Ganz gleich, wie oft und in welchem Rhythmus Sie die Bibel lesen wollen, nehmen Sie es sich grundsätzlich vor. Beschließen Sie, sich an das, was Ihnen angemessen vorkommt, zum Beispiel die nächsten drei Monate lang zu halten, und bitten Sie Gott, Ihnen beizustehen, diesem Vorsatz treu zu bleiben. Es kann hilfreich sein, für sein Bibellesen eine bestimmte Zeit am Tag und einen bestimmten Ort vorzusehen, wohin man dann immer wieder geht. So schafft man sich eine „heilige Stätte", an der man immer wieder die Gegenwart Gottes sucht. Es trägt dazu bei, eine feste, vertraute Gewohnheit einzurichten, und bestärkt in der Vorstellung, daß man diesen Zeitabschnitt seiner Beziehung zu Gott widmet.

(7) *„Tun Sie es einfach!"* – Wie dieser bekannte Spruch sagt, ist es manchmal am besten, einfach mit etwas anzufangen, statt sich vorher allzusehr den Kopf darüber zu zerbrechen, was man tun soll und wie man es tun soll, denn zu viel Nachdenken kann die Spontaneität erschlagen. Ich rate meinen Patienten immer, nicht zu warten, bis sie

das Gefühl haben, etwas Heilsames zu tun, wie etwa bestimmte Übungen zu machen; das gilt genauso für das Bibellesen. Wir sollten nicht abwarten, bis wir so viel Begeisterung empfinden, daß wir von ganz allein zu einer spirituellen Disziplin wie dem Bibellesen finden. Richtiger ist es, sich einfach eine bestimmte Zeit vorzunehmen und sich mit festem Vorsatz an sie zu halten; das hilft, seine gelegentlichen Anwandlungen des „down"-Seins, der Trägheit oder der Zweifel in die Sinnhaftigkeit dieses Tuns zu überwinden.

Wenn Sie derzeit noch nicht regelmäßig in der Bibel lesen, hoffe ich, Sie fangen einfach versuchsweise damit an. Sehen Sie sich nach einem Bibelleseplan um oder fangen Sie einfach mit dem Lesen an. Ein Kapitel pro Tag ist für den Anfang ein gesundes Maß. Lesen Sie mit offenem Geist und Herzen und achten Sie auf alles, was Ihnen dabei in den Sinn kommt. Ich bin der festen Überzeugung, wenn Sie sich darauf einlassen, sich regelmäßig mit diesem großen Lebensbuch zu beschäftigen, läßt es Sie nicht mehr los, und Sie werden spüren, daß es einen ganz tiefen Hunger Ihres eigenen Herzens stillt.

11. Kapitel

Die spirituelle Gemeinschaft –
Gemeinsames Leben im Zeichen der Liebe

„Herr Doktor, ich habe mich mit meiner Krankheit versöhnt. Ich bin mit Gott im Frieden. Nur vor einem habe ich noch Angst: Ich möchte nicht allein sterben", sagte Francesca, eine Frau mittleren Alters mit Krebs im Endstadium.

„Mein Leben kommt mir so, ich weiß nicht, wie ich sagen soll, so *leer* vor seit der Scheidung", bekannte Bert, ein 35-Jähriger, dessen Frau allein das Sorgerecht für ihre drei Kinder erhalten hatte. „Wenn ich abends nach der Arbeit in eine leere Wohnung heimkomme, kann ich nicht anders, als mich trostlos zu fühlen."

„Meine Kinder und Enkel leben so weit fort, daß ich sie nur ganz selten zu Gesicht bekomme", vertraute mir Rose an, eine 74-Jährige mit Bluthochdruck und Diabetes. „Ich bin froh, daß ich noch in meiner eigenen Wohnung bleiben kann; aber alle Nachbarn um mich herum sind junge Leute, die zur Arbeit gehen und beschäftigt sind, so daß ich nie jemanden von ihnen treffe. Das Leben ist so einsam geworden. Mein einziger Gefährte ist mein Fernseher. Manchmal komme ich mir vor, als sei ich als einziger Mensch auf der Erde übriggeblieben!"

Jeder Arzt, der Zeit und Bereitschaft zum Zuhören aufbringt, bekommt viele Geschichten vom Alleinsein zu hören. Das ist ein Problem, das Menschen aller Altersstufen und Lebensläufe befallen kann. Es nimmt immer stärker zu, seit unsere Gesellschaft immer schnellebiger wird und feste Gemeinschaften sich immer mehr auflösen. Allzu oft kennen sich selbst nächste Nachbarn nicht, Verwandte leben Hunderte von Kilometern auseinander, und selbst Eltern und Kinder sind viel zu beschäftigt, um nennenswerte Zeit als Familie gemeinsam gestalten zu können. Die Einsamkeit wird noch zunehmen, wenn die gegenwärtige Tendenz anhält, immer mehr Arbeit an den häuslichen Arbeitsplatz zu verlegen („Tele-Arbeit"); viele Beschäftigte werden es dann nicht mehr erleben, mit Kollegen bei Kaffeepausen und gemeinsamen Mittagessen in der Kantine zusammen zu sein. Geht das so weiter, wird es zur Folge haben, daß wir in noch größere Isolation geraten, noch einsamer und als Folge davon auch darin geschwächt werden, Infektionen Widerstand zu leisten und von Krankheiten zu genesen.

Viele Untersuchungen haben gezeigt, daß zwischen sozialem Halt und Gesundheit ein enger Zusammenhang besteht. In einer 1997 im *Journal of the American Medical Association* veröffentlichten Studie[1] berichteten Forscher von der *Carnegie Mellon University*, daß Personen, die eine größere Vielfalt an sozialen Beziehungen pflegten, besser gegen die Infektion mit dem gewöhnlichen Erkältungsvirus gefeit sind. Die Forscher erfaßten bei jedem der 276 Teilnehmer der Untersuchungsgruppe die Zahl der unterschiedlichen Beziehungen, die er bzw. sie regelmäßig pflegte (mit Ehepartner, Eltern, Kindern, engen Familienangehörigen, Klassenkameraden, Kirchengemeindemitgliedern, Kollegen und anderen). Sie erfaßten ferner die gesundheitlichen Gewohnheiten der Teilnehmer, darunter das Rauchen, die Qualität ihres Schlafs, Ernährung, körperliche Ertüchtigung und Alkoholkonsum. Hierauf wurden sie einem Erkältungsvirus ausgesetzt, in Quarantäne genommen und beobachtet. Die Ergebnisse ließen sich graphisch in einer Tabelle mit einer geraden Linie darstellen: 62 % der Teilnehmer, die drei oder weniger soziale Rollen oder Beziehungen pflegten, bekamen eine Erkältung, dagegen nur 43 % der Teilnehmer mit vier oder fünf Beziehungen und nur 35 % der Teilnehmer mit sechs oder mehr unterschiedlichen Beziehungen.

Mag schon die Resistenz gegen Erkältungsviren wünschenswert sein, so reichen die Vorzüge einer starken sozialen Einbindung weit darüber hinaus und betreffen auch Krankheiten wie Krebs und die Sterberate. Forscher der *Stanford University* und der *University of California* (Berkeley) fanden heraus, daß Frauen mit Brustkrebs, die an Selbsthilfegruppen teilnahmen, durchschnittlich *achtzehn Monate länger lebten* als Frauen, die dies nicht taten.[2] Die Selbsthilfegruppen setzten zur Schmerzkontrolle Selbsthypnose und auch Gruppentherapie ein.

Eine weitere Forschergruppe unternahm eine zweite Untersuchung dieser Patientinnen, um festzustellen, ob sich der Unterschied in der Lebenserwartung von medizinischen Ursachen her erklären ließ, nämlich durch unterschiedliche Behandlungsformen oder Todesursachen.[3] Diese Nachfolgeuntersuchung ergab nur geringfügige Unterschiede in den Behandlungsformen und Todesursachen zwischen den beiden Gruppen, was darauf schließen läßt, daß der entscheidende Faktor die Teilnahme an den Selbsthilfegruppen war.

Zudem ergab eine neunjährige Studie an fast 7000 Einwohnern des

Alameda County in Kalifornien (die ausführlicher im 7. Kapitel vorgestellt worden ist[4]), daß die Sterberate von Männern und Frauen mit starker sozialer Einbindung bedeutend niedriger lag als diejenige von weniger stark sozial eingebundenen Menschen.

Wir wissen nicht, *auf welche Weise* sich der Umstand, viele und häufige soziale Kontakte zu pflegen, stärkend auf das Immunsystem auswirkt; aber jedenfalls legen diese Untersuchungen den Schluß nahe, daß ein angemessener sozialer Rückhalt zu den Grundpfeilern einer guten Gesundheit gehört. Eine ganze Reihe weiterer Untersuchungen unterstützen diese Hypothese. Eine Studie ergab, daß Menschen mit schmerzlichen negativen Lebenserfahrungen, vor allem mit solchen des Verlusts persönlicher Beziehungen, für eine Reihe von Krankheiten anfälliger sind.[5] Diese Erkenntnis erwies sich bei einer Anzahl von Krankheiten und unter mehreren unterschiedlichen Gruppen von Patienten als zutreffend.

Genau wie wir Menschen, mit Dr. Herbert Benson gesprochen, anscheinend „hard-wired for God" („fest auf Gott programmiert") sind[6], so sind wir offenbar auch so angelegt, daß wir untereinander in Interaktion stehen müssen. Wir haben ein vitales Bedürfnis nach Kontakt mit anderen Menschen. Wie wichtig die zärtliche Berührung ist, wurde im 19. Jahrhundert wissenschaftlich nachgewiesen, als viele Kleinkinder in Waisenhäusern an einer als *Marasmus* bezeichneten Krankheit starben, die wir jetzt als „allgemeinen Kräfteverfall" bezeichnen.[7] Um diesem Problem entgegenzuwirken, richteten die Ärzte das „Bemuttern" ein und wiesen das Personal an, die Kleinkinder mehrmals täglich in den Arm zu nehmen, herumzutragen und zu schaukeln. Als das „Bemuttern" am *Bellevue Hospital* in New York eingeführt wurde, ging die Sterberate der Kleinkinder abrupt zurück, von rund 35% auf unter 10%. Die berühmten Experimente mit Primaten von Harry Harlow vor einem halben Jahrhundert führten schlüssig vor Augen, daß junge Affen, denen von Geburt an die Zuneigung ihrer Mutter entzogen wird, verkümmern und mit alarmierend hoher Rate sterben, und daß kleine Affen im Säuglingsalter großen Wert darauf legen, während des Säugens bei ihrer Mutter berührt und in den Armen gehalten zu werden.[8] Die heutige Praxis, für Kinder auf Frühgeburtsstationen ehrenamtliche „huggers" („Liebkoser") zu engagieren, beruht auf den Erkenntnissen von Waisenhausärzten und Forschern wie Harry Harlow aus der ersten Hälfte unseres Jahrhunderts. Der Dienst der „huggers" ist nicht nur eine nette Zusatzversorgung, sondern eine physische und psychische Notwendigkeit für die gesunde Entwicklung der Kinder.

Zahlreiche wissenschaftliche Studien haben erwiesen, wie wichtig der soziale Rückhalt für Gesundheit und Wohlbefinden ist. Die wissenschaftlich gewonnenen Erkenntnisse beweisen, was wir instinktiv wissen: Um uns in dieser Welt gesund entfalten zu können, brauchen wir gesunde Beziehungen zu Verwandten und Freunden. Wenn umgekehrt solche Beziehungen ausfallen, etwa wenn wir durch den Tod einen lieben Menschen verlieren oder eine Beziehung zerbricht und geschieden wird, erhöht sich das Risiko, krank zu werden oder zu sterben. Die Wichtigkeit eines gut funktionierenden sozialen Netzes steigert sich noch in Zeiten körperlicher Belastung wie etwa des Krankseins und Alterns. In diesem Lebensabschnitt muß der soziale Rückhalt nicht nur aus emotionaler Bestätigung, sondern oft auch aus praktischer Unterstützung bestehen: Man muß zum Beispiel zum Arzt gefahren oder bei der Bewältigung mühsamer Arbeiten im Haushalt unterstützt werden.

Religiöse und nichtreligiöse Gemeinschaft – Gibt es da bezüglich der Gesundheit ein Unterschied?

Bei den Untersuchungen, die erwiesen haben, daß sich ein aktives Sozialleben positiv auf die Gesundheit auswirkt, hatte man sich vor allem auf nichtreligiöse Aspekte der sozialen Einbindung konzentriert. So fragten die Forscher zum Beispiel nach der Mitgliedschaft in kommunalen Einrichtungen und zivilen Vereinen, nach ehrenamtlichen Tätigkeiten und nach der Zahl der Kontakte pro Woche mit Angehörigen und Freunden. Aber in den letzten Jahrzehnten haben Forscher nach und nach ihr Augenmerk auch auf die Mitgliedschaft in religiösen Gemeinschaften gerichtet, weil sich diese als wichtiger Aspekt des sozialen Rückhalts erweisen. Die Ergebnisse deuten darauf hin, daß das Mitmachen bei religiösen Gemeinden oder Gruppen sich *stärker* gesundheitsfördernd auswirkt als die Mitgliedschaft in nichtreligiösen Organisationen und daß sowohl Quantität wie Qualität der sozialen Beziehungen unter religiös aktiven Menschen stärker sind als bei anderen.

M. E. O'Briens' bereits ausführlicher im 6. Kapitel vorgestellte Studie über die Rolle des religiösen Glaubens bei Langzeit-Dialysepatienten[9] ergab, daß Menschen, die wöchentlich zur Kirche gehen, mehr soziale Kontakte mit anderen hatten; sie erwiesen sich als erfolgreicher darin, die deprimierende Isolation zu vermeiden, mit der die häufige Dialyse oft einhergeht. Bei der von W. J. Strawbridge und seinen Kollegen 1997 durchgeführten Studie über 6928 Einwohner des kalifornischen Countys Alameda[10], die bedeutende Unterschiede in der Sterberate von religiös aktiven und religiös indifferenten Menschen aufwies (siehe 7. Kapitel), zeigte sich auch, daß Personen, die ein- oder mehrmals wöchentlich den Gottesdienst besuchten, mit bedeutend höherer Wahrscheinlichkeit als solche, die dies weniger oder gar nicht taten, intensive Kontakte mit anderen hatten und im Lauf der Zeit ihren Freundeskreis immer mehr ausweiteten.

Forscher, die den inneren Zusammenhang zwischen religiös aktivem Leben und sozialem Rückhalt bei 2956 Teilnehmern in North Carolina untersuchten, kamen zu dem Ergebnis, daß häufige Kirchgänger mehr Kontakte zu Personen außerhalb ihrer Verwandtschaft hatten und mehr Besuche und Anrufe von ihren Bekannten und Angehörigen erhielten; die Qualität ihres sozialen Rückhalts war deutlich besser als diejenige der Teilnehmer, die nicht oder nur unregelmäßig zur Kirche gingen.[11]

Der eindrucksvollste wissenschaftliche Nachweis dieses Phänomens stammt jedoch aus der bereits im 7. Kapitel vorgestellten Untersuchung über Israelis, die in religiös und nichtreligiös geprägten Kibbuzim leben.[12] Bei dieser Studie wurden die Sterberaten beider Gruppen – von 2123 Mitgliedern elf weltlicher Kibbuzim und 1777 Mitgliedern elf religiöser Kibbuzim – fünfzehn Jahre lang beobachtet. Die Untersuchung dieser Personen, die sich in demographischer Hinsicht, also etwa nach Alter und Ausbildung, sehr ähnlich waren, gestattete es den Forschern, exakt die gesundheitlich positiven Auswirkungen eines religiösen und eines nichtreligiösen Gemeinschaftslebens miteinander zu vergleichen. Das Ergebnis zeigte einen eindrucksvollen Unterschied: Waren von den zivilen Kibbuzmitgliedern 192 (8%) gestorben, so von den religiösen nur 69 (4%). Die zivilen Kibbuzmitglieder starben in höherer Zahl an allen üblichen Todesursachen: Erkrankung der Herzkranzgefäße, Kreislaufbeschwerden, Krebs, Unfällen und Selbstmord. Die gesundheitlich positiven Auswirkungen bei den religiösen Kibbuzmitgliedern boten ihnen also zugleich auch Schutz gegen das gesamte Spektrum möglicher Erkrankungen.

Was können wir aus diesen Erkenntnissen schließen? Warum leben die religiösen Kibbuzmitglieder länger? Ich glaube, mehrere Faktoren spielen bei ihrer höheren Lebenserwartung mit:

(1) *Religiös praktizierende Menschen führen eine gesündere Lebensweise (Medikament Nr. 2, Mäßigkeit: Ehrung des Körpers als Tempel des Heiligen Geistes)*

Andere Studien haben erwiesen, daß religiös observante Juden weniger zum Rauchen und zum Trinken von Alkohol neigen und seltener einen hohen Cholesterinspiegel haben (obwohl sie interessanterweise eher Diabetes entwickeln, aus nicht bekannten Gründen). Rauchen, Trinken und hoher Cholesterinspiegel sind eindeutig mit höheren Sterberaten verbunden, vor allem infolge von Krebs und Herzkrankheiten.

(2) *Die Mitglieder religiöser Kibbuzim nehmen*
  häufiger an Gottesdiensten teil
Wie wir gesehen haben, erweisen zahlreiche Untersuchungen einen inneren Zusammenhang zwischen besserer Gesundheit und häufiger Teilnahme am Gottesdienst, also derjenigen Aktivität, die in sich alle zwölf Medikamente des Gesundheitsfaktors Glaube enthält. Bei der Studie über die Kibbuzim wurde zwar nicht eigens die Häufigkeit des Gottesdienstbesuchs gemessen, doch darf man mit Sicherheit annehmen, daß die Mitglieder der religiösen Kibbuzim regelmäßig den Gottesdienst besuchten, weil das ein fester Bestandteil ihres Gemeinschaftslebens war, und sie taten das häufiger als die Mitglieder der nichtreligiösen Kibbuzim (von denen viele Atheisten oder Agnostiker waren). So kamen sie verstärkt in den Genuß aller gesundheitsfördernden Wirkungen des Gottesdienstbesuchs.

(3) *Religiöse Kibbuzmitglieder leben in solideren Ehen und*
  sind auch anderweitig sozial verläßlicher eingebunden
Diese Erkenntnis bestätigt die oben angeführten Studien, die zeigen, daß sich religiös aktive Menschen eines stärkeren sozialen Rückhalts erfreuen. Die Kibbuz-Studie ergab, daß bei den Mitgliedern der zivilen Kibbuzim die Scheidungsrate *elfmal* höher ist. Schon allein die wesentlich größere Anzahl stabiler Ehen in den religiösen Kibbuzim könnte ein gutes Stück weit dazu beitragen, daß die Sterberaten beider Gruppen so unterschiedlich sind: Mehrere Studien, darunter die oben und im 7. Kapitel zitierte Studie über Bewohner des County Alameda, haben gezeigt, daß das Verheiratetsein eine niedrigere Sterberate begünstigt, vor allem bei Männern.

(4) *Die Mitglieder religiöser Kibbuzim haben ein*
  stärkeres Gefühl vom Sinn und Zweck ihres Daseins
Auch die Mitglieder ziviler Kibbuzim können von hohem Idealismus erfüllt sein und sich für einen Lebensstil begeistern, der sowohl der Entwicklung ihres Landes wie auch der Gesundheit und dem Glück

ihrer Gefährten dient; aber es liegt nahe, daß die Mitglieder religiöser Kibbuzim in noch höherem Maße in ihrem Leben Sinn und Erfüllung erfahren, weil sie von einer gemeinsamen Weltanschauung getragen werden und über eine ganzheitliche Vision verfügen, die sie aus ihren gemeinsamen religiösen Überzeugungen beziehen. Ihre regelmäßige gemeinsame Teilnahme am religiösen Ritual verstärkt diese ganzheitliche Vision. Auch die Mitglieder der zivilen Kibbuzim sind sich zwar über etliche Prinzipien einig, bringen jedoch höchstwahrscheinlich eine größere Unterschiedlichkeit von Standpunkten und Motivationen in ihre neue Gemeinschaft ein als diejenigen, die ihrer Gemeinschaft aus religiösen Gründen beitreten.

Alle diese vier Ursachen, die zu einer höheren Lebenserwartung beitragen, sind vorteilhafte „Nebenwirkungen" des in Gemeinschaft gelebten religiösen Lebens; sie lassen sich kaum, vor allem nicht in dieser Kombination, in einem nichtreligiösen Kontext genauso erzielen.

Die Mitgliedschaft in einer religiösen Gemeinschaft oder Gemeinde bietet also genau wie der regelmäßige Gottesdienstbesuch ganz besondere gesundheitliche Vorteile; diese Dimension ist ein wesentlicher Bestandteil jedes spirituellen Lebenskonzepts.

Wie können nun auch *Sie* in den Genuß der Vorzüge der Mitgliedschaft in einer religiösen Gemeinschaft kommen, die unter anderem daraus bestehen, sich mit geringerer Wahrscheinlichkeit eine schwere Krankheit zuzuziehen, sein Gefühl des Wohlbefindens und sinnvollen Lebens zu steigern, vor Süchten und psychischen Erkrankungen verschont zu bleiben und sogar länger zu leben?

Was macht eine religiöse Gemeinschaft konkret aus?

In den großen religiösen Traditionen der Welt weiß man seit langem, wie wichtig die Art unserer Beziehung zueinander als Einzelmenschen und als Mitglieder einer Gemeinschaft ist. In der jüdisch-christlichen Tradition gilt die Qualität unserer Beziehungen als ausschlaggebend dafür, was wir spirituell sind. Für orthodoxe Juden ist es undenkbar, daß die persönliche Glaubenstreue abgespalten von der Gemeinde der Gläubigen gelebt werden kann. In einem jüdischen Schriftkommentar mit dem Titel *Ethics of the Fathers* betonen Theologen unmißverständlich, wie wichtig es sei, mit anderen Gläubigen in Verbindung zu sein: „Trenne dich nicht von der Gemeinde."[13] Ja, im Judentum ist für das Gebet und Ritual die spirituelle Gemeinschaft ganz wesentlich.

So können zum Beispiel viele orthodoxe Riten nicht veranstaltet werden, wenn nicht mindestens zehn erwachsene jüdische Männer, ein *minyan*, anwesend sind.

Das Neue Testament baut auf dem Judentum auf und betont genauso stark die Wichtigkeit der Gemeinschaft. Wie im Judentum können auch im Christentum die meisten Rituale, etwa Taufe, Eucharistie/Abendmahl und Riten der Heilung und Salbung, in aller Regel nur dann vollzogen werden, wenn wenigstens „zwei oder drei versammelt sind" (vgl. Matthäus 18,20). Jesus läßt keinen Zweifel darüber, wie wichtig unsere Verbindung mit anderen ist, wenn er alle jüdischen Gesetze in das Doppelgebot zusammenfaßt: „Du sollst den Herrn, deinen Gott, lieben mit ganzem Herzen und ganzer Seele, mit all deinen Gedanken und all deiner Kraft. Als zweites kommt hinzu: Du sollst deinen Nächsten lieben wie dich selbst" (Markus 12,30–31).

Die Bibel legt uns ans Herz, nicht nur friedlich mit unseren Mitmenschen auszukommen, sondern sie tief und vorbehaltlos zu *lieben* und mit ihnen in so enger Verbindung zu leben, daß man uns alle für Teile eines einzigen Leibes halten könnte, und ihnen immer wieder zu verzeihen, wenn sie uns verletzt oder geschadet haben. Das ist ein sehr anspruchsvolles Gebot, aber es stellt den Kern des spirituellen Lebens dar.

Christen sind keine Einzelkämpfer, und genau das gleiche könnte man von den Juden sagen; denn die hebräische Bibel erzählt die Geschichte der Erziehung, Erlösung und Zerstreuung einer Gemeinschaft von Menschen, des Volkes Israel, das Gott sich als sein Eigentum erwählt hat. Die Lehren der Heiligen Schrift leiten uns dazu an, engere Beziehungen miteinander zu pflegen und den anderen zu dienen, statt uns in eine individualistische Spiritualität zurückzuziehen, die uns von den anderen isoliert.

Klöster, eine der intensivsten Formen spiritueller Gemeinschaft, führen besonders deutlich die großen Vorzüge und auch die großen Schwierigkeiten vor Augen, die ein so intensiv gemeinsam gestaltetes Leben mit Glaubensgefährten mit sich bringt. Die Mönchstradition ist voller Hinweise darauf, wie wichtig es ist, gerade den Mitbruder besonders zu lieben, der bei Tisch seltsame Verhaltensweisen hat, oder die Mitschwester, die gern besonders laut, aber falsch neben einem singt. Ein gutes Stück weit ergibt sich die spirituelle Reife der Menschen im Kloster nicht aus dem transzendenten persönlichen Gebet, sondern aus dem Umgang mit Gefühlen der Gereiztheit, der Eifersucht und des Neids und der Abneigung gegen bestimmte andere Mitglieder der Gemeinschaft.

Die meisten von uns werden nie in einem Kloster leben; unsere religiöse Gemeinschaft ist unsere Kirchen- oder Synagogengemeinde. Wir leben wahrscheinlich mit unseren Glaubensgenossen nicht in ein und demselben Haushalt zusammen; aber dennoch haben auch wir die Möglichkeit, sie kennen und lieben zu lernen und uns von ihnen lieben zu lassen, ihnen zu helfen und von ihnen Hilfe zu erfahren. Das spirituelle Leben kommt dann „auf den Boden", wenn wir mit allen uns Nahestehenden eng zusammenarbeiten. Oft bedeutet es für uns eine Bewährungsprobe, wenn wir uns auf die Gemeinschaft mit anderen einlassen, jedoch werden wir dafür auch belohnt, darunter mit bemerkenswert positiven Auswirkungen auf unsere Gesundheit.

Religiöse Gemeinschaft für „ganz normale Menschen"

Für die große Mehrheit der Menschen, die nicht in eine regelrechte religiöse Gemeinschaft wie einen Kibbuz oder ein Kloster eintreten, ist die religiöse Gemeinschaft schwerer zu definieren, aber für ihre Gesundheit und ihr Wohlbefinden nicht weniger wichtig. Für solche, die nicht im Kloster leben, gibt es zwei Hauptformen religiöser Gemeinschaft: Ehe und Familie sowie die Mitgliedschaft in einer Kirchengemeinde.

Ehe und Familie

Ehe und Familie stellen die primäre spirituelle Gemeinschaft dar. Gott selbst hat die Einrichtung der Zweisamkeit geschaffen. Im Buch Genesis wird berichtet, wie er Adam, den ersten Menschen, erschuf. Dann sprach er: „Es ist nicht gut, daß der Mensch allein bleibt. Ich will ihm eine Hilfe machen, die ihm entspricht" (Genesis 2,18). So erschuf Gott als Gefährtin für Adam Eva. Gott segnete das Paar mit Kindern, die in der ganzen Heiligen Schrift als Gottesgeschenk betrachtet werden. Mann und Frau und ihre Kinder pflegen gemeinsam die sinnvollste und intimste menschenmögliche Gemeinschaft.

Viele wissenschaftliche Untersuchungen über Singles, Verheiratete und Geschiedene haben erwiesen, wie wichtig eine gelungene Ehe für das physische und emotionale Wohlbefinden ist. Mehr noch: Untersuchungen über Geschiedene und ihre Kinder führen drastisch die negativen Konsequenzen des Zerbrechens von Ehen und Familien vor Augen. David B. Larson hat die Folgen der epidemischen Scheidungswelle in den USA gründlich erforscht und dazu über dreihundert wissenschaftliche Studien über diese Menschengruppe ausgewertet.[14]

„Über die Scheidung läßt sich tatsächlich nur sehr wenig Gutes sagen", äußerte er unlängst. „Sie wirkt auf Männer, Frauen und Kinder verheerend. Geschiedene Menschen laufen jedenfalls ein zwei- bis viermal so hohes Risiko, physische und psychische und Suchtprobleme zu bekommen wie diejenigen, deren Ehe Bestand hat."

Dr. Larson und seine Kollegen Susan Larson und Jim Swyers stellen in ihrem Buch *The Costly Consequences of Divorce* zum Beispiel fest, daß getrennt lebende oder geschiedene Männer fast zwanzigmal so häufig eine stationäre psychiatrische Betreuung brauchen wie verheiratete Männer. Die Scheidung rangiert auch an erster Stelle unter den Faktoren, die in den amerikanischen Großstädten zu Selbstmord führen. Und was noch alarmierender ist: Studien haben erwiesen, daß bei geschiedenen Männern das Risiko, Krebs und andere Krankheiten zu bekommen, gewaltig in die Höhe schießt. Die Zunahme des dadurch sich ergebenden Krebsrisikos entspricht dem Risiko, das jemand eingeht, der täglich eine oder mehrere Schachteln Zigaretten raucht! Die negativen Auswirkungen der Scheidung auf die Gesundheit sind zwar bei Männern besonders stark, aber auch bei Frauen steigern sich die Gesundheitsrisiken durch eine Scheidung: Laufen Männer durch eine Scheidung Gefahr, ihre Lebenszeit um bis zu zehn Jahre zu verkürzen, so sind das bei geschiedenen Frauen bis zu fünf Jahre.[15]

Kinder aus geschiedenen Ehen erleben bei weitem mehr Probleme als Kinder, deren Eltern verheiratet bleiben. „Kinder, die eine Scheidung miterlebt haben, schneiden gegenüber Kindern aus intakten Familien oft im Selbstwertgefühl und der psychischen Anpassung schlechter ab, sowie auf anderen, lebenswichtigen Gebieten, darunter denjenigen der akademischen Leistungen oder emotionaler und existentieller Herausforderungen", sagte Dr. Larson. „Sie neigen stärker zum Alkohol- und Drogenmißbrauch und zu kriminellem Verhalten, und bei Mädchen ist die Wahrscheinlichkeit höher, schon als Teenager schwanger zu werden."

Nach Analyse der umfangreichen Forschungsergebnisse über die Ehescheidung und ihre Folgen hat Dr. Larson die Hypothese aufgestellt, zu diesen ungemein negativen Folgen führe der mit einer Scheidung verbundene und von ihr verursachte Streß. „Die Untersuchungen lassen bei Menschen, die immer allein gelebt haben, keine solchen negativen Wirkungen erkennen", stellte er fest. „Allem Anschein nach ist es das Zerbrechen der Ehe und Familienbande, was die verheerenden Folgen auslöst. Und es scheint, dieser Schaden kann nicht dadurch behoben werden, daß man wieder heiratet und ‚harmonische‘ Familien gründet. Ja, die Forschung zeigt, daß man in einer Nachfolgeehe mehr emotionale und Verhaltensprobleme bekommt, als wenn man einfach geschieden geblieben wäre."

Wie lassen sich die verheerenden Folgen einer Ehescheidung für unsere Kinder und uns selbst vermeiden? Oder positiver formuliert: Wie können wir in den Genuß der gesundheitlichen Vorteile stabiler Ehen für Männer, Frauen und Kinder gelangen? Von einer Untersuchung zur anderen taucht immer wieder neu ein Faktor deutlich auf: Bewußt gläubige Menschen führen glücklichere, stabilere Ehen und haben glücklichere, gesündere Kinder.

Wie bereits im 1. Kapitel erwähnt, hat eine wissenschaftliche Untersuchung über 7029 verheiratete Männer und Frauen[16] gezeigt, daß ein enger Zusammenhang zwischen Häufigkeit des Gottesdienstbesuchs und Stabilität der Ehe besteht. Teilnehmer der Untersuchung, die weniger als einmal jährlich in die Kirche gingen, wiesen eine Scheidungs- bzw. Trennungsrate von 34% auf, während diese Rate bei denjenigen, die einmal monatlich oder öfter am Gottesdienst teilnahmen, nur 18% betrug.

Bei einer anderen Studie über 997 Männer und 1281 Frauen[17], alles Verheiratete, wurden acht Variable daraufhin untersucht, wie weit sich von ihnen her eine glückliche Ehe erwarten ließ: nämlich Alter, Alter bei der ersten Eheschließung, Familieneinkommen, Bildungsstand, Beschäftigung, Beschäftigungsverhältnis der Frau, Zahl der Kinder im Haus sowie Häufigkeit des Gottesdienstbesuchs. Als wichtigste Veränderliche, die eine glückliche Ehe erwarten ließ, erwies sich der häufige Gottesdienstbesuch, und sie war von den acht Faktoren der einzige, der für Männer genauso wie für Frauen galt. In einer wissenschaftlichen Untersuchung über Paare, die durchschnittlich 53 Jahre verheiratet waren[18], nannten die Frauen Religion als den wichtigsten Faktor für eine glückliche Ehe; auch die Männer bezeichneten Religion als sehr wichtig für eine gelungene Ehe, stuften jedoch Einstellungen wie „für eine harmonische Ehe braucht es immer zwei, die mitmachen", höher ein. (Es sei hinzugefügt, daß die Werte, die bei einem religiös aktiven Leben im Spiel sind, auch die Fähigkeit der Ehepartner zur Toleranz und Liebe füreinander steigern.) Auch eine Umfrage unter 181 verheirateten Paaren in Kansas bestätigte die Erkenntnisse vieler anderer Studien, daß zwischen einer erfüllenden Ehe und der Bedeutung von Kirche und Religion ein innerer Zusammenhang besteht.[19]

Warum sind die Ehen von religiös engagierten Paaren so viel besser und dauerhafter? Dr. Larson äußert die Vermutung, ihr religiöses Leben helfe den Ehepartnern, einander besser verzeihen zu können, ehrlicher miteinander im Gespräch zu sein und ihrem Versprechen treu zu bleiben, weil sie es im Rahmen des Gottesdienstes nicht nur einander gegenseitig, sondern auch Gott gegeben haben. Zudem verfügten religiös aktive Menschen über einen größeren Freundeskreis, der ihnen in schwierigen Zeiten beistehen sowie auch beide Partner in die Pflicht nehmen könne, ihr eheliches Treueversprechen zu halten. Außerdem glaubt Dr. Larson, daß auch der Umstand, einer religiösen Gemeinschaft anzugehören, in der die Ehe als von Gott eingerichteter Stand betrachtet und hochgehalten wird, auf die Ehen stabilisierend wirke.

Genau wie religiös aktive Ehepaare sich dauerhafterer Ehen erfreuen, scheinen auch ihre Kinder gesünder und glücklicher als Kinder aus nichtreligiösen Familien zu sein, vor allem in den turbulenten Jahren der Pubertät. 1983 ergab eine Untersuchung über 3257 High School-Schüler[20], daß die Jungen und Mädchen, die regelmäßig zur Kirche gingen, über ein höheres Selbstwertgefühl, mehr Vertrauen zu anderen Menschen und mehr Familiensolidarität verfügten; sie schnitten auch im Durchschnitt in der Schule besser ab und engagierten sich stärker in führenden Rollen an der Schule. (Eine bereits früher durchgeführte Untersuchung, die sich auf das Gottesbild der Heranwachsenden konzentriert hatte[21], zeigte, daß ein hohes Selbstwertgefühl mit dem Bild eines liebenden Gottes zusammenhing; die Befragten, die Gott vorwiegend als richtenden und strafenden Gott sahen, hatten kein besonders hohes Selbstwertgefühl.) Hinzu kommt, wie bereits im 1. und 5. Kapitel dargelegt, die von Forschern immer wieder festgestellte Tatsache, daß bei Heranwachsenden von religiös aktiven Familien in bedeutend niedrigerem Maß der Gebrauch von Alkohol, Tabak und Marihuana verbreitet ist, und daß voreheliche sexuelle Beziehungen und Jugendkriminalität deutlich seltener sind.[22]

Ehe, Familie und andere enge Beziehungen sind die kleinsten Formen unserer spirituellen Gemeinschaften; wir müssen jedoch auch unsere Beziehung als spirituelle Menschen zur größeren Gemeinschaft betrachten, deren Mitglieder wir sind. Wenn wir alle Kinder des gleichen Vaters im Himmel sind, wie kann dann unsere Verbindung mit all den spirituellen Menschen aussehen, die Gott uns geschenkt hat, und wie sollte unsere Beziehung zu ihnen beschaffen sein?

Zugehörigkeit zu einer Gemeinde

Was gehört alles zur „aktiven Mitgliedschaft" in einer religiösen Gemeinschaft? Meiner Auffassung nach sind dafür die folgenden Elemente wesentlich.

(1) *Wöchentliche Teilnahme am Gottesdienst*

Der Gottesdienst ist die Veranstaltung, die spirituelle Gemeinschaft stiftet. Hier verwirklichen wir gemeinsam in Riten und Ritualen die Beziehung, die wir zu Gott als einzelne *und* als Gemeinschaft haben, wenn wir gemeinsam die Worte der Heiligen Schrift hören, die Unterweisungen unserer spirituellen Leiter empfangen und an den Sakramenten und Zeremonien teilnehmen, die unsere Beziehung zu Gott symbolisch darstellen, und wir bekräftigen und erneuern dadurch zugleich unseren Glauben als einzelne. Beim Gottesdienst „kommt alles zusammen", und insofern ist er meiner Überzeugung nach das wichtigste, ja wesentlichste Element der Mitgliedschaft in einer Kirchengemeinde.

(2) *Regelmäßige Teilnahme an Gruppenveranstaltungen mit anderen Gemeindemitgliedern*

Unter „Gruppenveranstaltungen" verstehe ich hier Aktivitäten, die sich auf das soziale Miteinander der Mitglieder der Gottesdienstgemeinde beziehen. Man könnte sagen: Beim Gruppenleben spielt man miteinander, während man im Gemeindedienst miteinander arbeitet. Diese Gruppenaktivitäten können die vielfältigsten Formen annehmen, von Stammtischen oder Kaffeerunden nach dem Gottesdienst, Picknicks und Eintopfessen bis zu Gemeinde-Sportmannschaften, Gruppen für Singles oder Alleinerziehende und gemeinsamen Ausflügen oder Reisen. Durch diese Gruppenveranstaltungen werden die sozialen Netzwerke geknüpft, die unsere Lebensqualität beträchtlich steigern, gegen Krankheiten vorbeugen und die Lebenserwartung erhöhen können sowie uns besser befähigen, mit Schwierigkeiten fertig zu werden.

Schon ganz allgemein sind Freundschaften für die Gesundheit und das Wohlbefinden förderlich; spirituelle Freundschaften jedoch bieten eine zusätzliche Dimension: eine besondere Nähe und Vertrautheit, die sich daraus ergibt, daß man seine kostbarsten Überzeugungen miteinander teilt. Wenn Freunde miteinander versuchen, gemäß den Überzeugungen ihrer Glaubenstradition zu leben, kann ihre Beziehung durch Werte wie Toleranz, Vergebung und Dasein füreinander als Glaubensbrüder und -schwestern eines und desselben Vaters vertieft werden. Das verbindet sie in einem Maß miteinander, das weit über die normalen Freundschaftsbeziehungen hinausgeht, bei denen man nicht gemeinsam aus den gleichen spirituellen Werten lebt.

(3) *Regelmäßige Teilnahme an Diensten im Rahmen der Gemeinde*
In der jüdisch-christlichen Tradition verspüren wir die Berufung, den Bedürftigen zu helfen, weshalb unsere Glaubensgemeinde vielfältige Möglichkeiten für den Dienst an anderen bieten sollte. Hier seien nur einige davon genannt:

- Mitsingen im Chor oder Spielen eines Instruments
- Mitarbeit bei einer Essensausgabe, Suppenküche oder anderen Hilfseinrichtung für Bedürftige
- Zusammenschluß mit anderen Gemeinden zu Gruppen, die auf die Verwirklichung bestimmter, vom Glauben her geforderter Werte in der größeren Gemeinschaft hinarbeiten (z. B. Aktionen für bessere Wohnmöglichkeiten der Armen, Verbesserung der medizinischen Versorgung der Obdachlosen, Einsatz zur Minderung der Gewalttätigkeit auf den Straßen, Einsatz für die Rechte von Opfern krimineller Taten)
- Mithilfe bei der Pflege von Grundstücken oder Gebäuden der Gemeinde
- Besuch von Häftlingen oder Menschen im Krankenhaus und im Pflegeheim, Erledigung von Besorgungen für diese
- Leitung einer Gebetsgruppe
- Übernahme von Verwaltungs- und Sekretariatsarbeiten in der Gemeinde.

Möglichkeiten an Diensten innerhalb einer religiösen Gemeinde gibt es unzählige. Es kann auch sein, daß wir unsere Berufung darin erkennen, uns zwar im Sinne unseres Glaubens einzusetzen, aber außerhalb der Grenzen unserer Gemeinde. Für mich ist zum Beispiel meine Arbeit als Arzt und Professor mein wichtigster Dienst, und er hat nicht direkt etwas mit der Mitgliedschaft in meiner Kirchengemeinde zu tun. Ich habe immer wieder zeitweise auch in der Gemeinde Dienste versehen (als Diakon, Leiter von Jugendgruppen und als Sonntagsschullehrer); aber mein Dienst spielt sich zum größten Teil im Krankenhaus und in der Klinik ab, an der medizinischen Fakultät und bei Ärztekongressen. Um genau herauszufinden, zu welchem Dienst man persönlich berufen ist, ist es hilfreich, um Gottes Führung zu beten, sich nach seinen besonderen Begabungen zu fragen, Rat einzuholen und realistisch einzuschätzen, wieviel Zeit man dafür aufbringen kann.

Dabei sei eine Warnung ausgesprochen: Allzu oft stürzen sich Menschen bis über beide Ohren in eine Vielzahl von Diensten; schließlich leben sie nur noch „für die Gemeinde", vernachlässigen ihr Familienleben, nehmen sich kaum mehr Zeit für persönliches Gebet und Bibelstudium und tun nichts mehr für ihre körperliche Ertüchtigung, und das alles, „um sich ganz für das Reich Gottes einzusetzen". Anderen zu dienen gehört zwar wesentlich zum Wachstums- und Reifeprozeß eines gläubigen Menschen; das ergibt sich ganz natürlich aus der Liebe zu Gott, und es tut uns selbst gut, weil wir damit einen Sinn und Zweck für unser Leben finden. Aber es ist wichtig, daß wir dabei ein gesundes Gleichgewicht einhalten. Sich übernehmen heißt sich wirklich übernehmen, ganz gleich bei welchem Einsatz, und sogar der Dienst für andere kann zu einer Art Götzendienst werden, wenn er wichtiger als alles andere wird. Gelegentlich habe ich Patienten geraten, ihren Einsatz in der Gemeinde zu verringern, um etwas mehr Zeit dafür zu finden, Gott durch Gebet und Bibelstudium näherzukommen. Außerdem ist es wichtig, in der Fülle des Menschseins zu leben, das uns Gott geschenkt hat. Dazu gehört auch, daß man seine musischen Seiten entfaltet, etwa ein Instrument spielt oder malt oder sich erholt, indem man Vögel beobachtet oder Tennis spielt etc.

Kurz gesagt: Wenn Sie feststellen, daß Sie jedes Wochenende und während der Woche mehrere Abende voll in der Gemeinde im Einsatz sind, müßten Sie vielleicht Ihr Maß überdenken. Der Dienst an anderen braucht nicht in Sklaverei auszuarten, um wichtig und erfüllend zu sein, und er sollte uns nicht so weit bringen, daß wir uns dafür die Zeit stehlen müssen, die wir eigentlich unserem Ehepartner, unseren Kindern oder anderen Familienangehörigen widmen sollten. Wenn Sie andererseits keinerlei Zeit für einen Dienst in der Gemeinde haben, vielleicht wegen eines vollgepackten Berufsalltags, sollten Sie auch das überdenken. Im Leben jedes Menschen sollte etwas Zeit für Gott übrig sein, Zeit für den Gottesdienst und Zeit des Sich-Erholens vor Gott (also für den Sabbat), Zeit für den Dienst an anderen. Wenn wir die richtige Ausgewogenheit zwischen den vielfältigen Ansprüchen unseres Lebens suchen, brauchen wir dazu vielleicht auch Rat und Führung seitens unserer Glaubensgenossen. Das bringt uns zum nächsten Element der aktiven Teilnahme an einer religiösen Gemeinde.

(4) *Lebens- und Glaubensbegleitung mit einem*
Pfarrer/Seelsorger und/oder einer kleinen Gruppe
Wir sind sehr auf Unabhängigkeit bedacht, so daß das Wort „Rechenschaft" einen unangenehmen Beigeschmack haben mag. Aber wenn

man sich ernsthaft auf den Weg des Glaubens machen will, kommt man an der Notwendigkeit, immer wieder anderen davon Rechenschaft zu geben, nicht vorbei. Ich meine damit die Bereitschaft, regelmäßig und ehrlich seinen eigenen Lebens- und Glaubensweg mit anderen Gläubigen zu teilen und sich von einem Freund oder Mentor, den man schätzt, beraten zu lassen. Genau wie wir Gottes Willen suchen und ihm gehorchen sollen, sollten wir auch für die Hilfe seitens anderer Menschen offen sein, uns von ihnen immer wieder ein Feedback geben und uns sogar notfalls von ihnen ermahnen lassen. Wir sollten uns die Weisung des Apostels Paulus zu Herzen nehmen, „uns, von der Liebe geleitet, an die Wahrheit zu halten" (Epheser 4,15) und also bereit sein, einander als Glaubende die Wahrheit zu sagen und sagen zu lassen. Das heißt nicht, daß wir übereinander urteilen oder uns blind einer Autorität ausliefern, die Zustimmung oder Ablehnung äußert und „Marschbefehle" ausgibt. Wir sind vielmehr besser beraten, wenn sich andere, die uns mit ihrer Sympathie und Anteilnahme begleiten, unsere Geschichte anhören, uns in unseren Stärken ermutigen und uns liebevoll auf die Punkte hinweisen, wo wir noch an uns zu arbeiten haben.

Im 9. Kapitel habe ich bereits gesagt, daß es für das Wachstum im spirituellen Leben eine wichtige und nützliche Hilfe sein kann, sich einen spirituellen Begleiter zu wählen. Man könnte auch an die Möglichkeit denken, sich einer kleinen Gruppe anzuschließen, in der man miteinander betet und gemeinsam nach dem Willen Gottes fragt.

Eine der erfolgreichsten christlichen Bewegungen für ein spirituelles Leben, über das man regelmäßig Rechenschaft ablegt, stellt ein Erneuerungsprogramm namens „Cursillo" dar (das spanische Wort für „kleiner Kurs"). Der Cursillo wurde in den vierziger Jahren in Spanien begründet, als katholische Priester nach einer hilfreichen Möglichkeit suchten, Menschen wieder zum regelmäßigen Gottesdienst und einer intensiveren Teilnahme am Gemeindeleben zu gewinnen. Der Cursillo erwies sich als Programm der Glaubenserneuerung als sehr erfolgreich und wurde in den fünfziger Jahren in den USA übernommen und dort dann auch von protestantischen Gruppierungen für sich adaptiert. In der Episkopalkirche ist dieses Programm immer noch als der Cursillo geläufig, in anderen Konfessionen läuft er unter anderen Namen: als „Tres Dias" („Drei Tage") bei den Lutheranern, „Walk to Emmaus" („Gang nach Emmaus") bei den Methodisten und „Rainbow Weekends" („Regenbogen-Wochenenden") bei einigen Freikirchen.

Die Teilnahme an der Cursillo-Bewegung beginnt damit, daß man an einem „kurzen Kurs im Christsein" teilnimmt, einer dreitägigen

Einkehrzeit, in deren Rahmen Unterweisung, gegenseitiger Austausch und Gottesdienst stattfinden. Jeder Teilnehmer erhält einen Paten, der ein solches Wochenende bereits mitgemacht hat. Zu den Pflichten des Paten gehört es, dafür zu sorgen, daß der neue „Cursillista" an dem teilnimmt, was als der „Vierte Tag" bekannt ist, das heißt an den sich an dieses Wochenende anschließenden Aktivitäten, die eine ausgezeichnete Struktur für gegenseitige Hilfe und Rechenschaftsabgabe bieten. Der Kern des „Vierten Tags" ist das „Gruppentreffen", ein wöchentliches Treffen mehrerer Cursillo-Teilnehmer, bei dem man sich an ein strenges Schema hält. Zuerst betet man gemeinsam um die Führung durch den Heiligen Geist, und dann berichtet jeder über sein spirituelles Leben in der vergangenen Woche unter den folgenden Gesichtspunkten:

- *Frömmigkeit:* Gebetsleben, Gottesdienstteilnahme, Teilnahme an spiritueller Unterweisung;
- *Studium:* Bibellesen, Beschäftigung mit anderen auf den Glauben bezogenen Medien (Büchern, Videos, Musik), Kontemplation der Schöpfung Gottes;
- *Handeln:* Formen des Dienstes für andere; was man für das Kommen des Reiches Gottes in diese Welt getan hat.

Die Teilnehmer jeder Gruppe bilden eine Art Bund, in dem man sich gegenseitig Verschwiegenheit und offene Rechenschaft gelobt sowie regelmäßiges Erscheinen und ehrliches Mitmachen in der Gruppe. Menschen, die eine Reihe von Jahren bei einer solchen Gruppe mitgemacht haben, empfinden sie als tragenden Pfeiler der Entwicklung ihres Glaubenslebens.

Die Cursillo-Teilnehmer treffen sich außerdem einmal monatlich in einer größeren Zusammenkunft, die als „Ultreya" bekannt ist (ein Wort aus dem spanischen Mittelalter, das „immer weiter vorwärts" bedeutet, vergleichbar mit dem Zuruf eines Anführers, der seine Truppen anfeuert, beim Erklimmen einer schwierigen Höhe unermüdlich voranzustürmen). Bei den Ultreyas versammeln sich die Cursillo-Teilnehmer, um das Zeugnis eines Sprechers anzuhören, sich mit anderen auszutauschen, mit denen sie normalerweise nicht in der Gruppe sind, und um gemeinsam zu singen und zu beten.

Genau wie sich das Zwölf-Schritte-Programm der A.A. als ausgezeichnete Hilfe und feste Gelegenheit zur regelmäßigen gegenseitigen Rechenschaftsablage für Suchtkranke erwiesen hat, bietet der Cursillo Menschen, die ihr spirituelles Leben vertiefen möchten, eine fruchtbare Methode.

Auch andere Programme, die das Modell der Kleingruppe verwenden, darunter Marriage Encounter (für Ehepaare), Promise Keepers und Community Bible Study sind ähnlich wirkungsvoll. Sowohl aus medizinischen wie spirituellen Gründen lege ich meinen Patienten dringend nahe, sich nach einer derartigen Kleingruppe umzusehen, in der sie emotional und spirituell vor Anker gehen können. Der in solchen Gruppen stattfindende intensive persönliche Austausch kann ein wichtiger Schutz gegen Streß sein. Ich kann aus eigener Erfahrung bezeugen, wie wertvoll es ist, regelmäßig an einer Kleingruppe teilzunehmen: Auch ich persönlich habe erfahren, welchen Rückhalt, welche Ermutigung und welche frische Kraft man daraus beziehen kann, wenn man sich wöchentlich mit einer Gruppe von geistig gleichgesinnten Menschen trifft, um sich auszutauschen, Gemeinschaft zu erfahren, die Bibel zu studieren und gemeinsam zu beten.

(5) *Finanzielle Unterstützung der Gemeinde*
Die Bibel weist uns an, einen Teil unseres Einkommens für das Werk Gottes zu spenden, und hat dafür den Zehnten eingeführt, das heißt, 10% unseres Gesamteinkommens als Minimum für die finanzielle Abgabe bezeichnet (vgl. Levitikus 27,30). Das gilt als Anerkenntnis unseres Glaubens, daß alles, was wir verdienen, von Gott kommt und Gott gehört und wir zu treuen Verwaltern der restlichen 90% berufen sind. Diese Abgabe wird nach Aussage der Heiligen Schrift von Gott belohnt: „Bringt den ganzen Zehnten ins Vorratshaus, damit in meinem Haus Nahrung vorhanden ist. Ja, stellt mich auf die Probe damit, spricht der Herr der Heere, und wartet, ob ich euch dann nicht die Schleusen des Himmels öffne und Segen im Übermaß auf euch herabschütte" (Maleachi 3,10).

Die finanzielle Unterstützung der religiösen Gemeinschaft ist ein wichtiges Element der Mitgliedschaft (in den deutschprachigen Ländern und den USA unterschiedlich gehandhabt; d. Ü.). Die amerikanische Redensart „Put your money where your mouth is" („Gib dein Geld dahin, wo dein Mund ist") gilt auch für diesen Aspekt der spirituellen Gemeinschaft: Wenn wir sagen, daß wir Mitglieder dieser Familie sind und den Glauben dieser Familie teilen, dann gilt es, diese Behauptungen dadurch in die Tat umzusetzen, daß wir mit unserem Einsatz von Zeit und Talenten (durch die Übernahme aktiver Dienste) und unserer Habe (in Form von Geld) diese Gemeinschaft tragen.

Einige Schwierigkeiten mit der religiösen Gemeinschaft

Diese gerade beschriebenen fünf Elemente der aktiven Teilnahme an einer religiösen Gemeinschaft dienen dazu, uns fest im Glauben zu verwurzeln und in der Liebe zu verankern – in der Liebe zu Gott und auch der Liebe zu unseren Nächsten. Eine solche Teilnahme gehört ganz wesentlich zu einem echten spirituellen Reifen. Die Abkapselung von den anderen läuft der Entwicklung des Glaubens zuwider. Eine Ausnahme davon sind nur die äußerst seltenen Fälle derer, die zum Einsiedlerleben berufen sind. (Diese Berufung wird als derart außergewöhnlich betrachtet, daß Thomas Merton, der Trappistenmönch, Mystiker, Theologe und äußerst produktive Schriftsteller, seinen Abt jahrzehntelang bitten mußte, bis er die Erlaubnis erhielt, den Großteil seiner Zeit allein in einer Blockhütte im Wald verbringen zu dürfen!)

Aber trotz der vielen Vorzüge, die eine spirituelle Gemeinschaft bietet, gibt es dabei auch bestimmte Schwierigkeiten, mit denen man fertig werden muß. Will man spirituell weiterkommen, muß man sich ihnen ehrlich stellen und sie zu lösen versuchen. Manche dieser Schwierigkeiten habe ich bereits im 2. und 8. Kapitel erörtert, aber auf einige von ihnen will ich hier noch einmal zu sprechen kommen. Die Fragen will ich so formulieren, wie sie Ihnen als Leser womöglich als Reaktion auf das bis hierher in diesem Kapitel Geschriebene in den Sinn kommen.

„Das klingt ja wie ein Ganztagsjob! So viel Zeit habe ich nicht!"

Wenn Sie derzeit nicht aktiv am Leben einer religiösen Gemeinschaft teilnehmen, wundern Sie sich vielleicht, wie um alles in der Welt die Leute Zeit für Gottesdienst, Pflege des Zusammenseins, Dienste und Verwaltungstätigkeiten finden, und das zusätzlich zu persönlichen Hobbys, ganz zu schweigen von all den anderen Verpflichtungen, die wir dauernd erfüllen müssen! Genau wie ich Sie ermutigt habe, mit dem Beten und Bibelstudium ganz klein anzufangen, empfehle ich Ihnen auch, in das Gemeindeleben ganz sachte einzusteigen. Sie müssen nicht alles auf einmal tun, noch sollten Sie sich zwingen, Dinge zu tun, von denen Sie sich gar nicht sicher sind, ob sie für Sie das Richtige sind. Fangen Sie damit an, daß Sie regelmäßig zum Gottesdienst gehen. Dann versuchen Sie, sich bei einer gemeindlichen Veranstaltung zu beteiligen (etwa bei der Kaffeestunde nach den Gottesdiensten) und einen unaufwendigen Dienst zu übernehmen (zum Beispiel, einmal monatlich ehrenamtlich im Obdachlosenasyl mitzuhelfen). Bleiben Sie einige Zeit (zum Beispiel einige Monate) dabei, und dann steigern oder verändern Sie Ihren Einsatz je nachdem, was Sie als das für Sie Richtige erkennen.

Das Wichtigste dabei ist, daß Sie zu hören versuchen, was Ihnen Gott vielleicht sagen will, und ihn um seine Führung dabei bitten, in das Gemeindeleben hineinzuwachsen. Die meisten Menschen beschleunigen nicht in einer Minute und auch nicht in einem Jahr von Null auf Hundert, das heißt von Nicht-Teilnahme am Gemeindeleben auf eine führende Rolle in der Gemeinde. Das spirituelle Reifen braucht unter allen seinen Gesichtspunkten Zeit, Gnade, Disziplin und Geduld, und jeder von uns hat dabei seinen ganz eigenen Weg und Schritt. Stürzen Sie sich nicht gleich am Anfang so kopfüber hinein, daß ihnen schließlich die Luft ausgeht. Strecken Sie zunächst nur den großen Zeh einmal wöchentlich ins Wasser – ins Wasser des Gottesdienstes –, und sehen Sie dann zu, was sich daraus entwickelt.

„Meine Frau/ meine Kinder wollen nicht mit mir in die Kirche gehen. Sie möchten lieber am Sonntagmorgen daheim bleiben und in Ruhe im Kreis der ganzen Familie frühstücken. So fühle ich mich hin- und hergerissen: Wie soll ich meine Prioritäten setzen?"

Gemeinsam mit der ganzen Familie zum Gottesdienst zu gehen ist natürlich das Ideal; aber lassen Sie sich nicht von der mangelnden Bereitschaft Ihrer Familienmitglieder davon abhalten, dem Ruf Gottes in Ihrem Leben zu folgen. Verlegen Sie das besondere Sonntagmorgen-Frühstück auf den Samstag; erklären Sie den andern in aller Liebe, daß Ihnen der Kirchgang wichtig ist; laden Sie, soweit das angemessen ist, Ihre Familienmitglieder weiterhin immer wieder einmal zum Mitgehen ein, und beten Sie darum, daß sie sich eines Tages Ihnen anschließen. Wenn Sie aktives Mitglied einer religiösen Gemeinschaft sind, wird das vermutlich zur Folge haben, daß sich auch die Liebe zu Ihrer Familie vertieft, selbst wenn die anderen nicht mit Ihnen in der Kirche sind. Höchstwahrscheinlich werden sie nach und nach schätzen und respektieren lernen, was für Folgen Ihr Glaube für Sie – und auch für sie – hat.

Vielleicht fühlen Sie sich einsam, wenn Sie allein zur Kirche gehen. Das kann tatsächlich schmerzlich sein, aber sehen Sie sich um: Sie sind zweifellos nicht der Einzige, der ohne seine Familienmitglieder da ist. Gehen Sie auf die anderen zu und sprechen Sie den Menschen neben sich nach dem Gottesdienst an. Oder kommen Sie mit anderen bei der Kaffeestunde nach dem Gottesdienst ins Gespräch. Am wichtigsten aber ist, daß Sie immer daran denken, daß Sie hier sind, weil Gott Sie liebt und Sie Gott lieben. Im Gottesdienst sind Sie in Wirklichkeit ja nie allein. Es ist durchaus verständlich, sich traurig zu fühlen, wenn man zum Gottesdienst kommt; man sollte dann alle seine Gefühle vor Gott bringen, der sie heilen und umwandeln kann.

„Ich habe eine Familie, die großartig zusammenhält, habe einen tollen Freundeskreis, engagiere mich ehrenamtlich für Obdachlose, und ich bete regelmäßig privat. Weshalb sollte ich unbedingt zur Kirche gehen?"

Sowohl die moderne Wissenschaft in Form der zahlreichen oben zitierten Studien *als auch* die Bibel und die religiöse Tradition betonen einhellig, wie bedeutsam die Teilnahme am Gottesdienst und die Zugehörigkeit zu einer Glaubensgemeinschaft sei. Gewiß ist es möglich, auch ohne Kirchenmitgliedschaft und Kirchenbesuch ein gutes und emotional befriedigendes Leben zu führen; aber es scheint, wenn diese gemeinschaftliche Dimension der Spiritualität ausfällt, ist die Wahrscheinlichkeit bedeutend geringer, daß man in den vollen Genuß der Vorzüge des Faktors Glaube kommt.

Menschen, die die Frage stellen: „Warum soll ich in die Kirche gehen?" hatten vielleicht schlechte Erfahrungen mit einer Kirche, und diese bedürfen der Aufarbeitung und Heilung. Wenn das bei Ihnen der Fall ist, lege ich Ihnen dringend nahe, sich um diese Heilung zu bemühen und sich dazu an einen Therapeuten oder Seelsorger zu wenden. Es ist tragisch, wenn man zuläßt, daß man durch alte Verletzungen von einem vollen, vitalen spirituellen Leben abgehalten wird.

Oder wer so fragt, ist in einer religiös indifferenten Familie aufgewachsen, kennt Kirche gar nicht von innen, sondern nur die oft einseitigen Klischees der Medien über die Leute, die „dauernd in die Kirche rennen". Oft werden diese Leute als „bigott" oder etwas weltfremd und verschroben hingestellt. In Wirklichkeit sind die meisten Gottesdienstbesucher nüchterne, aufrechte Menschen, die genau die gleichen positiven und negativen Charaktereigenschaften haben wie alle anderen Menschen auch. Nach Ausweis der wissenschaftlichen Daten besteht ihr einziger Unterschied zu den anderen darin, daß regelmäßige Kirchgänger dazu neigen, sich glücklicher zu fühlen, sich einer besseren Gesundheit zu erfreuen, solidere Ehen zu führen und das Leben sinnvoller zu finden. Sie sind alles andere als fanatisch dreinblickende Eiferer oder penetrante Moralapostel, sondern neigen dazu, nicht weniger, sondern eher in höherem Maß emotional erfüllt und ausgeglichen zu sein.

Andere, die fragen: „Warum soll ich eigentlich in die Kirche gehen?", haben es mit der Kirche vielleicht schon ein paarmal versucht und sind enttäuscht worden. Wie ich im 8. Kapitel gesagt habe, ist es wichtig, sich geduldig umzusehen und dabei nicht nur die für sich geeignete Gemeinde zu suchen, sondern auch regelmäßig am Gottesdienst teilzunehmen, im Vertrauen, daß einem der Gottesdienst und alle anderen Aktivitäten im Lauf der Zeit allmählich ihren Sinn erschließen. Viele Beziehungen fangen ganz langsam an; das gilt auch für die Mitgliedschaft in einer religiösen Gemeinde. Es kann durchaus sein, daß Sie schon bei einem ersten Besuch in einer Kirche oder Synagoge Ihre „Liebe auf den ersten Blick" erleben; aber es kann auch so gehen, daß Sie ein ganzes Jahr regelmäßig den Gottesdienst besuchen müssen, bis Sie sich dort wirklich heimisch fühlen. Um Ihrer mentalen, spirituellen und physischen Gesundheit willen geben Sie bitte nicht zu leicht auf.

Jeder Mensch muß die spirituelle Gemeinschaft finden, in der er „am richtigen Platz" ist, genau wie jeder von uns auf Gottes Ruf so antworten muß, daß es für ihn selbst authentisch ist. Das mag einige Zeit brauchen, einiger Versuche und Fehlschläge bedürfen sowie einiger Bemühungen, die einem zunächst schwierig oder sogar künstlich vorkommen. Doch sowohl als Mediziner und Arzt als auch als gläubiger Mensch hoffe ich, Sie finden einen Platz in einer Glaubensgemeinschaft, an dem Sie sich daheim fühlen und so das dritte Ziel Ihres spirituellen Programms erreichen: neben Gebet und Bibellektüre die Erfahrung von Gemeinschaft im Glauben.

Teil III

Zusammenfassung

12. Kapitel

Medizin im 21. Jahrhundert – Die Versöhnung der Zwillingstraditionen des Heilens

Ich habe in diesem Buch dargestellt, wie der Faktor Glaube meinen Patienten und vielen anderen geholfen hat, ein gesünderes Leben zu führen. Außerdem habe ich gezeigt, wie auch Sie die Kräfte dieses Faktors für Ihr Leben nutzbar machen können, indem Sie für sich ein wirksames spirituelles Lebenskonzept entwickeln. Da sich die meisten Menschen zum Erhalt ihrer Gesundheit der Medizin zuwenden, müssen wir jetzt noch davon sprechen, wie sich mein Gebiet, das Gebiet der Medizin, ändern muß und sich tatsächlich ändert, um die spirituellen Dimensionen des Heilens in die ärztliche Praxis mit einzubeziehen.

Wenn es um grundlegende gesundheitliche Vorsorgemaßnahmen geht, zählen wir Ärzte eine bestimmte Liste auf, die gesundheitsbewußte Menschen inzwischen längst kennen: Essen Sie fettarme Nahrung, und zwar vorwiegend Getreide, Gemüse und Obst. Trainieren Sie regelmäßig Ihren Körper durch welche Art von Bewegung auch immer. Sorgen Sie für genügend Schlaf. Geben Sie das Rauchen auf oder fangen Sie erst gar nicht damit an. Beschränken Sie Ihren Alkoholkonsum, und wenn Sie trinken, setzen Sie sich nicht ans Steuer. Diese Liste ließe sich noch weiterführen. Aber wo steht auf der Liste der Faktor Glaube? Aufgrund der uns vorliegenden einschlägigen wissenschaftlichen Beweise wissen wir inzwischen, daß ein aktiv religiöses Leben sehr wichtig dafür sein kann, sich seine physische und mentale Gesundheit zu erhalten, von Krankheiten und Verletzungen zu genesen und seine Lebensqualität zu verbessern. Aber in den medizinischen Fachzeitschriften und in den meisten Arztpraxen werden alle diese Vorzüge des Faktors Glaube kaum erwähnt, jedenfalls bis jetzt noch nicht. Ärzte haben vor allem aus den folgenden drei Gründen bislang nur selten von den Vorzügen einer gesunden Spiritualität gesprochen:

(1) Manche Ärzte kennen noch nicht die Fakten, die ich Ihnen in diesem Buch vorgestellt habe – Fakten, die ich für so beweiskräftig halte, daß sie niemand, der im Gesundheitsbereich tätig ist, unbeachtet lassen darf. Die Lage ändert sich jedoch derzeit rasch, da sich immer mehr Gelegenheiten bieten, diese Informationen an das professionelle und allgemeine Publikum weiterzugeben. In rasch wachsender Zahl richten medizinische Ausbildungsstätten eigene Kurse dafür ein, Studenten in die Zusammenhänge zwischen Glaube und Gesundheit einzuweihen, und auch die jüngsten Konferenzen für Ärzte und andere Fachkräfte zu diesem Thema werden recht gut besucht. Die allgemeine Öffentlichkeit wird mit dem Faktor Glaube immer vertrauter, weil er in den letzten Jahren auch immer öfter in den Medien, darunter in führenden Zeitungen und Zeitschriften, vorgestellt wurde.

(2) Viele Ärzte wurden in ihrem Medizinstudium ausdrücklich angewiesen, Religion ganz aus ihrer medizinischen Praxis herauszuhalten, Wissenschaft und Glaube nicht miteinander zu vermengen. Wie bereits dargelegt, stand hinter dieser dringenden Anweisung das Anliegen, im professionellen und persönlichen Bereich die Grenzen nicht zu verwischen und Patienten – in diesem Sinne – nicht auf ungute und vielleicht sogar schädliche Weise zu beeinflussen. Doch da heute die Erkenntnisse über den Faktor Glaube als wissenschaftliche Tatsache und nicht mehr als bloße Glaubensüberzeugung feststehen, sehen immer mehr Praktiker die Beziehung zwischen Medizin und Spiritualität mit neuen Augen.

(3) Vielen Ärzten ist bei der Vorstellung unbehaglich zumute, sie könnten eine Art „Büchse der Pandora" öffnen, wenn sie das Thema Religion, Glaubensüberzeugungen, -praktiken und -erfahrungen ihrer Patienten anschneiden; denn dafür sind sie nicht ausgebildet, und sie wissen nicht oder kaum, wie sie damit umgehen sollen, wenn sie bei einem Patienten ein bestimmtes spirituelles Problem erkennen. Bis vor kurzem haben es die moderne medizinische Wissenschaft und Ausbildung versäumt, die Wichtigkeit der Spiritualität für die Betreuung der Patienten anzuerkennen. Je mehr dieses Thema heute in die Ausbil-

dung der Mediziner einbezogen wird und auf Konferenzen und Kongressen zur Sprache kommt, um so mehr wird sich, so hoffe ich, das Unbehagen der Ärzte legen, die Spiritualität in die klinische Behandlung mit einzubeziehen.

Ich bin der Überzeugung, daß wir bald eine historische Umwandlung erleben, eine Revision jahrhundertealter Vorurteile und die Wiedervereinigung von Spiritualität und Medizin. Es gilt und ist an der Zeit, unser Wissenschaftsverständnis ausweiten: Wir müssen erkennen, daß sich wissenschaftliche Methodik auch bei Untersuchungen über persönliche Erfahrungen und Überzeugungen unserer Patienten anwenden läßt, und dadurch läßt sich für die Medizin die Bedeutung von Religion und Spiritualität für das Wohlbefinden der Menschen zu ihrem Heil wiederentdecken. Seiner Definition nach transzendiert der Glaube letztlich die wissenschaftliche Methode; so kann zum Beispiel kein Wissenschaftler mit den üblichen wissenschaftlichen Beweisverfahren schlüssig „beweisen", ob es Gott gibt oder nicht. Doch die gesundheitlich positiven Auswirkungen des Glaubens eines Menschen an Gott *lassen sich messen und sind gemessen worden,* und sie führen wissenschaftlich schlüssig vor Augen, daß Glaube und religiöse Praxis dazu beitragen, Gesundheit zu erhalten, Genesung zu beschleunigen und das allgemeine Wohlbefinden des Menschen zu steigern.

In dem Maß, in dem die heutige Ärzteschaft entdeckt, wie sie die spirituelle Dimension der Heilung in ihre medizinische Praxis einbeziehen kann, können Ärzte und Patienten neue Möglichkeiten der Zusammenarbeit finden. Der „Routinebesuch beim Arzt" kann den Patienten ganz neue Aspekte eröffnen: Sie können erleben, daß die spirituelle Dimension ihres Lebens ernstgenommen und ihr religiöses Leben in die ganzheitliche medizinische Betreuung mit einbezogen wird, da es erwiesenermaßen für die Gesundheit eindeutig relevant ist.

Wer einen solchen Arzt aufsucht, wird wohl zunächst von dessen kompetenter Sprechstundenhilfe in Empfang genommen, die seine Werte mißt und ihn vielleicht auch zusätzlich zu seinen gesundheitlichen Problemen über eventuelle Sorgen befragt. Der Arzt wird ihn dann untersuchen, mit ihm reden und ihm Medikamente verschreiben, aber darüber hinaus auch die seelische und spirituelle Dimension ansprechen, sofern er das wünscht, diesen auch dazu beraten und ihm Mut zusprechen, und, wenn er es will, vielleicht noch gemeinsam mit ihm um sein Gesundwerden beten. Danach könnte er eventuell noch einmal zu weiteren Tests oder Anwendungen zur Sprechstundenhilfe ins Behandlungszimmer gehen. Wer auf der Suche nach einer religiösen Gemeinde oder einem Pfarrer oder spirituellen Berater ist, könnte vom Arzt oder der Sprechstundenhilfe entsprechende Hinweise bekommen. Schließlich könnte er sich eventuell noch auf die Liste der Menschen setzen lassen, die gern das Fürbittgebet anderer in Anspruch nähmen. Dank der Möglichkeiten des Internet könnte sein Wunsch um Fürbitte lokal, national oder sogar international an Menschen weitergegeben werden, die sich für diesen Dienst des Fürbittgebets engagieren. Angesichts der ermutigenden Ergebnisse der bislang noch relativ wenigen Untersuchungen über das Fürbittgebet ist noch gar nicht auszudenken, welche immensen positiven Auswirkungen ein solches Gebet haben könnte.

Diese Zukunftsvision ist tatsächlich noch eine Vision und nicht das, was man heutzutage erleben kann. Doch brauchen Sie nicht mehr untätig darauf zu warten, eine Heilmethode zu finden, bei der Medizin und Spiritualität miteinander Hand in Hand gehen. Vermutlich werden Sie zwar nicht alle Elemente, die Sie brauchen, im engeren Umfeld der Praxis Ihres Arztes finden; aber in den meisten Gemeinden stehen durchaus viele nützliche spirituelle Möglichkeiten zur Verfügung.

Sehen wir jetzt etwas genauer zu, wie Sie, falls Sie das wünschen, eine spirituell orientierte medizinische Betreuung finden können, indem wir die Rollen verschiedener Berufsstände daraufhin betrachten, wie sie Ihrer Suche nach physischem, mentalem und spirituellem Wohlbefinden entsprechen können.

Ärzte und Glaube – ein neuer Horizont

Nach einem Vortrag, den ich in einer Kirchengemeinde über Glaube und Medizin gehalten hatte, machte eine Frau folgenden Vorbehalt: „Das klingt zwar alles ganz schön", sagte sie, „aber mein Arzt hat dafür einfach keinen Sinn. Meistens scheint er sich kaum mehr daran zu erinnern, wer ich überhaupt bin, und ich bin mir sicher, er käme überhaupt nie auf den Gedanken, mit mir zu beten!" Viele in der Zuhörerschaft bekundeten mit lebhaftem Nicken, daß es ihnen genauso geht. Sie konnten sich gar nicht vorstellen, einen Arzt zu finden, der auf spiritueller Ebene auf sie eingehen würde.

Man muß ehrlich sagen: Tatsächlich ist es wohl nicht leicht, einen solchen Arzt zu finden. Das liegt nicht nur an der Ausbildung der derzeitigen Ärzte, bei der in den meisten Fällen Religion bewußt ausgeklammert oder energisch davon abgeraten wurde, sie in die Behandlung mit einzubeziehen, sondern es ist auch durch eine Reihe von Untersuchungen erwiesen, daß Ärzte deutlich weniger religiös aktiv sind als der Durchschnitt der Bevölkerung. Bei einer solchen Studie untersuchten T. A. Maugans und W. C. Wadland, inwieweit in der Praxis der Hausärzte religiöse Faktoren eine Rolle spielen.[1] Dazu wurden zwei Gruppen untersucht: zum einen Hausärzte, zum andern auch Patienten von drei Hausarztpraxen. Es ergab sich, daß 91% der Patienten an Gott glaubten, aber nur 64% der Ärzte; die Patienten neigten auch eher als die Ärzte dazu, zu beten (85 zu 60%) und sich Gott nahe zu fühlen (74 zu 43%).

Obwohl die Ärzte deutlich weniger religiös aktiv waren, gaben 77% von ihnen an, gelegentlich mit Patienten auch auf religiöse Fragen zu sprechen zu kommen. Doch die meisten der befragten Patienten erinnerten sich nicht, daß Ärzte sie je auf das Thema Religion angesprochen hätten. Ärzte, die sich zwei oder mehr Stunden wöchentlich ausdrücklich religiösen Aktivitäten (wie etwa dem Gottesdienst) widmeten, redeten am ehesten auch mit ihren Patienten über spirituelle Themen; religiös indifferente Ärzte gaben an, bei der Aufnahme ihrer Krankengeschichten nie nach Religion zu fragen. Am ehesten neigten die Ärzte bei Patienten mit tödlichen Krankheiten oder bei Entscheidungen über eine Abtreibung dazu, spirituelle Themen anzusprechen. Dies sind natürlich besonders angemessene Gelegenheiten, auch die spirituelle Dimension mit einzubeziehen, aber es sind nicht die *einzigen*.

Manche Ärzte geben von ihrer Praxis ausdrücklich an, daß sie bei ihrer Behandlung auch religiöse und spirituelle Fragen mit einbeziehen. Wenn Sie einen Arzt suchen, der auch auf Ihre spirituellen Anliegen eingeht, rate ich Ihnen, eine solche Praxis aufzusuchen und sie sich gründlich anzuschauen. Das Vorurteil gegen Religion in der Medizin ist so eingefleischt, daß sich eventuelle Patienten womöglich Sorgen machen, daß es Ärzten, die offen von Religion sprechen, an medizinischer Kompetenz, Fähigkeit oder Erfahrung mangeln könnte oder sie zu wenig Medikamente oder Anwendungen verschreiben und dazu neigen, mehr auf das Gebet oder andere spirituelle Praktiken zu setzen. In diesem Buch habe ich immer wieder betont, die beste Medizin sei die, welche die modernsten Erkenntnisse der heutigen Medizin *und* spirituelle Praktiken einsetzt, und zwar entsprechend dem Bedürfnis des jeweiligen Patienten.

Wie stehen praktizierende Ärzte, die sich selbst als religiös bezeichnen, zu dieser Art von Medizin? Eine von Dr. David Larson geleitete wissenschaftliche Untersuchung machte deutlich, daß sie in ihre medizinische Praxis sowohl die Wissenschaft als auch den Glauben einbeziehen. Bei dieser Studie[2] befragten die Forscher 193 Psychiater, die der „Christian Medical and Dental Society" angehörten, einem Berufsverband von Ärzten und Zahnärzten, der das Anliegen vertritt, spirituelle Fragen und Prinzipien mit in die medizinische Betreuung einzubeziehen. Im Unterschied zu den meisten Berufsmedizinern erwiesen sich diese Ärzte im Durchschnitt als stärker religiös praktizierend als die übrigen US-Amerikaner. Den Befragten wurden sieben psychiatrische Diagnosen vorgelegt, und sie sollten einschätzen, wie wirksam vermutlich drei mögliche Behandlungen sein würden: Bibellesen und Gebet, analytische Psychotherapie oder Psychopharmaka. Im Fall von Schizophrenie und manischer Erkrankung befürworteten die Psychiater eine medikamentöse Behandlung, wie es auch die Mehrheit ihrer nichtchristlichen Kollegen tun würde. Für depressive Neurosen (bei denen es sich jedoch nicht um größere depressive Störungen handelte) hielten sie die analytische Psychotherapie für am wirksamsten. Bei Alkoholismus, Störungen des Sozialverhaltens, Selbstmordabsichten und Trauerzuständen erachteten sie den Einsatz der Bibel und des Gebets für wirksamer als analytische Psychotherapie oder Psychopharmaka, obwohl sie nicht ausschlossen, bei diesen schwierigen Patienten dazu auch noch die anderen beiden Methoden einzusetzen. Die christlichen Psychiater legten also in ihrer medizinischen Praxis ein völlig professionelles Verhalten an den Tag; sie wählten sehr bedacht aus, welche spirituellen Mittel eventuell welcher Art von Patienten helfen könnten, und wo immer es angebracht war, befürworteten sie voll die medizinischen Standardmethoden; doch waren sie sich auch der Grenzen dieser Methoden in bestimmten schwierigen klinischen Fällen bewußt.

Auch wenn es nicht leicht sein mag, Ärzte zu finden, die bereitwillig über religiöse Dinge sprechen, ist es doch nicht unmöglich. Ich möchte Sie ermutigen, auf die Mund-zu-Mund-Propaganda zu achten, namentlich seitens der Mitglieder Ihrer örtlichen Gemeinden. Selbst wenn viele Patienten es als hilfreich empfänden, einen Arzt zu haben, der mit ihnen zu beten bereit wäre, kommt es darauf nicht unbedingt an. Dafür können andere – Familienmitglieder, Pfarrer, Seelsorger, Freunde aus der Gemeinde – mit dem Patienten und für ihn beten. Wichtig allerdings ist, daß Ärzte auf die Spiritualität ihrer Patienten achten und diese respektieren, ja, wenn möglich, sogar dazu ermutigen.

Die Medizin müßte immer stärker auf Ganzheit bedacht sein, weil sie ja weiß, daß zur Gesundheit des Patienten genau wie seine physische auch sein psychische und soziale Befindlichkeit gehören. Darüber hinaus möchte ich den Ärzten dringend raten, einen weiteren Aspekt von ausschlaggebender Bedeutung im Leben ihrer Patienten zu berücksichtigen: deren religiöse Überzeugung und Spiritualität. Da viele Menschen sagen, Religion sei das, was ihr Leben am meisten beeinflusse, können Ärzte nicht davon ausgehen, sie kümmerten sich ganzheitlich um den Menschen, wenn sie die spirituelle Dimension außer acht lassen.

Seit etlichen Jahren unterweise ich Medizinstudenten und niedergelassene Ärzte darin, wie sie in ihre medizinische Praxis die lange vernachlässigte spirituelle Dimension einbeziehen können. Im Rahmen des Programms „Faith and Medicine", das vom *National Institute for Healthcare Research* eingerichtet worden ist und von der *John Templeton Foundation* gesponsort wird, hatte ich die Gelegenheit, die Entwicklung faszinierender neuer Ausbildungsprogramme in medizinischen Ausbildungsstätten anzuregen und mitzuerleben, bei denen versucht wird, die nächste Generation von Ärzten für diesen Bereich zu sensibilisieren.

Eine einfache Einführung in dieses Gebiet der medizinischen Ausbildung hilft den Medizinstudenten und praktizierenden Ärzten, das Wesentliche zu erfassen. Aus diesem Grund enthalten meine Vorträge immer den Hinweis, ihren Patienten beim ersten Gespräch und der Aufnahme der Krankengeschichte mindestens die drei folgenden grundsätzlichen Fragen zu stellen:

(1) *Sind Religion oder Spiritualität für Sie wichtig?*
Lautet die Antwort „Ja", so kann der Arzt mit offenem Ende weiterfragen: „Wollen Sie mir darüber mehr erzählen?" Lautet die Antwort „Nein", so könnte er weiterfragen: „Waren Religion oder Spiritualität schon einmal in Ihrem Leben von Bedeutung?" Es könnte wichtig sein zu wissen, ob ein Patient die Religion verworfen hat; es könnte sein, daß er psychisch darunter noch leidet und dies angesprochen werden müßte. Das ist ein ernsthaftes medizinisches Thema, denn Studien haben erwiesen, daß ein Sich-Trennen von Religion mit einem Absinken des Glücksempfindens und einem höheren Auftreten von Alkoholkonsum einhergeht (s. das 1. Kapitel, wo diese Studien vorgestellt wurden.)[3]

(2) *Wirken sich Ihre religiösen oder spirituellen Überzeugungen darauf aus, wie Sie Ihre gesundheitlichen Probleme einschätzen und ganz allgemein über Ihre Gesundheit denken?*
Wenn die Patienten mit „Ja" antworten, kann der Arzt weiterfragen, ob

sie ihre Überzeugungen genauer beschreiben möchten und wie diese Überzeugungen sich auf ihre Sorge um ihre eigene Gesundheit auswirken. Eine solche Information ist entscheidend dafür, welche Therapie man wählen soll und wie sie verlaufen wird.

(3) *Möchten Sie, daß ich mit Ihnen auch auf Ihre religiösen oder spirituellen Überzeugungen und Praktiken zu sprechen komme?* Lautet die Antwort „Ja", sollte der Arzt weiterfragen: „Und in welcher Form soll ich das tun?" Möchte der Patient eventuell, daß der Arzt mit ihm betet? Möchte er, daß er *für* ihn betet, entweder persönlich oder als Teilnehmer an einer „Gebetskette"? Der Arzt seinerseits sollte sich genau an das halten, was der Patient wünscht, wenn er auf dessen individuelle spirituelle Bedürfnisse einzugehen versucht.

Meiner Überzeugung nach sollte jeder Arzt in der Lage sein, diese drei Fragen zu stellen und auf die Antworten der Patienten angemessen zu reagieren. Nicht alle Ärzte werden oder sollen mit ihren Patienten beten, in der Bibel lesen oder ihnen spirituelle Ratschläge geben. Jedem Arzt ist es freigestellt, innerhalb der Grenzen seiner professionellen Ausbildung *und* Erfahrung die Art von Behandlung zu wählen, die ihm liegt und die er für richtig hält. Ein Arzt kann und sollte nicht gezwungen werden, mit seinen Patienten zu beten, wie auch umgekehrt der Arzt das nicht von seinen Patienten verlangen kann. Bei dem, der sich nicht tiefer mit seinen Patienten auf spirituelle Fragen einlassen will oder kann, reicht es, diese drei Fragen zu stellen, wenn er einen Patienten zum ersten Mal vor sich hat. Er kann damit sein Interesse für die Spiritualität des Patienten und seinen Respekt vor dessen religiösen Überzeugungen bekunden. (Solche Ärzte könnten Patienten raten, sich zusätzlich an jemanden zu wenden, der sich gründlicher mit ihren spirituellen Anliegen befassen kann.)

Gehören Patient und Arzt unterschiedlichen Glaubenstraditionen an, so ist ein Gespräch über religiöse Dinge vielleicht nur in beschränktem Umfang möglich, da sich die einzelnen Religionen in Lehre und Praxis zum Teil beträchtlich unterscheiden. Doch Ärzte, die dennoch diese Dimension bei ihren Patienten ansprechen möchten, könnten in solchen Fällen in allgemeinerer Form auf das Gebet eingehen. Man mag dann zum Beispiel die Praxis der methodischen Entspannungsübung wählen und dabei das Wort „Gott" oder „Der Heilige" verwenden, ohne genauere Glaubensvorstellungen oder Lehren zu erwähnen, oder man könnte auch einfach eine kurze Zeit der gemeinsamen Stille vorschlagen.

Aus vielen Erfahrungen mit Patienten hoffe ich, daß immer mehr Ärzte religiös eingestellte Patienten auf diesem Gebiet ermutigen, bin jedoch ebenso der Überzeugung, daß kein Arzt einem Patienten religiöse Überzeugungen oder Übungen aufdrängen oder versuchen sollte, jemanden zu einer bestimmten Glaubensrichtung zu bekehren. Das wäre eine Verletzung des ganz wesentlichen Vertrauensverhältnisses in dieser heilenden Partnerschaft. Wir sollten fördern, nicht predigen, sollten die Heilkraft authentischer, persönlicher Religiosität wecken, jedoch immer respektieren, für welche Konfession und Lehre sich der Patient entschieden hat.

Mauern und Zäune

Wenn sich so Glaube und Medizin wieder zusammentun, müssen wir auf empfindliche und wesentliche Grenzen achten. Diese Grenzen zu respektieren muß nicht unbedingt bedeuten, daß wir nicht in unserem Bemühen, die alten Zwillingstraditionen wieder miteinander zu verbinden, weitermachen sollten. Mir sind für diesen Balanceakt zwei Metaphern eingefallen: die der Mauern und der Zäune.

Als ich vor zwanzig Jahren zum Mediziner ausgebildet wurde, trennte Medizin und Spiritualität noch eine meterhohe Mauer. Ich entsinne mich nicht, daß je in Vorlesungen spirituelle Themen auch nur erwähnt worden wären, es sei denn in einer bissigen Bemerkung. So bezeichnete zum Beispiel einmal ein Professor für Gynäkologie und Geburtshilfe die Zyklusmethode der Geburtenkontrolle verächtlich als das „Vatikanische Roulette", woran ein mutigerer Student als ich spontan und zu Recht hörbar Anstoß nahm. Religion war tatsächlich „der vergessene Faktor", ein Tabu bei Ärzten und Studenten. Obwohl ich von Kindheit an ein gläubiger Mensch gewesen bin, fand ich mich mit der rein weltlichen Ausbildung ab, in die ich mich versetzt sah, und beschränkte meine Religion auf Kirche und Sonntage.

Doch in der Zeit, als ich niedergelassener Arzt war, begann sich etwas zu ändern. Ich sah offen und unübersehbar auf den Nachttischen nicht weniger Patienten Bibeln liegen, lernte Kranke kennen, die in ihrem Glauben Kraft suchten, um die Chemotherapie gut zu überstehen, hörte, wie Familienangehörige im Warteraum der Intensivstation gemeinsam um Kraft und Hilfe für ihre Lieben und sich selbst beteten, entdeckte also, was inzwischen durch eine Vielzahl von Untersuchungen erwiesen ist: daß für viele Patienten Glaubensfragen von entscheidender Bedeutung sind. Sie möchten ihre religiösen Überzeugungen nicht vor der Tür zum Krankenzimmer abgeben und sich nicht von der künstlichen Trennmauer zwischen Glaube und Medizin absperren lassen.

Sollte nicht diese Mauer wie die Mauern von Jericho einstürzen, „come a-tumblin' down", wie es in dem alten Spiritual heißt? Und gilt nicht, wie Robert Frost in einem Gedicht erklärt: „good fences make good neighbors", oder wie das deutsche Sprichwort sagt: „Liebe deinen Nachbarn, aber laß den Zaun stehen"? Beides gilt! Die Mauer sollte einstürzen und durch einen Zaun ersetzt werden.

Als Präsident Ronald Reagan an der Berliner Mauer stand, forderte er den sowjetischen Ministerpräsidenten auf: „Herr Gorbatschow, reißen Sie diese Mauer ab!" Heute rufen viele Patienten ihren Ärzten diese Forderung zu. Sie möchten, daß bei ihrer medizinischen Betreuung auch ihre spirituellen Anliegen angesprochen werden. Ärzte, die es vorziehen, in der Medizin weiterhin Religion und Spiritualität zu ignorieren, verpassen Möglichkeiten und Kräfte, die den Menschen in ihrer Not entscheidend helfen könnten.

Warum nicht die Mauer, die überholt ist, durch einen Zaun ersetzen? Gute Zäune sorgen ebenfalls für eine gute Nachbarschaft, weil sie klare Grenzen ziehen, und solche Grenzen zwischen Medizin und Religion gilt es durchaus einzuhalten. Zwar möchten viele Patienten, daß ihr Arzt auch auf ihre spirituellen Fragen eingeht, aber andere möchten das nicht, sondern wenden sich damit lieber an jemand anderen. Die Autonomie des Patienten ist ein fundamentaler Grundsatz in der Medizin, und er muß auf dem Gebiet der religiösen Überzeugungen und spirituellen Praktiken genauso eingehalten werden, wie wenn es darum geht, die richtige Behandlungsart von Brustkrebs zu wählen. Genauso ist es unerläßlich, daß der Arzt darüber autonom entscheiden kann, wem er dient und auf welche Weise. Nicht alle Ärzte führen Operationen durch oder betätigen sich als Psychotherapeuten; genauso unwahrscheinlich und notwendig ist es, daß jeder Arzt mit seinen Patienten betet.

Mauern trennen, Zäune markieren klare Grenzen. Die Mauern zwischen Medizin und Religion sollten fallen, um die gegenseitige Begegnung zu ermöglichen. Die Zäune zwischen beiden sollten respektiert werden, um die Bereiche klar voneinander zu unterscheiden. Wenn Ärzte und Patienten sich in diesem neu gestalteten Gelände bewegen, profitieren beide davon, und beide werden viel Neues darüber lernen, wie Glaube und Medizin Hand in Hand arbeiten können.

Eine neue Partnerschaft – Ärzte und Seelsorger

Vielleicht fragen Sie sich: „Wenn mein Arzt mit mir über mein spirituelles Leben spricht und mit mir betet, weshalb muß ich dann noch zu meinem Pfarrer oder Seelsorger gehen?" Ärzte ersetzen nicht die Seelsorger; statt dessen sollten die Profis der Medizin und der Spiritualität es lernen, eng zusammenzuarbeiten, um in optimalem Maß eine ganzheitliche Sorge um die Menschen zu ermöglichen. Ich habe schon etliche Male erlebt, wie ungemein wirksam diese Partnerschaft sein kann. Am eindrucksvollsten war dies bei meiner Patientin Serena, über die ich im 7. Kapitel berichtet habe. Ihr Vater, ein Geistlicher, und ich hatten uns beim Gebet für sie an der Hand gefaßt und so ein lebendiges Symbol des heilsamen Bündnisses dargestellt, das Seelsorger und Ärzte zum Wohl ihrer Kranken schließen können.

Viele Ärzte werden sich nicht auf die Rolle eines spirituellen Ratgebers ihrer Patienten einlassen wollen, aber selbst sie stehen vor gewissen Herausforderungen. Sie werden eine zusätzliche Ausbildung brauchen, um sich in angemessener Weise mit spirituellen Dingen befassen zu können. Fast alle werden unter Zeitdruck stehen, da wir im Zeitalter der verwalteten Fürsorge strengen Reglementierungen unterworfen sind. Wenn wir Ärzte für einen Patienten im Sprechzimmer gerade zehn Minuten Zeit aufwenden dürfen, ist es schon viel, wenn wir wenigstens kurz mit dem Patienten auf spirituellem und emotionalem Gebiet „auf Fühlung gehen" können. Leider verhindern solche Beschränkungen die Ausbildung einer wirksamen Beziehung zwischen Arzt und Patient, denn eine solche braucht Zeit. Da diese Beziehung ein wesentlicher Faktor für eine erfolgreiche Heilung ist, bin ich äußerst besorgt, daß in einem vorwiegend von ökonomischen Interessen beherrschten medizinischen System die Sorge um den Patienten und seine Heilung auf der Strecke bleibt. Unter diesen Umständen könnte es sein, daß die Ärzte das Thema Spiritualität nur noch so ansprechen können, daß sie ihre Patienten unverzüglich an Seelsorger verweisen, genau wie heute Allgemeinärzte ihre Patienten bei spezifischen Problemen rasch an entsprechende Fachärzte überweisen.

Angesichts der den meisten Ärzten auferlegten zeitlichen Grenzen ist die Rolle der Seelsorger bei der Begleitung schwer erkrankter Menschen wichtiger denn je. Aber diese Rolle der Seelsorger ist grundsätzlich von anderer Art als die des Arztes: Die ordinierten Geistlichen haben die Vollmacht, Sakramente zu spenden, sie können Beichte hören und die Absolution erteilen, sie können taufen, segnen und salben. Ordinierte Priester, Diakone und Seelsorger und auch ausgebildete Laien können ferner in den spezifischen Lehren der jeweiligen Glaubenstraditionen unterweisen und, von diesen ausgehend, spirituelle Begleitung geben. Zudem vertreten die meisten Geistlichen Gemeinden, die anbieten, für ihre Kranken zu beten oder ihnen andere Dienste zu leisten.

Wissenschaftliche Untersuchungen haben gezeigt, daß Patienten durch den Besuch ihrer Seelsorger viel Trost und Hilfe erfahren. In einer im 9. Kapitel zitierten Studie wurde nachgewiesen, daß Frauen mit Brustkrebs es als sehr hilfreich für das Bewältigen ihrer Krankheit empfanden, wenn sie von ihrem Geistlichen besucht wurden, besonders wenn dieser bei seinem Besuch mit ihnen betete, sie beriet und mit ihnen in der Bibel las.[4] Eine andere Studie über 101 Krebspatienten und 45 Eltern von krebskranken Kindern[5] erwies, daß beide Gruppen aus Besuchen der Seelsorger viel Trost und Hilfe bezogen, vor allem, wenn diese Besuche bei den Patienten oder Eltern daheim erfolgten. Sowohl Krebspatienten wie Eltern der krebskranken Kinder empfanden diese Besuche als am hilfreichsten, wenn dabei gebetet und religiöse Texte gelesen wurden; rein weltliche Gespräche, etwa über die Familie, fanden sie weniger hilfreich.

Auch im Fall von psychischen Erkrankungen und emotionaler Überforderung kommt den religiösen Profis eine ganz besondere Rolle zu. Viele spirituelle Berater, Ordinierte wie Laien, können den Menschen spirituelle Begleitung geben, die mit Einsichten der Psychotherapie einhergehen. Eine Studie, bei der spirituelle Berater und Psychotherapeuten miteinander verglichen wurden[6], ergab, daß spirituelle Berater weit eher bei ihren Klienten psychotherapeutische Techniken einsetzten, als Psychotherapeuten bei der Arbeit mit ihren Klienten auch spirituelle Gesichtspunkte mit einbezogen. Beide Berufsgruppen schätzten, daß ihre Klienten für die Erörterung ihrer psychischen und physischen Probleme ungefähr das gleiche Maß an Zeit aufwandten, jedoch die spirituellen Berater setzten bereitwilliger ein breites Spektrum an Techniken sowohl psychotherapeutischer wie spiritueller Art (Gebet, Meditation, Schweigen) ein als die Psychotherapeuten. Interessanterweise hatten spirituelle Berater und Psychotherapeuten im selben Maß selbst eine Psychotherapie mitgemacht. Aber bei den Psychotherapeuten war es wesentlich seltener, daß sie schon einmal spirituelle Beratung erfahren hatten, und sie überschritten nur selten mit ihren Klienten die Grenze zum spirituellen Bereich.

Was religiöse „Profis" – Pfarrer, Seelsorger und spirituelle Berater – zu bieten haben, könnte besonders wichtig dafür sein, daß Menschen von psychischen Erkrankungen wie etwa Depressionen genesen, da religiös interessierte Menschen schneller auf den Weg der Besserung kommen, wenn ihre Behandlung auch eine spirituelle Dimension enthält. Die im 4. Kapitel zitierte Studie der Psychologin Rebecca Propst[7] machte deutlich, daß Patienten mit milder bis mäßiger Depression sich mit größerer Wahrscheinlichkeit erholten, wenn der Therapeut, der ihre Therapiegruppe leitete, religiöse Bilder einsetzte. In der Gruppe, in der religiöse Bilder verwendet wurden, blieben bis zum Ende der Studie nur 14% der Patienten in ihrer Depression befangen, dagegen 60% in der Gruppe, in der nur nichtreligiöse Bilder verwendet wurden.

Trotz der Ergebnisse dieser und anderer Studien, die bestätigen, wie wertvoll die spirituelle Dimension für die Behandlung emotionaler Probleme ist, fällt es nicht immer leicht, einen professionellen Psychiater oder Psychotherapeuten zu finden, der sich mit den spirituellen Erfahrungen seiner Klienten auskennt und damit umgehen kann. Eine Umfrage unter 409 Psychologen[8] zeigte, daß nur 40% von ihnen an einen persönlichen, transzendenten Gott glaubten; und nur 18% werteten Religion als Quelle der Spiritualität – eine bedeutsame Feststellung angesichts der Tatsache, daß laut einer *Gallup-Umfrage* 43% der Amerikaner wöchentlich am Gottesdienst teilnehmen.[9] Obwohl 53% der Psychologen glaubten, daß religiöse Überzeugungen für die meisten Menschen hilfreich seien, hielt es die Mehrheit für unangemessen, bei der Psychotherapie religiöse Texte oder das Gebet einzusetzen (55 bzw. 68%). Nur ein Drittel der Befragten hielten sich persönlich für kompetent, ihre Klienten auch in spirituellen Dingen beraten zu können. Die Kluft auf religiösem Gebiet zwischen Psychologen und allgemeiner Bevölkerung ist bezeichnend; doch zeigt diese Studie, daß die Profis auf dem Gebiet psychischer Erkrankungen angefangen haben, die religiöse Überzeugung und Praxis als positive Aspekte im Leben ihrer Klienten einzuschätzen.

Vor noch nicht allzu langer Zeit hätte eine ähnliche Gruppe von Psychologen wahrscheinlich die religiöse Praxis als Zeichen der Neurose abgetan, weshalb diese Studie also ein Beweis dafür ist, daß sich dies zum Positiven geändert hat und sich noch wesentlich bessern wird, wenn die Ausbildung in klinischer Psychologie endlich auch eine positivere Einschätzung der Spiritualität für die psychiatrische Praxis enthält.

Unlängst hat die *American Psychiatric Association* Richtlinien zur Förderung der Einbeziehung der Spiritualität in die Ausbildung der Psychotherapeuten erarbeitet; außerdem wurde ein Modellkurs für niedergelassene Psychiater geschaffen. Diese Entwicklungen stellen auf dem Gebiet der Psychotherapie eine gewaltige Revolution dar, hat doch ihr Gründungsvater Sigmund Freud den religiösen Glauben als Illusion und allgemeine neurotische Phantasie abgetan, die lediglich das Entstehen tiefsitzender Ängste förderten.[10] Viele Jahre waren nur die Geistlichen als Ansprechpartner für Menschen zugänglich, die das Gespräch über ihre Probleme und ihre religiösen Überzeugungen und Fragen suchten.

Für die Zukunft sehe ich die Profis aus Medizin und Religion zur Förderung der physischen, mentalen und spirituellen Gesundheit ihrer Patienten Hand in Hand arbeiten. Auf institutioneller Ebene gibt es das natürlich längst; denn Seelsorger(innen) gehören zum festen Personal von Krankenhäusern, Pflegeheimen und anderen Gesundheitseinrichtungen. Doch für ambulant betreute Kranke kann es schwieriger sein, einen spirituellen Beistand zu finden, es sei denn, sie gehörten bereits einer Gemeinde an. Damit diese Lücke gefüllt wird, stelle ich mir vor, daß Seelsorger, Priester und erfahrene Laienseelsorger(innen) Teil eines formellen oder nichtformellen interdisziplinären Betreuungsteams werden, das die verschiedenen Kompetenzen des Eingehens auf die unterschiedlichen Probleme der Patienten bündelt.

In der Welt der Medizin wird die Notwendigkeit derartiger Veränderungen der medizinischen Praxis inzwischen ernsthaft erwogen. Diese Veränderungen werden kommen, weil die Patienten nach ihnen verlangen und weil immer mehr Ärzte von wissenschaftlichen Studien erfahren, die ganz klar aufzeigen, wie positiv sich aktive Religiosität auf leibliche Gesundheit und ganzheitliches Wohlbefinden auswirkt. Um die Zwillingstraditionen Glaube und Medizin noch weiter zusammenzuführen, werden sich Ärzte noch viel mehr damit befassen müssen, auf welche Weise Religion den Menschen hilft, gesünder zu bleiben, länger zu leben und größere Zufriedenheit im Leben zu empfinden, und sie müssen dazu vorurteilsfrei eine Bereitschaft entwickeln, in ihre klinische Behandlung Respekt und Sensibilität für spirituelle Werte einzubeziehen.

Die Forschung – Richtungen für das neue Jahrtausend

Die medizinische Forschung kann inzwischen auf der durch zahlreiche wissenschaftliche Studien über den Faktor Glaube geschaffenen festen Grundlage aufbauen und dessen Mechanismen noch tiefer und effektiver erkunden. Meine im 3. Kapitel beschriebene Studie von Clearwater über die Auswirkungen des Fürbittgebets auf chronische

Polyarthritis ist eine von zahlreichen derzeitigen Untersuchungen über die Wirkungen des Gebets. Angesichts der Tatsache, daß sich die meisten Menschen im Fall ihrer Erkrankung des Betens entsinnen, brauchen wir noch viele ähnliche Untersuchungen, die sich um die Beantwortung von Fragen wie den folgenden bemühen:

- Welche Methode oder Gebetsart führt zu den besten Ergebnissen bei Patienten, die um ihre eigene Genesung von einer Krankheit beten? Margaret Polomas Studien über Gebetsformen deuten darauf hin, daß sich die Art, wie der Patient betet, deutlich auf seine Gesundheit und Gesamtbefindlichkeit auswirkt. Diese Frage könnte bei der weiteren Erforschung von Patienten mit den verschiedenartigsten physischen, mentalen und Suchtstörungen genauer ergründet werden.
- Wie beeinflussen Häufigkeit und Dauer des Betens das medizinische Ergebnis?
- Beeinflussen Einstellungen des Patienten zu Wichtigkeit und Wirksamkeit des Betens den Genesungsprozeß?
- Bestätigen sich Randolph Byrds Erkenntnisse über die Wirkung des Fürbittgebets für Herzpatienten auch in willkürlich ausgewählten Kontrollen von Patienten mit anderen Erkrankungen (wie Krebs und AIDS) und unter anderen äußeren Bedingungen (Allgemeinkliniken, Intensivstationen, Pflegeheimen)? Wenn ja, was heißt das für das Gesundheitswesen?
- Wie kann das Fürbittgebet am besten zur Heilung von Menschen eingesetzt werden? Wer sollte wie beten?

Forscher, die sich mit der Verbindung von Glaube und Gesundheit befassen, verlangen nach mehr *Langzeit-Forschungsarbeiten*, das heißt nach Untersuchungen, welche die einzelnen Patienten über einen längeren Zeitraum beobachten und befragen, statt nur zu einem bestimmten Zeitpunkt einzelne „Schnappschüsse" des Grades von Gesundheit und religiöser Aktivität zu machen. Gewiß: Langzeituntersuchungen sind schwieriger zu organisieren und durchzuführen und zudem auch ziemlich teuer; aber nur sie werden Fragen über ursächliche Zusammenhänge beantworten helfen, wie etwa: „Entwickeln Menschen, die wöchentlich zur Kirche gehen, in weniger Fällen Krebs als Menschen, die nur einmal pro Jahr oder nie in die Kirche gehen?"

Die bisherigen Daten über den Gesundheitsfaktor Glaube enthalten Ergebnisse von relativ wenigen Langzeitstudien, und doch sind es die derzeit bedeutungsvollsten. Dazu gehören zum Beispiel die Ergebnisse der im 11. Kapitel vorgestellten Untersuchung über Personen in religiösen und nichtreligiösen Kibbuzim in Israel[11], bei denen die Patienten *fünfzehn Jahre lang* begleitet wurden, um die Sterblichkeitsrate beider Gruppen miteinander vergleichen zu können.

In vielen Studien zur Bewertung des Grades der Religiosität war die Häufigkeit des Kirchenbesuchs eine ausschlaggebende Variable; für die Anlage künftiger, noch besserer Untersuchungen ist es unerläßlich, die komplexe, vieldimensionale Natur der religiösen Überzeugungen und Praktiken besser einzuschätzen. Wenn man die Auswirkungen des Faktors Glaube noch sorgfältiger erfassen will, sind Studien notwendig, die zum Beispiel den Grad an verinnerlichter oder äußerlicher Religiosität zum Maßstab nehmen sowie die Wahrnehmung der Patienten, wie wichtig und wirksam ihre Glaubensüberzeugungen sind.

Antworten auf einige häufig gestellte Fragen

Sooft ich vor einer Gruppe von Menschen spreche, seien es Medizinstudenten oder Mitglieder einer Kirchengemeinde, kann ich damit rechnen, immer wieder einige bestimmte Fragen gestellt zu bekommen. Da auch Ihnen, der Leserin oder dem Leser dieses Buches, vielleicht diese Fragen bei der bisherigen Lektüre gekommen sind, denke ich, ist es hilfreich, etliche von ihnen hier zu beantworten.

Frage: *Sie sagen, religiös eingestellte Menschen seien gesünder. Aber wir alle kennen doch tiefreligiöse Menschen, die inständig um ihr Gesundwerden gebetet haben, und sie sind trotzdem nicht gesund geworden. Wie erklären Sie das?*

Antwort: Natürlich erfreuen sich nicht alle religiösen Menschen eines langen, gesunden Lebens, und auch nicht alle, die um ihre Heilung beten oder für die Fürbittgebete verrichtet werden, werden wieder gesund. In dieser Hinsicht unterscheiden sich religiöse Aktivität und Gebet nicht von der herkömmlichen medizinischen Behandlung: Erfolg kann nicht garantiert werden. Wenn Sie sich operieren lassen, damit Ihnen eine kranke Gallenblase herausgenommen wird, stehen die Chancen gut, daß sie das überleben und später nur wenige oder gar keine Komplikationen mehr haben. Aber selbst unter den günstigsten Umständen stellen sich bei manchen Patienten tatsächlich Komplikationen ein; einige wenige sterben sogar. Dennoch wird tagtäglich bei vielen Patienten dieser Eingriff vorgenommen. Sie verlangen nicht, daß ihnen der Chirurg eine sichere und rasche Genesung garantiert; würden sie das verlangen, könnte keine Operation vorgenommen werden. Selbst die sicherste medizinische Maßnahme birgt ein gewisses Risiko des Scheiterns in sich, und genauso ist es mit religiöser Aktivität und Beten um Heilung.

Wenn wir uns bestimmte Gruppen von Patienten anschauen, ist es ganz ähnlich: Wir sehen, daß die religiöse Praxis, darunter das Gebet, eindeutig positive Auswirkungen auf die Gesundheit hat, den Menschen hilft, rascher und mit weniger Komplikationen zu genesen und besser mit ihrer Krankheit zurechtzukommen. Greift man sich jedoch einen ganz bestimmten Patienten heraus, kann man diese Voraussage in dieser Form nicht machen. Bei jedem einzelnen Patienten, mit dem Ärzte zu tun haben und für den sie eine bestimmte Behandlung beschließen und durchführen, stützen sie sich auf Wahrscheinlichkeitsüberlegungen, nicht auf absolute Sicherheiten. Garantien sind bei unserem Tun nicht möglich.

So beziehen wir Ärzte unser Wissen über den Faktor Glaube aus Forschungsuntersuchungen, und diese Untersuchungen weisen darauf hin, daß im allgemeinen Religion für Ihre Gesundheit förderlich ist, *nicht* jedoch, daß sie in jedem Einzelfall vor Krankheit bewahrt oder das Leben verlängert.

Frage: *Verzwecken wir eine Religion nicht ungebührlich, wenn wir uns auf ihre pragmatischen, gesundheitlichen Aspekte konzentrieren?*

Antwort: Es ist tatsächlich eine Gefahr zu versuchen, uns dem Phänomen Religion nur deshalb zuzuwenden, weil wir in den Genuß ihrer gesundheitsfördernden Wirkung kommen wollen. Ein solcher Zugang wäre ein Beispiel für eine rein äußerliche Religiosität: Man wäre dann nur deshalb religiös aktiv, weil man nach nichtspirituellen Ergebnissen schielt. Wie wir jedoch in vielen Forschungsergebnissen gesehen haben, führt der Versuch, Gott zum Vorteil der eigenen Gesundheit zu manipulieren, nicht zum Erfolg.

Nach meinen Erfahrungen bedeutet es keine Verzweckung und Entwürdigung von Religion, wenn man Gottes segensreiches Wirken unter Einsatz wissenschaftlicher Methoden dokumentiert. Im Gegenteil, es gereicht Gott zur Ehre und birgt in sich die Möglichkeit, mehr Menschen Gottes Wahrheit zu offenbaren. Im übrigen sollte der Hauptzweck von Religion immer darin bestehen, „Gott mit seinem ganzen Herzen, seiner ganzen Seele, seinem ganzen Gemüt und seiner ganzen Kraft" zu lieben „und seinen Nächsten wie sich selbst". Wir brauchen uns keine Sorgen zu machen, daß Gott je verharmlost werden könnte, denn seine Geheimnisse wird die Wissenschaft nie ganz ergründen können. Wenn wir unsere Untersuchungen mit einer Haltung des Respekts, ja der Ehrfurcht gegenüber der Wahrheit, die sich zeigen wird, vornehmen, werden wir dem Risiko, sie zu vordergründig zu verharmlosen und zu verzwecken, entgehen.

Frage: *Müssen wir wirklich wissen, wie das Beten funktioniert, bevor wir es medizinisch nutzen?*

Antwort: Wir haben die Beweise dafür vorgelegt, daß sich das Gebet grundsätzlich positiv auswirkt; negative Wirkungen sind selten (Margaret Poloma hat zum Beispiel gezeigt, daß eine ausschließliche Verwendung des rituellen Gebets anhand vorgegebener Texte mit einer depressiven Gemütsverfassung zusammenhängt). Bis wir die genauen Zusammenhänge der Auswirkungen des Betens auf die Gesundheit verstehen, werden wahrscheinlich noch jahre-, ja jahrzehntelange Forschungen notwendig sein. Würden wir erst noch auf diese genaueren Erkenntnisse warten, bevor wir mittels des Betens Kranken helfen, würde es viele Menschen der Chance berauben, in den Genuß der positiven Wirkungen des Betens zu kommen (und dabei kaum Risiken einzugehen) und wieder gesund zu werden.

Im Laufe der vergangenen Jahrhunderte machten sich viele Pioniere der medizinischen Forschungen einfach an die effektive Behandlung, auch wenn sie noch nicht vorher beweisen konnten, daß und warum ihre Methode wirkte. Im 2. Kapitel habe ich das Beispiel des österreichischen Arztes Ignaz Semmelweis dokumentiert, der von seinen Medizinstudenten verlangte, sich die Hände zu waschen, bevor sie vom Sezierraum in die Krankenzimmer gingen, und so unterband er die Ausbreitung des Kindbettfiebers. Er wußte nicht, *warum* das Händewaschen die Infektion verhindert; er hatte nur beobachtet, *daß* sie es tat, und dank seiner mutigen Anordnung wurden viele Menschenleben gerettet.

Im 18. Jahrhundert unternahm ein englischer Landarzt namens Edward Jenner einen ähnlich tapferen Schritt.[12] Jenner bemühte sich um eine wirksame Methode der Vorbeugung gegen die Pockenkrankheit, die zu seiner Zeit allein in Großbritannien jährlich bis zu 45 000 Menschen dahinraffte. Die einzige bekannte Vorbeugungsmaßnahme bestand in der Impfung mit kleinen Dosen des Pockenvirus. Das war zwar gelegentlich effektiv, führte aber doch zu zu vielen Todesfällen, um wirklich nützlich zu sein. Mag man es als Leistung eines wissenschaftlich geschulten Geistes bezeichnen oder als von Gott inspirierten Geistesblitz oder als beides zugleich, jedenfalls beobachtete Dr. Jenner, daß Melkerinnen sich nur sehr selten die Pockenkrankheit zuzogen. Die jungen Frauen hatten ständig mit Kühen zu tun und waren dadurch auch den Kuhpocken ausgesetzt, einer viel milderen Krankheit. Waren die jungen Frauen deshalb gegen die Pocken immun, weil sie ständig den Kuhpocken ausgesetzt waren? Wenn ja, so lautete die Hypothese von Dr. Jenner, dann müßten Kuhpocken ein wirksamerer und zugleich viel sicherer Impfstoff gegen Pocken sein.

1796 testete Jenner seine Beobachtung, indem er einen kleinen Jungen, James Phipps, mit dem Kuhpocken-Virus aus der Wunde einer Melkerin impfte. James bekam zunächst ein leichtes Fieber, wurde aber wieder ganz gesund. Zwei Monate später verabreichte Jenner James eine potentiell tödliche Spritze mit aktiven Pockenviren – eine Maßnahme, die unter heutigen Forschungskriterien sicher als unethisch eingestuft würde. Glücklicherweise zog sich der Junge dadurch diese Krankheit nicht zu. Die Hypothese von Jenner, die er einzig auf Beobachtung gestützt hatte und die wissenschaftlich nicht erklärbar und zur damaligen Zeit von seinen skeptischen Kollegen nicht akzeptiert wurde, erwies sich als richtig.

Anders als Edward Jenner müssen wir nicht das Leben von Patienten gefährden, um die Auswirkungen des Gebets oder der religiösen Praxis auf die Gesundheit genauer auszuprobieren. Doch wie er sind auch die Forscher auf diesem Gebiet auf die Skepsis, ja Verachtung ihrer Kollegen gestoßen. Das ändert sich heute langsam angesichts der Beweiskraft der Daten über den Faktor Glaube. Angesichts des relativ geringen Risikos negativer Nebenwirkungen beim Einsatz von Gebet und religiöser Praxis und angesichts der hohen Wahrscheinlichkeit positiver Auswirkungen sind die Ärzte wohl beraten, sich zum Wohl ihrer Patienten dieser Mittel auf angemessene Weise zu bedienen, weitere Forschungsergebnisse aufmerksam zu studieren und weitere Forschungen zu ermutigen, die genauer zeigen werden, auf welche Weise sie wirken.

Frage: *Wenn es mir nicht besser geht, liegt das dann daran, daß ich zu wenig Glauben habe?*

Antwort: Nein. Zwar ist der Glaube erwiesenermaßen für die Genesung von Bedeutung; aber wir können Gott nicht zwingen, alles so zu machen, wie wir es haben wollen, ganz gleich, wie groß unser Glaube oder wie intensiv unsere Gebete sind. Es ist wichtig, sich immer vor

Augen zu halten, daß man die Heilkraft Gottes nicht manipulieren oder steuern kann. Das Maß unserer Erkrankung oder Genesung wird letztlich von Gott bestimmt (eine wahrlich ernste Glaubensprüfung), nicht von unserem Grad an Glaubenskraft. Zudem müssen wir bei allem das richtige Augenmaß wahren; denn unausweichlich kommen wir Tag für Tag einen Schritt unserem eigenen Tod näher, ob wir nun geheilt werden oder nicht.

Frage: *Behaupten Sie, daß alle Religionen gleich sind?*

Antwort: Nein. Was ich sage, ist, daß die Forschungserkenntnisse bis zur Stunde nicht gezeigt haben, daß die Zugehörigkeit zu einer bestimmten Religion oder Konfession für die Gesundheit vorteilhafter ist als die Zugehörigkeit zu anderen. Die Forschungsdaten weisen eher darauf hin, daß der medizinische Wert des Faktors Glaube mehr an die Intensität unserer Frömmigkeit und Teilnahme am religiösen Leben geknüpft ist als an die Besonderheiten der von uns bevorzugten Glaubensrichtung. Doch unterscheiden sich die einzelnen Religionen bezüglich ihrer Lehren und Praktiken und ihrer Ansichten über Leben, Tod und Leiden oft stark voneinander. Ich glaube, die Wahl einer bestimmten Glaubenstradition ist eine ungemein folgenreiche Angelegenheit; man sollte sie darauf gründen, was man selbst als Wahrheit erkennt, und nicht darauf, was einem am ehesten zum Gesundwerden verhilft.

Frage: *Wenn ich wegen einer Halsentzündung zum Arzt gehen, brauche ich ja wohl nicht gleich mit ihm zusammen zu beten, damit es mir wieder besser geht?*

Antwort: Natürlich nicht. Wenn Ihre Halsentzündung durch eine Infektion verursacht ist, brauchen Sie Penicillin oder ein ähnliches Antibiotikum. Doch wenn Sie gern als Teil Ihrer Behandlung einer Routinekrankheit beten würden und Ihr Arzt dafür aufgeschlossen ist, ist das Gebet immer sinnvoll. Jedoch ist es nicht notwendig, das Gebet oder eine Aussprache über spirituelle Dinge zum Bestandteil jedes Arztbesuchs zu machen.

Frage: *Sagen Sie, daß Ärzte auch „Seelenärzte" sein sollten?*

Antwort: Nein, aber ich bin der Überzeugung, daß Ärzte für die Glaubensvorstellungen ihrer Patienten über die Seele und ihre Bedeutung für die Gesundheit sensibel sein sollten. Unsere primäre, uns von der Gesellschaft zugeteilte Rolle, für die wir auch ausgebildet werden, bezieht sich auf die physische Gesundheit. Die Gesellschaft hat den Ärzten nicht die Aufgabe gestellt, spirituelle Lehrmeister zu sein. Aber relevant *ist* der Bereich des Spirituellen für uns Ärzte, weil er sich auf das uns zugeteilte Gebiet auswirkt. Die Erkenntnisse über den Faktor Glaube haben nun einmal gezeigt, daß zwischen religiöser Praxis und Gesundheit ein enger Zusammenhang besteht. So darf man auch von den Ärzten erwarten, daß sie im Zusammenhang mit der Sorge um die Gesundheit ihrer Patienten den spirituellen Bereich ansprechen. Doch ausgenommen der Fall, ein Arzt habe dafür eine spezielle Qualifikation, sollte man vom Arzt keine spirituelle Führung erwarten, und erst recht nicht Unterweisung in einer Glaubenslehre oder die Spendung von Sakramenten wie Taufe oder Versöhnung; das alles fällt in den Bereich der Geistlichkeit oder der dazu berufenen und als spirituelle Berater qualifizierten Laien.

Im Unterschied dazu erwartet man von den Pfarrern, Seelsorgern und geistlichen Beratern, daß sie sich um spirituelle Angelegenheiten unter allen ihren Aspekten kümmern; ihr Bereich ist nicht auf die Auswirkungen der Spiritualität auf die Gesundheit von Körper und Geist beschränkt. Natürlich helfen diejenigen, die als religiöse Berater ausgebildet sind, den Menschen auch, sich mit ihren gesundheitlichen Fragen auseinanderzusetzen. Wenn sich jemand mit seinem Problem, daß er Krebs hat, an seinen Seelsorger wendet, möchte er mit diesem so gut wie sicher darüber sprechen, wie sich diese Krankheit auf sein spirituelles Leben auswirkt (und umgekehrt). Aber der Seelsorger wird nicht versuchen, den Krebs zu behandeln; das fällt in den Bereich des Arztes.

Wenn sowohl Arzt wie Patient das wünschen, können sie spirituelle Erfahrungen wie etwa das Gebet und die Bibellesung miteinander teilen, genau wie sich Seelsorger und Patient auch über medizinische Entscheidungen unterhalten können, vor denen der Patient steht. Aber der Arzt kann keine Absolution erteilen und der Seelsorger kein Medikament verschreiben.

Frage: *Ich persönlich würde es als Indiskretion empfinden, wenn mein Arzt mich nach meinem Glauben fragen würde. Muß denn wirklich der Arzt sich bei seiner Behandlung in spirituelle Dinge einmischen?*

Antwort: Wenn Sie religiös nicht interessiert sind, wäre es sicher unangebracht, wenn Ihnen Ihr Arzt Religion „aufdrängen" wollte. Und auch wenn Sie religiös orientiert sind, müssen Sie nicht mit Ihrem Arzt über Glaubensfragen sprechen oder mit ihm zusammen beten, um in den Genuß der vielen Vorzüge des Faktors Glaube zu kommen. Doch Ärzte sind verpflichtet, die Forschungsdaten vorzulegen, die Ihre Gesundheit betreffen. Um einen Vergleich zu bringen: Wenn Ihr Arzt weiß, daß Sie täglich zwei Packungen Zigaretten rauchen, ist er verpflichtet, Sie darauf hinzuweisen, daß Sie infolge dieser Rauchgewohnheit ein erhöhtes Risiko für Krebs und die Erkrankung Ihrer Herzkranzgefäße eingehen, ganz gleich, ob Sie diese schlechte Auskunft haben wollen oder nicht. Ähnlich hätte Ihr Arzt, wenn er erfährt, daß Sie nicht mehr die Gottesdienste Ihrer Religionsgemeinschaft besuchen, aufgrund der eindeutigen Forschungsergebnisse das Recht und die Aufgabe, Sie um Ihretwillen darauf hinzuweisen, daß sich diese „Abstinenz" in Ihrer Lebenspraxis negativ auf Ihre Gesundheit auswirken *könnte*. Dies ist inzwischen eine Frage medizinischen Wissens und nicht der religiösen Neigung oder des moralischen Urteils. Daher ist es so wichtig, daß die Ärzte auf behutsame, nicht verletzende Weise die oben genannten grundsätzlichen Fragen nach Ihrer religiösen Praxis stellen – weil nun einmal wissenschaftliche Studien eindeutig erwiesen haben, daß sich die religiöse Praxis nachhaltig auf Gesundheit und Wohlbefinden auswirken kann.

Ich hoffe, Ihnen ist nicht unbehaglich zumute, wenn Sie Ihrem Arzt in groben Zügen Ihre religiöse Praxis darlegen. Sie brauchen mit ihm nicht in die Einzelheiten Ihrer religiösen Überzeugungen zu gehen oder jeden religiösen Rat zu akzeptieren, den er ihnen gibt. Wie bereits gesagt, sollten Ihre Grenzen – und die Ihres Arztes – gewahrt bleiben; das ist ein Grundprinzip der wirksamen Beziehung zwischen Arzt und Patient.

Der Abbau der letzten Grenze für eine ganzheitliche Medizin

In der Medizin fallen immer mehr Tabus. Es gab eine Zeit, in der die Ärzte schwerkranken Patienten ihre schlechten Prognosen vorenthielten, aus Angst, sie vor den Kopf zu stoßen und dadurch ihre Chancen auf Genesung noch mehr zu verringern. Heute sagen wir Ärzte den Patienten gewöhnlich alles, was wir über ihren Zustand und über die Wahrscheinlichkeit ihrer Genesung wissen.

Das nächste Tabu, das fallen sollte, war der Tod. Ärzte pflegten die Erwähnung des Todes gegenüber ihren Patienten tunlichst zu vermeiden, selbst auf der Intensivstation, wenn er kurz bevorstand. Niemand wollte bei Patienten mit einer tödlichen Krankheit „den Stecker herausziehen"; statt dessen widmeten sich die Ärzte energischen, aber nutzlosen Versuchen, deren Leben zu erhalten. Die Werke von Elisabeth Kübler-Ross und anderen, zusammen mit der immer stärker wachsenden Hospizbewegung, brachten auch dieses Thema offen auf den Tisch. Heute sprechen wir unbefangen mit Sterbenskranken über Vorausverfügungen zu Lebzeiten und die Möglichkeit, sich ausdrücklich zu wünschen, daß ab einem bestimmten Punkt auf lebenserhaltende Maßnahmen verzichtet wird. (Allerdings ergab eine unlängst durchgeführte Untersuchung in den USA, daß auf diesem Gebiet noch viel zu tun bleibt. Die sogenannte „Study to Understand Prognoses and Preferences for Outcomes and Risks of Treatments", kurz SUPPORT genannt, befaßte sich mit der medizinischen Betreuung von 4301 Patienten mit lebensgefährlichen Krankheiten im Endstadium.[13] Das Ergebnis war, daß es die Ärzte häufig unterließen, ihre Patienten genau aufzuklären, selbst über die Möglichkeit so wichtiger Wünsche wie „Ich möchte nicht künstlich durch Maschinen am Leben erhalten werden". Selbst wenn die Forscher alle Anstrengungen unternahmen, die Ärzte über den physischen Zustand der Patienten zu informieren und die Kommunikation zwischen Patienten, Angehörigen und Ärzten zu erleichtern, übergingen die Ärzte oft die Wünsche der Patienten.)

Bis vor kurzem war auch noch die Sexualität genau wie der Tod ein Tabu für das Gespräch zwischen Patienten und Arzt, es sei denn, der Patient hätte von sich aus ein Problem oder eine Frage aus diesem Bereich angesprochen. Seit dem Auftauchen von AIDS werden Details von Sexualpraktiken, die ich und andere Ärzte vor fünfzehn Jahren absolut nicht erwähnt hätten, routinemäßig mit zunehmend (und überraschend) großer Unbefangenheit besprochen.

Das letzte Tabuthema zwischen Ärzten und Patienten ist das des Glaubens. Die Wiederbelebung der spirituellen Dimension der Medizin gleicht der Erkundung eines unentdeckten Landes. Es gibt noch kaum Rollenmuster für Ärzte, die dem Bedürfnis einer Zweidrittelmehrheit von Patienten entsprechen möchten, mit ihren Ärzten auch spirituelle Fragen zu erörtern.[14] Und doch ist das Einbeziehen der spirituellen Dimension in die ärztliche Praxis im Grunde derart natürlich und selbstverständlich, daß uns nur jahrhundertealte Vorurteile davon abhalten können, es zu sehen: Wenn wir die Menschen ganzheitlich behandeln wollen, kommen wir gar nicht daran vorbei, unsere Patienten nicht nur als biologische, psychische und soziale, sondern ebenso selbstverständlich auch als spirituelle Wesen zu betrachten.

Doch selbst wenn heute die Ärzte allmählich damit anfangen wollen, die spirituelle Dimension der Medizin zu berücksichtigen, ist die von mir als Zukunftsmodell beschriebene Art der Beziehung zwischen Arzt und Patient durch die Kommerzialisierung des Gesundheitswesens zutiefst bedroht. Ökonomische Kräfte haben es so weit gebracht, daß die Ärzte zu reinen „Dienstleistern" werden, und der „Gesundheitsdienst" hat aus der medizinischen Versorgung einen Service gemacht, der zu möglichst niedrigen Kosten erbracht werden muß. Wenn wir unsere Effizienz nach finanziellen Ertragskriterien bemessen, ist die Medizin in ihrem Kern bedroht. Kein Arzt kann seinem Patienten wirklich in Ruhe zuhören, wenn er ihm maximal zehn Minuten für die Konsultation widmen darf, um die Kosten niedrig zu halten. Dadurch finden Ärzte überhaupt nicht die Möglichkeit, das entscheidende „zwischen den Zeilen Hören" zu entwickeln sowie jene Kunst des Zuhörens, die das Bekennen schmerzlicher Geheimnisse erlaubt und eine echte Empathie zwischen Arzt und Patient aufkommen läßt. Die Dienstleistungsmedizin ist dazu angetan, die Heilkraft des einfühlsamen Zuhörens völlig aus der Medizin zu verbannen, und ich mache mir große Sorgen um die Zukunft der Medizin, wenn ich sehe, wie diese Tendenz immer stärker wird.

Doch besteht auch Hoffnung. In den letzten Jahrzehnten haben auf dem Gebiet der Medizin trotz allem zahlreiche erstaunliche Entwicklungen stattgefunden. Als mein Vater zum Mediziner ausgebildet wurde, hätte sich kein Mensch vorstellen können, daß die Kinderlähmung einmal der Vergangenheit angehören könnte und daß bis zum Ende des Jahrhunderts einige Formen von Krebs heilbar sein würden. Es könnte durchaus sein, daß wir eine ähnliche sprunghafte Zunahme unserer Heilkapazität erleben, wenn wir – Ärzte und Patienten – uns für Gottes heilende Kraft öffnen.

„Ohne Visionen geht das Volk unter", sagt der Verfasser des alttestamentlichen Buches der Sprichwörter (29,18). Wie das Volk, kann auch die Medizin untergehen, wenn sie nicht einen klaren Kurs für die Zukunft steuert. Wir müssen kühne Träume entwickeln, wenn wir uns in dieses aufregende, voller Möglichkeiten steckende Neuland aufmachen; vielleicht müssen wir uns dazu auch aus den Zwängen alter Denkweisen lösen. Wenn Glaube und Medizin wieder zusammenfinden, entsteht vielleicht ein völlig neues Modell der Medizin. Wir können nicht voraussagen, was sich da noch alles abspielen wird, genauso wenig, wie die Ärztegeneration meines Vaters den radikalen Wandel in der Medizin hätte voraussagen können, den wir der Entwicklung der ersten Antibiotika verdanken. Jedoch können wir uns nach Kräften am bevorstehenden historischen Wandlungsprozeß beteiligen, aus dem Wissen heraus, daß uns eine Wiederversöhnung von Glaube und Medizin zu einer Erneuerung der Medizin verhelfen könnte, bei der entschieden der Patient im Mittelpunkt steht und die Berufung des Arztes deutlicher ans Licht kommt.

◆ Wenn in unserer Gesellschaft die Erkenntnis an Bedeutung gewinnt, daß wir in allen Dimensionen unseres Lebens der Spiritualität bedürfen, erleben wir vielleicht das Wiedererstehen einer längst vergessenen Art der Medizin, bei der das Sprechzimmer des Arztes zur Begegnungsstätte von Religion und Medizin werden kann, der Zwillingstraditionen der Heilung des Menschen. Ich bin davon überzeugt, wenn diese Umwandlung erfolgt, werden wir erleben, wie der Faktor Glaube seine volle Kraft entfaltet und wir ganz neue Möglichkeiten der Heilung von Geist, Leib und Seele entdecken.

Anmerkungen

Einführung

[1] George Engel, „The Need for a New Medical Model: A Challenge for Biomedicine", in: *Science* 196 (1977), 129–136.

[2] T. McNichol, „The New Faith in Medicine", in: *USA Today Weekend*, April 5–7, 1996; C. Wallis, „Faith and Healing", in: *Time* vom 24. Juni 1996.

[3] D.E. King / B. Bushwick, „Beliefs and Attitudes of Hospital Inpatients About Faith Healing and Prayer", in: *Journal of Family Practice* 39 (1994), 349–352.

[4] Henri J.M. Nouwen, *The Wounded Healer.* New York 1972, 88; deutsch: Geheilt durch seine Wunden. Wege zu einer menschlichen Seelsorge, Freiburg i.Br. 1987.

[5] David Biebel, *If God Is So Good, Why Do I Hurt So Bad?* Grand Rapids, Michigan 1989.

1. Kapitel

[1] Dale A. Matthews / David B. Larson / Constance P. Barry, *The Faith Factor: An Annotated Bibliography of Clinical Research on Spiritual Subjects.* Rockville, Maryland 1993.

[2] G.W. Comstock / K.B. Partridge, „Church Attendance and Health", in: *Journal of Chronic Diseases* 25 (1972), 665–672.

[3] W.A. Oleckno / M.J. Blacconiere, „Relationship of Religiosity to Wellness and Other Health-Related Behaviors and Outcomes", in: *Psychological Reports* 68 (1991), 819–826.

[4] J.W. Gardner / J.L. Lyon, „Cancer in Utah Mormon Women by Church Activity Level", in: *American Journal of Epidemiology* 116 (1982), 258–265; J.W. Gardner / J.L. Lyon, „Low Incidence of Cervical Cancer in Utah", in: *Gynecological Oncology* 5 (1977), 68–80.

[5] J.W. Gardner / J.L. Lyon, „Cancer in Utah Mormon Men by Lay Priesthood Level", in: *American Journal of Epidemiology* 116 (1982), 243–257.

[6] J. Berkel / F. de Waard, „Mortality Pattern and Life Expectancy of Seventh-Day Adventists in the Netherlands", in: *International Journal of Epidemiology* 12 (1983), 455–459.

[7] O.M. Jensen, „Cancer Risk Among Danish Male Seventh-Day Adventists and Other Temperance Society Members", in: *Journal of the National Cancer Institute* 70 (1983), 1011–1014.

[8] T.W. Graham / B.H. Kaplan / J.C. Cornoni-Huntley / S.A. James / C. Becker / C.G. Hames / S. Heyden, „Frequency of Church Attendance and Blood Pressure Elevation", in: *Journal of Behavioral Medicine* 1 (1978), 37–43.

[9] J.S. House / C. Robbins / H.L. Metzner, „The Association of Social Relationships and Activities with Mortality: Prospective Evidence from the Tecumseh Community Health Study", in: *American Journal of Epidemiology* 116 (1982), 123–140.

[10] T.E. Oxman, D.H. Freeman / E.D. Manheimer, „Lack of Social Participation or Religious Strength and Comfort as Risk Factors for Death after Cardiac Surgery in the Elderly", in: *Psychosomatic Medicine* 57 (1995), 5–15.

[11] D.M. Johnson / J.S. Williams / D.G. Bromley, „Religion, Health and Healing: Findings from a Southern City", in: *Sociological Analysis* 46 (1986), 66–73.

[12] *Depression Is a Treatable Illness*, Broschüre der Agency for Health Care Policy and Research. United States Public Health Service, Silver Spring, Maryland, April 1993.

[13] D. Hertsgaard / H. Light, „Anxiety, Depression, and Hostility in Rural Women", in: *Psychological Reports* 55 (1984), 673 f.

[14] D.R. Brown / S.C. Ndubuisi / L.E. Gary, „Religiosity and Psychological Distress Among Blacks", in: *Journal of Religion and Health* 29 (1990), 55–68.

[15] J.A. Cook / D.W. Wimberley, „If I Should Die Before I Wake: Religious Commitment and Adjustment to the Death of a Child", in: *Journal for the Scientific Study of Religion* 22 (1983), 222–238.

[16] C.H. Rosik, „The Impact of Religious Orientation in Conjugal Bereavement Among Older Adults", in: *International Journal of Aging and Human Development* 28 (1989), 251–260.

[17] C.C. Chu / H.E. Klein, „Psychosocial and Environmental Variables in Outcome of Black Schizophrenics", in: *Journal of the National Medical Association* 77 (1985), 793–796.

[18] D.P. Desmond / J.F. Maddux, „Religious Programs and Careers of Chronic Heroin Users", in: *American Journal of Drug and Alcohol Abuse* 81 (1981), 71–83.

[19] D.B. Larson / W.P. Wilson, „Religious Life of Alcoholics", in: *Southern Medical Journal* 73 (1980), 723–727.

[20] William R. Miller, „Spirituality: The Silent Dimension in Addiction Research", in: *Drug and Alcohol Review* 9 (1990), 259–266.

[21] C.G. Jung an William G. Wilson am 30. Jan. 1961, in G. Adler (Hg.), *Letters of Carl G. Jung*, Bd. 2, London 1975.

22 C.K. Hadaway / K.W. Elifson / D.M.M. Peterson, „Religious Involvement and Drug Use Among Urban Adolescents", in: *Journal for the Scientific Study of Religion* 23 (1984), 109–128.

23 A.Y. Amoateng / S.J. Bahr, „Religion, Family, and Adolescent Drug Use", in: *Sociological Perspectives* 29 (1986), 53–76.

24 Robert B. Mellins, „Chronic Lung Disease and Smoking", in: *The Columbia University College of Physicians and Surgeons Complete Home Medical Guide*, 2. Aufl., New York 1989.

25 M. Gmur / A. Tschopp, „Factors Determining the Success of Nicotine Withdrawal: 12 Year Followup of 532 Smokers After Suggestion Therapy (by a Faith Healer)", in: *International Journal of the Addictions* 22 (1987), 1189–1200.

26 M. Law / J.L. Tang, „An Analysis of the Effectiveness of Interventions Intended to Help People Stop Smoking", in: *Archives of Internal Medicine* 155 (1995), 1933.

27 W. Feigelman / B.S. Gorman / J.A. Varacalli, „Americans Who Give Up Religion", in: *Journal for the Scientific Study of Religion* 76 (1992), 138–144.

28 C.K. Hadaway / W.C. Roof, „Religious Commitment and the Quality of Life in American Society", in: *Review of Religious Research* 19 (1978), 295–307.

29 W. Shrum, „Religion and Marital Instability: Change in the 1970's", in: *Review of Religious Research* 21 (1980), 135–147.

30 N.D. Glenn / C.N. Weaver, „A Multivariate, Multisurvey Study of Marital Happiness", in: *Journal of Marriage and the Family* 40 (1978), 269–282.

31 P.C. Higgins / G.L. Albrecht, „Hellfire and Delinquency Revisited", in: *Social Forces* 55 (1977), 952–958.

32 S.H. Beck / B.S. Cole / J.A. Hammond, „Religious Heritage and Premarital Sex: Evidence from a National Sample of Young Adults", in: *Journal for the Scientific Study of Religion* 30 (1991), 173–180.

33 J.T. Woodroof, „Premarital Sexual Behavior and Religious Adolescents", in: *Journal for the Scientific Study of Religion* 24 (1985), 343–366.

34 H.G. Koenig, „Religion and Older Men in Prison", in: *International Journal of Geriatric Psychiatry* 10 (März 1995), 219–230.

35 B.R. Johnson / D.B. Larson / T.C. Pitts, „Religious Programs, Institutional Adjustment, and Recidivism Among Former Inmates in Prison Fellowship Programs", in: *Justice Quarterly* 14 (März 1997).

36 S.C. Burgener, „Caregiver Religiosity and Well-Being in Dealing with Alzheimer's Dementia", in: *Journal of Religion and Health* 33 (1994), 175–189.

37 D. Blazer / E. Plamore, „Religion and Aging in a Longitudinal Panel", in: *Gerontologist* 16 (1976), 82–85.

38 R.F. Guy, „Religion, Physical Disabilities, and Life Satisfaction in Older Age Cohorts", in: *International Journal of Aging and Human Development* 15 (1982), 225–232.

39 H.G. Koenig / L.K. George / I.C. Siegler, „The Use of Religion and Other

Emotion-Regulating Coping Strategies Among Older Adults", in: *Gerontologist* 28 (1988), 303–310.

40 M. E. O'Brien, „Religious Faith and Adjustment to Long-Term Hemodialysis", in: *Journal of Religion and Health* 21 (1982), 68–80.

41 Susan D. Decker / R. Schultz, „Correlates of Life Satisfaction and Depression in Middle-Aged and Elderly Spinal Cord-Injured Persons", in: *American Journal of Occupational Therapy* 39 (1985), 740–745.

42 H. W. Gibbs / J. Achterberg-Lawlis, „Spiritual Values and Death Anxiety: Implications for Counseling with Terminal Cancer Patients", in: *Journal of Counseling Psychology* 25 (1978), 563–569.

43 D. K. Smith / A. M. Nehmkis / R. A. Charter, „Fear of Death, Death Attitudes and Religious Conviction in the Terminally Ill", in: *International Journal of Psychiatry in Medicine* 13 (1983 f.), 221–232.

2. Kapitel

1 D. A. Matthews / D. B. Larson / C. P. Barry, „*The Faith Factor: An Annotated Bibliography of Clinical Research on Spiritual Subjects*", Bde. 1–4. Rockville, Maryland 1993–1997.

2 J. S. Levin, „Religion and Health: Is There an Association, Is It Valid, and Is It Casual?", in: *Social Science and Medicine* 38 (1994), 1475–1482.

3 W. J. Strawbridge / R. D. Cohen / S. J. Shema / G. A. Kaplan, „Frequent Attendance at Religious Services and Mortality over 28 Years", in: *American Journal of Public Health* 87 (1997), 957–961.

4 Siehe z. B. E. L. Idler / S. V. Kasl, „Religion, Disability, Depression and the Timing of Death", in: *American Journal of Sociology* 97 (1992), 1052–1079; H. G. Koenig / H. J. Cohen / D. G. Blazer / C. Pieper / K. G. Meador / S. Shelp / V. Goli / B. DiPasquale, „Religious Coping and Depression Among Elderly Hospitalized Medically Ill Men", in: *American Journal of Psychiatry* 149 (1992), 1693–1700.

5 Herbert Benson mit Miriam Z. Klipper, *The Relaxation Response*. New York 1976.

6 Herbert Benson, „Welcome and Introduction: The Genesis of the Course". Vortragsmanuskript der Tagung „Spirituality and Healing in Medicine-II" vom 15.–17.12.1996, veranstaltet von der Harvard Medical School und der Mind/Body Medical Institute CareGroup am Beth Israel Deaconess Medical Center in Boston, Massachusetts.

7 Herbert Benson mit Miriam Z. Klipper, „*The Relaxation Response*", aaO.

8 J. K. Kiecolt-Glaser / R. Glaser / D. Williger u. a., „Psychosocial Enhancement of Immunocompetence in a Geriatric Population", in: *Health Psychology* 4 (1985), 25–31.

9 Charles Marwick, „Leaving Concert Hall for Clinic, Therapists Now Test Music's ‚Charms'", in: *JAMA*, 24. Jan., 275 (1996), 267(2).

10 „Music and Blood Pressure Reduction", in: *Harward Heart Letter* 5, Nr. 7 (1995), abgewandelt aus: *JAMA*, 21. Sept. 1994.

11 „Positive Therapeutic Effects of Intercessory Prayer in a Corony Care Unit Population", in: *Southern Medical Journal* 81 (1988), 826–829.

12 J.K. Kiecolt-Glaser / W. Garner / C.E. Speicher / G. Penn / R. Glaser, „Psychosocial Modifiers of Immunocompetence in Medical Students", in: *Psychosomatic Medicine* 46 (1984), 7–14.

13 J.K. Kiecolt-Glaser / D. Ricker / J. George u.a., „Urinary Cortisol Levels, Cellular Immunocompetency, and Loneliness in Psychiatric Inpatients", in: *Psychosomatic Medicine* 46 (1984), 15–24.

14 Herbert Benson mit Marg Stark, „*Timeless Healing: The Power and Biology of Belief*". New York 1996.

15 Victor Frankl, *Man's Search for Meaning*. New York 1984.

16 S. Spence / T.S. Danielson / A.M. Kaunitz, „The Faith Assembly: A Study of Perinatal and Maternal Mortality", in: *Indiana Medicine*, März 1984, 180–183.

17 Gordon W. Allport / J. Michael Ross, „Personal Religious Orientation and Prejudice", in: *Journal of Personality and Social Psychology* 5 (1967), 432–443.

18 V. Genia / D.G. Shaw, „Religion, Intrinsic-Extrinsic Orientation, and Depression", in: *Review of Religious Research* 32 (1991), 274–283.

19 C.H. Rosik, „The Impact of Religious Orientation in Conjugal Bereavement Among Older Adults", in: *International Journal of Aging and Human Development* 28 (1989), 251–260.

20 B. Spilka / L. Stout / B. Minton / D. Sizemore, „Death and Personal Faith: A Psychometric Investigation", in: *Journal of the Scientific Study of Religion* 16 (1977), 169–178.

21 *The Encyclopedia Americana*, International Edition, vol. 24. Danburry. Connecticut 1997, 545.

3. Kapitel

1 Carol Lee Flinders, *Enduring Grace: Living Portraits of Seven Women Mystics*. New York 1993.

2 M. Gmur / A. Tschopp, „Factors Determining the Success of Nicotine Withdrawal: 12 Year Followup of 532 Smokers After Suggestion Therapy (by a Faith Healer)", in: *International Journal of the Addictions* 22 (1987), 1189–1200.

3 J.J. Beutler / J.T.M. Attevelt / S. Schouten / J.A.J. Faber / E.J.D. Mees / G.G. Geijskes, „Paranormal Healing and Hypertension", in: *British Medical Journal* 296 (1988), 1491–1494.

4 K.K. Trier / A. Sufpe, „Prayer, Religiosity, andd Healing in the Heartland, USA: A Research Note", in: *Review of Religious Research* 32 (1991), 351–358.

[5] D.E. King, J. Sobal and B.R. DeForge, „Family Practice Patients' Experience and Beliefs in Faith Healing", in: *Journal of Family Practice* 27 (1988), 505–508.

4. Kapitel

[1] D/ART Home Page, „DEPRESSION Awareness, Recognition, and Treatment", Web site des National Institute of Mental Health. Rockville, Maryland vom August 1997.

[2] Web site der Anxiety Disorders Association of America „Launch of NIMH Anxiety Disorders Education Program", „Anxiety Disorders Association of America". 11900 Parklawn Drive, Suite 100, Rockville, Maryland 20852, vom August 1997.

[3] D. Hertsgaard / H. Light, „Anxiety, Depression and Hostility in Rural Women", in: *Psychological Reports* 55 (1984), 673–675.

[4] H.G. Koenig / L.K. George / K.G.Meador / D.G. Blazer / P.B. Dyck, „Religious Affiliation and Psychiatric Disorder Among Protestant Baby Boomers", in: *Hospital and Community Psychiatry* 45 (1994), 586–596.

[5] J.M. de Figueiredo / P.V. Lemkau, „The Prevalence of Psychosomatic Symptoms in a Rapidly Changing Bilingual Culture: An Exploratory Study", in: *Social Psychiatry* 13 (1978), 125–133.

[6] H.G. Koenig / H.J. Cohen / D.G. Blazer / C. Pieper / K.G. Meador / S. Shelp / V. Goli / B. DiPasquale, „Religious Coping and Depression Among Elderly Hospitalized Medically Ill Men", in: *American Journal of Psychiatry* 149 (1992), 1693–1700.

[7] R.C. Ness / R.M. Wintrob, „The Emotional Impact of Fundamentalist Religious Participation: An Empirical Study of Intragroup Variation", in: *American Journal of Orthopsychiatry* 50 (1980), 302–314.

[8] R. Stark, „Psychopathology and Religious Commitment", in: *Review of Religious Research* 12 (1971), 165–175.

[9] E.S. Paykel / J.K. Myers / J.J. Lindenthal / J. Tanner, „Suicidal Feelings in the General Population: A Prevalence Study", in: *British Journal of Psychiatry* 124 (1974), 460–469.

[10] G.W. Comstock / K.B. Partridge, „Church Attendance and Health", in: *Journal of Chronic Diseases* 25 (1972), 665–672.

[11] J.B. Ellis / P.C. Smith, „Spiritual Well-Being, Social Desirability and Reasons for Living: Is There a Connection?", in: *International Journal of Social Psychiatry* 37 (1991), 57–63.

[12] Brief an Benjamin Bailey vom Donnerstag, 21. bis Montag, 25. Mai 1818; in: Lionel Trilling (Hg.), *The Selected Letters of John Keats*, New York 1951, 134.

[13] L.R. Propst, „The Comparative Efficacy of Religious and Nonreligious Imagery for the Treatment of Mild Depression in Religious Individuals", in: *Cognitive Therapy and Research* 4 (1980), 167–178.

[14] H.G. Koenig / S.M. Ford / L.K. George / D.G. Blazer / K.G. Meador, „Religion and Anxiety Disorder", in: *Journal of Anxiety Disorders* 7 (1993), 321–342.

5. Kapitel

[1] D.A. Matthews / D.B. Larson / C.P. Barry, *The Faith Factor: An Annotated Bibliography of Clinical Research in Spiritual Subjects*, Bde. I–III. Rockville, Maryland 1993–1996.

[2] L.T. Midanik / W.B. Clark, „Drinking-Related Problems in the United States: Description and Trends, 1984–1990", in: *Journal of Studies on Alcohol* 56 (1995), 395–402.

[3] R.D. Moore / L. Mead / T. Pearson, „Youthful Precursors of Alcohol Abuse in Physicians", in: *American Journal of Medicine* 88 (1990), 332–336.

[4] Vgl. z.B. S.R. Burkett, „Religion, Parental Influence, and Adolescent Alcohol and Marijuana Use", in: *Journal of Drug Issues* 7 (1974), 263–273; J.D. Hundleby, „Adolescent Drug Use in a Behavioral Matrix: A Confirmation and Comparison of the Sexes", in: *Addictive Behaviors* 12 (1987), 103–112.

[5] V.A. Foshee / B.R. Hollinger, „Maternal Religiosity, Adolescent Social Bonding, and Adolescent Alcohol Use", in: *Journal of Early Adolescence* 16 (1996), 451–468.

[6] R.H. Coombs / D.K. Wellisch / F. Fawzy, „Drinking Patterns and Problems Among Female Children and Adolescents: A Comparison of Abstainers, Past Users, and Current Users", in: *American Journal of Drug and Alcohol Abuse* 11 (1985), 315–348.

[7] D. Hasin / J. Endicott / C. Lewis, „Alcohol and Drug Abuse in Patients with Affective Syndromes", in: *Comprehensive Psychiatry* 26 (1985), 283–295.

[8] H.P. Brown / J.H. Peterson, „Assessing Spirituality in Addiction Treatment and Follow-Up: Development of the Brown-Peterson Recovery Progress Inventory (B-PRPI)", in: *Alcoholism Treatment Quarterly* 8 (1991), 21–50.

[9] Zit. nach *Alcoholics Anonymous*, 3. Aufl., Alcoholics Anonymous World Service. Inc., New York 1976.

[10] Gerald G. May, *Addiction and Grace*, San Francisco 1988.

[11] Dr. William R. Miller, „Spirituality: The Silent Dimension in Addiction Research", in: *Drug and Alcohol Review* 9 (1990), 259–266; „Spiritual Aspects of Addictions Treatment and Research", in: *Mind/Body Medicine: A Journal of Clinical Behavioral Medicine* 2 (1997), 37–43.

[12] Sourcepage der Centers for Disease Control's Tobacco Information & Prevention im World Wide Web vom 1. Oktober 1997.

[13] Augustinus, *Bekenntnisse* I,1, aus dem Lateinischen von Joseph Bernhart. Neuausgabe Frankfurt/M. 1987, 13.

[14] R.E. Hopson / B. Beaird-Spiller, „Why A.A. Works: A Psychological Analy-

sis of the Addictive Experience and the Efficacy of Alcoholics Anonymous",
in: *Alcoholism Treatment Quarterly* 12 (1995), 1–17.

[15] J.F. Jekel / H. Podlewski / S. Dean-Patterson / D.F. Allen / N. Clarke / P. Cartwright, „Epidemic Free-Base Cocaine Abuse: Case Study from the Bahamas", in: *Lancet* vom 1. März 1986, 459–462.

6. Kapitel

[1] F.K. Willits / D.M. Crider, „Religion and Well-Being: Men and Women in the Middle Years", in: *Review of Religious Research* 29 (1988), 281–294.

[2] A. St. George / P.H. McNamara, „Religion, Race, and Psychological Well-Being", in: *Journal for the Scientific Study of Religion* 23 (1984), 351–363.

[3] J.S. Levin / K.S. Markides, „Religious Attendance and Psychological Well-Being in Middle-Aged and Older Mexican-Americans", in: *Sociological Analysis* 49 (1988), 66–72.

[4] K. Chamberlain / S. Zika, „Religiosity, Life Meaning and Wellbeing: Some Relationships in a Sample of Women", *Journal for the Scientific Study of Religion* 27 (1988), 411–420.

[5] B. Hunsberger, „Religion, Age, Life Satisfaction, and Perceived Sources of Religiousness: A Study of Older Persons", in: *Journal of Gerontology* 40 (1985), 615–620.

[6] L.J. Beckman / B.B. Houser, „The Consequences of Childlessness on the Social-Psychological Well-Being of Older Women", in: *Journal of Gerontology* 37 (1982), 243–250.

[7] L.Y. Steinitz, „Religiosity, Well-Being, and Weltanschauung Among the Elderly", in: *Journal for the Scientific Study of Religion* 19 (1980), 60–67.

[8] B.G. Frankel / W.E. Hewitt, „Religion and Well-Being Among Canadian University Students: The Role of Faith Groups on Campus", in: *Journal for the Scientific Study of Religion* 33 (1994), 62–73.

[9] M.M. Poloma / B.F. Pendleton, „The Effect of Prayer and Prayer Experiences on Measures of General Well-Being", in: *Journal of Psychology and Theology* 19 (1991), 71–83.

[10] C.G. Ellison, „Religious Involvement and Subjective Well-Being", in: *Journal of Health and Social Behavior* 32 (1991), 80–99.

[11] R. Schwab / K.U. Petersen, „Religiousness: Its Relation to Loneliness, Neuroticism, and Subjective Well-Being", in: *Journal for the Scientific Study of Religion* 29 (1990), 335–345.

[12] B. Hunsberger / E. Platonow, „Religion and Helping Charitable Causes", in: *Journal of Psychology* 120 (1986), 517–528.

[13] L.D. Nelson / R.R. Dynes, „The Impact of Devotionalism and Attendance on Ordinary and Emergency Helping Behavior", in: *Journal for the Scientific Study of Religion* 15 (1976), 47–49.

14 T.J. Silber / M. Reilly, „Spiritual and Religious Concerns of the Hospitalized Adolescent", in: *Adolescence* 20 (1985), 217–224.

15 T.L. Saudia / M.R. Kinnery / K.C. Brown / L. Young-Ward, „Health Locus of Control and Helpfulness of Prayer", in: *Heart and Lung* 20 (1991), 60–65.

16 K. Conway, „Coping with the Stress of Medical Problems Among Black and White Elderly", in: *International Journal of Aging and Human Development* 21 (1985–86), 39.

17 L.B. Bearon / H.G. Koenig, „Religious Cognitions and Use of Prayer in Health and Illness", in: *Gerontologist* 30 (1990), 249–253.

18 K.I. Pargament / D.S. Ensing / K. Falgout / B. Olsen / K. Van Haitsman / R. Warren, „God Help Me (1): Religious Coping Efforts as Predictors of the Outcomes to Significant Negative Life Events", in: *American Journal of Community Psychology* 18 (1990), 793–824.

19 M.E. O'Brien, „Religious Faith and Adjustment to Long-Term Hemodialysis", in: *Journal of Religion and Health* 21 (1982), 68–80.

20 R.C. Harris / M.A. Dew / A. Lee / M. Amaya / L. Buches / D. Reetz / C. Colemen, „The Role of Religion in Heart-Transplant Recipients' Long-Term Health and Well-Being", in: *Journal of Religion and Health* 34 (1995), 17–31.

21 Susan D. Decker / R. Schulz, „Correlates of Life Satisfaction and Depression in Middle-Aged and Elderly Spinal Cord-Injured Persons", in: *American Journal of Occupational Therapy* 39 (1985), 740–745.

22 P. Pressman / J.S. Lyons / D.B. Larson / J.J. Strain, „Religious Belief: Depression and Ambulation Status in Elderly Women with Broken Hips", in: *American Journal of Psychiatry* 145 (1990), 758–760.

23 C.R. Rutledge / J.S. Levin / D.B. Larson / J.S. Lyons, „The Importance of Religion for Parents Coping with a Chronically Ill Child", in: *Journal of Psychology and Christianity* 14 (1995), 50–57.

24 P.V. Rabins / M.D. Fitting / J. Eastham / J. Fetting, „The Emotional Impact of Caring for the Chronically Ill", in: *Psychosomatics* 31 (1990), 331–336.

25 K.I. Maton, „The Stress-Buffering Role of Spiritual Support: Cross-Sectional and Prospective Investigation", in: *Journal for the Scientific Study of Religion* 28 (1989), 310–323.

26 K.A. Gass, „The Health of Conjugally Bereaved Older Widows: The Role of Appraisal, Coping and Resources", in: *Research in Nursing and Health* 10 (1987), 39–47.

27 K.J. Helsing / M. Szklo, „Mortality After Bereavement", in: *American Journal of Epidemiology* 114 (1981), 41–52.

28 R. Bartrop / E. Luckhurst / L. Lazarus / L. Kiloh / R. Penny, „Depressed Lymphocyte Function After Bereavement", in: *Lancet* 1 (1977), 834–836; S.J. Schleifer / S.E. Keller / M. Camerino / J.C. Thornton / M. Stein, „Suppression of Lymphocyte Stimulation Following Bereavem ent", in: *JAMA* 250 (1983), 374–377; M. Irwin / M. Daniels / T.L. Smith / E. Bloom / H. Wei-

ner, „Impaired Natural Killer Cell Activity During Bereavement", in: *Brain, Behavior, and Immunity* 1 (1987), 98–104.

7. Kapitel

[1] W.J. Strawbridge / R.D. Cohen / S.J. Shema / G.A. Kaplan, „Frequent Attendance at Religious Services and Mortality over 28 Years", in: *American Journal of Public Health* 87 (1997), 957–961.

[2] L.F. Berkman / S.L. Syme, „Social Networks, Host Resistance, and Mortality: A Nine-Year Follow-Up Study of Alameda County Residents", in: *American Journal of Epidemiology* 109 (1979), 186–204.

[3] U. Goldbourt / S. Yaari / J.H. Medalie, „Factors Predictive of Long-Term Coronary Heart Disease Mortality Among 10 059 Male Israeli Civil Servants and Municipal Employees", in: *Cardiology* 82 (1993), 100–121.

[4] J.D. Kark / G. Shemi / Y. Friedlander / O. Martin / O. Manor / S.H. Blondheim, „Does Religious Observance Promote Health? Mortality in Secular vs. Religious Kibbutzim in Israel", in: *American Journal of Public Health* 86 (1996), 341–346.

[5] C.G. Ellison / L.K. George, „Religious Involvement, Social Ties and Social Support in a Southeastern Community", in: *Journal for the Scientific Study of Religion* 33 (1994), 46–61.

[6] S. Bryant / W. Rakowski, „Predictors of Mortality Among Elderly African-Americans", in: *Research on Aging* 14 (1992), 50–67.

[7] D.M. Zuckerman / S.V. Kasl / A.M. Ostfeld, „Psychosocial Predictors of Mortality Among the Elderly Poor", in: *American Journal of Epidemiology* 119 (1984), 410–423.

[8] D.K. Reynolds / F.L. Nelson, „Personality, Life Situation, and Life Expectancy", in: *Suicide and Life-Threatening Behavior* 11 (1981), 99–110.

[9] C. Spence / T.S. Danielson / A.M. Kaunitz / S. Bryant / W. Rakowski, „Predictors of Mortality Among The Faith Assembly: A Study of Perinatal and Maternal Mortality", in: *Indiana Medicine*, März 1984, 180–183.

[10] J. Berkel / F. de Waard / S. Bryant / W. Rakowski, „Predictors of Mortality Among Mortality Pattern and Life Expectancy of Seventh-Day Adventists in the Netherlands", in: *International Journal of Epidemiology* 12 (1983), 455–459; J.E. Enstrom / S. Bryant / W. Rakowski, „Predictors of Mortality Among Health Practices and Cancer Mortality Among Active California Mormons", in: *Journal of the National Cancer Institute* 81 (1989), 1807–1814; J.W. Gardner / J.L. Lyon / S. Bryant / W. Rakowski, „Predictors of Mortality Among Cancer in Utah Mormon Women by Church Activity Level", in: *American Journal of Epidemiology* 116 (1982), 258–265; J.W. Gardner / J.L. Lyon, „Low Incidence of Cervical Canver in Utah", in: *Gynecologic Oncology* 5 (1977), 68–80; J.W. Gardner / J.L. Lyon, „Cancer in Utah Mormon Men by Lay Priesthood Level", in: *American Journal of Epi-*

demiology 116 (1982), 243–257; O.M. Jensen, „Cancer Risk Among Danish Male Seventh-Day Adventists and Other Temperance Society Members", in: *Journal of the National Cancer Institute* 70 (1983), 1011–1014.

[11] N.H. Gottlieb / L.W. Green, „Life Events, Social Network, Lifestyle, and Health: An Analysis of the 1979 National Survey of Personal Health Practices and Consequences", in: *Health Education Quarterly* 11 (1984), 91–105.

[12] V. Richardson / S. Berman / M. Piwowarski, „Projective Assessment of the Relationships Between the Salience of Death, Religion and Age Among Adults in America", in: *Journal of General Psychology* 109 (1983), 149–156.

[13] F.C. Jeffers / C.R. Nichols / C. Eisdorfer, „Attitudes of Older Persons Toward Death: A Preliminary Study", in: *Journal of Gerontology* 16 (1961), 53–56.

[14] A.M. Downey, „Relationship of Religiosity to Death Anxiety of Middle-Aged Males", in: *Psychological Reports* 54 (1984), 811–822.

[15] M.F. Highfield, „Spiritual Health of Oncology Patients: Nurse and Patient Perspectives", in: *Cancer Nursing* 15 (1992), 1–8.

[16] D.K. Smith / A.M. Nehmkis / R.A. Charter, „Fear of Death, Death Attitudes and Religious Conviction in the Terminally Ill", in: *International Journal of Psychiatry in Medicine* 13 (1983/84), 221–232.

[17] H.W. Gibbs / J. Achterberg-Lawlis, „Spiritual Values and Death Anxiety: Implications for Counseling with Terminal Cancer Patients", in: *Journal of Counseling Psychology* 25 (1978), 563–569.

[18] Dieses und weitere Zitate aus: Bernardin, Joseph Louis Kardinal, *The Gift of Peace*, Chicago 1997.

[19] L.R. Seidlitz u.a., „Attitudes of Older People Toward Suicide and Assisted Suicide: An Analysis of Gallup Poll Findings", in: *Journal of the American Geriatric Society* 43 (1995), 993–998; J.G. Bachman u.a., „Attitudes of Michigan Physicians and the Public Toward Legalizing Physician-Assisted Suicide and Voluntary Euthanasia", in: *New England Journal of Medicine* 334 (1996), 303–309.

8. Kapitel

[1] Herbert Benson mit Marg Stark, *Timeless Healing: The Power and Biology of Belief.* New York 1996.

[2] S. Wolf, „Effects of Suggestion and Conditioning on the Action of Chemical Agents in Human Subjects: The Pharmacology of Placebos", in: *Journal of Clinical Investigation* 29 (1950), 100–109.

[3] E.G. Dimond / C.F. Kittle / J.E. Crockett, „Comparison of Internal Mammary Ligation and Sham Operation for Angina Pectoris", in: *American Journal of Cardiology* 5 (1960), 483–486.

[4] *Physical Health Panel Report*, Scientific Progress in Spiritual Research Conference. National Institute for Healthcare Research. Leesburg, Virginia, 11.–13. Juli 1996.

[5] C.S. Lewis, *Mere Christianity*. New York 1943.

[6] Als Überblick über alle Forschungsarbeiten über den Faktor Glaube siehe D.A. Matthews / D.B. Larson / C.P. Barry, *The Faith Factor: An Annotated Bibliography of Clinical Research in Spiritual Subjects*, Bde. 1–4. Rockville, Maryland 1993–1997.

[7] T.E. Oxman / D.H. Freeman / E.D. Manheimer, „Lack of Social Participation or Religious Strength and Comfort as Risk Factors for Death after Cardiac Surgery in the Elderly", in: *Psychosomatic Medicine* 57 (1995), 5–15.

[8] J.S. Levin, „Religion and Health: Is There an Association, Is It Valid, and Is It Causal?", in: *Social Science Medicine* 38 (1994), 1475–1482.

[9] World Wide Web, www.promisekeepers.org, 2. Okt. 1997.

[10] James Bentley, *A Calendar of Saints: The Lives of the Principal Saints of the Christian Year*. New York 1986.

9. Kapitel

[1] Peter Kreeft, *The Great Conversation: Straight Answers to Tough Questions on Prayer*. San Francisco 1991.

[2] Kenneth L. Woodward, „Is God Listening?", in: *Newsweek* 129 Nr. 13 vom 31. März 1997, 56–57.

[3] R.B. Byrd, „Positive Therapeutic Effects of Intercessory Prayer in a Coronary Care Unit Population", in: *Southern Medical Journal* 81 (1988), 826–829.

[4] P.H. Collipp, „The Efficacy of Prayer: A Triple-Blind Study", in: *Medical Times* 97 (1969), 201–204.

[5] J.J. Beutler / J.T.M. Attevelt / S. Schouten / J.A.J. Faber / E.J.D. Mees / G.G. Geijskes, „Paranormal Healing and Hypertension", in: *British Medical Journal* 296 (1988), 1491–1494.

[6] Larry Dossey, M.D., *Healing Words: The Power of Prayer and the Practice of Medicine*. San Francisco 1993.

[7] S.C. Johnson / B. Spilka, „Coping with Breast Cancer: The Roles of Clergy and Faith", in: *Journal of Religion and Health* 30 (1991), 21–33.

[8] *Aufrichtige Erzählungen eines russischen Pilgers*. Die vollständige Ausgabe. Einl. u. hrsg. v. Emmanuel Jungclaussen. Freiburg i. Br. [7]1999.

[9] Melanie Svoboda, „25 Quotations on Prayer", in: *Praying* Mai–Juni 1992.

[10] M.M. Poloma / B.F. Pendleton, „The Effect of Prayer and Prayer Experiences in Measures of General Well-Being", in: *Journal of Psychology and Theology* 19 (1991), 71–83.

[11] Herbert Benson mit Marg Stark, *Timeless Healing: The Power and Biology of Belief*. New York 1996.

[12] John Donne, *Eighty Sermons*, no. 80, sect. 3 (1640, gehalten am 12.12.1626), zit. in: *The Columbia Dictionary of Quotations*, New York 1993.

[13] Augustinus, *Bekenntnisse* I,5, aus dem Lateinischen von Joseph Bernhart. Neuausgabe, Frankfurt/M. 1987, 19.

[14] H.D. Koenig / D.O. Moberg / J.N. Kvale, „Religious Activities and Attitudes of Older Adults in a Geriatric Assessment Clinic", in: *Journal of the American Geriatric Society* 36 (1988), 362–374.

[15] K. Conway, „Coping with the Stress of Medical Problems Among Black and White Elderly", in: *International Journal of Aging and Human Development* 21 (1985–1986), 39–48.

[16] C.S. Lewis, *Letters to Malcolm: Chiefly on Prayer.* New York 1963.

[17] M.M. Poloma / B.F. Pendleton, „The Effect of Prayer and Prayer Experiences on Measures of General Well-Being", in: *Journal of Psychology and Theology* 19 (1991), 71–83.

[18] Richard Foster, *Prayer.* San Francisco 1992.

10. Kapitel

[1] Diese Zahlen sind aus einem Interview vom 19. Mai 1997 mit Sidney Van Nort, Bibliothekar der American Bible Society.

[2] Henri J.M. Nouwen, *Du bist der geliebte Mensch.* Freiburg i. Br. [8]1998.

[3] Martin L. Smith, *The Word Is Very Near You.* Cambridge, Massachusetts 1989.

11. Kapitel

[1] S. Cohen / W.J. Doyle / D.P. Skoner / B.S. Rabin / J.M. Gwaltney, Jr., „Social Ties and Susceptibility to the Common Cold", in: *JAMA* 277 (1997), 1940–1944.

[2] D. Spiegel / J.R. Bloom / H.C. Kraemer / E. Gottheil, „Effect of Psychosocial Treatment in Survival of Patients with Metastatic Breast Cancer", in: *Lancet* 2 (1989), 888–891.

[3] M.M. Kogon / A. Biswas / D. Pearl / R.W. Carlson / D. Spiegel, „Effects of Medical and Psychotherapeutic Treatment on the Survival of Women with Metastatic Breast Carcinoma", in: *Cancer* 180 (15. Juli 1997), 225–230.

[4] L.F. Berkman / S.L. Syme, „Social Networks, Host Resistance, and Mortality: A Nine-Year Follow-Up Study of Alameda County Residents", in: *American Journal of Epidemiology* 109 (1979), 186–204.

[5] S. Cohen / S.L. Syme (Hg.), *Social Support and Health.* New York 1985.

[6] Herbert Benson mit Marg Stark, *Timeless Healing: The Power and Biology of Belief.* New York 1996.

[7] Ashley Montagu, *Touching: The Human Significance of the Skin.* New York 1978.

[8] H.F. Harlow / M.K. Harlow, „Social Deprivation in Monkeys", in: *Scientific American* 207 (1962), 136–146.

[9] M.E. O'Brien, „Religious Faith and Adjustment to Long-Term Hemodialysis", in: *Journal of Religion and Health* 21 (1982), 68–80.

[10] W.J. Strawbridge / R.D. Cohen / S.J. Shema / G.A. Kaplan, „Frequent Attendance at Religious Services and Mortality over 28 Years", in: *American Journal of Public Health* 87 (1997), 957–961.

[11] C.G. Ellison / L.K. George, „Religious Involvement, Social Ties, and Social Support in a Southeastern Community", in: *Journal for the Scientific Study of Religion* 33 (1994), 46–61.

[12] J.D. Kark / G. Shemi / Y. Friedlander / O. Martin / O. Manor / S.H. Blondheim, „Does Religious Observance Promote Health? Mortality in Secular vs. Religious Kibbutzim in Israel", in: *American Journal of Public Health* 86 (1996), 341–346.

[13] Zitiert aus: Rabbi Joseph Telushkin, *Jewish Wisdom: Ethical, Spiritual, and Historical Lessons from the Great Works and Thinkers*. New York 1994.

[14] David B. Larson / S.S. Larson / J.P. Swyers, *The Costly Consequences of Divorce*. Rockville/Maryland 1996; Interview mit David B. Larson am 23. Mai 1997.

[15] B. Bloom / S. Asher / S. White, „Marital Disruption as a Stressor: A Review and Analysis", in: *Psychological Bulletin* 85 (1978), 867–894; L.M. Verbrugge, „Marital Status and Health", in: *Journal of Marriage and Familiy* 41 (1979), 267–285; J.K. Kiecolt-Glaser / S. Kennedy / S. Malkoff / L. Fisher / C.E. Speicher / R. Glaser, „Marital Discord and Immunity in Males", in: *Psychosomatic Medicine* 50 (1988), 213–229; J.K. Kiecolt-Glaser / L. Fisher / P. Ogrocki / J.C. Stout / C.E. Speicher / R. Glaser, „Marital Quality, Marital Disruption, and Immune Function", in: *Psychosomatic Medicine* 49 (1987), 13–34.

[16] W. Shrum, „Religion and Marital Instability: Change in the 1970's", in: *Review of Religious Research* 21 (1980), 135–147.

[17] N.D. Glenn / C.N. Weaver, „A Multivariate, Multisurvey Study of Marital Happiness", in: *Journal of Marriage and the Family* 40 (1978), 269–282.

[18] M.J. Sporakowski / G.A. Hughston, „Prescriptions for Happy Marriage: Adjustments and Satisfactions of Couples Married for 50 or More Years", in: *Family Coordinator* 27 (1978), 321–328.

[19] W.R. Schumm / S.R. Bollman / A.P. Jurich, „The ,Marital Conventionalization' Argument: Implications for the Study of Religiosity and Marital Satisfaction", in: *Journal of Psychology and Theology* 10 (1982), 236–241.

[20] H.M. Bahr / T.K. Martin, „And Thy Neighbor as Thyself: Self-Esteem and Faith in People as Correlates of Religiosity and Family Solidarity Among Middletown High School Students", in: *Journal for the Scientific Study of Religion* 22 (1983), 132–144.

[21] P.L. Benson / B.P. Spilka, „God-Image as a Function of Self-Esteem and Locus of Control", in: *Journal for the Scientific Study of Religion* 12 (1973), 297–310.

[22] Über das Verhältnis von Drogen- und Alkoholmißbrauch und Religion siehe E.M. Adlaf / R.G. Smart, „Drug Use and Religious Affiliation: Fee-

lings and Behavior", in: *British Journal of Addiction* 80 (1985), 163–171; A.Y. Amoateng / S.J. Bahr, „Religion, Family, and Adolescent Drug Use", in: *Sociological Perspectives* 29 (1986), 53–76; S.R. Burkett, „Religion, Parental Influence, and Adolescent Alcohol and Marijuana Use", in: *Journal of Drug Issues* 7 (1977), 263–273; R.H. Coombs / D.K. Wellisch / F. Fawzy, „Drinking Patterns and Problems Among Female Children and Adolescents: A Comparison of Abstainers, Past Users, and Current Users", in: *American Journal of Drug and Alcohol Abuse* 11 (1985), 315–348; R.L. Dudley / P.B. Mutch / R.J. Cruise, „Religious Factors and Drug Usage Among Seventh-Day Adventist Youth in North America", in: *Journal for the Scientific Study of Religion* 26 (1987), 218–233; R. Guinn, „Characteristics of Drug Use Among Mexican-American Students", in: *Journal of Drug Education* 5 (1975), 235–241; C.K. Hadaway / K.W. Elifson / D.M.M. Petersen, „Religious Involvement and Drug Abuse Among Urban Adolescents", in: *Journal for the Scientific Study of Religion* 23 (1984), 109–128; R.D. Hays / A.W. Stacy / K.F. Widaman / M.R. DiMatteo / R. Downey, „Multistage Path Models of Adolescent Alcohol and Drug Use: A Re-Analysis", in: *Journal of Drug Issues* 16 (1986), 357–369; J.D. Hundleby, „Adolescent Drug Use in a Behavioral Matrix: A Confirmation and Comparison of the Sexes", in: *Addictive Behaviors* 12 (1987), 103–112; M.D. Newcomb / P.M. Bentler, „Cocaine Use Among Adolescents: Longitudinal Associations with Social Context, Psychopathology, and Use of Other Substances", in: *Addictive Behaviors* 11 (1986), 263–273; R.P. Schlegel / M.D. Sanborn, „Religious Affiliation and Adolescent Drinking", in: *Journal of Studies in Alcohol* 40 (1979), 693–703. – Über die sexuelle Aktivität bei Heranwachsenden siehe S.H. Beck / B.S. Cole / J.A.Hammond, „Religious Heritage and Premarital Sex: Evidence from a National Sample of Young Adults", in: *Journal for the Scientific Study of Religion* 30 (1991), 173–180; S.V. Brown, „Premarital Sexual Permissiveness Among Black Adolescent Females", in: *Social Psychology Quarterly* 48 (1985), 381–387; R.R. Clayton, „Religious Orthodoxy and Premarital Sex", in: *Social Forces* 47 (1969), 469–474; R.H. DuRant / R. Pendergrast / C. Seymore, „Sexual Behavior Among Hispanic Female Adolescents in the United States", in: *Pediatrics* 85 (1990), 1051–1058; E. Fox / M. Young, „Religiosity, Sex Guilt and Sexual Behavior Among College Students", in: *Health Values* 13 (1989), 32–37; P. Haerich, „Premarital Sexual Permissiveness and Religious Orientation: A Preliminary Investigation", in: *Journal for the Scientific Study of Religion* 31 (1992), 361–365; E.S. Herold / M.S. Goodwin, „Adamant Virgins, Potential Nonvirgins, and Nonvirgins", in: *Journal of Sex Research* 17 (1981), 97–113; A. Thorton and D. Camburn, „Religious Participation and Adolescent Sexual Behavior and Attitudes", in: *Journal of Marriage and the Family* 51 (1989), 641–653; J.T. Woodroof, „Premarital Sexual Behavior and Religious Adolescents", in: *Journal for the Scientific Study of Religion* 24 (1985), 343–366. – Über Jugendkriminalität siehe S.R. Burkett / M. White, „Hellfire and Deliquency: Another Look", in: *Journal for the Scientific Study of Religion* 13 (1974), 455–462; P.C. Higgins / G.L. Albrecht, „Hellfire and Deliquency Revisited", in: *Social Forces* 55 (1977), 952–958; J. Rohrbaugh / R. Jessor, „Religiosity in Youth: A Personal Control Against Deviant Behavior", in: *Journal of Personality* 43 (1975), 136–155 (untersucht auch das Verhältnis zwischen religiöser Aktivität und vorehelichem Sex und Verwendung von Marihuana).

12. Kapitel

[1] T.A. Maugans / W.C. Wadland, „Religion and Family Medicine: A Survey of Physicians and Patients", in: *Journal of Family Practice* 32 (1991), 210–213.

[2] M. Galanter / D. Larson / E. Rubenstone, „Christian Psychiatry: The Impact of Evangelical Belief in Cilical Practice", in: *American Journal of Psychiatry* 148 (1991), 90–95.

[3] W. Feigelman / B.S. Gorman / J.A. Varacalli, „Americans Who Give Up Religion", in: *Journal for the Scientific Study of Religion* 76 (1992), 138–144; D.B. Larson / W.P. Wilson, „Religious Life of Alcoholics", in: *Southern Medical Journal* 73 (1980), 723–727.

[4] S.C. Johnson / B. Spilka, „Coping with Breast Cancer: The Roles of Clergy and Faith", in: *Journal of Religion and Health* 30 (1991), 21–33.

[5] B. Spilka / J.D. Spangler / C.B. Nelson, „Spiritual Support in Life-Threatening Illness", in: *Journal of Religion and Health* 22 (1983), 98–104.

[6] M.A. Ganje-Fling / P.R. McCarthy, „A Comparative Analysis of Spiritual Direction and Psychotherapy", in: *Journal of Psychology and Theology* 19 (1991), 103–117.

[7] L.R. Propst, „The Comparative Efficacy of Religious and Nonreligious Imagery for the Treatment of Mild Depression in Religious Individuals", in: *Cognitive Therapy and Research* 4 (1980), 167–178.

[8] E.P. Shafranske / H.N. Malony, „Clinical Psychologists' Religious und Spiritual Orientations and Their Practice of Psychotherapy", in: *Psychotherapy* 27 (1990), 72–78.

[9] George Gallup, *Religion in America: 1990.* Princeton, New Jersey 1990.

[10] D.B. Larson / S.S. Larson, *The Forgotten Factor in Physical and Mental Health: What Does the Research Show?* Rockville, Maryland 1994.

[11] J.D. Kark / G. Shemi / Y. Friedlander / O. Martin / O. Manor / S.H. Blondheim, „Does Religious Observance Promote Health? Mortality in Secular vs. Religious Kibbutzim in Israel", in: *American Journal of Public Health* 86 (1996), 341–346.

[12] Herman Styler, *The Plague Fighters.* Philadelphia 1960.

[13] A.F. Connors / Jr., N.V. Dawson / N. Desbiens / W. Fulkerson / L. Goldman / W. Knaus / J. Lynn / R.K. Oye, „A Controlled Trial to Improve Care for Seriously Ill Hospitalized Patients: The Study to Understand Prognoses

and Preferences for Outcomes and Risks of Treatments (SUPPORT)", in: *JAMA* 274 (1995), 1591–1598.

[14] T. McNichol, „The New Faith in Medicine", in: *USA Today Weekend* v. 5.–7. April 1996; C. Wallis, „Faith and Healing", in: *Time* v. 24. Juni 1996; D. E. King / B. Bushwick, „Beliefs and Attitudes of Hospital Inpatients About Faith Healing and Prayer", in: *Journal of Family Practice* 39 (1994), 349–352.

Sach- und Personenregister